Alan
Winnington

TIBET

Die wahre Geschichte

Aus dem Englischen von Gisela Seidel

Mit einer Einführung von Michael Polster

Das Neue Berlin

Das Umschlagbild zeigt Chen Yi, Chinas Vizepremier, eingerahmt vom Dalai Lama und dem Pantschen Lama, der am 27. Mai 1956 in Lhasa eine Ehrenformation abschreitet. Die chinesische Delegation ist aufs Dach der Welt geeilt, um mit den Tibetern über den Entwurf einer Verfassung für die autonome Region zu beraten.

ISBN 978-3-360-01955-4

Umschlaggestaltung: Buchgut, Berlin,
unter Verwendung eines Fotos von Ullstein Bild / dpa
Druck und Bindung: Druckerei Finidr

Ein Verlagsverzeichnis schicken wir Ihnen gern:
Das Neue Berlin Verlagsgesellschaft mbH
Neue Grünstr. 18, 10179 Berlin
Tel. 01805 / 30 99 99
(0,14 Euro/min. aus dem deutschen Festnetz,
abweichende Preise für Mobilfunkteilnehmer)

Die Bücher des Verlags Das Neue Berlin
erscheinen in der Eulenspiegel Verlagsgruppe.

www.das-neue-berlin.de

Das große Spiel um das Dach der Welt

Von Michael Polster

Rasselnde Gebetsmühlen, freundlich lächelnde Mönche in farbigen Kutten, eine atemberaubende Gebirgslandschaft – das verbinden wir mit Tibet. Zahlreiche Bücher, Filme und Reportagen haben in den letzten Jahren ein Bild vermittelt, welches von Wahrnehmungen, Projektionen und Phantasien der jeweiligen Autoren geprägt wurde. Seitdem die Volksrepublik China wirtschaftlich an die Weltspitze drängt und mithin ein ernstzunehmender Konkurrent geworden ist, wird Tibet in den Medien (und damit in der Politik dieser Staaten) auf andere Weise thematisiert. Plötzlich sieht man in den Metropolen des Westens die »Menschenrechte« auf dem Dach der Welt gefährdet. Die Volksrepublik China wird als Okkupant und blutiger Unterdrücker freiheitlicher Bestrebungen denunziert. Ausbrüche von Gewalt und Ausschreitungen in Tibet präsentierte man als demokratisches Aufbegehren, das Vorgehen der Chinesen gegen Plünderer und Brandstifter hingegen als terroristischen Akt.

Kaum einer der Berichterstatter fragte nach Hintergründen und Zusammenhängen, nach sozialpolitischen Ursachen und den Intentionen der Beteiligten. Es war, wie meist in solchen Fällen, alles klar. Es gab die Guten und die Bösen.

Hörte oder las man etwa davon, daß Tibet sich auf dem Weg in die moderne Zeit befindet? Und daß es exiltibetische Kreise gibt, die diese Entwicklung mit Unbehagen verfolgen und bekämpfen? Und fragte einer, warum sie das tun? Stattdessen zeigte man Bilder aus Lhasa von protestierenden Mönchen, von Demonstrationszügen in der Exilhauptstadt Dharamsala, von Jugendlichen mit erhobenen Fäusten und Free-Tibet-Stirnbändern, die das olympische Feuer beim Fackellauf über fünf Kontinente begleiteten und zum Erlöschen bringen wollten – assistiert von Sympathisanten, die neben naiver Solidarität vor allem dem Mythos des »Schneelandes« folgten.

Lassen wir einmal die Politik, die damit gemacht wird, beiseite. Dieser »Mythos Tibet« ist so alt wie die ersten Reiseberichte von dort.

Der Schriftsteller James Hilton erschuf 1933 in seinem Buch »Lost Horizon« das mythische Tal Shangri-La, ein Paradies auf Erden, in dem nur rechtschaffene Menschen unter Führung erleuchteter Lamas lebten. Tibet war ein magisches Land, bewohnt von weisen Lehrern und voller Reichtümer, das Mekka spiritueller Sucher aus der ganzen (westlichen) Welt. In Wirklichkeit existierte dort eine feudalabsolutistische Gesellschaft mit Strukturen, die in anderen Gegenden der Erde schon vor Jahrhunderten überwunden waren. Brutale Herrscher und korrupte Priester hielten ein Volk in Angst und Schrecken und sorgten dafür, daß dies auch so bliebe: Sie schotteten das Land gegenüber der Welt ab. Aus den Lama-Klöstern kam der größte Widerstand.

Fremden gegenüber war man prinzipiell ablehnend, ja geradezu feindlich eingestellt. Autokratie nach außen und feudalistische Tyrannei nach innen: So sicherte man sich über die Jahrhunderte die Herrschaft.

Wegen seiner geographischen Abgeschiedenheit im Hochland des Himalaya und wegen der selbstverordneten Isolation kamen zwischen 1200 und 1870, also in 670 Jahren, lediglich vierzehnmal Europäer bis nach Tibet, nur siebenmal erreichten sie auch die Hauptstadt Lhasa. Die ersten, die nach Zentralasien vordrangen, waren Gesandte des Papstes. Im Namen des Heiligen Stuhles und der christlichen Fürsten ersuchten sie bei den Großkhanen der Mongolen um Hilfe: Diese sollten ihnen helfen, die Ausbreitung des Islam zu verhindern. Ein Franziskaner, der um 1250 nach Karakorum gelangt war, brachte erste Kunde vom innersten Asien nach Europa. Ihm folgten Kaufleute, unter ihnen Marco Polo (1254–1324), der durch seine in genuesischer Kriegsgefangenschaft geschriebenen Reiseberichte zu Weltruhm gelangte. 1318 erblickte der erste Weiße, ein italienischer Franziskaner, Lhasa. Auf seiner Rückreise aus China – sie sollte fünf Jahre dauern – kam er durch Innerasien und eben auch durch Tibet. Ihm verdanken wir die ersten authentischen Berichte von dort.

Nach dem Sturz der Mongolenherrschaft 1368 schottete sich China gegen alle fremden Einflüsse ab. Zentralasien und Tibet gerieten in Vergessenheit. Erst Ende des 16. Jahrhunderts begehrte der Jesuitenorden in China Einlaß. Bald streckte er seine Fühler auch bis Tibet und Lhasa aus.

Im Jahre 1811 bekam das britische Empire das Bein in die tibetanische Tür, als ein als Arzt getarnter Engländer in Lhasa einzog. Es war der Beginn des weltpolitischen, kolonialen Gerangels um diese Region. Von Norden kamen die Expeditionen des russischen Zarenreiches, von Süden die der Briten, und jede Großmacht wollte ihre Fahne auf dem Dach der Welt flattern sehen. Für die Briten machte sich Oberst Sir George Everest (1790–1866) mit seinen Vermessungen Indiens bis hin zum Himalaya einen Namen, für die Russen General Nikolai Michailowitsch Przewalski (1839–1888), auch er ein Forscher und Namensgeber eines von ihm entdeckten Wildpferdes. Landnahme und Einfluß wurden begleitet von intensiven Auseinandersetzungen mit Religion und Kultur Tibets, die Geschichte der Region hingegen interessierte wenig. So ist es nicht verwunderlich, daß bis in die jüngste Zeit im Mittelpunkt der wissenschaftlichen Beschäftigung mit Tibet der Buddhismus steht. Die sozialpolitische Struktur der Gesellschaft und deren Entwicklung schienen nicht der Beschäftigung wert. Mit der Entstehung der Theosophie bei den ersten Ansätzen einer wissenschaftlichen Tibetologie Ende des 19. Jahrhunderts wurde das Land der Jaks und Lamas sukzessive zu einem geistig-spiritistischen Zentrum gemacht. James Hilton (1900–1954) beförderte dies, wie gesagt, maßgeblich durch sein Buch. Die Esoterik-Industrie besorgte den Rest: Mit dem Mythos Tibet wird seither vor allem Geld verdient. Sehnsüchte und Sinnsuche von Millionen Menschen werden auf dieses Ziel gelenkt.

In diesem Kontext muß unbedingt auf die Aktivitäten deutscher Nationalsozialisten verwiesen werden. In der Ideologie sowohl der Hitlerfaschisten als auch ihrer heutigen Jünger hat der Mythos Tibet seinen Platz. Der Reichsführer SS Heinrich Himmler – ein Verehrer der Okkultistin Helena Blavatsky und ihrer »Rassenlehre« – betrieb bekanntlich mit der Forschungsgemeinschaft Deutsches Ahnenerbe e.V. »rassekundliche Forschungen« und unterstützte darum eine vom Zoologen Ernst Schäfer geleitete deutsche Tibet-Expedition 1938/39. Schäfer, von Himmler zum »SS-Untersturmführer ehrenhalber« ernannt, sollte dort unter anderem »Indizien für eine urarische Besiedlung« aufspüren. Er wurde begleitet von dem Geophysiker Karl Wienert und Bruno Beger, einem vom Rasse- und Siedlungshauptamt abgestellten Anthropologen, der zum persönlichen Stab des Reichsführers SS Heinrich Himmler gehörte. Gemeinsam mit H. F. K. Günther hatte er »Die nordische Rasse bei den Indogermanen Asiens« verfaßt; er teilte dessen »Theorie« von der Existenz einer »nordischen Rasse« in Tibet. Dieser Dr. Bruno Beger, er hatte 1941 in Berlin zu »rassekundlichen Untersuchungen« in der altmärkischen Wische promoviert, nahm gemeinsam mit einem Dr. Hans Helmut Fleischhacker im KZ Auschwitz 1943 anthropologische Messungen bei »Innerasiaten« und anderen Häftlingen vor, darunter 86 Juden. Diese wurden anschließend ins KZ Natzweiler-Struthof im Elsass deportiert und im August 1943 in einer Gaskammer ermordet. Ihre Leichen kamen ins Anatomische Institut der Reichsuniversität Straßburg und wurden im Keller konserviert. 1970 klagte das Landgericht Frankfurt am Main Dr. Bruno Beger wegen Beihilfe zum 86fachen Mord an und verurteilte ihn zu drei Jahren Haft. Da ihm jedoch die Internierung nach dem Krieg und die Untersuchungshaft auf die Strafe angerechnet und ihm eine gute Lebensführung bescheinigt wurde, verließ er das Gericht als freier Mann. Dieser Beger – das nur nebenbei – war 1994 »offizieller Gast« des Dalai Lama und traf sich mit diesem in London.

Zu Schäfers fünfköpfiger Delegation gehörten ferner der Insektenforscher und Kameramann Ernst Krause sowie Edmund Geer als technischer Leiter.

Die britisch-indische Regierung untersagte die Einreise nach Tibet, gestattete den Deutschen aber, im Norden Sikkims, an der Grenze zu Tibet, tätig zu werden. Das tat sie. Schäfer vermochte es, eine Einladung des tibetischen Ministerrats nach Lhasa zu erhalten. Wie er anschließend berichtete, wurden »die ersten Deutschen in der heiligen Stadt« mit großer Wertschätzung empfangen. Sie hätten eine Unzahl Geschenke erhalten, etwa getrocknete Schafe, Schweinemumien, Tsamba-Mehl, Reis, Pferdefutter und nahezu 1.000 Eier. Vor ihrer Abreise im Sommer 1939 übergab ihnen der tibetische Regent ein Sendschreiben. Aus diesem ist ersichtlich, daß Schäfer um die Herstellung enger Beziehungen zwischen den Regierungen in Berlin und Lhasa nachgesucht hatte, was offenkundig Zuspruch fand. »Nehmen Sie nun, Euer Exzellenz, König Herr Hitler, zu diesem Verlangen nach gegenseitiger Freundschaft«, so hieß es darin, »unsere Zustimmung.«

Hintergrund dieses Votums waren die Bestrebungen der tibetischen Regierung, größere Unabhängigkeit von der Kolonialmacht Großbritannien zu erlangen, wie Peter Mierau in seiner 2006 erschienenen Publikation »Nationalsozialistische Expansionspolitik. Deutsche Asien-Expeditionen 1933–1945« nachwies.

Im August 1939 kehrte die »SS-Expedition Schäfer« nach Deutschland zurück und wurde von Heinrich Himmler auf dem Münchner Flughafen empfangen. Für seine außerordentlichen Verdienste erhielt Schäfer (1910–1992) den SS-Totenkopfring und den SS-Ehrendegen. Neonazis behaupten heute, Hitler und Himmler hätten Interesse an Tibet wegen seines angeblichen Reichtums an Weisheiten gehabt, was beispielsweise Rüdiger Sünner in seinem 1999 erschienenen Buch »Schwarze Sonne – Entfesselung und Mißbrauch der Mythen in Nationalsozialismus und rechter Esoterik« widerlegt.

Was aber ist Tibet?

Das Autonome Gebiet Tibet ist eine Verwaltungseinheit der

Volksrepublik China von ungefähr 1,2 Millionen Quadratkilometern, was etwa elfmal so groß ist, wie die DDR es war. Das aber ist nur die Hälfte des tibetischen Kulturraums. Zum »geographischen« Tibet rechnen sowohl das Hochland und die Randgebirge in China und den Nachbarländern im Süden, und das sind rund 2,5 Millionen Quadratkilometer.

Tibet war eine Monarchie, zwischen dem 7. und 10. Jahrhundert galt es als starkes Reich. Der Überlieferung nach sollen sogar große Teile Indiens und mehr als zwanzig nordwestchinesische Fürstenstaaten unter tibetischer Oberhoheit gestanden haben. Der Begründer dieses Reiches war Srong Tsan Gampo, der mit einem Heer in Westchina einfiel. Mit seiner Frau, der chinesischen Wen-Tschang, kam der Buddhismus nach Tibet.

Im 10. Jahrhundert bildeten sich Eigentumsverhältnisse und Gesellschaftsstrukturen heraus, die bis vor fünfzig Jahren bestanden. Da waren die Besitzungen der buddhistischen Klöster, Ländereien des Adels und freier Grundbesitz. Die Bauern waren leibeigen. Als die Volksrepublik China 1950 Tibet, wie es seinerzeit hieß, vom britischen imperialistischen Joch befreite und mit dem Mutterland vereinte, waren rund zwei Drittel der Bevölkerung leibeigen, also vom Adel und den Klöstern abhängig.

Seit Beginn des 17. Jahrhunderts wurde die tibetische Politik von Peking aus bestimmt. China betrachtete Tibet als eine Provinz des Reiches der Mitte. Vorausgegangen waren mehrere mongolische Invasionen, gegen die sich die Tibeter mit Hilfe der Chinesen zur Wehr gesetzt hatten. Die Qing-Kaiser gliederten Tibet schließlich 1723 als Protektorat in ihren Herrschaftsbereich ein. Damit war das Land zum ersten Mal in einen chinesischen Staatsverband integriert. Es folgten dann Begehrlichkeiten durch die Briten und auch durch die Russen. 1904 besetzte ein britisches Expeditionskorps Lhasa und erzwang ein Abkommen, das Tibet zur Öffnung seiner Grenzen und zum Handel mit Britisch-Indien zwang. Es wurde ihm aber untersagt, ohne Einverständnis der Krone mit anderen Ländern zu verhandeln. Damit war Tibet ein Protektorat Englands geworden. Drei Jahre später schlossen England, China und Rußland ein Abkommen, mit dem China zu Tibets Schutzmacht erklärt wurde. Dies wurde durch die Präsenz chinesischer Soldaten unterstrichen. Als 1911 der chinesische Kaiser gestürzt wurde, verließen dessen Truppen auch Tibet. Daraufhin erklärte der Dalai Lama – seit 1578 neben dem Panchen Lama die höchste kultisch-religiöse Autorität in Tibet – die Unabhängigkeit des Landes. Der abtrünnige »Staat« war jedoch politisch isoliert und wirtschaftlich aufgrund der feudalen Verhältnisse kaum lebensfähig, mithin: Die Unabhängigkeitserklärung wurde völkerrechtlich nie wirksam. Ein letzter Appell aus Lhasa an die Regierungen Großbritanniens, der USA und Indiens 1949 blieb ohne Resonanz. Die Wiederherstellung der chinesischen Schutzherrschaft im Herbst 1950 nach dem Zusammenbruch des tibetanischen Feudalstaates provozierte darum auch keinen Widerspruch in der Welt: Ein »Hilferuf« der hinweggefegten reaktionären Führung Tibets an die UNO fand kein Echo. Wegen des »ungeklärten Rechtsstatus« lehnten selbst Großbritannien und Indien diplomatisch-höflich diese Intervention ab. Lhasa akzeptierte und unterzeichnete mit Peking ein 17-Punkte-Abkommen. Darin wurde die Integration Tibets in die Volksrepublik China festgelegt, zugleich jedoch regionale Autonomie und Religionsfreiheit garantiert. Allerdings wurde in Tibet eine Landreform angeschoben, die nicht unerwartet auf den Widerstand der traditionellen Landeigner stieß. 1955 kam es zu blutigen Zusammenstößen.

In der Folgezeit kam es immer wieder zu Auseinandersetzungen, und auch Peking verhielt sich nicht immer klug und vertragskonform. So sollen während der sogenannten Kulturrevolution in den 60er Jahren die Roten Garden mehrere tausend Klöster und andere Kulturdenkmale in Tibet zerstört haben, von rund 6.000 Tempeln blieben nur sieben übrig.

Tatsache jedoch ist auch, daß die Einbindung Tibets ins chinesische Hoheitsgebiet seit 1720 den dort lebenden Menschen Schutz gegen äußere Feinde und damit Frieden gab. Und seit einem halben Jahrhundert findet durch die wirtschaftliche

Einbindung ins »Mutterland« auch eine spürbare gesellschaftliche Entwicklung statt, die niemand in Abrede stellt. In der Weltarena ist das akzeptiert, auch die deutsche Bundesregierung betrachtet »in Übereinstimmung mit der internationalen Staatengemeinschaft Tibet als Teil des chinesischen Staatsverbandes«. Kontakte zum Dalai Lama bestünden nur in dessen Eigenschaft als religiöser Führer.

Alan Winnington, ein britischer Journalist, bereiste Tibet 1955 und 1959. Er war seit 1948 in China als Korrespondent tätig und erlebte unmittelbar die Jahre des Aufbruchs und des Wandels in der Volksrepublik, aber eben auch Tibets. Seine Beobachtungen erschienen 1960 erstmals in der DDR in einem Buch, das nachfolgend neuerlich aufgelegt wird. Es war und es ist die kenntnisreichste Darstellung des Landes, seiner Geschichte und vor allem seiner Menschen. Und nebenbei: Winningtons Buch ist auch eine meisterliche journalistische Reportage, wie man sie heute nur noch selten zu lesen bekommt.

Der Engländer Alan Winnington kam Ende der 50er Jahre in die DDR. Wegen seiner klaren Haltung wurde er von britischen Regierungsvertretern als »Vaterlandsverräter« bezeichnet und ihm der Paß abgenommen. Er war in der DDR weiterhin journalistisch tätig, schrieb Bücher und gründete eine Familie. Seine Frau Ursula brachte zahlreiche Kochbücher heraus, deren Auflagenzahlen sechsstellig waren. Mit ihr besuchte er gegen Ende seines Lebens – Winnington starb 73jährig am 26. November 1983 – noch einmal das Land. Ursula Winnington lebt heute in Wandlitz und bewahrt sein publizistisches Erbe. Ihr ist zu danken, daß anläßlich des 25. Todestags ihres Mannes und als Kommentar zu den aktuellen Ereignissen in und um Tibet jenes Buch neuerlich erscheinen kann.

Es enthält auch zwei wichtige historische Dokumente: das Abkommen zwischen Tibet und China von 1951 und den tibetisch-britischen Vertrag vom 1. September 1904. Es handelt sich um wesentliche zeitgeschichtliche Abkommen, die in der gegenwärtigen Diskussion jedoch vollkommen ausgeblendet werden.

Und auch andere historische Zeugnisse werden ignoriert. Etwa die Ausführungen des Dalai Lama am 24. April 1956 in Lhasa auf einer Konferenz über die Autonomie Tibets. »Der Sozialismus ist eine wahrhaft glückliche Gesellschaftsordnung, und Tibet wird keinen anderen Weg gehen, auch wenn es vorläufig noch weit vom Sozialismus entfernt ist. Die Reformen müssen in unserem Land allmählich durchgeführt werden. Wann wir sie durchführen, und wie sie aussehen werden, das hängt davon ab, wie wir vorankommen, und von verschiedenen Umständen. Die tibetischen Führer und das Volk werden es nach gemeinsamen Beratungen schaffen.«

Vorwort

Mit diesem Buch möchte ich dazu beitragen, das »Geheimnis Tibet« zu enthüllen. Nach meiner Tausende Kilometer langen ersten Reise 1955 durch das tibetische Hochland, auf der ich mit zahlreichen Bewohnern des Landes gesprochen hatte, versuchte ich, meine Erlebnisse in einer Art Tatsachenbericht festzuhalten. Ich zog bewußt keine Schlußfolgerungen, um dem Leser zu ermöglichen, sich im weiteren Verlauf der Ereignisse selbst ein Urteil zu bilden.

Würde sich der weltliche und klerikale Adel Tibets an das Abkommen mit der Zentralregierung Chinas über die schrittweise Reform dieses unvorstellbar rückständigen, mittelalterlichen Gesellschaftssystems halten oder aber das Ausland zu Hilfe rufen, um Tibet wieder von China loszureißen und dadurch seine Feudalprivilegien zu erhalten – diese Frage war 1955 noch offengeblieben. Die Antwort war der Aufstand der mächtigsten Feudalherren im März 1959 – ein Aufstand, der so wenig Unterstützung durch die Volksmassen fand, daß er in wenigen Wochen niedergeschlagen werden konnte, obgleich das Land wegen seiner geographischen Struktur doch geradezu ideal für einen endlosen Kleinkrieg gewesen wäre.

Als ich zum erstenmal in Tibet war, bemerkte ich überall, wie sich die chinesische Zentralregierung bemühte, die vereinbarten Maßnahmen durchzuführen, die in dem 1951 in Peking mit den Vertretern der Aristokratengruppe um den Dalai-Lama getroffenen Abkommen festgelegt waren. Das hieß, sie arbeitete in allen Fragen mit den tibetischen Machthabern zusammen. Die mächtigsten unter diesen waren die Aristokraten, Lamas, Beamten und Kaufleute, die sich um den Dalai-Lama Tandzin Tschamdzo – offiziell die Vierzehnte Wiedergeburt des Großlamas von Lhasa, in Wirklichkeit aber ein einfacher Bauernjunge – gruppiert hatten. Vertreten durch den sechsköpfigen Kaschag, nutzten sie die Situation aus, um einen Aufstand vorzubereiten – in Verbindung mit amerikanischen, britischen und anderen ausländischen Agenten sowie mit gewissen Indern, deren begehrliche Blicke auf das große, strategisch wichtige Hochland gerichtet waren.

Der Hauch des Geheimnisvollen, der Tibet umgibt, ist zum Teil auf seine hohe Lage und seine Unzugänglichkeit zurückzuführen, weit mehr noch aber auf die Tatsache, daß die Ausländer, die während der letzten zwei Jahrhunderte dieses Land besuchten, nie in der Lage waren, mit den einfachen Tibetern zu sprechen. Bis in die jüngste Zeit hinein war es einem Fremden unmöglich, hier mit anderen Menschen als weltlichen oder klerikalen Aristokraten in Berührung zu kommen. Die Folge waren eine völlige Unkenntnis der Struktur der tibetischen Gesellschaft, und so entstanden die stereotypen romantischen Vorstellungen von dem seltsamen Land über den Wolken, wo die Zeit stehengeblieben war, wo die Lamas regierten und keiner es anders haben wollte. Sollten westliche Tibet-Sachverständige es doch besser gewußt haben, so haben sie sich jedenfalls nie darüber geäußert.

Dabei stellt jeder objektive Beobachter schon bei flüchtiger Betrachtung fest, daß sich das Land seit Jahrhunderten in einem Zustand sozialer Fäulnis und wirtschaftlichen Verfalls befindet. Als nach dem Aufstand eingehendere Untersuchungen möglich waren, weil kein Aristokrat mehr die Hand davorhalten konnte, wurde das ganze Ausmaß dieses Verfalls offenbar – und ebenso die unvorstellbare Barbarei, mit der der Adel und die Klöster aus einer Bevölkerung, deren Produktionsvermögen ständig abnahm, immer mehr herausgepreßt hatten.

Bisher sind in Tibet faktisch noch keine historischen Aufzeichnungen oder ökonomischen Schriften entdeckt worden, aber die Urkunden über den Grundbesitz und die gegenwärtigen sozialen Verhältnisse lassen darauf schließen, daß hier vor mehreren hundert Jahren eine Feudalgesellschaft klassischen Typs bestanden hat. Sie erstarrte, die Bevölkerungszahl nahm ab, die land- und viehwirtschaftliche Produktion ging zurück, aber die Forderungen der Oberschicht stiegen. Das Ergebnis war die Verelendung und Erniedrigung der Hörigen und Leibeigenen.

Es ist schwer, einen tibetischen Leibeigenen zu finden, der keine Schulden hatte. Bei den meisten beliefen sie sich auf sechs bis zehn Ernten, und nicht wenige hätten sie niemals abtragen können, selbst wenn sie ein ganzes Jahrhundert lang ohne Essen geschuftet hätten. Der Wucher war der entscheidende Faktor für das weitere Absinken der Leibeigenen ersten Grades in Leibeigene zweiten Grades und schließlich in Sklaven.

Die Leibeigenen ersten Grades, die ursprünglichen tibetischen Hörigen, heißen *thralba,* was soviel wie »Dienst- und Abgabenpflichtiger« bedeutet. Im Alter von fünfzehn Jahren hatten männliche und weibliche *thralbas* Anspruch auf ein Stück Land, das in den meisten Gegenden ein Fünftel Hektar groß war. In jeder Grundherrschaft wurde etwa ein Drittel des Landes den Leibeigenen zugeteilt, das beste Land behielt allerdings der Grundherr für sich. Als Gegenleistung für den traditionellen Landanteil mußte der *thralba* jährlich drei Monate unbezahlte Arbeit, *ula,* auf dem Land seines Herrn leisten. Eine vierköpfige Familie mit vier Landanteilen hatte also ständig eine Person für den Grundherrn freizustellen und zu unterhalten. Das war »inneres *ula*«.

»Äußeres *ula*« war drückender und nicht einzuplanen. Jeder Feudalherr hatte seine Güter als Lehen von der Örtlichen Regierung erhalten und war dafür zu bestimmten Tributleistungen verpflichtet. Die Abgaben und Dienstleistungen für einen Besitz von der Größe von sechzehn *thralba*-Anteilen bestanden gewöhnlich darin, unentgeltlich Waren und Regierungsbeamte zu befördern und örtliche Produkte zu liefern. Jeder Grundherr wälzte diese Verpflichtungen einfach auf seine Leibeigenen ab und sorgte dafür, daß auch für ihn noch etwas dabei heraussprang.

Die *ula*-Verpflichtungen hatten Vorrang vor allen anderen, und die Nichterfüllung dieser Tributleistungen zog schreckliche Folgen nach sich. Daneben gab es noch eine Vielzahl anderer Forderungen, denen teils regelmäßig, teils von Fall zu Fall nachgekommen werden mußte; die Hörigen und Leibeigenen mußten die ortsansässigen Lamas regelmäßig zu Festessen »einladen«, ihnen Frauen zur Verfügung stellen und landwirtschaftliche Erzeugnisse »spenden«. Viele ihrer Söhne mußten auf Lebenszeit ins Kloster und dort niedere Arbeiten für die hohen Mönche verrichten. Sondersteuern für Ohren, Nasen, Zöpfe und Besitz von Tieren wurden in einigen Fällen regelmäßig, in anderen immer dann auferlegt, wenn der Feudalherr gerade Geld brauchte. Durchreisende Beamte mußten von jedem verpflegt werden, bei dem sie einzukehren geruhten – und außerdem hatte der »Gastgeber« ihnen auch noch Frauen zu stellen.

Die *thralbas* waren wie alle Leibeigenen völlig in der Gewalt ihrer Herren, die sie zu Tode peitschen, ihnen die Sehnen durchschneiden, sie auf unbegrenzte Zeit einkerkern und auch verschenken konnten. Dennoch besaßen sie gewisse minimale Gewohnheitsrechte und wurden von den Leibeigenen zweiten und dritten Grades als glücklichere Menschen angesehen.

Der *thralba*, aus dem bei einer so schmalen Produktionsbasis so viel herausgepreßt wurde, mußte borgen, um seine Verpflichtungen erfüllen zu können. Wer sich erkühnte, die Zahlung oder die Arbeit zu verweigern, wurde bestraft – und die Auspeitschung war noch das geringste. Unter solchen Umständen konnten die Gläubiger beliebig hohe Zinsen fordern. Da überdies alle tibetischen Hörigen und Leibeigenen mit Ausnahme einer kleinen Anzahl serviler Sekretäre Analphabeten waren, konnte auch die Schuldhöhe willkürlich eingetragen werden, und kein Leibeigener hätte es gewagt, sie anzufechten.

Wurde ein *thralba* unrentabel, weil er zu alt war, weil seine Familie nicht genügend Arbeitskräfte besaß, weil er trotz Borgens seinen Verpflichtungen nicht mehr Herr wurde oder auch nur weil sein Besitzer eine Neuaufteilung des Bodens für vorteilhafter hielt, so hatte der Grundherr das Recht, den bisherigen Leibeigenen ersten Grades zum *langtsan* zu degradieren. Das war die dritte, unterste Stufe der Abhängigkeit, die der

Sklaverei gleichkam. Der *langtsan* war besitz- und rechtlos, und seine Kinder wurden als Sklaven geboren.

Um diesem trostlosen Geschick zu entgehen, liefen viele *thralbas* ihren Herren davon und ließen sich in anderen Gegenden nieder. Im Laufe der Jahrhunderte wurde das zu einer solchen allgemeinen Praxis, daß sich der Adel damit abfinden mußte. Die tibetische Gesellschaft wäre zum Stillstand gekommen, hätten alle entlaufenen Leibeigenen ihrem ursprünglichen Herrn zurückgegeben werden müssen. Durch die Flucht wurde der *thralba* zum *duitschun,* zum Leibeigenen zweiten Grades. Der *duitschun,* der sich seiner Schulden durch die Flucht entledigt hatte, ließ sich an einem anderen Ort nieder, verrichtete dort Gelegenheitsarbeiten, pachtete unter äußerst drückenden Bedingungen ein kleines Stück Land und mußte eine Kopfsteuer entrichten, wenn ihn sein ehemaliger Herr ausfindig machte. Es dauerte nicht lange, bis er wieder bis über beide Ohren verschuldet war.

Die *langtsans* waren allem Anschein nach Sklaven. Sie schufteten von früh bis spät, mußten bedingungslos jede Arbeit für ihre Herren verrichten und erhielten dafür unzureichende Nahrung und Kleidung. Der Herr konnte sie fortschicken; er konnte Mann und Frau, Eltern und Kinder trennen. Dennoch unterscheiden sich die *langtsans* insofern von Sklaven klassischen Typs, als sie in der Regel keine Ware darstellten und in vielen Fällen traditionsgemäß Getreide und Kleidung zugeteilt bekamen, also nicht nur ihr Essen erhielten.

Auf einem Gut des Aristokraten Khemey fand ich solch typische grundherrschaftliche Verhältnisse vor: Es gab nur noch 69 *thralba*-Familien, aber 117 Familien waren *duitschuns.* Ferner lebten dort 132 individuelle *langtsans;* einige von ihnen waren »verheiratet«, was von ihrem Herrn natürlich in keiner Weise respektiert wurde.

Vergliche man diese Zahlen mit älteren Aufzeichnungen, wozu bisher allerdings noch keine Zeit war, so würde sich zweifellos zeigen, in welchem Umfang die kümmerlichen Rechte der Leibeigenen im Laufe der Zeit beschnitten worden sind.

In diesem Prozeß sanken die Leibeigenen auf das Niveau der nackten Existenz, und selbst dieses konnten viele nicht halten, denn die Bevölkerung Tibets hat sich im Laufe der Jahrhunderte ständig verringert.

Aber während die Einwohnerzahlen und die Produktion zurückgingen, stiegen die Ansprüche des Adels. Mit den ausländischen Einflüssen kam das Verlangen nach Industriewaren, ausländischen Weinen und den verschiedensten Luxusartikeln, aber sie brachten keine Veränderung im System der Produktion und der Verteilung, die den allgemeinen Wohlstand vergrößert hätte. Aussaugen und immer noch mehr aussaugen – das war die einzige Antwort dieser in der Vergangenheit verankerten Gesellschaft.

Man kann sich keine Vorstellung vom tibetischen Feudalismus machen, wenn nicht wenigstens kurz auf die Methode des Auspeitschens eingegangen wird. Es ist oft darüber geschrieben worden, daß Menschen bei lebendigem Leibe die Haut abgezogen wurde, daß man ihnen die Augen ausdrückte, sie verstümmelte und ihnen die Sehnen durchschnitt. Das hat es in Tibet wirklich gegeben – als Strafmaßnahme und als Mittel zur Befriedigung sadistischer Gelüste des Adels. Das Auspeitschen aber war bis zum Ausbruch des Aufstandes ein anerkanntes Recht. Es erfolgte in den Kerkern der Gutsherren und der Klöster, und es gibt nur wenige Leibeigene, die nicht Spuren schwerer Prügelstrafen vorzeigen können. Geschlagen wurde mit der geflochtenen Reitpeitsche, die, wie mir der Lhasaer Mebon 1955 erzählte, einen Menschen schwer, ja tödlich verletzten konnte. In dem Bewußtsein, daß Zahlungsversäumnis unter Umständen 200 oder 300 Peitschenhiebe bedeutete, war ein Leibeigener zu allem bereit, wenn er nur seinen Verpflichtungen nachkommen konnte. Im übrigen wußte der Verwalter es bei ein bißchen Bestechung schon so einzurichten, daß die Hiebe gerade noch erträglich und nicht allzu folgenschwer waren – andernfalls konnte es leicht geschehen, daß die Peitsche statt des Gesäßes die Sehnen der Oberschenkel und der Kniekehlen traf und das Opfer verstümmelte. In jedem Gutshaus fanden sich schwere geflochtene Reitpeitschen und auch ein oder zwei menschliche Unterarme und andere grausige Reliquien. So sah ich in Loka die mumifizierte Leiche eines jungen Mädchens, das von seinem adligen Herrn vergewaltigt und ermordet und dann als Andenken aufbewahrt worden war. Auf einem der Güter Khemeys entdeckte ich eine versilberte Schale, die aus einer menschlichen Schädeldecke hergestellt und noch zur Hälfte mit verschimmeltem Gerstenbrei und Buttertee gefüllt war. Die unglücklichen tibetischen Leibeigenen lebten in ständiger Furcht vor den »anderen«, wie sie die Adligen nannten.

Wußte man im Ausland schon nicht viel von der Lage der Leibeigenen in der tibetischen Landwirtschaft, so war noch weniger über jenes Fünftel des tibetischen Volkes bekannt, das in den hohen Weidegebieten oberhalb von Lhasa und Schigatse mit Hüten von Jaks und Schafen sein Dasein fristet. Vor noch nicht allzu vielen Jahrhunderten müssen diese Hirten freie Nomadenstämme gebildet haben. Von deren Stammesdemokratie haben sich jedenfalls noch Überreste erhalten. Alles spricht dafür, daß sich der Adel durch die verschiedensten Mittel nach und nach einen immer größeren Teil der Erzeugnisse und des Jungviehs aneignete und Eigentümer aller Weiderechte wurde.

Die Hirten werden mit vielen Methoden ausgebeutet, aber schon ihr grimmiger Spott kennzeichnet *gime-tschime,* »ohne Leben und Tod«, als die verhaßteste. Ein Stamm »erhält« in diesem Fall eine Anzahl nicht existierender Rinder, die vom Oberhaupt auf die Haushalte zu »verteilen« sind. Für jeden imaginären Jak müssen jährlich acht Kilogramm Butter abgeliefert werden. Und mehr als das Doppelte ergibt auch ein tatsächlich existierendes Tier nicht. *Gime-tschime* konnte nur von den »Großen Drei« – den Adligen, den Klöstern und der örtlichen Regierung – verhängt werden. Es verschlang in der Regel etwa die Hälfte des Gesamteinkommens der Stämme. Machte ein Haushalt bankrott, so mußten die imaginären Jaks auf die anderen verteilt werden.

Die Kaufleute und andere Kapitalbesitzer bedienten sich des *giyo-tschiyos*, was soviel wie »lebend und sterbend« heißt. Die *giyo-tschiyo*-Jaks existierten wirklich; sie wurden den Hirten geliehen, die sie sehr häufig nur deshalb brauchten, um die Abgaben für ihre imaginären entrichten zu können. Für jeden geborgten Jak mußten jährlich acht bis zwölf Kilogramm Butter abgeliefert werden. In der Regel war der Schuldner verpflichtet, dem Gläubiger, dem übrigens die Jungtiere zufielen, jedes verendete Tier zu ersetzen.

Die Hirten waren darüber hinaus noch zu allen möglichen Tribut- und Dienstleistungen verpflichtet. Sie waren auch der Willkür der Händler ausgeliefert, die Konzessionen und Monopole der »Großen Drei« besaßen. Viele Bettler in den tibetischen Städten sind frühere Hirten, die unter diesen Auspressungsmethoden verelendet und auf der ökonomischen Stufenleiter immer weiter hinuntergedrückt worden sind.

Die Kernfrage, die die chinesische Revolution im tibetischen Teil Chinas aufwarf, lautete: Freiheit des Besitzes von Leibeigenen oder Freiheit für die Leibeigenen? Das von Vertretern der Dalai-Lama-Gruppe in Peking unterzeichnete Abkommen sah vor, daß die Zentralregierung in dem ihr unterstehenden Gebiet das bestehende politische System nicht ändern würde; der Kaschag sollte jedoch freiwillig in geeigneter Weise Reformen durchführen. 1956 erklärte die chinesische Regierung, daß die Diskussion über die Reformen bis 1962 aufgeschoben werden könnte. Inzwischen wandte sie große Mittel auf, um Hilfsmaßnahmen durchzuführen und den anderen Handel zu entwickeln; dabei muß es dem Adel wohl klargeworden sein, daß er immer geringere Aussicht hätte, seine Leibeigenen für Aktionen zur Aufrechterhaltung des Status quo zu mobilisieren, wenn er den Dingen ihren Lauf ließe.

Der Leser wird selbst beurteilen können, ob es möglich gewesen wäre, den Lebensstandard aller Tibeter mit Hilfe der Zentralregierung durch Verbesserung der Produktionsmethoden zu heben. Das war – neben der Wahrung der politischen Stellung der weltlichen und geistlichen Machthaber Tibets während der Reformen – die offizielle Linie der chinesischen Politik, mochte die Regierung in Peking auch nur geringe Hoffnung gehabt haben, daß die tibetischen Aristokraten ihre Privilegien aufgeben würden. Diese Hoffnung war indessen nicht so unbegründet, wie man annehmen könnte. Es war jedem aufmerksamen Beobachter klar, daß die winzige Gruppe aristokratischer Machthaber auch mit ausländischer Unterstützung keine Aussicht hatte, Tibet durch ein Komplott von China loszureißen. Aber vielleicht haben die Aristokraten den Großmut der Zentralregierung als Schwäche ausgelegt.

Niemand, am wenigsten der indische Ministerpräsident Nehru, brauchte sich zu wundern, als der Adel den Versuch unternahm, das Rad der Geschichte aufzuhalten. In ihrer sorgfältig formulierten Erklärung »Die Revolution in Tibet und die Philosophie Nehrus« erinnerte die Redaktion der »Volkszeitung«, des Zentralorgans der Kommunistischen Partei Chinas, den indischen Ministerpräsidenten an die Sätze, die er 1935 in einem britischen Gefängnis geschrieben hatte:

> »Die ökonomischen Interessen formen die politischen Anschauungen von Gruppen und Klassen. Weder Vernunft noch moralische Erwägungen können diese Interessen umstoßen. Einzelne mögen bekehrt werden, sie mögen ihre Sonderprivilegien aufgeben, wenn dies auch recht selten vorkommt, aber bei Klassen und Gruppen ist das nicht so. Der Versuch, eine herrschende, privilegierte Klasse dazu zu bewegen, auf die Macht zu verzichten und ihre ungerechten Privilegien aufzugeben, ist deshalb bisher stets gescheitert, und es scheint keinerlei Grund für die Annahme zu geben, daß er in Zukunft erfolgreich sein wird.«

Wie sehr sich die politischen Anschauungen Nehrus seither auch gewandelt haben mögen – er wird wohl kaum bestreiten, daß das, was er damals gesagt hat, auf historischer Realität beruht und auch für Tibet gilt. Damals hat er die »klare Analyse« der Marxisten gerühmt. Die chinesische Regierung wußte um dieses marxistische Axiom, aber sie räumte den tibetischen Aristokraten eine Chance ein. Jeder Versuch der Zentralregierung, die Situation gewaltsam zu verändern, hätte höchstwahrscheinlich die tibetischen Leibeigenen ins Lager ihrer aristokratischen Unterdrücker getrieben und den Adel gegen die Reform zusammengeschlossen. Die chinesischen Behörden sahen über viele kleinere Verletzungen des Abkommens von 1951 und auch über einige weniger geringfügige hinweg; in Übereinstimmung mit diesem Abkommen beschränkten sie sich darauf, den Kaschag zur Berichtigung seiner eigenen Fehler aufzufordern. Die Zentralregierung ergriff keinerlei Maßnahmen, bis der Kaschag das Abkommen, dem er selbst zugestimmt hatte, zerriß und ihr keine andere Wahl ließ, als den Aufstand niederzuschlagen.

Die aristokratischen Aufständischen ernteten dabei nur die Früchte einer jahrhundertelangen Unterdrückung und wurden vom tibetischen Volk im Stich gelassen. Das Volk war zwar gänzlich ungebildet, aber es durchschaute doch leicht den mit nationalistischen und religiösen Phrasen getarnten Versuch, den Status quo aufrechtzuerhalten. Im Lager der Aufständischen vereinigten sich über 70 Prozent der 642 Adelsfamilien, ein paar tausend gezwungene Vasallen, einige Geistliche – meistens arme Mönche, die in die Reihen der Aufständischen gepreßt worden waren – und rund 7000 Angehörige des kriegerischen Grenzstammes der Khamba aus dem östlichen Tibet und dem westlichen Setschuan, die noch niemals eine Autorität über sich anerkannt und schon oft die Waffen gegen ihre »eigenen« Kräfte gerichtet hatten.

Auf Grund der Geländeverhältnisse hatte man damit gerechnet, daß die völlige Niederwerfung des Aufstandes außerhalb der Hauptzentren möglicherweise längere Zeit in Anspruch nehmen würde. Hätten sich die Aufständischen in Versorgungs- und Unterkunftsfragen auch nur auf einen kleinen Teil des Volkes stützen können, wäre es vielleicht wirklich so gekommen. Doch sie waren ein zusammenhangloser Haufen; es gab in ihren Reihen zwar viele fähige Kämpfer, aber sie hatten keine Ziele, für die sich die Leibeigenen hätten begeistern können. Sie strebten nach persönlicher Macht; sie plünderten, brandschatzten, terrorisierten alle Gebiete, durch die sie zogen. Ein Teil von ihnen bestand aus Vasallen, die bei der ersten Gelegenheit die Waffen fortwarfen und nach Hause zurückkehrten.

In krassem Gegensatz dazu stand das Verhalten der chinesischen Armee mit ihrem traditionellen Prinzip, dem Volk nichts zu nehmen, »und sei es auch nur ein Baumwollfaden«. Sie schützte die Bevölkerung und verhielt sich untadelig. Gleichzeitig übernahm der reorganisierte Vorbereitende Ausschuß für das Autonome Gebiet Tibet mit dem Pantschen-Lama als amtierendem Vorsitzenden die örtliche Regierungsgewalt und erließ eine Verordnung, wonach als Übergangsmaßnahmen die gesamte Ernte auf dem Boden der Aufständischen denen zugesprochen wurde, die das Land bestellten.

Es dauerte tatsächlich nur wenige Wochen bis der gesamte Aufstand niedergeschlagen war; nur ein paar hundert verstreute zwei oder drei Mann starke Gruppen führten in entlegenen Gegenden noch auf eigene Faust Krieg. Im August waren sie bereits auf das Niveau von Banditen herabgesunken. Die Hauptaufständischen flohen nach Indien.

Mit der Niederwerfung des Aufstandes wurde auch die Feudalmacht zerschlagen, vor der die chinesische Revolution an der Grenze Tibets haltgemacht hatte. Damit wurde für die mehr als eine Million Leibeigenen und Hörigen der Weg frei, alle Fragen an der Wurzel zu lösen; sie können sich dabei auf die Erfahrungen der chinesischen Regierung stützen und mit materieller Hilfe rechnen; ich habe selbst gesehen, mit welchem Eifer sie diese Gelegenheit nutzen.

Mit einem Schlag trafen in Tibet alle Voraussetzungen für die Entstehung eines wahren revolutionären Brandes zusammen. Das Arbeitskomitee der Kommunistischen Partei Chinas wirkte dabei als steuernde Kraft; es gab auf Grund einer wissenschaftlichen Analyse der Situation die Anleitung, arbeitete die politische Linie aus, erprobte sie in der Praxis, verhütete Fehler, stärkte die progressiven Kräfte der Gesellschaft und lenkte das Hauptfeuer auf die reaktionärsten Elemente: die aufständischen Aristokraten, die zum größten Teil nach Indien flohen.

Etwa zwei Drittel der Anbaufläche Tibets – rund 130.000 Hektar – gehörten den Aufständischen. Die Leibeigenen, die dieses Land bestellten, bringen nun ihre erste Ernte als freie Bauern ein, aber die eigentliche Landaufteilung ist noch nicht erfolgt. In einigen Grundherrschaften wurde zunächst versuchsweise mit der Bodenreform begonnen. Auf einem von Khemeys Gütern in Loka erlebte ich die erste Neuaufteilung des Bodens. Der Grundherr selbst ist jetzt in Indien; er gehört zu der Gruppe um den Dalai-Lama. Die 30 Sklaven dieses nicht sehr großen Gutes sind freigelassen worden; gemeinsam mit 393 Leibeigenen (die Kinder eingerechnet) steckten sie das Land ab, das ihnen in langen vorbereiteten Diskussionen zugeteilt worden war. Die hier und auf anderen Gütern gesammelten Erfahrungen werden bei der bevorstehenden Reform in ganz Tibet ausgewertet werden.

Ein Teil des Bodens wird nicht verteilt. Er ist für Mönche bestimmt, die in das weltliche Leben zurückkehren wollen, für Ortsansässige, die wegen ihrer Schulden geflohen sind, für Aufständische, die zum Kampf gezwungen wurden und zurückkehren möchten, und schließlich für den Staat, dem sie als Einnahmequelle – vor allem zur Errichtung einfacher Schulen – dienen sollen.

Gleichzeitig entwickelt sich eine gewaltige Bewegung gegen *ula* und persönliche Knechtschaft. Von besonderer Wichtigkeit in dieser Bewegung sind die Versammlungen, auf denen die Leibeigenen von ihrer Not und ihren Mißhandlungen, von Auspeitschungen, Vergewaltigungen, Kreditkündigungen, vom Ruin ganzer Familien und von der Verwüstung ihrer Heimstätten berichten. Die gefangenen aufständischen Aristokraten müssen sich mit anhören, wie ihre ehemaligen Vasallen »ihre Bitterkeit aussprechen«. Dann werfen die Leibeigenen die Peitschen, Knüppel, Ketten und Schuldscheine ins Feuer. Diese Versammlungen sind echte Massenaktionen; sie sollen keine Rache sein, sondern sie haben einen politischen Zweck: Sie helfen den Leibeigenen, die Furcht vor dem Adel abzuschütteln und die notwendige moralische Kraft und Einigkeit zu entwickeln, um in ihrem eigenen Interesse Reformen durchführen zu können. Sie sind ein Prozeß, der sie für ihre Aufgaben als Herren der Gesellschaft schult.

Eine ganz andere Politik wird auf den Gütern der 170 Adelsfamilien verfolgt, die sich geweigert haben, am Aufstand teilzunehmen. Diese werden für ihr Land, das insgesamt etwa 60.000 Hektar umfaßt, entschädigt, und die Bodenreform erfolgt in ihrem Fall später. Sie erhalten einen Ausgleich für etwaige Einschränkungen ihres Lebensstandards und behalten ihre politische Stellung bei. Diese Politik wäre ohne den Aufstand in ganz Tibet verfolgt worden.

Auf diesen Gütern besteht also die Leibeigenschaft weiter, allerdings in abgewandelter Form. Auch hier ist eine Kampagne gegen *ula* und persönliche Knechtschaft im Gange, aber die Adligen nehmen nicht an den Versammlungen teil, auf denen die Leibeigenen mit ihnen abrechnen. Man ist übereingekommen, daß die Pacht bis zu der Zeit, da auch auf diesen Gütern die Bodenreform in kontrollierter Weise durchgeführt werden kann, in Naturalien und nicht in Dienstleistungen entrichtet wird. Der Grundherr soll 20 Prozent des Netto-Ernteertrages erhalten, und denen, die das Land bebauen, verbleiben somit 80 Prozent. Die Höhe der Entschädigung für Land, Zugtiere, Geräte und Häuser wird in gemeinsamer Diskussion mit den betreffenden Aristokraten festgelegt. Die aktivsten unter ihnen leisten auf ihren Besitzungen fortschrittliche Aufklärungsarbeit, um die Leibeigenen mit den Einzelheiten der Reformpolitik vertraut zu machen; sie legen Verzeichnisse des Viehbestandes, der Geräte und der Unterkünfte an, um die spätere Reform zu erleichtern. Sie lassen die Sklaven frei, geben ihnen Wohnraum und stellen ihnen Getreide für die erste Aussaat zur Verfügung. In den meisten Fällen sind diese Adligen überzeugt, daß sie nach der Reform ökonomisch besser stehen werden. Sie rechnen mit einer hübschen Summe Geld, und außerdem entfallen die bisherigen Ausgaben für die Unterhaltung der Güter, für Bestechungen und für den mit der alten Lebensweise verbundenen verschwenderischen Aufwand, der den größten Teil ihres früheren Einkommens verschlungen hatte.

Bei den Hirten ist die Reform wegen der großen Entfernungen und der verwickelten gesellschaftlichen Beziehungen, deren Untersuchung jetzt gerade erst beginnt, weit komplizierter und viel schwerer einzuleiten und durchzuführen. An die Veränderung des Herdeneigentums wird man nur sehr langsam herangehen können. Tiere sind etwas anderes als Land, das stets da ist. Ein Fehler bei der Bodenverteilung kann korrigiert werden, wird er aber bei der Reform der Besitzverhältnisse der Herden gemacht, kann das dazu führen, daß die Tiere zu Ernährungszwecken oder aus Bosheit abgeschlachtet werden. Zunächst werden einmal die Tributleistungen für imaginäres Vieh abgeschafft; ferner erhalten die Hirtensklaven die Freiheit und werden Lohnarbeiter mit vollen staatsbürgerlichen Rechten. Die Naturalabgaben für geborgtes, tatsächlich vorhandenes Vieh werden beschränkt, andere drückende Tributleistungen gebietsweise geregelt. Die Verhältnisse variieren von Weidegebiet zu Weidegebiet, von Stamm zu Stamm derartig, daß die Ausarbeitung einer einheitlichen Linie nicht leicht sein wird.

Eine allgemein willkommene Reformmaßnahme war die Streichung aller nichtkommerziellen Schulden, die bis Ende 1958 bei den Grundherren angelaufen waren. Neue Schulden dürfen nur mit einem Prozent monatlich verzinst werden.

Diese Veränderungen in der Land- und Viehwirtschaft haben das Volk bereits von den drückendsten Lasten befreit und Spielraum für die gründliche Ausarbeitung und Erprobung der weiteren Politik geschaffen.

In den Klöstern, deren Oberschicht zu den »Großen Drei«, den Eigentümern von Land und Leibeigenen, gehört, besteht die große Mehrheit der Lamas aus Söhnen der Hörigen, die hier gegen ihren Willen auf Lebenszeit niedere Arbeit verrichten sollten. Die Klöster Tibets waren die Hauptstützen der korrupten, verfaulten, ausschweifenden, tyrannischen Feudalmacht.

Schon in den ersten Tagen nach dem Aufstand waren zwei

wesentliche Veränderungen zu bemerken: einmal die Bildung von Lama-Ausschüssen, denen arme Mönche angehören und die jetzt die Klöster als rein religiöse Institutionen verwalten, und zum anderen die Tatsache, daß viele junge Lamas die Klöster, in die sie nicht freiwillig gegangen waren, wieder verließen, nach Hause zurückkehrten und sich an der Bodenreform beteiligten.

Die Lama-Ausschüsse bemühen sich sehr, die feudalistischen Entstellungen des Buddhismus zu beseitigen, die den tibetischen Lamaismus bei den ehrlichen Buddhisten in aller Welt in Verruf gebracht haben; sie leisten aufklärende Arbeit gegen den Mißbrauch der Religion als Mittel der Erpressung und Unterdrückung. In vielen Klöstern sind Peitschen, Ketten, Knüppel, präparierte menschliche Körperteile und unbeschreibliche Instrumente sexueller Perversion ausgestellt, die jeden Betrachter vor der Leichenhausatmosphäre dieser dekadenten Glaubensfassade erschauern lassen. Man kann dort auch große Mengen ausländischer Waffen amerikanischer und englischer Herkunft besichtigen, die in den Klöstern gestapelt wurden, als die Aufständischen die Revolte vorbereiteten.

Für die Lamas wie für die ganze Bevölkerung Tibets gibt es zum ersten Mal religiöse Freiheit – alle können frei entscheiden, ob sie sich an der Religionsausübung beteiligen, ob sie die Klöster, die so lange Zeit hindurch den Reichtum des Landes verschluckt haben, unterstützen wollen oder nicht. Den Klöstern bleibt genug Land, um sich durch eigene Arbeit zu unterhalten. Können sie als Glaubenszentren davon und von den Almosen nicht existieren, werden sie genauso unterstützt wie alle anderen religiösen Institutionen im übrigen China. Ich nehme an, daß die 120.000 Mönche jetzt auch heiraten dürfen, sei es als Angehörige des Klosters oder nach ihrem Austritt. Das wird sich günstig auf die sinkende Bevölkerungszahl Tibets auswirken und auch die stark verbreiteten Geschlechtskrankheiten eindämmen.

»Jetzt müssen die Klöster der chinesischen Verfassung ihre Tore öffnen, und die Lamas müssen die persönliche Freiheit erhalten«, sagte mir der Pantschen-Lama, als ich ihn im August 1959 in Schigatse besuchte. Und der junge Oberpriester betonte, dies sei unerläßlich, wenn »die Religion nicht weiterhin mit dem Schandfleck der Leibeigenschaft behaftet sein soll«.

Bei meiner zweiten Reise nach Tibet stellte ich mit Erstaunen fest, wie schnell der Versuch der adligen Aufständischen, ihre Feudalherrschaft zu verewigen, ins Gegenteil, in eine Volksrevolution gegen den Feudalismus, umgeschlagen war. Heute begrüßen einen die ehemaligen Leibeigenen mit freudigen Zurufen, mit Winken, Schulterklopfen und Händeschütteln – eine auffallende Veränderung, wenn man an die rechtwinkligen Verbeugungen, an das Herausstrecken der Zunge und die anderen Zeichen kriecherischer Servilität denkt, zu denen diese Menschen früher von ihren Herren gezwungen wurden. Die Bauern und Hirten fangen an, sich und sogar ihre Kleidung zu waschen. Nur noch wenige verrichten in den Straßen Lhasas ihre Notdurft, die meisten benützen die neuen Bedürfnisanstalten. Überall sieht man Kinder in winzige Schulen eilen, in denen sie vielleicht nur von einem einzigen Lehrer – meistens sogar einem Autodidakten – unterrichtet werden; aber die ersten Breschen werden in das Analphabetentum geschlagen.

Einwohner- und Bauernvereinigungen sind entstanden und haben die von den Adligen bei ihrer Flucht aufgegebene Macht übernommen. Sie sind jetzt die grundlegenden Organe der Staatsgewalt, ein demokratischer Ausdruck der Entschlossenheit der Leibeigenen, selber die Reformen durchzuführen, und sie bieten jede Gewähr, daß es keine Rückkehr in die Vergangenheit gibt.

Die tibetischen Aristokraten und ihre Verbündeten, die den Dalai-Lama jetzt als Hebel zur Wiedergewinnung ihrer alten Privilegien benutzen möchten, haben genausowenig Aussicht auf Erfolg wie Tschiang Kai-schek mit seinen Eroberungsplänen. Die Geschichte ist an ihnen vorübergegangen. Tibet hat bereits die ersten Schritte ins zwanzigste Jahrhundert getan, und es gibt keine Macht, die es wieder ins Mittelalter zurückzerren könnte. In ein oder zwei Jahren werden alle ehemaligen Leibeigenen landbesitzende Bauern sein, die ihre Landwirtschaft erfolgreich nach sozialistischen Prinzipien entwickeln, während ihre ehemaligen Herren im Exil nur noch eine weitere veraltete Waffe im zweifelhaften Arsenal des kalten Krieges sind.

Tibets 1,2 Millionen Einwohner haben jetzt die Möglichkeit, sich mit den übrigen Minderheiten Chinas vorwärtszuentwickeln und ihre rund 3 Millionen tibetischen Brüder in Tschinghai, Setschuan, Jünnan und anderen Provinzen einzuholen. Es ist noch zu früh, vorauszusagen, wie diese Entwicklung im einzelnen verlaufen wird.

Ich war im Zweifel, ob ich das Schlußkapitel und vor allem den letzten Absatz dieses Buches umschreiben sollte oder nicht; schließlich habe ich es bei dem ursprünglichen Text belassen. Es ist heute sicherer denn je, daß sich Tibet ohne ein kapitalistisches Zwischenstadium vom Feudalismus befreien wird; die Initiative von einer Million Leibeigenen, die mit einem Schlage von einer tausendjährigen Unterdrückung befreit wurden, wird schöpferischer sein als alle Spekulationen.

Alan Winnington
Lhasa, im September 1959

Besuch auf dem Dach der Welt

Ein Traum wird Wirklichkeit – Blutdruck – Fremde in Tibet – Was geschah seit 1950? – Die Hochebene – »Luft kann man nicht kaufen« – Die neuen Straßen – Adlige und Leibeigene studieren gemeinsam – Ein Stammeskrieger führt Reformen durch – Waffenstillstandsverhandlungen in den Bergen

Mich gerade jetzt untersuchen lassen zu müssen, schien mir nicht sehr günstig; denn seit vierundzwanzig Stunden, seit man mir telefonisch mitgeteilt hatte, daß meine lang ersehnte Reise nach Tibet genehmigt sei, war ich sehr aufgeregt. Die ganze Nacht lag ich wach und schmiedete Pläne. Am nächsten Morgen läutete wieder das Telefon; man drängte mich, sofort zur Untersuchung zu kommen. »Ehe ich's vergesse, Sie wissen doch, daß Sie nicht fahren können, wenn Ihr Blutdruck über hundertdreißig ist.« Das war mir allerdings neu, und ich hatte auch keine Vorstellung, wie hoch mein Blutdruck eigentlich war.

Jahrelang war diese Reise nach Tibet mein Wunschtraum gewesen. Den ersten Antrag hatte ich 1956 bei den chinesischen Behörden eingereicht, aber als in Korea der Krieg ausbrach, wurde ich als ständiger Berichterstatter dort hingeschickt. Gleich als ich nach Peking zurückgekehrt war, hatte ich erneut ein Gesuch geschrieben. Und nun war mir gesagt worden, daß ich mich einer Expedition anschließen dürfe, die in Zusammenarbeit mit den tibetischen Behörden gestartet werde. Allein der Gedanke, daß mir ausgerechnet mein Blutdruck einen Strich durch die Rechnung machen könnte, trieb ihn in die Höhe und ließ mein Herz noch erregter schlagen. »Ruhig bleiben!« redete ich mir immer wieder zu, als ich durch die Straßen Pekings zur Untersuchung ging. Fieberhaft überlegte ich, welche Register ich ziehen könnte, sollten mich die Ärzte für untauglich erklären.

Mit mir warteten acht ungeduldige Journalisten aus verschiedenen Ländern mit schlecht gespielter Ruhe auf den Arzt. Sie versuchten, ihre Aufregung hinter Witzen über ihren Gesundheitszustand zu verbergen. Als mir die Manschette um den Arm gelegt wurde, flatterte mein Puls wie ein gefangener Sperling, und das Blut brauste in meinen Ohren. Die Quecksilbersäule schwankte um 150. Ich redete auf den Arzt ein: »Glauben Sie mir, mein Blutdruck ist bestimmt normal. Das kommt jetzt nur von der Aufregung.«

»Wenn jeder etwas weniger aufgeregt wäre, erhielten wir einen viel besseren Durchschnitt«, scherzte der Arzt. »Ich kann Sie nicht an der Reise hindern; ob Sie fahren, müssen Sie selbst entscheiden. Aber es ist meine Pflicht, Sie darauf aufmerksam zu machen, daß hoher Blutdruck in großen Höhen sehr gefährlich werden kann. Ich schlage vor, Sie kommen morgen wieder, dann untersuche ich Sie noch einmal.« Alle lachten und atmeten erleichtert auf. Am nächsten Tag war unser Blutdruck in Ordnung. Bei mir wurde einhundertachtzehn gemessen. Später schloß sich uns übrigens noch ein französischer Journalist an, der nicht untersucht worden war. Er hatte zu hohen Blutdruck, so daß sich sein Kreislauf und sein Organismus in der dünnen Luft des tibetischen Hochlandes nicht anpassen konnten. Er verbrachte fast die ganze Zeit im Sauerstoffzelt. Als die Ärzte in Tibet regelrecht um sein Leben kämpfen mußten, wurde mir erst richtig klar, warum ihre Kollegen in Peking so vorsichtig gewesen waren.

Europäer haben Tibet bisher sehr selten besucht. Daran sind zum Teil die einmaligen geographischen Verhältnisse des Landes – Höhenlage, dünne Luft, rauhes und zu extremem Wechsel neigendes Klima – schuld. Darüber hinaus fügten aber die Tibeter selbst den natürlichen Hindernissen künstliche hinzu; besorgt beobachteten sie nämlich das Eindringen der Engländer in Indien und Nepal. Allen Einwohnern war es streng verboten, Europäer in das Land zu lassen, denn faßten diese erst Fuß, würden sie »aus belanglosen Angelegenheiten Staatsaktionen machen, Streit suchen und die Zügel in die Hand zu bekommen trachten.«

Abgesehen von der militärischen Expedition im Jahre 1904,

als britische Offiziere mehrere Tausend Sikhs und Gurkhas nach Lhasa führten, gelang nur einer Handvoll Ausländer der anstrengende Fußmarsch oder Ritt über den Himalaya zur Heiligen Stadt. Ein paar sorgfältig ausgewählte und geschulte Spione, die sich in großen Höhen akklimatisiert hatten, versuchten es in Verkleidung. Selbst von ihnen erreichten nur wenige Lhasa, die meisten wurden zurückgeschickt, bevor sie überhaupt in die Nähe der Heiligen Stadt kamen, in der die Dalai-Lamas jahrhundertelang regierten.

Ich sollte unter ganz anderen Bedingungen reisen. Mit Genehmigung und Hilfe der beiden jungen Lebenden Gottheiten Tibets, des Dalai-Lamas und des Pantschen-Lamas, konnte ich in westlicher Richtung durch Teile des Landes fahren, die nie zuvor ein Weißer betreten hatte. Zudem war ich der erste Engländer, der nach Tibet kam, seit die chinesische Armee 1950 dessen östliche Grenze überschritten hatte und der Dalai-Lama in eine tibetische Stadt an der indischen Grenze geflohen war. Damals waren düstere Prophezeiungen über das Schicksal der alten Staatsform Tibets – einer Feudalherrschaft der Mönche und adligen Beamten – gang und gäbe gewesen. Doch die chinesische Armee war nicht weiter vorgerückt. Der Dalai-Lama entsandte eine Delegation nach Peking, die im Mai 1951 ein Abkommen schloß. In ihm wurde festgelegt, daß Tibet »in die große Familie des Mutterlandes – der Volksrepublik China – zurückkehrt«, an der herkömmlichen Lebensweise aber nur auf ausdrücklichen Wunsch und nur mit Zustimmung des tibetischen Volkes etwas geändert werden sollte. Dieses Abkommen garantierte Religionsfreiheit, Nichteinmischung in die finanziellen Angelegenheit der Klöster und Anerkennung der besonderen Regierungsform, die sich in Tibet herausgebildet hatte. Seit der Unterzeichnung des Vertrages hatte kein ausländischer Journalist das Land betreten. Was war in der Zwischenzeit geschehen? Wie war die Berührung des neuen Chinas mit einem der starrsten und entlegensten Staatsgebilde der Welt verlaufen? Was war Wahrheit und was war Dichtung in den unzähligen einander widersprechenden Berichten über das

»Verbotene Land«, das »Dach der Welt«, das jahrhundertelang die Entdecker und Abenteurer angezogen hatte wie ein Magnet? Widersprüche fanden sich sogar in den Beschreibungen des tibetischen Ehewesens, obwohl man doch annehmen sollte, gerade hier ginge es um Tatsachen und nicht um Meinungen. Die meisten Fremden, die eine Zeitlang in Tibet weilten, berichteten, daß eine Frau üblicherweise mehrere Brüder heiratete, manchmal aber auch ein Mann mehrere Schwestern. Diese lange als Tatsache hingenommene Behauptung wurde von der Frau eines ehemaligen britischen Konsuls in China, einer Tibeterin, in einem Buch nachdrücklich abgestritten. Aber über viel wichtigere Fragen sind sich oftmals nicht zwei Autoren einig.

Um alles kennenzulernen, was über dieses romantische Land in den Wolken geschrieben wurde, las ich trotz der Widersprüche alle bedeutenden und auch die meisten anderen Werke über Tibet, die ich ausfindig machen konnte. Wenn man bedenkt, wie wenig Leute dort waren, ist die Literatur über dieses Land sehr umfangreich. Viel zuverlässiger aber war das, was mir einige Chinesen erzählten, die erst kürzlich vom Hochland zurückgekommen waren. Tibet ist eine riesige, über eineinviertel Millionen Quadratkilometer große, durchschnittlich 3700 bis 4600 Meter hohe Hochebene nördlich von Indien und Burma. Ungeheure Gebirgsketten von über 6000 Metern umgeben und durchziehen das Land, und überall ragen mit ewigem Schnee bedeckte Bergriesen auf. Wie man mir erzählte, zeichnet sich das tibetische Hochland durch eine erstaunliche klimatische Vielfalt aus, die sich aus seiner südlichen Lage und großen Höhen ergibt. Es kommt nicht selten vor, daß man mehrmals am Tage den Pelzmantel mit dem Hemd vertauschen muß. Die dünne Luft erwärmt sich nur wenig; man kann auf einer Seite frieren und auf der anderen einen gefährlichen Sonnenbrand bekommen, weil die Sonnenstrahlung infolge der fehlenden Lufthülle sehr intensiv ist. Über diese Intensität täuscht nur die kalte Umgebung hinweg.

»Luft kostet nichts, doch dort oben kann man sie nicht kaufen.« Mit diesen Worten deutete mir ein Chinese an, wie er sich gefühlt hatte, als er zum ersten Mal auf die höchsten Weiden der Welt gefahren war. Der Körper eines gesunden jungen Menschen aus dem Flachland braucht etwa sechs bis acht Wochen, bis er genügend rote Blutkörperchen gebildet hat, um den niedrigen Sauerstoffgehalt der Luft ausgleichen zu können. Vorher genügen ein paar Schritte bergauf, und man fühlt sich benommen, bekommt Herzklopfen und ermüdet schnell. Allerdings treten außer bei Anstrengungen wenig Beschwerden auf, und man erholt sich rasch, wenn man nicht gerade an Höhenkrankheit leidet. Bei manchen Menschen ruft der geringe atmosphärische Druck, der den Sauerstoffgehalt im Blut verändert, unangenehme Reaktionen hervor, die mir folgendermaßen beschrieben wurden: Jeder Herzschlag scheint die Brust sprengen zu wollen, und das jagende Blut preßt das Gehirn wie mit pulsierenden Stahlbändern zusammen. Zu weiteren Symptomen der Höhenkrankheit gehören unter anderem Übelkeit, Brechreiz, Höhenangst, Zerstreutheit und schlechte Laune.

Die chinesische Armee baute im tibetischen Hochland in der unglaublich kurzen Zeit von vier Jahren zwei Straßen. Die eine kommt vom Norden und führt durch trostlose Sumpfgebiete und Wüsten, die zweite verläuft in ost-westlicher Richtung. Auf den fast 2300 Kilometern von Jaan nach Lhasa überquert sie vierzehn größere Gebirgszüge, die das Land von Norden nach Süden durchziehen, sowie zwölf große Flüsse.

Diese Straßen sollten wir benutzen. Dazu mußten wir von Peking nach Tschungking fliegen, dann mit der Bahn bis Tschöngtu fahren und von dort mit dem Auto bis Jaan. Fünf Jahre früher hätte man für eine Reise von Peking nach Lhasa Monate gebraucht, wobei man sattelfest sein mußte und auf das Glück angewiesen war. Jetzt dauert sie in der Regel zehn bis vierzehn Tage, ganz nach Belieben des Reisenden. Wir wollten uns für unsere Fahrt nach Lhasa Zeit lassen, uns alles ansehen und uns akklimatisieren.

Aber was sollte man auf eine solche Reise mitnehmen? Am 8. August stand ich bei drückender Hitze auf dem Pekinger Flughafen. In meinem Koffer fehlte kein Gramm an den zugelassenen fünfundzwanzig Kilo. Ich trug eine pelzgefütterte Jacke, eine Pelzmütze und Stiefel, hatte den Regenmantel über dem Arm und eine große Tasche mit meiner Fotoausrüstung über der Schulter, denn so sparte ich am Reisegepäck Gewicht ein. Das Bodenpersonal betrachtete mich zuerst neugierig; als es aber hörte, daß ich südwärts nach Tschungking, bekannt als einer der »Brutöfen« Chinas, fliegen wollte, tippte man sich nur an die Stirn. Ströme von Schweiß liefen mir bis in die Stiefel, und mein Herz war einer größeren Belastungsprobe ausgesetzt als jemals auf der Hochebene.

Vom bergigen Tschungking, wo die Leute in Drahtseilbahnen nach Hause fahren oder viele Stufen steigen müssen, ging es nach Tschöngtu. Dort stellten wir die Expedition zusammen. Während unserer Vorbereitungen fuhren widerstandsfähige, geräumige sowjetische Jeeps und Dreiachser vom Typ SIS vor dem Luxushotel in Tschöngtu vor. Pakete wurden im Hof gestapelt; Feldbetten, Bettzeug, Zelte, Kochgeräte, Gummidekken, Sauerstofflaschen, Lebensmittel wie Butter, Kaffee, Marmelade und Kartoffeln – ohne die der Europäer gewöhnlich nicht auskommt, denen der Chinese aber nichts abgewinnen kann – lagerten in der großen Vorhalle. Dem Wetter in Tibet ist nämlich nicht zu trauen, und obwohl entlang der ganzen Strecke Karawansereien mit Schlaf- und Kochgelegenheiten zu finden sind, muß man damit rechnen, auf den Pässen steckenzubleiben. Aber all die Qualen, die ich auf dem Flughafen Peking ausgestanden hatte, waren unnütz gewesen; denn die chinesische Armee brachte uns einen ganzen Lastwagen voll Pelzmäntel, Stiefel, Handschuhe und gefütterte Wintersachen. All das sollte zum Gelingen des Unternehmens beitragen und wurde uns leihweise überlassen.

Während dieser tagelangen Vorbereitungen sah ich mir die für Setschuan typische Stadt an. Alle paar Meter ein zur Straße offenes Teehaus mit Bambusstühlen; hier fächelten sich die Menschen Luft zu, schlürften ihren Tee, unterhielten sich oder spielten Karten. Äußerst interessant war für mich das Institut der Nationalen Minderheiten in Tschöngtu. Es ist die zweitgrößte

Einrichtung dieser Art in China. Hier studieren etwa zweihundert Tibeter verschiedenster sozialer Herkunft Verwaltungswissenschaft: Söhne und Töchter tibetischer Adliger, Bauern, Nomaden, Stammeskrieger, Mönche und ehemalige Mönche. Die meisten Studenten sind Erwachsene. Im neuen Institut findet man einen Querschnitt der Bevölkerung Tibets vor. In den Tagen, als unsere Kolonne ausgerüstet wurde, sah ich mich täglich dort um, unterhielt mich mit den Studenten und machte mich so allmählich mit den Verhältnissen des Hochlandes vertraut. Etwa ein Drittel der Studenten sind Tibeter, die übrigen sind Miaos, Yis und Angehörige anderer nationaler Minderheiten in China. Sie tragen ihre Nationaltracht, essen ihre Nationalgerichte und sprechen auch im Unterricht ihre eigene Sprache. Ein Tibeter zeigte mir den lamaistischen Tempel des Instituts, die polierten Metallkelche für das Weihwasser, die Butterlampen vor goldenen Heiligenbildnissen und ein Gemach mit buddhistischen Schriften. Kaum ein Volk auf der Welt ist so religiös wie die Tibeter; die meisten sind strenggläubige Lamaisten, und auch die Studenten bilden keine Ausnahme. Für Mohammedaner gibt es im Institut ebenfalls ein Gebetszimmer.

Zu den ersten Tibetern, die ich in Tschöngtu kennenlernte, gehörte eine zwanzigjährige Frau, deren Mann ebenfalls am Institut studierte. Beide gehörten ursprünglich einem Adligen in Lhasa, der Mann war Stallknecht und die Frau Zofe bei der Tochter des Herrn. Da sie beide der gleichen Herrschaft dienten, hatten sie geheiratet. Doch bereits nach einem Jahr brach das Unglück über sie herein: Das junge Paar sollte getrennt werden, denn die Tochter des Hauses vermählte sich und wollte ihre Zofe in das Haus des Gatten mitnehmen. Der Stallknecht bat, mitgehen zu dürfen. Da das aber ein zu großer Verlust an Arbeitskraft gewesen wäre, wurde ihm die Erlaubnis verweigert. In ihrer Verzweiflung liefen sie fort und verdienten sich ihren Lebensunterhalt durch Betteln und Gelegenheitsarbeiten, bis sie auf die chinesische Armee stießen und freiwillig beim Straßenbau halfen. Nach einiger Zeit baten sie, studieren zu dürfen, und kamen nach Tschöngtu.

Aus ganz anderen sozialen Verhältnissen kommt Dschoma Budsche. Sie ist die schöne Tochter eines außergewöhnlichen Adligen aus Lhasa. Jahrelang war dieser ein Lebender Buddha in der herrschenden Lamasekte und durfte natürlich keine Frau haben. Als er sich aber mit vierundfünfzig Jahren verliebte, bekam er vom Dreizehnten Dalai-Lama, dessen enger Vertrauter er war, die Erlaubnis zu heiraten. Seine Tochter, das älteste von mehreren Kindern, trug ein Kleid aus teurem englischen Wollstoff, den sie in Lhasa gekauft hatte, und besaß eine große goldene Armbanduhr, auf der man von den Sekunden bis zu den Mondphasen nahezu alles ablesen konnte. Die Krönung ihrer eleganten tibetischen Kleidung bildete eine Schirmmütze, wie sie die Arbeiter tragen; unter ihr hatte sie ihre Zöpfe aufgesteckt. Sie war die einzige Tibeterin, die ich mit einer solchen Mütze sah. Sie erzählte mir, ihr Wunsch sei, in einer Fabrik zu arbeiten. »Adlige wie ich haben nie gearbeitet und wollten es auch nicht«, sagte sie, »aber jetzt wollen viele meiner Freundinnen Fabrikarbeiterinnen werden. Das ist viel interessanter. Bald werden wir auch in Tibet Fabriken haben, und man hat mir versprochen, daß ich dort arbeiten darf.« Dschoma Budsche, die zu Pferde dort hingekommen war, war eine der ersten Studentinnen an diesem Institut. In Tibet dürfen alle Männer reiten, doch nur adlige Frauen. Sie war die erste, an die ich die später oft wiederholte Frage nach der Vielehe richtete. »Es gibt bei uns die Vielehe, aber in meiner Familie hält man nichts davon. Ich kenne einige Fälle, wo ein Mädchen zwei oder drei Brüder geheiratet hat, aber nicht mehr als zwei oder drei. Warum das so ist, weiß ich nicht.«

Anders als das Mädchen aus adliger Familie, das in einer Fabrik arbeiten will, bereitet sich Dschume Badschang, eine frühere Leibeigene, von der später noch zu berichten ist, auf die Laufbahn als örtliche Verwaltungsangestellte vor.

Einer der älteren Studenten war der vierunddreißigjährige Hirte Dschaidschi Lobu, Sohn des Führers eines kleinen Clans auf den hochgelegenen tibetischen Weidegebieten. Dschaidschi war ein verwegener Clankrieger mit fröhlichen Augen, dessen Goldzähne beim Lächeln ständig blitzten. Er trug ein langärmliges tibetisches Gewand, den rechten Ärmel hatte er nach hinten geworfen, so daß er fast am Boden schleifte. Sein mit Goldbrokat und Pelz besetzter Hut saß keck auf dem Ohr, und in den schwarzen Schaftstiefeln konnte man sich spiegeln. Da er bei Beginn des Studiums die lange Flinte und das Schwert an den Nagel gehängt hatte, trug er jetzt an einer rotseidenen Schärpe nur einen spannlangen Dolch in silberner Scheide. Lobu erzählte lebhaft, ohne auf Genauigkeit Wert zu legen. Er spielte alles noch einmal vor: Um Schlachten und bestandene Gefahren zu veranschaulichen, warf er sich auf den Boden, dann wiederum stolzierte er mit langen Schritten umher und gestikulierte.

Sein kleiner Clan wohnte im östlichen Teil Tibets, in Kham, wurde vor acht Jahren von dem größeren Madscha-Clan von seinen Weidegründen vertrieben, ist aber heute wieder dort ansässig.

»Bei den Hirten hieß es schon immer: kämpfen oder verhungern!« sagte Lobu. »Vielleicht auch: kämpfen oder im Kampf sterben – denn wenn wir nicht kämpften, konnten wir uns nicht behaupten. Bei uns oben wächst nur Gras, und davon können wir nicht leben. Aber unser Vieh braucht es, und wir brauchen das Vieh. Wenn es krank wurde, im Schnee umkam, von wilden Tieren gerissen oder auch gestohlen wurde, blieb uns nichts anderes übrig, als selbst auf Raub auszuziehen. Mächtige Clans trieben kleineren die Herden fort. Wenn wir im Winter auf die tiefer gelegenen Weiden ziehen wollten, mußten wir sie uns erkämpfen; kamen wir zurück, schlugen wir uns mit den Stämmen, die inzwischen von unseren Sommerweiden Besitz ergriffen hatten. Wir mußten kämpfen, kämpfen, immer wieder kämpfen. Mal unterlagen wir, mal siegten wir, aber zu einer endgültigen Lösung kam es nie.

Vor etwa acht Jahren wurden wir von Madschas Clan vertrieben und verloren unser gesamtes Vieh. Nichts war uns geblieben. Mein Vater übergab törichterweise den Fall einem Beamten. Es stand aber fest, daß Madscha den Prozeß gewinnen würde, denn er konnte es sich leisten, den Beamten zu bestechen, während wir dazu nicht in der Lage waren. Alles, was sich Vater einhandelte, waren hundert Peitschenhiebe und ein Befehl, seinen Daumenabdruck unter ein Dokument zu setzen, in dem Madscha das Nutzungsrecht unseres Weidelandes übertragen wurde.«

Lobu ging auf und ab und erzählte weiter: »So konnte es nicht mehr weitergehen. Wir schlossen uns mit sechs Onkeln und einigen Freunden zusammen und überfielen Madscha, als er es am wenigsten erwartete, töteten ihn und trieben seine Tiere weg. Es wurde ein richtiger Verfolgungskampf mit Madschas Sippe, doch wir siegten. Wir hatten uns das Überraschungsmoment zunutze gemacht, außerdem hatte mein Vater Erfahrung in solchen Dingen und handelte überlegt, so daß wir mit dem Vieh in einen anderen Bezirk entkamen, wo wir uns niederließen. Ich wurde verwundet.«

Lobu unterstrich seine Worte mit einer nachdrücklichen Geste, um vorzumachen, wie er in der Schlacht einen Schwertstreich über das Bein bekommen hatte. Dann zog er seinen Stiefel aus und zeigte mir die große blaue Narbe an der Wade. »In die Berge kann ich zwar nicht mehr steigen«, er grinste, »aber reiten noch so gut wie früher«.

Lobus Familie zog mit dem erbeuteten Vieh weiter nordwärts. »Unser Clan, der zuerst nur eine Familie umfaßte, wurde immer größer. Schließlich war Vater Oberhaupt von fünfzig Familien, aus denen er eine sechzig Mann starke Reitertruppe zusammenstellte, um andere Clans zu überfallen. So wurden wir reich, schufen uns jedoch viele Feinde, und schließlich setzte die tibetische Regierung einen Preis auf unseren Kopf aus. Da fing es an, gefährlich zu werden.«

Wie Lobu berichtete, schickte ihn sein Vater zu dieser Zeit in die chinesische Provinz Kansu, wo er die Han-Sprache[1] erlernen und Möglichkeiten für einen Umzug an einen sicheren Ort ausfindig machen sollte. Das war im Jahre 1950, kurz bevor die chinesische Armee von Norden und Osten in Tibet einmarschierte.

»Ich stieß auf die Volksbefreiungsarmee, als sie die Kuomintang-Leute verjagte«, sagte er. »Sie können sich denken, daß wir mit den Anhängern Tschiang Kai-scheks noch ein paar Rechnungen zu begleichen hatten. Mir war zwar nicht ganz klar, was eigentlich vorging, doch sofern jemand gegen Tschiang Kai-schek war, stand ich auf seiner Seite. Deshalb half ich der Volksbefreiungsarmee beim Nachschub. Ich arbeitete auch als sogenannter Verbindungsmann, das heißt, ich ging den Truppen voraus und erklärte den Menschen, daß dies eine gute Armee sei, daß sie alle Transportkosten selbst trage und kein Vieh töte.«

All das beanspruchte natürlich Zeit. Während Lobu die Han-Sprache erlernte, rückte die Volksbefreiungsarmee weiter in das Gebiet vor, wo sein Vater trotz des auf ihn ausgesetzten Kopflohnes weiter raubte und kämpfte. Im Jahre 1951 begannen die Waffenstillstandsverhandlungen in Korea, und alle chinesischen Soldaten diskutierten die Möglichkeit einer Waffenruhe. »Sie waren alle dafür«, erzählte Lobu, »und sprachen mit mir über unsere Fehden. Sie meinten, wenn ein Waffenstillstand in Korea gut sei, sei er auch in Kham gut. Das Leben könnte doch viel schöner sein, wenn alle Streitigkeiten beigelegt wären. Damit war ich einverstanden, fragte sie aber, wer damit anfangen sollte. Die chinesischen Soldaten wollten daraufhin zu meinem Vater gehen und mit ihm über Friedensverhandlungen mit dem Madscha-Clan sprechen. »Ich glaubte nicht, daß er einverstanden sein würde, und ich hatte mich nicht getäuscht. Er wollte nichts davon hören und erklärte mich für verrückt. Er sagte, er hätte es nie für möglich gehalten, daß einer seiner Söhne auf die Idee kommen könnte, demütig beim Madscha-Clan um Frieden zu bitten. Es wollte eben keiner den Anfang machen. Darum traf die chinesische Armee alle Vorbereitungen und forderte die Clan-Oberhäupter auf, Vertreter zu einer Beratung zu entsenden. Keiner hatte nun das Gefühl, er vergebe sich etwas. Die Chinesen versprachen, auf Gerechtigkeit zu achten, und schließlich schickte mich mein Vater als Abgesandten hin.«

Lobu schilderte die mehrtätigen Beratungen, die in einem aus Jakhaar gewebten Zelt in der Steppe stattfanden. Nach und nach kamen die Vertreter überein, alle strittigen Punkte auf friedliche Weise zu lösen, und unterzeichneten Urkunden, die die Nutzungsrechte der Weiden genau festlegten. »Als ich zu meinem Vater zurückkam«, plauderte er munter weiter, »drückte ich mich wohl nicht richtig aus, und bevor ich etwas erklären konnte, erhielt ich Prügel wie nie in meinem Leben, weil ich Zugeständnisse gemacht hatte. Jetzt werden nur noch selten Tiere gestohlen«, fuhr Lobu fort. »Jedenfalls gibt es keine größeren Überfälle oder Kämpfe mehr, obwohl sich hin und wieder Leute ganz ruhig ein paar Jaks nehmen, wenn der Besitzer nicht aufpaßt. Unsere Herden sind jetzt zwei- oder dreimal so groß wie früher.«

Auf meine Frage, was sein Vater augenblicklich tue, antwortete Lobu: »Er ist seßhaft geworden und jetzt Mitglied der Kreisverwaltung. Da es keine Zwistigkeiten mehr gab, sagte mein Vater eines Tages: ›Du willst doch bestimmt nicht wie ich aufwachsen und nicht einmal deinen Namen schreiben können. Warum solltest du eigentlich nicht lernen?‹ Und so kommt es, daß ich hier bin.«

Lobu stellte mich einem Mitglied des Madscha-Clans vor, auch ein Student. Sie klopften einander kräftig auf die Schulter, und Lobu erklärte: »Zuerst haben wir uns nicht angesehen und nur nach der ersten besten Gelegenheit gesucht, alte Rechnungen begleichen zu können. Aber unsere Freunde redeten ein ernstes Wort mit uns und sorgten dafür, daß wir endlich Frieden schlossen. So haben wir den alten Hader vergessen und sind Freunde geworden.«

Die Gespräche mit den Studenten in Tschöngtu hatten mich schon vor Beginn unserer Reise so viel von Tibet spüren lassen, daß ich ungeduldig auf den Aufbruch zur Heiligen Stadt wartete, die wir nach fast zweieinhalbtausend Kilometer Autofahrt erreichen sollten.

1 Die Mehrzahl der Bewohner Chinas spricht die Sprache der Han, der größten Nationalität des Landes. Um den nationalen Minderheiten, z. B. Mongolen, Tibetern, Uiguren, Miaos und Yis, gerecht zu werden, bezeichnet man diese Sprache aber nicht als Chinesisch, sondern als Han-Sprache.

Über den Ör-lang-Paß

Moschustiere und Motorräder – Was man in Tibet unterlassen sollte – Lastwagen in den Wolken – Das Tor nach Tibet – Die Straße unter dem Wasserfall – Der erste Paß – Bambus und Edelweiß – Erdbeben – Am Rande des »Daches der Welt«

Endlich verließ mein Jeep Tschöngtu in Richtung Lhasa. Die erste Etappe ging über 160 Kilometer bis Jaan, wo die neue Straße anfängt. Schon beim ersten Schalten merkte ich, daß der chinesische Soldat ein ausgezeichneter Fahrer war. Wir fuhren durch eines der üppigsten Gebiete Chinas, so grün wie die fruchtbarsten Teile Devonshires, wo aber die Luft feuchtwarm wie in einem Treibhaus ist. Hier leben 386 Menschen auf dem Quadratkilometer. Die Wolken regnen sich vor dem tibetischen Hochland über den Niederungen ab, in denen jeder Fußbreit Boden für intensive Gartenbauwirtschaft genutzt wird.

Als habe die Natur einen Messerschnitt gemacht, so plötzlich ändert sich bei Jaan die Landschaft. Eine schroffe Bergkette nach der anderen türmt sich hinter der Stadt auf, bis sie in der Ferne der Dunst verschluckt. Dort, ein paar Kilometer weiter, aber auch höher, wohnt nur noch ein Mensch auf dem Quadratkilometer. Jaan war schon immer ein bedeutendes Handelszentrum und ist jetzt Umschlagplatz für die Lastwagenkolonnen von Ost nach West. Seit die neue Straße eingeweiht wurde, stieg die Einwohnerzahl von zwanzig- auf siebzigtausend, neue Lagerhäuser, Theater, Kinos, Geschäfte wurden errichtet, und auf den Schotterstraßen verkehren große tschechoslowakische Skoda-Busse. Die meisten alten Häuser sind Fachwerkbauten; zusammen mit der steinernen Bogenbrücke am Anfang der Fernstraße erwecken sie den Eindruck eines englischen Landstädtchens, in dem zufällig alle Menschen Chinesen sind.

Aber trotz der Neuerungen hat sich die Stadt den Charakter

eines Handelszentrums an einer der alten Gewürzhandelsstraßen bewahrt. In ihren Lagerhäusern mischt sich der Geruch von Anis, Seetang, Pfefferschoten, Kräutern, Moschus und Safran. Aus einigen Fabriken kommt der harte Ziegeltee, den die Tibeter so schätzen. Mädchen verpacken die Wundermedizin Wurmgras, eine tibetische Spezialität, die man deshalb so nennt, weil sie – zur rechten Zeit gepflückt – halb Wurm, halb Pflanze ist. Nach Osten gehen Moschusbeutel, die ihr Gewicht in Gold wert sind, warme unverwüstliche Jakwolle, feine Pelze und vielerlei Kräuter. Nach Tibet werden Tausende Tonnen Tee, Gewürze, die es dort nicht gibt, hauchzarte Seidenstoffe und schwerer Brokat, moderne Baumwollgewebe aus den Schanghaier Webereien, Thermosflaschen und sogar Traktoren versandt.

Moderne Geschäfte in der Hauptstraße bieten Benzinmotoren, Motorräder, Emaillebadewannen, Telefonschalttafeln, englische, tschechische und deutsche Fahrräder, Fotoapparate und Uhren an, die von tibetischen Groß- und Einzelhändlern und Besuchern gekauft werden.

Wer zum ersten Mal nach Tibet fährt, tut gut daran, vorher ein paar Tage in Jaan zu verbringen, damit er einen Vorgeschmack von seinem Reiseziel bekommt, das nun in etwa 5000 Metern Höhe dicht vor ihm liegt. In Jaan rasten stets viele LKW-Fahrer, die genau über das Wetter auf der Hochebene Bescheid wissen.

Bei meinem Lieblingsgericht, gepfefferten Nudeln, und einem Glas heißen chinesischen Whisky, klärte mich in einem kleinen Restaurant ein junger Kraftfahrer darüber auf, was man dort oben tun darf und was nicht. Dschu Wen-Tjiän, der jetzt bei der Staatlichen Transportgesellschaft arbeitet, war früher Infanterist der Volksbefreiungsarmee und dann Fahrer in Tibet.

»Fast alle Tibeter sind sehr religiös«, sagte er, »und man kann sie sehr leicht beleidigen, ohne daß man es merkt. Die Leute nehmen daran Anstoß, wenn man in der falschen Richtung um eine Gebetsmauer oder gar um einen höheren Mönch herumgeht.« Richtig werden alle Gegenstände, die religiöse Bedeutung besitzen, im Uhrzeigersinn umgangen, wie ja auch die Gebetsmühlen in dieser Richtung gedreht werden. Dschu zog ein kleines, zerfetztes Notizbuch aus der Tasche, das mit chinesischen Schriftzeichen vollgekritzelt war. In ihm war verzeichnet, was man in Tibet unterläßt.

Betritt kein Kloster ohne Erlaubnis des Oberlamas.

Deute nicht mit dem Finger auf Heiligenbilder. Wenn du auf etwas zeigen mußt, nimm die ganze Hand.

Benutze keine Taschenlampe in Tempeln.

Versuche nicht, Schlachtvieh zu kaufen, das zuvor von Mönchen oder anderen Leuten vor dem Tod bewahrt wurde; solche Tiere sind besonders heilig.

Jagen oder Angeln ist verboten.

Kehre einem Buddha nie den Rücken zu und setze dich nie in Gegenwart eines Lebenden Buddhas oder hohen Lamas.

Frage nie eine Frau, wer ihr Mann ist. Da ziemlich viele Tibeterinnen mehrere Männer haben, könnte diese Frage eines Fremden als Geringschätzung gedeutet werden.

Wundere dich nicht, wenn ein Tibeter dir die Zunge herausstreckt und gleichzeitig beide Handflächen vorweist. Dieser alte tibetische Gruß entspricht dem Händedruck der Europäer, denn das Hinstrecken beider Hände zeigt, daß man keine Waffe verborgen hält. Giftmörder aber haben nach einem alten tibetischen Aberglauben eine schwarze Zunge.

Berühre nie das Gewehr oder das Schwert eines Tibeters, wenn er nicht gerade dein Freund ist und du nicht seine ausdrückliche Erlaubnis hast. Waffen sind der teuerste Besitz der meisten tibetischen Männer und auch vieler Frauen.

Rauche und trinke nur dann, wenn sich offensichtlich der richtige Anlaß dafür ergibt.

Reite nie bergab; ein altes tibetisches Sprichwort sagt: Ein Pferd, das seinen Reiter nicht bergauf trägt, ist kein Pferd, ein Mann, der bergab reitet, kein Mann.

Gebetszeit ist keine Besuchszeit.

Gastfreundschaft, Essen und Trinken darf man nicht zurückweisen. Die Tibeter sind sehr gastfrei und würden annehmen, das Angebotene sei nicht gut genug.

»Bietet man Ihnen Buttertee an«, fuhr der Fahrer fort, »trinken Sie auch dann ein paar große Schlucke, wenn Sie schon satt sind oder dieses Getränk Ihnen widerlich ist. Ich selbst trinke es sehr gern, manche meinen allerdings, es sei zu salzig. Und noch etwas: Wenn Tibeter in Ihrer Gegenwart mit den Fingern essen, tun Sie es auch, weil man sonst annimmt, Sie blickten auf sie herab.«

Der Fahrer, der trotz seiner dreiundzwanzig Jahre wie ein Junge aussah, hatte 1948 an den großen Kämpfen in Ostchina teilgenommen, als dem Kuomintang-Regime die entscheidenden Niederlagen beigebracht wurden. Er hatte beim Bau der höchsten Straße der Welt geholfen und dann als Fahrer über 150.000 Kilometer ohne Unfall auf ihr zurückgelegt.

»Bevor wir die Berge überquerten, dachten die meisten von uns insgeheim, Benzinmotoren herkömmlicher Bauart wären in solchen Höhen nicht zu gebrauchen«, sagte Dschu, »weil die Motoren dort oben sicher nicht genügend Sauerstoff hätten. Ich war damals übrigens einer der ersten, der das am Ör-lang, über den diese Straße gleich dort oben führt, testen konnte. Mit dem Bau der neuen Straße war gerade begonnen worden. Sie war so schmal, daß ein Hinterrad meines Zweiachsers manchmal über dem Abgrund hing. Schon damals bewältigten die Lastwagen die Höhen recht gut, obwohl die dünne Luft die Geschwindigkeit beeinträchtigte und der Treibstoffverbrauch anstieg. Inzwischen aber haben wir viele Möglichkeiten gefunden, die Leistung der Motoren zu steigern.«

Wie er mir erzählte, oblag diese Aufgabe kleinen technischen Entwicklungskollektiven, die meistens aus den besten Fahrern der einzelnen Kolonnen bestanden. Diese Gruppen mußten Statistiken über den Benzinverbrauch aufstellen und alle Vorschläge zusammentragen, wie man die Leistung steigern kann; anschließend erstatteten sie einer für die ganze Straße zuständigen Fachgruppe Bericht. Diese erprobte alle Neuentwicklungen und achtete darauf, daß die brauchbaren überall eingeführt wurden. Damit Standardmotoren auch in Höhen einwandfrei arbeiteten, in denen eigentlich Flugzeugmotoren, Treibstoff mit hoher Oktanzahl und Kompressoren angebracht wären, mußte das Problem des Treibstoffverbrauchs und der Kühlung gelöst werden. Der Siedepunkt des Wassers sinkt je dreihundert Meter Höhenzunahme um etwa ein Grad Celsius, so daß es auf den Pässen schon oft bei achtzig Grad kocht. Das Benzingemisch für die Bergfahrt wurde zum Beispiel dadurch verbessert, daß man einen kleinen Ventilator in den Vergaser einbaute und ihn vom Sog des Ansaugrohres antreiben ließ. Für die Abfahrt wurde in dieses Rohr ein regulierbarer Kanal geschnitten, der mehr Luft einließ, so daß das Gemisch verdünnt wurde. Zusätzliche Kühlflächen erhielt man dadurch, daß man die Zu- und Ableitungen unter dem Kühler in Windungen legte.

In Jaan, das fast in Meereshöhe liegt, schliefen wir letztmalig unter Moskitonetzen. Auf unserer nächsten Etappe überquerten wir den Ör-lang, einen gefährlichen Gipfel aus bröckligem Gestein, der wie ein Wachposten vor dem Vorgebirge des tibetischen Hochlandes steht. Nach dortigen Maßstäben ist der Örlang nicht hoch – er ist etwa doppelt so hoch wie der Ben Nevis[1] –, aber er ist ein heimtückischer, gefährlicher Berg, steil und brüchig, auf dem es meistens regnet oder schneit. Trotzdem ist er der beste Zugang zum Plateau und wurde deshalb auch 1936 auf dem Langen Marsch[2] von der chinesischen Roten Armee unter Tschu Teh, dem jetzigen Stellvertreter des Vorsitzenden der Volksrepublik China, benutzt. Ein zur Zeit sehr populäres chinesisches Lied berichtet vom Sieg der Straßenbauer über diesen Berg.

Als Dschu, mein Fahrer, zum erstenmal die Straße benutzte, drehte sich an einigen Stellen noch einer der vier Hinterreifen in der Luft. Um die Straße nur einen Zoll zu verbreitern, mußten viele Meter des senkrechten Berghanges abgetragen werden, weil das Gestein zu mürbe war. Jetzt windet sie sich in Serpentinen mit schwindelerregenden Haarnadelkurven durch das Land und ist überall breit genug für den Gegenverkehr. Trotzdem werden weiterhin ständig Kurven verbreitert, Steigerungen ausgeglichen, Bäche unter der Straße durchgeleitet und Brücken verbessert, während in beiden Richtungen ununterbrochen Lastwagenkolonnen rollen. Allmählich werden alle Rinnsale reguliert, die die Straße ädern, und auch die von den Regengüssen und der Schneeschmelze verursachten Schäden dämmt man immer mehr ein.

Immer höher klettert die Straße; wir kommen aus dem Sonnenschein in Sprühregen. Bald wächst kein Bambus mehr, nur noch Fichten und Birken sind zu sehen: Aus dem Bereich des feuchten Sommers fahren wir in den kühlen Herbst, und schließlich empfängt uns der Winter mit Graupelschauern. Ungeachtet der Steigerung surrt mein Jeep fast ständig im höchsten Gang und nimmt eine Haarnadelkurve nach der anderen. Der chinesische Soldat an meiner Seite fährt mit der Geschicklichkeit eines Rennfahrers und winkt entgegenkommenden Kraftfahrern zu.

Wir halten am Paß, und da es der erste ist, den die Straße überquert, nehmen wir die Gelegenheit wahr, einen Wodka zu trinken. Drunten im Tal breiten sich regenschwere Wälder wie grüner Plüsch und verlieren sich in der Ferne im Dunst. Doch schon eine Meile weiter wird die Luft plötzlich hell und klar, und die Landschaft ändert sich: So weit das Auge reicht, erstreckt sich nacktes, baumloses Hügelland mit runden Kuppen. Anstelle von Bambus beherrschen Edelweiß- und blaue Enzianmatten das Bild; schaut man von oben auf sie herab, wirken sie wie Seen, in denen sich der Himmel spiegelt. Die Landstraße, jetzt glatt und weiß, schwingt sich in weiten Kurven ein paar Kilometer abwärts in ein 2500 Meter tiefer gelegenes Tal. An den Windungen eines grünen Flusses erblicken wir eine Spielzeugstadt. Der Dadu, der von oben so friedlich aussieht, rauscht dort unten fast in Meereshöhe mit einer Geschwindigkeit von vierzig Kilometern in der Stunde an Luting vorbei.

Vor zweiundzwanzig Jahren erkämpfte sich eine tollkühne Einheit der Roten Armee den Weg über die Eisenketten der alten Brücke von Luting, nachdem die Kuomintang-Truppen die hölzernen Planken abgebrannt hatten. Freiwillige hangelten unter starkem Maschinengewehrbeschuß hinüber und besetzten in einer der entscheidenden Schlachten der chinesischen Revolution das andere Ufer. Heute ist die alte Brücke wiederhergestellt, wird aber nur von Fußgängern benutzt; die Lastwagen fahren über die neue stählerne Hängebrücke, die etwa einen Kilometer vor der Stadt errichtet wurde. Vorher mußten sie auseinandergenommen, mühevoll über die schwankende Kettenbrücke geschleppt und am anderen Ufer wieder zusammengesetzt werden.

Der Ör-lang-Paß vermittelte uns nur einen Vorgeschmack, denn erst hinter Luting beginnt der eigentliche Anstieg ins tibetische Hochland. Dem gischtschäumenden Dadu ins Gebirge folgend, erreichen wir bald Kangting, unser Tagesziel. Wenn Tibet das »Dach der Welt« ist, liegt Kangting in »nur« 2750 Metern Höhe an seinen »Regenrinnen«. Der Ort ist also sehr geeignet, sich ein paar Tage lang an die dünne Luft zu gewöhnen. Hier fällt das Atmen schon schwer; die wenigen Stufen ins erste Stockwerk unseres Hotels strengen uns genauso an wie sechs Treppen unter normalen Bedingungen.

Kangting wurde 1954 von einem Erdbeben nahezu vollständig zerstört, aber innerhalb eines Jahres beinahe vollständig wieder aufgebaut. Wegen der häufigen und heftigen Erdbeben am Rande des Plateaus ist nicht mehr Kangting die Hauptstadt des autonomen Dschou[3], sondern das weiter westlich gelegene Kandse.

1 Höchster Berg der britischen Inseln (1343 m hoch), im Grampiangebirge in Schottland gelegen.

2 Marsch der Roten Armee Chinas vom Oktober 1934 bis 1935 aus dem Sowjetgebiet nach Jenan, um den Kampf gegen die japanischen Aggressoren aufzunehmen.

3 In Kreise, autonome Kreise oder Städte unterteilte Verwaltungseinheit eines Gebiets oder Bezirks.

Mit dem Jeep fünftausend Meter aufwärts

Ein Mönch bei Sonnenaufgang – Luntenschloßmusketen und elektrische Öfen – Vom Bauernsohn zum General – Viehdiebstahl und Fronarbeit – Kochprobleme in Tibet – Oberhalb der Baumgrenze – Jaks – Zwei Drittel Mönche, ein Drittel Laien – Om mani padme hum – Mechanisierte Religion

Als ich am nächsten Morgen erwachte, erlebte ich die erste Überraschung, der auf der neuen Straße noch weitere folgen sollten. Von meinem Bett aus konnte ich den ersten Schein der Morgenröte auf einem nahen Berg und das goldene Dach des Klosters von Kangting sehen. Plötzlich knackte es im Lautsprecher, und die Musik zur Morgengymnastik vom Sender Peking erfüllte mit ihren vertrauten Klängen den Hof. Ich sprang aus dem Bett und schaute auf das von Bäumen beschattete Geviert hinunter, das zwischen dem Hotel und dem Rathaus lag. Dort trieben Leute Gymnastik, von den ich es nie erwartet hätte: langbezopfte Tibeter in leuchtenden Seidengewändern und Schaftstiefeln, Gurkhahüte auf dem Kopf; Ohrringe und Dolche schwangen mit, wenn sie den Rumpf beugten. Neben ihnen Chinesen beiderlei Geschlechts in einfacher Baumwollkleidung. Alle bewegten sich rhythmisch zur Musik, nur manchmal störte ein nachhinkender Arm den Gesamteindruck. Doch die eigentliche Überraschung war ein Mönch, der an Energie und Begeisterung alle übertraf. Sein Rosenkranz klapperte beim Beugen und Strecken im Takt gegen den Oberarm, gegen den Unterarm. Seine togaähnliche Kutte rutschte ihm dauernd von der linken Schulter, doch er lächelte und bewegte sich ganz vorschriftsmäßig in echt schwedischem Gymnastikstil. Wie die übrigen Teilnehmer gehörte er zum Verwaltungspersonal des Kandse-Gebiets.

Kandse ist der westlichste Dschou der Provinz Setschuan und umfaßt 155.000 Quadratkilometer; die halbe Million Einwohner sind meist tibetischer Nationalität. Fast jeder fünfte männliche Bewohner ist Mönch. Trotz der überwiegend tibetischen Bevölkerung gehört dieses Gebiet noch nicht zu Tibet, das viel weiter im Westen beginnt. Kangting, das Eingangstor zum Kandse-Dschou, ist schon seit zweitausend Jahren Völkerscheide, Handelszentrum und Treffpunkt von Chinesen und Tibetern, die zu etwa gleichen Teilen diese kleine Stadt bewohnen, in der auch beide Sprachen gesprochen werden. Hier trifft man stets freie und stolze Herdeneigentümer, Gutsbesitzer und Jäger mit ihren Frauen. Sie verkaufen Vieh, Butter und Wolle und handeln für den Erlös in der Stadt hergestellte Waren ein. Das lange schwarze Haar der Männer ist nicht geschnitten, sondern verfilzt und staubig. Ihre knielangen Schafspelze werden mit dem Fell nach innen getragen und ähneln Morgenröcken. Ein Strick dient als Gürtel, in dem gewöhnlich ein gerades Schwert mit breiter Klinge in einer Metallscheide, die häufig aus getriebenem Silber besteht, steckt. Sogar bei großer Kälte tragen sie den rechten Arm und die Schulter bloß. Ein paar haben handgewebte Hemden an. Die Sonne hat ihre Haut dunkel gegerbt, kleine Fältchen gehen von den Augenwinkeln aus. Viele dieser abgehärteten Nomaden besitzen uralte Flinten. Meist sind es Luntenschloßmusketen mit langen Stützen aus Antilopenhorn, die vor zweihundert Jahren von der Ostindischen Gesellschaft eingeführt wurden. Trotzdem geht selten ein Schuß daneben, wenn die Beute aufs Korn genommen ist.

Ein reißender Gebirgsbach, der durch die Stadt fließt, ist kürzlich für die Energiegewinnung nutzbar gemacht worden, und da es in diesem Gebiet keine Kohle gibt, wird in Kangting viel elektrisch gekocht. Das ist für China im allgemeinen noch ungewöhnlich. Es gibt einige staatliche Läden, Schulen und eine große neue Halle, die als Theater, Kino und Tanzsaal dient. Ansonsten gleicht Kangting heute noch einer englischen Landstadt gleicher Größe zu Shakespeares Zeit. Der Unrat, der sich während der Nacht angesammelt hat, wird auf Karren weggefahren, und Wasser wird in Fäßchen auf dem Rücken herbeigeschleppt. Selten sieht man Menschen mit geschnittenem Haar, alle tragen handgewebte Kleidung von undefinierbarem Schnitt und breitrandige Hüte. Und überall begegnen einem Mönche.

Trotz seiner abgelegenen Lage maßen die Engländer Kangting viel Bedeutung bei und unterhielten dort jahrelang ein Konsulat. Was es allerdings bei nur fünfzehntausend Einwohnern zu tun hatte, läßt sich schwer sagen. Der Konsul Eric Teichman »war in Westchina, als 1918 an der Grenze die Feindseligkeiten zwischen Tibet und seinem Nachbarland ausbrachen[1], und vermittelte zwischen den Parteien. Es war für mich nicht einfach, das ehemalige britische Konsulat in Kangting ausfindig zu machen; denn keiner wußte mehr, wo es gestanden hatte. Schließlich brachte mich ein alter Einwohner zu dem Haus, das aus Holz gebaut war und deshalb die Erdbeben überdauert hatte. Man hatte einen Kindergarten dort eingerichtet.

Der Kandse-Dschou ist vor allem deshalb von großem Interesse, weil er nie zum Herrschaftsbereich des Dalai-Lamas gerechnet wurde, obwohl er ethnologisch zu Tibet gehört und eine ähnliche soziale Ordnung hat, in der nur Klöster und der Stammesadel Eigentum an Grund und Herden besitzen. Seit 1951 hat Kandse Selbstverwaltung; ihr steht ein aus dreiundzwanzig Tibetern, zwei Chinesen, einem Yi und einem Mohammedaner der Bevölkerungszahl entsprechend verhältnisgleich zusammengesetzter Rat vor. Diese Verwaltungsform entwickelte sich aus der besonderen Situation, die entstand, als Tschiang Kai-scheks Truppen 1950 von der chinesischen Volksbefreiungsarmee aus dem Gebiet vertrieben wurden und sich ihnen zahlreiche Tibeter anschlossen, weil sie nicht wußten, was sie unter dem neuen Regime zu erwarten hatten. Die Volksbefreiungsarmee erließ einen Aufruf an den Adel und die führenden Geistlichen, sich persönlich von den Zuständen zu überzeugen. Es wurde betont, daß Minoritäten nach dem neuen Gesetz Anspruch auf autonome Verwaltung hätten. Schak Dodon, ein Führer des mächtigen Derge-Stammes, des größten im ganzen Gebiet, kam zurück und brachte viele Mönche und Stammesführer mit. Sie setzten sich eingehend mit der Politik der Kommunistischen Partei gegenüber den nationalen Minderheiten auseinander und untersuchten das Verhalten der chinesischen Armee. Die Ergebnisse waren offenbar befriedigend, denn im Frühjahr 1951 bildeten sie ein Komitee, das mehrere Sitzungen der Volksvertreter einberief und im gleichen Jahre eine autonome örtliche Verwaltung bildete.

Diese beschäftigte sich als erste damit, die komplizierten Probleme einer allmählichen Umgestaltung der alten tibetischen Regierungsform in eine modernere zu lösen. Über diesen schwierigen Entwicklungsprozeß sprach ich mit dem Stellvertretenden Vorsitzenden Sonam, dem einzigen tibetischen Laien in führender Stellung, den ich während meines ganzen Aufenthaltes in Tibet traf. Sonam ist einer der häufigsten tibetischen Namen und bedeutet »Bauer«. Dieser erst achtunddreißigjährige Politiker war Hirtenjunge, als vor zwanzig Jahren die chinesische Rote Armee auf ihrem Langen Marsch durch diesen Bezirk kam. Als wir jetzt bei einer Schale grünen Tees zusammensaßen und Sonam mich über Tatsachen aufklärte, ohne bei den zahlreichen statistischen Angaben auf seine Notizen zurückzugreifen, hatte er wenig Ähnlichkeit mit einem Hirten, die auch heute noch ihre zottigen Pelze tragen und Analphabeten sind.

Als die chinesische Revolutionsarmee durch die Weidegebiete zog, wo seine Familie um das tägliche Brot rang, mußte der siebzehnjährige Sonam noch Vieh für andere hüten. Die hungernden Reste der alten Roten Armee – der Vorläuferin der Volksbefreiungsarmee, die fünfzehn Jahre später Tschiang Kai-schek aus China verjagte – hatten sich quer durch China gekämpft, um der Vernichtung zu entgehen. Von ihnen hörte Sonam von den Zielen der Kommunisten. Als sie weiterzogen, ging er mit ihnen.

»Ich entschloß mich mitzugehen; ich dachte, meine Familienangehörigen würden nicht bestraft, weil ich so jung war«, sagte Sonam. »Aber ich hatte mich getäuscht; aus Rache vertrieb man meine Eltern, zwei Brüder und meine Schwester. Das erfuhr ich allerdings erst viele Jahre später.«

Trotz ihrer Ausdauer waren selbst die Tibeter, die sich der chinesischen Revolutionsarmee anschlossen, den Strapazen des Marsches kaum gewachsen. Oft war Gras ihre einzige Nahrung; unter solchen Umständen mußten sie sich den ganzen Weg nach Jenan erkämpfen, wo Mao Tse-tung und die anderen Führer der Kommunisten ihre Truppen sammelten und zu verstärken begannen.

»Ich konnte weder lesen noch schreiben«, fuhr Sonam fort, der jetzt Chinesisch fließend wie seine Muttersprache spricht. »Ich beherrschte noch nicht einmal die tibetische Hochsprache, sondern nur einen Dialekt, den man außerhalb unserer Täler kaum versteht. Begriffe für so gebräuchliche Dinge wie ›Reisschüssel‹ oder ›Eßstäbchen‹ kannte ich in keiner Sprache. Man könnte mich als ein Beispiel für die sich über lange Zeit erstreckende Erziehung durch die Kommunistische Partei bezeichnen. Arbeiten und Lernen, Arbeiten und noch einmal Lernen befähigten schließlich auch mich unwissenden, abergläubischen Viehjungen, meinen heutigen Posten zu übernehmen. Ich bin einer von den Tausenden, ja Hunderttausenden, die die Kommunistische Partei aus solch rohem Material geformt hat.« Sonam hatte es bis zum General gebracht und war in den Bezirk Kangting geschickt worden, als die chinesische Armee die Kuomintang-Leute aus der Provinz Sikang vertrieb. Er hatte viel dazu beigetragen, die anfänglichen Befürchtungen der tibetischen Führer zu zerstreuen und eine örtliche tibetische Verwaltung zu bilden.

Ich fragte Sonam dann nach den ersten Versuchen dieser Arbeit.

»Kopfzerbrechen bereiteten uns vor allem die Streitigkeiten zwischen den einzelnen Stämmen und *ula*.« (*Ula* war, wie ich mich überzeugte, in allen Teilen Tibets ein Problem. Das Wort ist nicht zu übersetzen; es bezeichnet die durch Tradition geheiligte Pflicht, Transportmittel zur Verfügung zu stellen und allerlei unbezahlte Dienstleistungen zu verrichten, zum Beispiel für Wasser und Brennstoff zu sorgen sowie Häuser für Mönche, Beamte und Adlige zu bauen.) »Wenn wir den Lebensstandard des Volkes heben wollen, müssen wir vor allem die Ernteerträge steigern und den Viehbestand erhöhen«, fuhr Sonam fort. »Diesem Streben stehen aber Stammesfehden und *ula* entgegen. Zuerst mußten wir die Stammesoberhäupter zusammenrufen und mit ihnen über ihre Streitigkeiten sprechen. Manchmal lag der Anlaß dazu so weit zurück, daß sich keiner mehr darauf besinnen konnte. Dann beriefen wir mehrere Konferenzen von Stammesführern, Mönchen und einigen Bauern und Hirten ein. Unser Selbstverwaltungsorgan wurde aus dreiundzwanzig tibetischen Adligen, einem Mohammedaner, einem Yi und zwei Chinesen gebildet, so daß niemand behaupten konnte, wir würden von außen unter Druck gesetzt.«

Nach langen Diskussionen waren die Adligen endlich damit einverstanden, ihre Fehden ruhen zu lassen und in Fällen, in denen sich die Gegner nicht einigen konnten, die örtliche Verwaltung entscheiden zu lassen. »Natürlich wurden die Zwiste nicht von einem Tag zum andern beigelegt, aber das Übereinkommen stärkte den Einfluß der Gebietsverwaltung bedeutend. In fünf Jahren haben wir eintausendachthundertundacht größere und kleinere Streitfälle geschlichtet. Zweimal handelte es sich um Auseinandersetzungen größeren Ausmaßes zwischen zwei Bezirken, einundzwanzigmal um Familienfehden und dutzendmal um Viehdiebstähle.

Dann beschäftigten wir uns mit der sehr heiklen *ula*-Frage, denn hier spielt eine lange Tradition mit hinein. Wir zahlten von Anfang an bei Dienstleistungen für die Verwaltung die üblichen Sätze für die Beförderung von Beamten und Waren. Damit waren alle einverstanden«, antwortete Sonam auf meine Frage, »denn die Zentralregierung in Peking trug die Kosten, und in unser Gebiet floß mehr Geld.«

Die Abschaffung dieses veralteten Zustandes hatte ungeahnte Folgen. Als *ula* zum erstenmal sachlich diskutiert wurde, war es nicht länger möglich, unbezahlte Dienstleistungen von Bauern und Hirten als natürlichen Tribut der sozial Schlechtergestellten an die oberen Schichten zu betrachten. Obwohl es nicht gesetzlich festgelegt wurde, kam der Gebrauch und vor allem der Mißbrauch von *ula* in Verruf. Einige Adlige folgten diesem Beispiel der Verwaltung und bezahlten Dienstleistungen, die sie vorher als ein ihnen zustehendes Recht betrachtet hatten, andere schränkten ihre Ansprüche freiwillig ein.

»Natürlich gibt es noch große Unterschiede«, fuhr der Stellvertretende Vorsitzende fort, »aber es ist überall besser geworden. Einige Adlige, die in Kangting staatliche Stellungen bekleiden, lehnen *ula* jetzt ab, andere setzten die Abgabepflicht für Getreide und Vieh herab und einige gaben ihren Bauern sogar etwas Land, dessen Ertrag diesen gehört. Derartige Angelegenheiten werden von den Tibetern unter sich geregelt, und niemand redet ihnen hinein. Wir gehen mit gutem Beispiel voran und bemühen uns, andere zum Nacheifern anzuregen.«

Man hatte also den Frieden im Lande hergestellt und die Arbeitskräfte befreit; damit war auch die Voraussetzung für bessere Produktionsmethoden gegeben. »Nun verteilten wir kostenlos dreihundertachtzigtausend eiserne landwirtschaftliche Werkzeuge, die die völlig unwirksamen, noch in Gebrauch befindlichen hölzernen ersetzten. Außerdem führten wir etwa achttausend moderne Feldbaugeräte ein, die von Tieren gezogen werden. 1954 importierten wir einige Sechs-Reihen-Drillmaschinen. Doch sind die einheimischen Zugtiere nicht besonders kräftig, so daß oft zwei für eine Arbeit gebraucht werden, die im Flachland ein Pferd verrichten kann. Dazu kommt, daß die Menschen hier sehr konservativ sind. Von heute auf morgen ist das nicht zu verändern, aber auf dem staatlichen Gut weiter oben an der Straße zeigen wir den Bauern und Hirten, wie man es machen muß. Wir geben ihnen ein zinsloses Darlehen an hochwertigem Saatgut, um die Getreidesorten zu verbessern. Solche Darlehen haben schon eintausendachthundertfünfundfünfzig befreiten landlosen Familien geholfen, früheres Brachland zu bewirtschaften.«

Sonam zählte weitere Errungenschaften an seinen nikotingelben Fingern auf und berichtete, daß dreihundert tierärztliche Helfer in Gruppen von Weide zu Weide ziehen, krankes Vieh kostenlos behandeln und Seuchen vorbeugen helfen.

(Später begegnete ich einer solchen Gruppe auf einem abgelegenen, regengepeitschten Plateau, wo sie sich mit ihrer ganzen bakteriologischen Ausrüstung in Zelten eingerichtet hatte und versuchte, die konservativen Stammesoberhäupter von dem Nutzen einer Impfung zu überzeugen.) »Ein großer Erfolg«, berichtete Sonam, »war die Einführung einer neuen Schafrasse, einer Kreuzung zwischen einer sowjetischen und der einheimischen Rasse, die mehr Wolle besserer Qualität liefert.«

Bevor wir Kangting verließen, besuchte ich den Tanzsaal der Stadt und tanzte mit großen tibetischen Mädchen aus Kandse, die am Kangtinger Institut der Nationalen Minderheiten studierten. Sie sprachen perfekt Chinesisch und tanzten Walzer und Foxtrott mit der diesem Gebirgsvolk eigenen Grazie. Am nächsten Tag verbrachte ich ein paar herrliche Stunden in den heißen Schwefelbädern vor der Stadt, und dann verließen wir Kangting und seine Erdbeben in Richtung Hochsteppe.

Zwei Drittel des Weges in der großen Gebirgskette, die sich vor dem eigentlichen Plateau erhebt, hatten wir schon zurückgelegt. Von Kangting aus folgt die Straße dem Lauf des Flusses, der allmählich zu einem Bächlein zusammenschrumpft und noch vor dem Dza-la, dem 4700 Meter hohen Paß, der die Eingangspforte zu den Steppengebieten darstellt, völlig versiegt. Die Straße klettert gleichmäßig, ohne gefährliche Kurven oder steile Steigungen empor. Mein bulliger sowjetischer Jeep fuhr meist im höchsten Gang. Dann aber mußten wir halten, um den Kühler mit eiskaltem Wasser aus dem Gletscherbach zu füllen.

In dieser Höhe kocht Wasser bei so niedriger Temperatur, daß es mindestens zehn Minuten dauert, bis ein Ei nur weichgekocht ist. Als wir Mittagsrast hielten, waren die Kartoffeln unter der Schale zwar mehlig, innen aber hart. Das Kochen ist eines der ersten Probleme, denen sich Ausländer in Tibet gegenübersehen, kochendes Wasser ist nicht heiß genug, um die Stärke in Kartoffeln, Reis und Bohnen zu spalten; alle Gerichte müssen also sehr lange über Dungfeuer kochen, dessen Heizkraft nicht sonderlich groß ist

Deshalb ißt man in Tibet *tsamba.* Hier gibt es keine Zubereitungsprobleme, *tsamba* ist das universelle Hauptnahrungsmittel. Unzubereitete *tsamba* besteht aus feingemahlenem, gelblichem Mehl mit leichtem Biergeschmack. Dickhülsige Gerste, die in höheren Lagen unterhalb der Baumgrenze wächst, wird in einem Topf mit heißem Sand geröstet, dann siebt man den Sand heraus und mahlt die Körner, die nun nicht mehr gekocht zu werden brauchen. Zur Essenszeit langt der Tibeter in die Tasche, die sein faltenreiches Gewand über dem Gürtel bildet, holt eine Schale heraus, die er stets bei sich trägt, gießt etwas Tee, Suppe, Gerstenbier oder irgendeine andere Flüssigkeit hinein und schüttet *tsamba* darüber. Nun knetet er mit den Fingern einen Brei, formt ihn zu Kugeln und ißt. Fremden fällt das Zubereiten und Hinunterschlucken schwer. Mir war, als hätte ich Kleister an den Fingern, den ich mühsam ablutschen mußte und der mir in der Kehle steckenblieb. *»Tschi bu bau«* – »Es stillt nicht den Hunger«, sagen die Chinesen von *tsamba.* Doch der Biergeschmack ist angenehm, und die Tibeter ziehen diesen Gerstenbrei jedem anderen Nahrungsmittel vor. In diesem riesigen Land, dessen entlegenste Gegenden man nur zu Fuß erreicht, ist ein Einheimischer mit einem Leerbeutel voll *tsamba* und einem Feuerzeug durchaus in der Lage, sich selbst unter den widrigsten Bedingungen allein zu behaupten. Allen anderen fehlt in Tibet ein Druckkochtopf.

Die Stammesfehden, von denen ich gehört hatte, haben sich auf die Bauernart der Häuser in dieser Gegend ausgewirkt: Auf freiem Feld stehen dreistöckige quadratische Gebäude, deren lehmverbundene Feldsteinmauern etwa einen Meter dick sind. Sie haben Schießscharten, und das Erdgeschoß, in dem die Tiere untergebracht sind, ist fensterlos. Ein eingekerbter Baumstamm ersetzt die Leiter zur ersten Etage; er kann im Nu hochgezogen werden. Eine ähnliche Treppe führt auf die Plattform des Hauses, die mit einer brusthohen Mauer umgeben und nochmals überdacht ist. Sie dient als Tenne, Speicher und Heuboden. Das Haus gleicht also einer mittelalterlichen Burg im kleinen, die einer Belagerung standhalten kann.

Nicht weit von Kangting liegt das von Sonam erwähnte

Staatsgut. Die Volksbefreiungsarmee hatte es auf Brachland angelegt, um ihren Nahrungsmittelbedarf zu sichern. Als die Armee weiterzog, wurde es das erste einer ganzen Kette von Versuchsgütern an der neuen Straße, die die Aufgabe haben, die Ernteergebnisse der verschiedenen Getreidearten in großen Höhen zu untersuchen. Ungarische und sowjetische Traktoren, Mähdrescher und Drillmaschinen erleichtern die Bearbeitung der 670 Hektar.

Je höher wir kommen, um so seltener und kleiner werden die Bäume. Fichten und Silberbirken bleiben hinter uns zurück; an der Baumgrenze kämpfen nur noch Wacholdersträucher vergebens mit knorrigem, verkümmertem Rhododendron – und dann gibt es nur noch mit Gras bedecktes Hochland und kahlen Fels. Die Straße windet sich wie ein breiter Sims in endlosen Kehren an den Bergen aufwärts. In einer Kurve ist ein großer Steinhaufen errichtet, dem jeder fromme Wanderer als Bitte um eine gute Reise einen weiteren Stein hinzufügt. Gebetsfahnen flattern an Stöcken neben dem nagelneuen Wegweiser, der von der Straßenverwaltung aufgestellt wurde und die Höhe sowie Entfernung der nächsten Städte in beiden Richtungen angibt. Wir betreten eine neue Welt, in der die Straße in durchschnittlich 4000 Metern Höhe und mehr verläuft und noch tausend Meter höhere Gebirgspässe als niedrig gelten.

Hier oben wachsen anspruchslose, kurzstielige, haarige, aber dennoch erkennbare Abarten bekannter europäischer Blumen wie blauer Enzian, Gänseblümchen und winzige Vergißmeinnicht, deren Blüten nicht größer als ein Stecknadelkopf sind. Sie blühen in den pelzigen Teppichen der Edelweiße. Von hier oben sah man, daß Tibet kein flaches Hochland ist. Endlose Gipfelketten verloren sich in der Ferne in einem purpurgrauen Schleier. Es war, als sei ein graugrünes Meer mit riesigen Eisbergen während eines heftigen Sturmes versteinert worden. Mächtige Bergriesen, deren Spitzen mit ewigem Schnee bedeckt waren, reckten sich aus ihm empor. Einige Zacken waren so steil, daß kein Schnee darauf liegenblieb und das vom Wind blankgefegte Gestein purpurn zum Vorschein kam.

Wieder einmal fuhren wir abwärts, und wir dachten schon, es ginge den ganzen Tag dauernd hinauf und hinunter. Aber die Straße schlängelte sich fast eben 250 Kilometer zwischen grünen Hügeln dahin und folgte blumigen Flußtälern. Wir überschritten wieder die Baumgrenze und erlebten die landschaftliche und klimatische Vielfalt einer Weltreise an einem Tag: Arizona, die Rocky Mountains, die Schweiz, die deutschen Wälder, das Seengebiet in Nordwestengland, Devonshire und Island.

Schon tauchen überall Jaks auf. Diese zottigen weitläufigen Verwandten der amerikanischen Büffel weiden in Herden auf den Ebenen, beschnüffeln sämtliche Kräuter, suchen sich die wohlriechendsten aus und lassen den giftigen Eisenhut stehen. Ohne dieses zu allem nützliche Tier wäre in Tibet niemals eine Zivilisation möglich gewesen. Außerhalb Tibets kann man allerdings selbst in Zoologischen Gärten selten ein gutes Exemplar sehen, weil sie in Höhen unter 2000 Metern verkümmern. Der Jak ist gewöhnlich schwarz, zuweilen auch gescheckt oder grau und hat oft eine weiße Gesichtspartie. Unter dem Bauch hängt das Haar in Fransen herab, unter den Knien büschelt es sich wie bei einem Pudel, und mit dem schweren Schwanz wehrt das Tier Fliegen ab. Jakschwänze werden als Fliegenklatschen nach Indien exportiert. Man sollte meinen, daß die spitzen, weitausladenden Hörner dem Jak ein wildes Aussehen verleihen, aber die Tiere erwecken den Eindruck offensichtlicher Gefügigkeit, daß man selbst bei der ersten Begegnung keine Hemmungen hat, mitten durch eine Herde zu laufen.

Nichts in der Welt wird einen bepackten Jak dazu bringen, mehr als zweieinhalb Kilometer in der Stunde zurückzulegen. Auf der Weide aber tollen sie umher und spielen mit dem Schwanz wie kleine Katzen. Kälte kann ihnen nichts anhaben. Ihr Unterhalt kostet nichts als die Zeit, die sie zum Fressen benötigen. Pflege brauchen sie nicht; nachts werden sie reihenweise mit Jakhaarseilen nur leicht angepflockt. Trotz ihrer Größe und ihrer scheinbaren Schwerfälligkeit können sie mit einer Last von einem Zentner, die in zwei Packen auf dem einfachen Sattel verteilt wird, fast überall laufen. Sie helfen beim Pflügen und Dreschen. Aus ihrem Bauchhaar gewebte Zelte sind wetterfest und halten fünfzehn Jahre. Das feinere Haar ergibt ein unzerreißbares, dauerhaftes Gewebe, das zu Kleidungsstücken und Oberteilen für Schaftstiefel, die Sohlen aus Jakleder haben, verarbeitet wird. Aus Jakmilch wird Butter und Käse hergestellt, Jakfleisch ist von ausgezeichneter Qualität. Jakmist ist der einzige Brennstoff in den Weidegebieten und wird selbst in der Stadt teuer verkauft. Er brennt langsam, das Feuer wird mit einem Blasebalg aus Jakleder, das über einen leichten Holzrahmen gespannt ist und trotz des geringen Eigengewichts von nicht einmal anderthalb Zentnern eine Tonne trägt. Jakhörner werden zum Bauen verwandt, und die meisten Tibeter besitzen eine aus einer Jakhornspitze gefertigte Schnupftabakdose.

Die Tiere nahmen keine Notiz von meinem Jeep, dem nicht anzumerken war, daß er hier oben eigentlich fehl am Platz war und sich sogar beträchtlich über der Höhe der meisten Flugrouten bewegte. Die Wolken schwebten weit über uns und lagen nicht, wie man vielleicht annehmen könnte, auf dem Boden. Wenn man im Auto saß, hatte man durchaus nicht das Gefühl, sich kilometerhoch über den Köpfen der meisten Menschen zu befinden. Wir überquerten noch einen Paß, und dann begann die Talfahrt nach Kandse.

Keine Beschreibung der Fahrt nach Kandse an einem sonnenklaren Tag kann den überwältigenden Eindruck dieses Erlebnisses wiedergeben. Großartig ist vor allem die Abfahrt von der Spitze eines Berges, der etwa zwölfhundert Meter über der Stadt liegt. Jede Kurve überrascht mit neuen Wundern der Landschaft vor der Kulisse von zwanzig, fünfzig, hundert Bergen. Was zuerst ein einziger schneebedeckter Gipfel zu sein schien, verwandelt sich langsam in einen glitzernden, stachligen weißen Drachen, der sich weit über das Land gebreitet hat.

In der staubfreien, dünnen Luft läßt ein ungewöhnlich strahlender Sonnenschein alle Farben kräftiger leuchten: Die Wolkenberge sind weißer als sonst, und der ewige Schnee ist noch weißer, das Gold der Gerste scheint höher karätig, die Wasser sind von einem kühl-durchsichtigen Grün, der blendende Himmel ist blauer und die Sicht weiter. Der Reisende erhält einen seelischen Auftrieb, den er in der dichteren Luft des Flachlandes nie erlebt.

Dreizehn Kilometer weit breitet sich vor Kandse eine wogende Kornebene, in die quadratische, festungsähnliche Häuser, umgeben von großen Birkengruppen, eingestreut sind. Lange bevor man die Sonne sich in den goldenen Klosterdächern spiegeln sieht, künden mühelos hoch am Himmel schwebende, aasfressende Lämmergeier von der Nähe der Stadt.

Der Eindruck, den man aus der Ferne von Kandse gewinnt, wird im Ort bestätigt. Was bis vor fünf Jahren eine typisch mittelalterliche Stadt mit Kloster, Burg und Marktplatz war, hat sich inzwischen zu zwei Städten entwickelt. In den Außenbezirken wuchsen nach dem Einmarsch der Volksbefreiungsarmee neue weiße Wohnhäuser, Gebäude mit Büros, Geschäften und Sälen empor. Im Schatten des am Berg gelegenen Klosters Kandse liegt die Altstadt, in der das alte festgestampfte Baumaterial langsam zerbröckelt. Es ist schon so verwittert, daß man nicht mehr unterscheiden kann, wo der Erdboden aufhört und ein Gebäude anfängt. Obwohl Kandse in Setschuan liegt und das eigentliche Tibet noch Kilometer entfernt ist, ist es doch eine echt tibetische Stadt, in der Gestalten aus längst vergangenen Tagen leben. Ritter in prunkhaften seidenen Gewändern, bestickten Stiefeln, ihr geflochtenes Haar unter weitkrempigen Hüten aufgesteckt, reiten schwertklirrend vorbei. Man fühlt sich in das England der Chaucer-Zeit[2] zurückversetzt.

Die Frauen flechten hier ihr Haar zu unzähligen schnurdünnen Zöpfchen, die weit unten im Rücken zusammengebunden werden. Sie schmieren ihre Gesichter mit dunkelbraunem *kutsch* ein, um die Haut vor den unbarmherzigen Sonnenstrahlen und dem Wind des Hochlandes zu schützen. Es darf einen nicht wundern, daß sie den größten Teil der Feldarbeit besorgen, denn die meisten Männer sind Mönche. Im Kreisgebiet von Kandse gibt es offiziell 49 Klöster; wahrscheinlich sind aber in fernen Tälern einige noch nicht erfaßt worden. Eine unlängst durchgeführte Volkszählung ergab, daß in diesem Kreis 36.931 Menschen leben. Von den 17.421 Männern waren 12.097 Mönche, also zwei Drittel, von den 19.510 Frauen hingegen nur 400 Nonnen.

Kandses Straßen sind immer voller Mönche jeden Alters und aller Klassen: wohlhabende in feinem roten Kaschmir, arme in geflickter, zerlumpter, handgewebter Kleidung, die vielleicht einmal rot war; Mönche im Alter von drei Jahren und dreiste Knaben in Mönchskleidung, die das Knöchelspiel spielen, Drachen steigen lassen und von ihren Müttern geohrfeigt werden, wenn sie unartig sind. In vielen Ständen auf der Straße sitzen Mönche, die entweder selbst Besitzer sind oder die für die Klöster verkaufen. Sie feilschen und handeln und verständigen sich über die Preise in einer Art Geheim-»Sprache«, indem sie sich unter dem Gewand durch Fingerberühren Zeichen geben. Aus Luftziegeln erbaute Häuser, auf deren flachen Dächern Getreide und Stroh lagern, gehen treppenartig in die rot-weißen Gebäude des Klosters über. Dieses ist viel größer als die eigentliche Stadt und klettert über den Häusern weiter am Berghang empor. Hoch oben funkeln seine goldenen Dächer in der Sonne mit den Bergen im Süden um die Wette. Wie jede tibetische Familie und Stadt lebt auch Kandse teils innerhalb und teils außerhalb der Klostermauern. Und der Teil innerhalb der Mauern beherrscht den außerhalb in jeder Beziehung, ökonomisch und gesellschaftlich. Ein Adliger ist ein Adliger, aber einem Mönch gleicher gesellschaftlicher Stellung gebührt der Vorrang. Schon ein Hirtenjunge, der ins Kloster eintritt, strebt nach Erlösung und wird deshalb von jedem ehrerbietig behandelt.

Geschäft und Religion gehen Hand in Hand. Auf dem Markt feilschen Mönche und Kaufleute mit ihren Kunden, beten dabei ihren Rosenkranz und murmeln wie überall in Tibet ihr *»om mani padme hum«* – »Du Kleinod im Lotos!«

»Om mani padme hum« ist für den Lamaisten, was das »Paternoster«, »Vater unser, der du bist im Himmel«, für den Christen ist. Oft wird Buddha in einer Lotosblume, dem Sym-

bol göttlichen Ursprungs, sitzend dargestellt. Ständige Wiederholung dieses Gebets soll das Seelenheil fördern. Aber man braucht es nicht nachzusprechen, es ist auch dann wirksam, wenn man die heiligen Worte geschrieben sieht oder sie bewegt und so ihre Botschaft zu den Göttern sendet. Aus dieser naturverbundenen Anschauung heraus werden unablässig die Gebetsmühlen gedreht (übrigens bis vor kurzem in Tibet die einzige Anwendung des Rades), läßt man Gebetsfahnen flattern, errichtet man Gebetsmauern, auf denen das *»Om mani padme hum«* sich tausendfach wiederholt, meißelt man die vertraute Formel in Felsen an Flüssen, Karawanenstraßen, Brücken und Gebäuden. In der Hauptgeschäftsstraße von Kandse konnte ich einen Blick durch eine offene Tür in ein düsteres Gewölbe werfen. Dort lief ein Mönch ununterbrochen im Kreise herum und drehte eine dickachsige Gebetsmühle von mindestens zweieinhalb Metern Höhe und fast zwei Metern Durchmesser. Nackte Füße hatten den Steinboden rings um sie herum glatt wie Glas poliert. Wenn Tibet auch in bezug auf technische Mechanisierung hinter den meisten Ländern der Welt zurückgeblieben ist, so besitzt es doch die am meisten mechanisierte Religion. Die heilige Formel *»Om mani padme hum«* wird so eng wie möglich auf dünnstes Papier gedruckt, das fest in die Gebetsmühle gepreßt wird. Bei jeder Umdrehung steigt dann das Gebet millionenfach zu den Göttern empor.

Der Oberste Lebende Buddha des Klosters Kandse, das mit zweitausend Mönchen recht groß ist, trug das Abzeichen der Autonomen Regierung und war Vorsitzender der Stadtverwaltung. An den Wänden seines Zimmers hingen ein silberbeschlagener Dolch, Bilder von Mao Tse-tung und Sun Jat-sen und der billige Öldruck eines Sonnenuntergangs am Meer. Dzungsa ist ein moderner Lebender Buddha. Er besitzt einen Jeep und hat sich in einem Krankenhaus der chinesischen Volksbefreiungsarmee eine Fistel herausoperieren lassen, die allen Heilkünsten der Lamas widerstanden hatte.

Mehrere Hundert Schüler besuchen bereits die städtische Grundschule. Erstmalig ist in Kandse die Erziehung nicht klerikal orientiert, zum erstenmal hören die Schüler hier von modernen Problemen. Landlose Bauern, die Boden urbar machen, erhalten Besitzurkunden. Man gewährt ihnen fünf Jahre Steuererlaß, gibt ihnen Arbeitsgeräte, zinsfreie Saatgutanleihen und außerdem Darlehen zu niedrigen Zinssätzen zum Ankauf von Vieh und zum Erlernen eines Nebenberufs. Familien, die vorher kein Land besaßen, erhalten neun eiserne landwirtschaftliche Geräte, landarme wenigstens fünf, um mehr Boden urbar machen zu können.

Wenige Kilometer von Kandse entfernt haben einige dieser Familien Ackerland geschaffen, wo vorher nur ödes Brachland war. 1954 erschlossen sie zwanzig Hektar und ernteten siebzehn Tonnen Gerste, die sie zum Teil verkauften. Vom Erlös und mit Hilfe von Staatsanleihen erwarben sie zehn Ochsen, zwei Pferde, fünfzehn Schweine, vierundzwanzig Schafe, fünfzehn Jaks und sechs Milchkühe. Inzwischen haben sie weitere zwanzig Hektar urbar gemacht. Alle diese Familien gehörten früher zu den ärmsten Pächtern, die sich in der Regel bei anderen als Landarbeiter verdingen mußten, oder sie waren heimatlose Bettler. Einer der Ältesten, der als Wortführer auftrat, erzählte, daß die neunzehn Familien aus Rusi – so heißt ihr neues Dorf – durch Nebenbeschäftigungen, wie Weben, Kräutersammeln und Teppichflechten, sich etwa sechshundert englische Pfund dazuverdient hätten. Sie gehörten zu den 1855 Neubauern, die Sonam erwähnt hatte, und waren wahrscheinlich die wohlhabendsten Werktätigen in diesem Gebiet.

1 E. Teichman, »Die Reisen eines Konsuls in Ost-Tibet«.

2 Geoffrey Chaucer (1340–1400), mittelenglischer Dichter.

Leibeigene und Königin

Über den schwierigsten Berg – Die Sünden der Murmeltierjäger – Der Lhasaer Bus – Eine Leibeigene wird Verwaltungsangestellte – Schriften und Dolche – Die Fürstin der Derge

Die Fahrer und alten Hasen auf der tibetischen Straße sprechen stets mit Ehrfurcht vom Tschu-la, dem Paß über den Vogelberg. Bevor die Straße über Lhasa hinausführte, war der Tschu-la nicht nur ihr gefährlichster, sondern auch ihr höchster Abschnitt. Zwar überwindet sie jetzt einen noch höheren Paß, doch birgt der Tschu-la weiter die meisten Gefahren. Das liegt nicht etwa an der Straßenführung entlang der steilen Felswände bis in 5000 Metern Höhe und an der nur wenige Kilometer langen Abfahrt in die 1700 Meter tiefer liegende Ebene. Im Norden und im Süden sind die Gipfel der Gebirgskette mit ewigem Schnee bedeckt; aber zwei Monate im Jahr lächelt die Natur – wenn auch tränenden Auges – auf den Tschu-la. Dann schneit es dort oben nicht, sondern es regnet unaufhörlich. Der Reisende muß jederzeit darauf gefaßt sein, von Schnee, dichtem Nebel, Regenwolken, Wassergüssen oder Frost überrascht zu werden, der die Straße in eine kurvenreiche Eisbahn verwandelt, die auf der einen Seite steil abfällt. Man muß schon ein guter Fahrer sein, um sich die Auszeichnung »100.000 Kilometer ohne Unfall«, die an vielen Lastwagen zu sehen ist, zu erwerben.

Als ich den Tschu-la überquerte, trug er sein feuchtes Lächeln zur Schau. Den ganzen Weg aufwärts nieselte es, und die Außentemperatur sank immer weiter. Am Fuß des letzten steilen Stücks hielten wir an einem der Rasthäuser und frühstückten. Es gab hartgekochte Eier, Pellkartoffeln, australische Butter in Büchsen, Brot, Kekse, Marmelade, geröstete Erdnüsse und Nescafé. Draußen im regennassen Gras stand ein kleines tibetisches Zelt, neben dem zwei beklagenswerte

Pferde angepflockt waren. Zwei Tibeter saßen um ein qualmendes Jakmistfeuer. Ein Junge trat mit einem Lederbeutel voll *tsamba* aus dem zelt und gesellte sich zu ihnen. Da saßen nun die drei in dem feuchten »schottischen« Nebel und verzehrten ihre Mahlzeit. Es waren Murmeltierjäger, denen es im Sommer recht gut geht; denn hier oben gibt es unzählige dieser kleinen Nagetiere, die während der kalten Jahreszeit jedoch Winterschlaf halten. Nach dem lamaistischen Glauben, der die Seelenwanderung lehrt, ist Töten eine Todsünde, doch die Fallensteller ziehen *tsamba* im gegenwärtigen Leben der Hoffnung auf ein zukünftiges vor. Im Winter fertigen sie Bildnisse von Schweinen und Jaks an, die sie an Schlächter verkaufen. Sie erklärten mir, daß die Schlächter mit ihnen von den Göttern Verzeihung ihrer Sünden erbitten, die Steinplastiken aber auch das Seelenheil der Murmeltierjäger fördern. Als wir wieder aufbrechen wollten, fuhr ein Jeep durch die aufspritzenden Pfützen im Vorhof. Ihm entstieg kein Geringerer als Bando Dordsche, einer der Gründer der Kangtinger Regierung, Mitglied des Chinesischen Nationalen Volkskongresses und Stellvertretender Vorsitzender der Verwaltung von Tschamdo. Wie er sagte, kam er gerade aus Peking und war nun auf dem Wege nach Tschamdo und weiter nach Lhasa, wo er über die Bildung einer autonomen tibetischen Regierung verhandeln sollte. Als wir abfuhren, setzte er sich zum Essen nieder. Aber schon bald, als wir den blendendweißen Gletscher bewunderten, der den Hsinlu-See speist, jagte er an uns vorbei. Von einer Herberge in der Nähe genießt man eine Aussicht, die selbst in der Schweiz ihresgleichen sucht.

Der Tschu-la reckt sich wie eine Messerklinge in den Himmel. Er ist so steil, daß man von unten die Straße gar nicht bemerkt. Man sieht nur, daß dann und wann ein Lastwagen aus dem Nichts auftaucht und hoch oben hinter einer Haarnadelkurve wieder vom Berg verschluckt wird. Die Straße ist ein technisches Wunder. Als sie gebaut wurde, kletterten Arbeiter an Seilen über die steilen Felswände, um Bohrungen oder Sprengungen vorzunehmen, sie hingen über Abgründen, in denen sich jetzt tief unten die Straße wie ein feiner Faden entlangzieht. An jedem Felsen wurde gebohrt und gesprengt. Als wir uns dem Scheitelpunkt näherten, klarte das Wetter auf. Vom Paß aus, weit oberhalb der Baumgrenze, sahen wir die Straße sich weit hinab zum Plateau schlängeln, das zwar 1500 Meter tiefer, aber immer noch 4000 Meter über dem Meeresspiegel liegt.

Sprachlos vor Staunen, lief ich von einer Seite des Passes zur andern, um die Aussicht voll zu genießen. In diesem Augenblick kam ganz prosaisch der Linienomnibus mit fröhlichen Tibetern und Chinesen aus Tschando und Lhasa den Berg heraufgekeucht. Er hielt auf dem Paß, und einige Tibeter stiegen aus; sie warfen Gebetssteine auf den Steinhaufen. Dann kletterten sie wieder hinein, und der Bus, auf dessen Dach Gepäckstücke unter einer Zeltbahn verstaut waren, fuhr weiter. Irgendwie schien dieses kecke Vehikel in 5000 Metern Höhe noch mehr als alle Lastwagenkolonnen das ende der Abgeschlossenheit und des »Mysteriums« Tibets zu versinnbildlichen. Die tibetischen Fahrgäste waren darüber nicht weiter traurig, weil sie eine Busfahrt einem noch so romantischen Ritt vorziehen.

Ein hübsches, intelligentes tibetisches Mädchen erzählte mir, wie man in Tibet den Vormarsch der chinesischen Armee über den Tschu-la und den Bau der Straße beurteilt hatte. Sie war die Tochter eines armen Schmieds, der von der Kuomintang-Armee zwangsrekrutiert worden war und später infolge der Strapazen starb. Von da an mußte sich ihre Mutter als Hirtin durchschlagen. Als ich Dschume Badschang als Studentin am Institut der Nationalen Minderheiten in Tschöngtu kennenlernte, war sie fünfundzwanzig Jahre alt. Einst war sie eine Leibeigene der fünfunddreißigjährigen Stammesführerin des Derge-Stammes, Dschanyang Bomo, gewesen.

Dschume Badschang war mit ihren großen, hellbraunen Augen, hohen Backenknochen, vollen Lippen und der Adlernase mit großen Nasenlöchern ein Typ, den man in Tibet nicht allzu häufig antrifft. Sie war groß, von geradem Wuchs und hatte

Dauerwellen. Als einziges tibetisches Mädchen, das ich sah, hatte sie sich einen Pony bis dicht über die Augenbrauen gekämmt. Auf den ersten Blick wirkte sie modern. Es machte ihr Spaß zu erzählen, und offensichtlich freute sie sich des Lebens. Alles war neu und wunderbar für sie, selbst die Arithmetik.

»Wir hatten sofort den Eindruck, daß die Volksbefreiungsarmee in Ordnung war, denn als sie näher rückte, wurden die Kuomintang-Soldaten plötzlich sehr höflich und taten so, als hätten sie nie Unheil angerichtet. Ich haßte diese Kerle. Sie wurden immer nervöser, warfen schließlich ihre Uniformen fort und ergaben sich scharenweise.«

Einer der Führer des Derge-Stammes, der schon der alten chinesischen Roten Armee im Bezirk geholfen hatte, forderte die Bevölkerung auf, für die Befreiungsarmee Brennmaterial in den Bergen zu sammeln. Badschangs Mutter erlaubte ihrer Tochter, an der Aktion teilzunehmen. »Da holte ich alle meine Freundinnen zusammen, und wir suchten eine Menge Holz. Dafür wurden wir gut bezahlt«, berichtete sie in fließendem Chinesisch und lächelte ständig. »Als ich für die Volksbefreiungsarmee arbeitete, begann für mich ein völlig neues Leben. Die Soldaten behandelten uns als Gleichberechtigte und nannten mich ›Kleines Dickerchen‹, denn ich war damals noch nicht so groß. Ich fühlte, daß ich nie wieder in das alte Leben zurückkehren könnte, und sprach mit meiner Mutter darüber. Auch verdiente ich gut. Als die Armee weiterzog, bat ich, als Krankenträger mitgehen zu dürfen. ›*Yamu yamu*‹ – ›gut‹, sagten die Chinesen. Ich machte mehrere Kämpfe mit, und als die Truppen immer weiter vorrückten, beauftragte man mich mit der Organisation des Nachschubs.«

»Für die Tschiang Kai-schek-Truppen mußten wir unentgeltlich Transportmittel stellen, aber die Volksbefreiungsarmee zahlte für rund fünfundfünfzig Kilometer drei Silberdollar, und das gleiche für den Rückweg. Bei so guter Bezahlung war es nicht schwierig, Tiere zur Verfügung gestellt zu bekommen. Sorge bereiteten uns aber die Stammesgrenzen, an denen wir jedes Mal die Tiere wechseln mußten.« Traditionsgemäß durfte kein Vieh über die Stammesgrenzen hinaus, weil es ja im Nachbargebiet auch Gras gefressen hätte. Und ein Jak weidet in einem Jahr eine Fläche von zweieinhalb Quadratkilometern ab. Außerdem wirkte hier das *ula*-System nach, denn als die Beamten noch kostenlos zu befördern waren, wollte keiner sein Tier auch nur einen Zentimeter weiter zur Verfügung stellen, als es nötig war.

Geld brach dieses einst strenge Gesetz und löste die starren Bande der Tradition. Die Befreiungsarmee bezahlte für jedes beförderte Gepäckstück. Sie garantierte den Ersatz zum vollen Handelspreis, wenn ein Jak auf dem Transport davonlief oder umkam. Ferner schuf sie die »Gegenseitigen Hilfs- und Einigkeitsvereinbarungen«, nach denen sich die einzelnen Jakbesitzer über den Wert der Tiere einigten und das Weiderecht regelten. Von nun an waren Lastjaks oft Tausende von Kilometern unterwegs, und das Transportsystem funktionierte zufrieden stellend.

»Zuerst«, fuhr Badschang fort, »sorgte jeder selbst für seine Jaks, doch das war Verschwendung an Zeit und Arbeitskräften. Zu viele Leute kümmerten sich um zu wenige Jaks. Wir gründeten also Kollektive. Konnte ein Jakbesitzer seine Tiere nicht selbst treiben und kein Familienmitglied mitschicken, dann übernahmen die anderen die Verantwortung und zahlten dem Besitzer einen etwas niedrigeren Tarif.

Es gab noch andere Sorgen. So mußten zum Beispiel unsere Kinder allein zu Hause bleiben. Deshalb stellten wir Kindermädchen ein und entlohnten sie aus einem Kollektivfonds, den wir von unserem Verdienst abzweigten. Ich verwaltete die Kasse. Es waren Menschen beim Transport tätig, die keine Tiere hatten, und andere stellten ihre Jaks zur Verfügung, auch wenn sie selbst nicht kommen konnten. Wir zahlten nach gerechten Tarifen, allen ging es besser, und die Volksbefreiungsarmee kannte keine Transportsorgen mehr.«

Jaks aus Dschume Badschangs Heimatbezirk zogen oft über den Tschu-la und noch weiter. Im Winter weigerten sich vor Anstrengung selbst die Jaks manchmal weiterzulaufen und legten sich einfach in den Schnee, um sich vor dem Wind zu schützen. »So manches Mal«, sagte Badschang, »kamen uns vor Hunger und Kälte die Tränen.«

Im Februar 1951 wurde sie als Verdiente Transportarbeiterin ausgezeichnet. Sie zeigte auf das Abzeichen an ihrem Kleid. »Es war der aufregendste Augenblick in meinem Leben. Ich war zur Gründungsversammlung der neuen Kangtinger Verwaltung eingeladen worden und konnte mir nicht vorstellen, was ich dort sollte. Als ich auf die Tribüne gerufen und ausgezeichnet wurde, erschrak ich furchtbar. Zu Hause zeigte ich die Medaille meiner Mutter, die sofort zur Großmutter rannte. Sie hatten noch nie etwas von einem Verdienten Arbeiter gehört – geschweige denn von einer Verdienten Arbeiterin. Mutter sagte: ›Du darfst nie vergessen, daß die Kuomintang deinen Vater ins Grab gebracht haben. Du mußt der Volksbefreiungsarmee helfen und dich von ihr leiten lassen.‹«

Ich fragte sie nach der sozialen Stellung ihrer Familie.

»Meine Familie gehört zum Derge-Stamm, der Dschanyang Bomo, der Fürstin[1] der Derge untersteht. Ohne Genehmigung von Dschanyang Bomo dürfen wir ihr Land nicht verlassen. Wir sind ihr arbeits- und tributpflichtig. Jedes Jahr müssen wir an einem bestimmten Tag nach der Ernte Gerste und Butter abliefern, und zwar an einem Ort, der zwei Tagesreisen entfernt ist.«

»Und was geschah, wenn Sie nichts abgaben oder nichts abgeben konnten?«

»Gefängnis war das mindeste. Oft bekam man aber mehrere Hundert Hiebe. Diese Bestrafungen haben jedoch aufgehört, seit die Befreiungsarmee hier ist.«

Auf meine Frage nach *ula* erzählte mir Dschume Badschang: »Wenn ein Stammes- oder Verwaltungsbeamter oder sonst jemand mit den entsprechenden Papieren durchreiste, mußten wir ihn und sein Gepäck auf unseren Tieren ohne jede Entschädigung bis zur nächsten Grenze befördern. Für die Verwaltung ist *ula* jetzt abgeschafft, und die Adligen machen weniger Gebrauch davon als früher, obwohl ihnen die alten Rechte noch zustehen. Unsere Familie muß nur noch unentgeltlich Holz sammeln. Aber wir bezahlen jetzt nur noch die Hälfte Steuern und werden nicht mehr ins Gefängnis geworfen, wenn wir nicht pünktlich abliefern.«

Badschangs Bruder war früher Mönch, hatte jedoch, wie sie mir erzählte, das Kloster verlassen.

»War das so einfach?« fragte ich. »Und warum wollte er aus dem Kloster austreten?«

»Er wollte heiraten. Die meisten Mönche würden sich gern eine Frau nehmen, aber sie dürfen nicht. Damit mein Bruder wieder Laie werden konnte, mußten wir uns verpflichten, für ihn meinen Halbbruder ins Kloster zu schicken. Außerdem mußte mein Bruder versprechen, solange er lebt, einige unbezahlte Arbeiten für das Kloster zu verrichten.«

»Ist damit der Austritt nicht recht teuer erkauft?«

Sie lachte. »Das hängt von der Zukunft ab. Mein kleiner Halbbruder ist erst ein Jahr alt. Wir haben noch viel Zeit, uns seinetwegen den Kopf zu zerbrechen. Was den anderen betrifft, so wird es an ihm selbst und vielen anderen Dingen liegen, ob er seinem Versprechen ein Leben lang nachkommt. Wie Sie wissen, sind große Umwälzungen im Gange. Wer hätte denn vor fünf Jahren gedacht, daß ich jetzt hier studieren, in zwei Sprachen lesen und schreiben oder mich mit Außenpolitik und Mathematik beschäftigen würde? Ich war eine ungebildete Leibeigene, und jetzt bereite ich mich auf die Verwaltungslaufbahn vor.«

Es blieb noch die Frage offen, wie sie zum Studium nach Tschöngtu gekommen war. »Hatten Sie Dschanyang Bomos Erlaubnis?«

»Nein«, sagte sie lächelnd

»Werden Sie dann keine Unannehmlichkeiten haben?«

Sie antwortete mit einem chinesischen Sprichwort, das etwa bedeutet: »Abwarten und Tee trinken.«

Sie erzählte mir, daß sie nach Beendigung des Straßenbaus eigentlich in ihr Heimatdorf zurückkehren wollte, aber erst noch für den Frauenbund freiwillig in einem anderen Teil des

Derge-Gebiets arbeitete. Das Territorium der Derge ist groß; es besteht aus fünf Kreisen, die zum Teil zur Provinz Setschuan und zum Teil, jenseits des Flusses, zum tibetischen Bezirk Kham gehören.

»Ich besuchte Frauen, insbesondere Mütter und Schwangere, und versuchte sie zu überreden, sich in den Kliniken beraten zu lassen. Sie brauchten nichts zu bezahlen, waren aber in dieser Beziehung voller abergläubischer Vorurteile. Aber ihre Angst hat sich gelegt. Ich besinne mich auf die Frau eines Schmieds in Yange, die einen großen Karbunkel hatte. Ihr Mann verkaufte seine Tiere und alles Mögliche, um dem Kloster Gebete bezahlen zu können. Sie wurde das Geschwür jedoch nicht los. Ich überredete sie schließlich, ins Krankenhaus zu gehen. Diese Reise dauerte zwar zwei Tage, doch die Patientin wurde im Nu mit Penicillin geheilt.«

»Hatten die Mönche nichts dagegen, daß die Leute ins Krankenhaus gingen? Das mußte doch ihre Einkünfte schmälern?« fragte ich.

»O nein«, antwortete sie. »Die Mönche gehen ja auch. Natürlich sagen sie, die Leute, die im Krankenhaus waren, müßten nach ihrer Gesundung durch Spenden und Gebete besonders viel für ihr Seelenheil tun.«

Als wir vom Tschu-la zum Plateau hinunterfuhren, dachte ich immer wieder an die Unterhaltung mit dieser bemerkenswerten jungen Frau, denn ein paar Kilometer vor uns lag Derge-Gontschen, Zentrum des Stammes und Wohnsitz seiner Fürstin.

Am Fuße des Vogelberges steht ein Ehrenmal für einen Soldaten der Volksbefreiungsarmee, der beim Straßenbau sein Leben ließ. Die Straße führt durch eine Reihe kleiner Bergschluchten, in denen sich die Fichten an senkrechte Felswände klammern, wo immer ein Same etwas Humusboden gefunden hat.

Derge-Gontschen heißt »Das große Kloster von Derge«. Die Stadt besteht aus dem großen Lamakloster, dem Fürstenschloß und den Lehmziegelhütten des Volkes. Derge-Gontschen ist wegen seiner Druckerei berühmt, die alte Holzdruckstöcke der besten und wichtigsten buddhistischen Schriften besitzt. Obgleich das Kloster der Saskyaba- oder Bunten Sekte und nicht der herrschenden Gelugba-Sekte, den Gelbmützen, gehört, muß jeder, der einen guten Druck der Texte haben will, ihn hier bestellen. Im Hauptgebäude des Klosters lagern in Regalen Hunderttausende, vielleicht sogar über eine Million, langer Hartholzdruckstöcke, in die beiderseitig lamaistische Texte geschnitzt sind.

Die meisten dieser Druckstöcke sind fünfhundert Jahre und mehr alt; die vollständigsten und wichtigsten sind die des buddhistischen *Kandschur* (Worte Buddhas), das in der Derge-Ausgabe einhundertacht Bände umfaßt, und des *Tandschur* (Kommentare), das zweihundert Bände stark ist. Eine vollständige Druckausgabe kann nur mit einer großen Jakkarawane abtransportiert werden.

Tibetische Bücher sind nicht gebunden. Jeder der etwa sechzig Zentimeter hohen, zwanzig Zentimeter breiten und sieben bis zehn Zentimeter dicken Bände wird zwischen hölzernen, oft mit herrlichen Schnitzereien versehenen Einbanddeckeln aufbewahrt. Die widergleich bedruckten losen Blätter werden beim Lesen nach oben umgeschlagen. Aber sie werden kaum gelesen. Ihr eigentlicher Wert ist ein religiöser; deshalb findet man sie häufig an den Wänden der Tempel und Tschorten. Sie schirmen die Grabstätten der Großlamas wie eine sechzig Zentimeter dicke Isolierschicht ab, die alles enthält, was man nach den lamaistischen Lehre wissen muß.

Die Druckerei, die einen recht beträchtlichen Gewinn einbringen muß, ist Erbeigentum des Oberhauptes der Derge und gehört zur Zeit Dschanyang Bomo, Fürstin des Stammes und Herrin der Leibeigenen Dschume Badschang. Ich ersuchte sie um eine Audienz. In Begleitung zweier Mitglieder ihres »Kabinetts« kam sie mir höflich entgegen, um mich persönlich ins Schloß zu geleiten. Die weiträumige steinerne Festung neben dem Kloster ist im typisch tibetischen Baustil mit schrägen mauern erbaut. Die Fenster sind unten breiter als oben, das Dach hat einen ockerfarbenen Sims aus liegenden Weidenzweigen. Dieser seltsame, von unten wie rotbrauner Samt wirkende Schmuck ist den Häusern der höchsten Adligen vorbehalten.

Fürstin Dschanyang Bomo ist groß, schlank und bestimmt nicht älter als fünfunddreißig Jahre. Ihrem Auftreten und ihrer Erscheinung merkt man an, daß sie ihr Leben lang Befehle erteilt hat und gewohnt ist, daß diese befolgt werden. Sie lächelt zögernd und gleichgültig unter großen Lidern hervor, die sich außen nach unten ziehen. Aus dem Benehmen der beiden Ratgeber dieser ruhigen, klugen und entschlossenen Frau, deren dunkelgrünes Gewand ihre aufrechte und graziöse Erscheinung unterstrich, sprachen Ergebenheit wie Vertraulichkeit.

Durch die Festungsmauern, über einen Hof führte sie mich in ein Schloß, das man für Glamis Castle[2] zur Zeit Malcolms[3] hätte halten können. Dann und wann wandte sie sich lächelnd um und winkte mir, ihr zu folgen. Beim Laufen schlug ihr silbernes Dolchgehänge gegen den Oberschenkel. Es ging durch Korridore, zum Teil aus behauenen und bemalten Baumstämmen, manchmal auch aus grob verziertem Gestein.

Die Tibeter geben sich kaum Mühe, die nackten Tatsachen des Lebens zu verbergen. So kamen wir zum Beispiel auf dem Wege zum Empfangszimmer an den Vorratsräumen vorbei. Dort hingen ganze Jaks und Schafe; Leibeigene scheuerten große Kupferkessel und grinsten mich mit weißen Zähnen aus rauchgeschwärzten Gesichtern an. Das Empfangszimmer hatte Glasfenster, die lackierte Holztäfelung glänzte rot, golden und hellblau wie der Thron, über dem Porträt des Dalai-Lamas und Mao Tse-tungs hingen. Um einen langen, niedrigen Tisch standen Hocker, deren Höhe dem Rang der Ratgeber angemessen war. Der des Rangletzten war ein kaum mehr als zwei Zentimeter dickes, teppichbelegtes Polster. Da unser Gespräch keinen offiziellen Charakter hatte, nahm Dschanyang Bomo zum Zeichen ihrer Bescheidenheit und Höflichkeit auf diesem Platz und wies mir freundlich einen höheren zu. Ihre Kabinettmitglieder standen während des ganzen Interviews und nahmen eine Prise nach der anderen aus ihren polierten Jakhorn-Schnupftabakdosen.

Die Fürstin erzählte mir, daß die Familie ihres verstorbenen Gemahls einundfünfzig Generationen zurückverfolgt werden könne und seit fünfhundert Jahren Besitzer der Druckerei sei. Sie selbst sei eine Tochter des Oberhauptes des Moschin-Stammes. Nach dem Tode ihres Gatten hatte sie nur widerstrebend für ihren Sohn die Regentschaft übernommen. Dieser war jetzt fünfzehn Jahre alt und wollte, wie er mir später sagte, »unbedingt in die Volksbefreiungsarmee eintreten«.

Klöster und reiche Laien sind die besten Kunden der Drukkerei. Sie bestellen abwechselnd und werden auch so bedient. »Wir drucken nicht zuviel, weil die Druckstöcke sehr alt und von historischem Wert sind. Sie sind wirklich die vollständigsten.« Durch Mittelsmänner gehen Bestellungen aus aller Welt ein, denn die Druckstöcke sind allen Tibetologen und Kennern des Buddhismus bekannt.

Während unserer Unterhaltung goß ein struppiger, vor Küchenschmutz starrender Diener süßen Tee und Milch ein. Dschanyang Bomo selbst reichte süßen Käse, getrocknete Aprikosen, Kekse und Konfekt aus Indien und Schanghai herum.

Nach ihrer Schätzung wohnen im Gebiet des Derge-Stammes siebzigtausend Menschen; danach wäre ihr Stamm der größte in Tibet. »Mir unterstehen dreißig Stammesführer mit erblichem Titel und etwa achtzig kleinere Führer. Aus dem Kreis der ersteren berufe ich die vier Fähigsten zu Ministern. Alle dreißig kommen immer dann zusammen, wenn die Ernennung neuer Minister zu besprechen ist. Hinterher lasse ich mir die Wahl vom Kloster bestätigen. Mit meinen Ministern behandele ich wichtige Angelegenheiten, zum Beispiel die Beilegung von Streitigkeiten. Meine Minister haben keine bestimmten Arbeitsgebiete, doch gibt es in einigen Fällen eine Aufteilung. Schak Dodon zum Beispiel, der wie ich Stellvertretender Vorsitzender der autonomen Regierung des Kandse-Dschou ist, beschäftigt sich gewöhnlich mit militärischen Fragen, und Minister Gena bearbeitet Fragen des Staatshaushalts.« Gena, ein stämmiger, starker Mann etwa ihres Alters, der den Zopf um den Kopf gelegt trug, verbeugte sich. Fürstin

Dschanyang Bomo ist auch Stellvertretende Vorsitzende der örtlichen Verwaltung von Tschamdo. Wegen ihres schlechten Gesundheitszustandes kann sie allerdings, wie sie sagte, nicht aktiver in diesen Organen mitarbeiten.

»Zweifellos haben die Befreiung und die Straße Wohlstand gebracht«, sagte sie. »Die Straße fördert den Handel.«

»Womit handelt Derge?« frage ich.

Sie reichte mir ihren Dolch. »Unsere guten Klingen sind berühmt. Unsere Schwerter und Messer gelten überall als die besten.« Ich fuhr mit dem Daumen über die Schneide; Härte und Schliff waren wirklich vorzüglich.

»In der Gegend von Beba stellen wir auch gute Silberwaren her. Und dann haben wir natürlich unsere hölzernen Druckstöcke.«

Ich fragte nach der Entlohnung der Drucker, Messerschmiede und Holzschnitzer, doch sei es, daß es an meiner Dummheit lag oder an den Überzeugungsschwierigkeiten, am Ende unseres Gesprächs war ich nicht schlauer als am Anfang.

Die Fürstin und ihre Ratgeber stellten sich für einige Aufnahmen zur Verfügung und geleiteten mich mit echt tibetischer Höflichkeit zur Tür. Draußen stand ihr Sohn, der zukünftige Herr des Derge-Stammes; aber das Innere eines Jeeps interessierte ihn offensichtlich mehr als sein Titel. Ein Stück straßenaufwärts begegneten wir einem motorisierten Pilgerzug: Eine Gruppe von Mönchen und Laien brach mit einem gemieteten Lastwagen der Staatlichen Transportgesellschaft nach Lhasa, der heiligen Stadt, auf.

1 Zu Anfang des 18. Jahrhunderts erhielt das Oberhaupt des Derge-Stammes von der Mandschu-Dynastie den Titel Jyelbo, der etwa das gleiche wie Radscha bedeutet.

2 Schloß in Schottland.

3 Mittelalterlicher schottischer König.

In Tibet

Die Zeit blieb stehen – Eine Stadt, die kein Rad kannte – Holzpflüge – Das Tor nach Tibet – Fehden werden verboten – Arbeitsgeräte gratis – Der Handel blüht auf – Mönche im Krankenhaus – »Laß die Laus laufen!«

Ein kleiner Nachteil einer Autoreise nach Tibet besteht darin, daß man zu wenig Zeit hat, sich zu akklimatisieren. Für einen Reiter oder Fußgänger ist der Weg zwar anstrengender, aber der Übergang in die Bereiche geringeren oder höheren Luftdrucks vollzieht sich langsam; im Auto dagegen erfolgt dieser Wechsel innerhalb weniger Stunden, die nicht zur Anpassung des Körpers ausreichen. Hat man jenseits des Kinschakiangs, des Oberlaufs, des Jangtse, Tibet betreten, sind die Berge für den, der diese Höhen erst seit ein paar Tagen kennt, im wahrsten Sinne des Wortes atemberaubend. Das liegt nicht daran, daß sie höher sind als der Tschu-la, sondern, daß man mehr Zeit braucht, sie zu überqueren.

Bis Tschamdo sind drei mächtige Gebirgsketten mit den sehr hohen Pässen Ge-la, Dschapi-la und Dama-la zu überqueren. Zwischen den beiden letztgenannten überquert die Straße ein 50 Kilometer langes, 4500 hohes Plateau. Mir war, als würde ich hier oben von einem unsichtbaren Kissen langsam erstickt. Selbst tiefe Atemzüge schienen nicht zu helfen, und ich mußte fortwährend so heftig gähnen, daß ich mir fast die Kinnladen ausrenkte. Sogar die Jaks am Wege schlugen nur ein paarmal aus, rannten ein paar Schritte mit erhobenem Schwanz, wenn sie das Motorengeräusch aufgeschreckt hatte, und verfielen sofort in ihre normale Gangart. Aber im Jeep zu sitzen, sollte sich bald als nur halb so anstrengend erweisen, denn als wir in einem Rasthaus Station machten, rief schon das Steigen der vier Stufen vor dem Speiseraum Herzklopfen und Schwindelgefühle bei mir hervor.

Mit mehr als sechzig Stundenkilometern durch die schönste Landschaft, die ich je sah, zu fahren, schien mir unverantwortlich zu sein. Immer wieder hätte ich den Jeep halten lassen mögen, um alles in mich einzusaugen: die Berge und die Weiten, das unirdische Licht und den Sonnenschein, der in der kalten Luft so schwach zu sein scheint, bis man nach wenigen Minuten merkt, daß er brennt, als fiele er durch ein Brennglas auf die Haut. Die Straße zieht sich in einem bestimmten Rhythmus durch diese Gegend: Sie folgt aus waldigen Schluchten hervorbrechenden Gebirgsbächen, die mit zunehmender Höhe immer schmaler werden. Sind diese plötzlich nicht mehr zu sehen, weiß man, daß bald ein Paß erreicht ist, mit einem neuen weißen Wegweiser, mit Steinhaufen und Gebetsfahnen. Lag ein Felsblock in der Nähe, war das unvermeidliche *»Om mani padme hum«* eingemeißelt und mit den passenden Farben ausgemalt. Geht es auf der anderen Seite des Passes wieder bergab, rieselt bald ein neues Bächlein über die Steine des Hochlandes, verbirgt sich als kleines Rinnsal zwischen den Enzian- und Gänseblümchenmatten und wächst schließlich zu einem tosenden Wildbach an, der durch bewaldete Schluchten stürzt. Dann kreuzt ihn die Straße und folgt bald einem aus der entgegengesetzten Richtung kommenden Gewässer erneut in die Höhe. Tibet hat keinen Mangel an potentieller Energie, die die Butterlampen und den Jakmist verdrängen könnte. Überall in diesem Lande ist das Rauschen des Wassers zu hören, das meist mit einer Geschwindigkeit von dreißig Stundenkilometern und mehr über die Felsen stürzt.

Diese Flüsse und Bäche stellen die Tibeter vor Schwierigkeiten, die sie sehr geschickt gelöst haben. Da man die reißenden Fluten nicht mit Booten überqueren kann und Holz für den Brückenbau knapp ist, überwindet man sie vielfach an dichten Stricken aus Jakhaut. Diese geflochtenen Seile werden von Ufer zu Ufer gespannt und laufen über einen hohlen Holzstamm, der als Rolle dient. Der Passant wird nun in ein einfaches Geschirr geschnallt und mit Hilfe anderer Stricke baumelnd und schwebend hinübergezogen.

Als der unverwüstliche Jeep, in dessen Kühler das Wasser bei dem geringen atmosphärischen Druck fast ständig kocht, endlich den Dama-la erreicht hat, beginnt die Abfahrt nach Tschamdo. Die Straße, die jetzt um 1500 Meter steil zu Tal führt, ist ein wahres Weltwunder des Wegebaus im Gebirge. Wie ein zu Boden gefallenes Seil windet sich Haarnadelkurve hinter Haarnadelkurve bis in ein fernes Tal, in dem die letzte hinter vorspringenden Felsblöcken verschwindet. So gefährlich die Straße aber von oben aussieht, sie ist doch sicher. Die Kurven verhindern ein zu starkes Gefälle, so daß man kaum zu bremsen braucht, wenn man gelegentlich auf den dritten Gang heruntergeht. Ein sowjetischer »Pobjeda« kann die Talfahrt wegen seiner großen Untersetzung sogar im höchsten Gang wagen.

Im Tal dachte ich schon, wir hätten wieder das Plateau erreicht, doch weit gefehlt: Hinter dem Ausläufer des Berges bog die Straße rechts ab und schlängelte sich dann mit atemberaubendem Gefälle zum Lantsang hinunter. An diesem Quellfluß des Mekong liegt weit unten, wie ein geschickt getarntes militärisches Objekt, Tschamdo. Auf der Abfahrt hat man genügend Zeit, die Stadt von verschiedenen Seiten zu betrachten. Wie die meisten tibetischen Städte wird sie von einem goldgedeckten Kloster beherrscht, das 1912 von chinesischen Truppen zerstört wurde, aber vollständig wiederaufgebaut ist. Es steht auf einer Anhöhe, vor der sich zwei Flüsse vereinigen. Von hier aus kann man die ganze Stadt überblicken. Moderne weiße Neubauten dehnen sich schon weiter aus als die zerfallenden Lehmhäuser der alten Stadt.

Tschamdo ist die Hauptstadt von Kham, dem östlichsten der drei Bezirke Tibets. Die beiden anderen, Ui und Tsang, unterstehen dem Dalai-Lama beziehungsweise dem Pantschen-Lama. Kham ist zweimal so groß wie der Bezirk Kangting, hat aber nur dreihunderttausend Einwohner.

Die Zeit scheint hier schon länger stillzustehen als in Kandse. Bevor 1952 die Straße hier durchgeführt wurde, hatte es in der Stadt noch nie ein Fahrzeug mit Rädern gegeben; Räder gab es nur in Gebetsmühlen. Einzige Transportmittel waren Tiere und Menschen und sind es auch heute oft noch. Obwohl es den Tibetern nicht an technischem Verständnis fehlt, gibt es keine Industrie. Zwei Auslegerbrücken in Tschamdo sollen die größten hölzernen der Welt sein. Man weiß zwar die Wasserkraft zu nutzen, aber nur zum Antrieb der Gebetsmühlen, die ihre endlosen Botschaften zum Himmel schicken. Hölzerne Pflugschare haben mitunter eine sehr dünne eiserne Kante; denn Eisen ist teuer. Ein Bauer kann von Glück sprechen, wenn er die fünf- bis sechsfache Menge seines Saatguts erntet, von der er etwa vierzig Prozent behält.

Außer den unzähligen Mönchen jeden Alters und aller sozialer Schichten hat jeder Tibeter einen Dolch. Die meisten Männer tragen ein Schwert, und wer ein Gewehr oder eine alte Muskete besitzt, zeigt sie auch. Pistolen sind aus irgendeinem Grunde nicht beliebt. Fast jede Familie auf den feudalen Ländereien besitzt irgendeine Feuerwaffe. Das ist eine ganz ansehnliche Zahl, wenn man bedenkt, daß auf manchen Besitzungen fünfzig, hundert oder tausend Familien, in Derge sogar siebzigtausend Menschen leben.

Bis vor kurzem wurden alle Bauern und Stammesangehörigen von ihren Lehnsherren mobilisiert, wenn es zu blutigen Kämpfen mit anderen Stämmen kam; dabei wurden oft ganze Gruppen ausgerottet. Auf dieses Recht haben die Feudalherren freiwillig verzichtet. Sie hatten auch das traditionelle Recht, einem entlaufenen Bauern die Hände oder Füße abzuhacken, die Kniekehlen zu durchschneiden oder die Augen auszustechen. Fand der Flüchtige bei einem anderen Stamm Asyl, so kam es gewöhnlich zu blutigen Kämpfen.

Tschamdo ist ein Ort mit ungeheuren Gegensätzen. Man kann ihn, wie man will, als altertümlich mit vielen modernen Zügen oder auch als modern voller Anachronismen betrachten. Auf dem alten Marktplatz, der eher eine enge, schmutzige Straße ist, in der man über schlafende Hunde stolpert, fläzen sich kräftige Viehhirten, Hirschfänger und Dolche im Gürtel, in den offenen Fenstern der Läden und schwatzen mit Chinesen in einfachen blauen Baumwolluniformen. Große Maultierkarawanen, deren Leittiere auf leuchtend rote Federbüsche aus gefärbten Jakschwänzen auf dem Kopf tragen, zotteln durch die Straßen. Sie laden ihre Lasten an einem Speicher ab, der wahrscheinlich schon zweitausend Jahre alt ist. Gleich um die Ecke ist der größte Umschlagplatz und Reparaturhof an der neuen Straße. Hier in Tschamdo, fast genau auf halbem Wege nach Lhasa, werden die Lastwagen gewechselt und Güter umgeladen, so daß Hunderte von Lastwagen keine Seltenheit auf dem Hof sind. Bei Sonnenschein oft bis zum Gürtel nackte Frauen bepacken die flachen Dächer der Luftziegelhäuser. Wenn die Jungen an der nahen chinesischen Schießbude aus Scherz so tun, als wollten sie mit Luftgewehren nach ihnen schießen, drohen sie ihnen mit den Fäusten.

Tschamdo ist so eigenartig, so faszinierend und verwirrend, daß ein Neuankömmling an offensichtlichen Widersprüchen einfach vorübergeht, ohne sie zu bemerken, weil ihm manche Dinge gar nicht fremd sind. Es bedarf schon einigen Nachdenkens, wenn einem auffallen soll, daß es in einer Stadt, in der bis vor kurzem das Rad als Arbeitsgerät unbekannt war, Fahrräder aus der Tschechoslowakei, aus Deutschland und England zu kaufen gibt und daß ein kleiner Schneider unter seiner Markise auf einer Nähmaschine aus Schanghai näht. Der farbenprächtige Mönch fällt eher auf als die Thermosflasche, die er verkauft. Dabei muß man bedenken, daß Dinge wie Thermosflaschen nur auf der neuen Straße herangeschafft werden konnten, weil ihnen früher der Transport auf dem Rücken eines Jaks bestimmt nicht gut bekommen wäre.

In einem großen neuen Stadtteil auf der anderen Seite der ebenfalls neuen Stahlbrücke gibt es für Tschamdo solche Anachronismen wie die Zweigstelle der Chinesischen Volksbank, die Staatliche Handelsorganisation, das Staatliche Warenhaus – wo ich Bier zu kaufen bekam – und die Büros der Staatlichen Transportgesellschaft. Das erste und einzige Warenhaus Tibets hatte eiserne landwirtschaftliche Geräte im Lager, Fahrräder, eine erstaunliche Auswahl an Eßwaren und

Getränken, Stoffe und elektrische Geräte. Für die Hirten, die es den ganzen Tag bevölkerten, ist es neben dem Kloster *die* Sehenswürdigkeit Tschamdos.

In mancher Beziehung kann man Tschamdo als wegweisend für die Entwicklung ganz Tibets ansehen. Noch bevor die Verhandlungen zwischen dem Dalai-Lama und den Behörden in Peking begonnen hatten, die zur Wiedervereinigung führten, wurde Anfang 1951 in Tschamdo eine Konferenz der Volksvertreter einberufen. Stammes- und Clan-Führer, Lebende Buddhas sowie die meisten führenden Persönlichkeiten Tibets nahmen daran teil. Aus dieser Konferenz ging das Volksbefreiungskomitee von Tschamdo hervor, das momentan die höchste regierende Körperschaft des Bezirks Kham ist und Peking direkt untersteht. Inzwischen sind Vertreter der Bauern und Hirten in das Komitee aufgenommen worden.

Unmittelbar nach der Konstituierung des Komitees wurde die *ula*-Frage diskutiert. Man beschloß, in Zukunft alle Transporte für die Verwaltung, einschließlich der Behörden in den achtundzwanzig *dzongs* oder Kreisen des Gebietes, zu bezahlen. Da die Regierung in Peking die Kosten trug, hatte niemand etwas gegen diese Maßnahme einzuwenden. Den Klöstern und dem Adel blieb das traditionelle Recht erhalten; auch durften sie weiterhin unentgeltlich Holz und Wasser holen lassen. Nachfragen ergaben, daß es in der Stadt kein *ula* mehr gibt. Kein Einwohner will länger unbezahlt arbeiten, es ist sogar verpönt, es zu tun. Das trifft aber nicht für ländliche Bezirke zu, obwohl die *ula*-Forderungen wie in Kangting allgemein zurückgegangen sind.

Als nächstes verbot das Komitee streng alle Fehden und vertrat den Standpunkt, daß der für alle Konsequenzen verantwortlich ist, der zuerst schießt. Bricht eine alte Fehde wieder aus, greift das Komitee ein, um ihre Ausbreitung zu verhindern. Es sorgt auch dafür, daß beide Parteien zu einem Hilfsfonds beisteuern, aus dessen Mitteln Familien unterstützt werden, deren Angehörige getötet wurden. Die Verteilung wird ebenfalls vom Komitee geregelt.

Mit neuen Fehden, die sich erst seit Beginn des Verbots anbahnten, wird strenger verfahren. Die Beteiligten werden inhaftiert und bestraft, die Anstifter müssen eine Entschädigung zahlen.

Alle Menschen in Kham sind jetzt, zumindest formal, vor dem Gesetz gleich. Willkürliche Bestrafung, Züchtigung oder Verstümmelung durch die Feudalherren werden nicht mehr hingenommen, und alle Rechtsfälle müssen vor den *Dzong-* oder Bezirksbehörden verhandelt werden. Das soll nicht heißen, daß das schon immer der Fall ist, denn das Gebiet ist ja sehr groß, und seine Bewohner sind fast ausnahmslos des Lesens und Schreibens unkundig. Aber willkürliche Bestrafung oder unrechtmäßige Aneignung von Land und Vieh können nicht mehr in aller Öffentlichkeit praktiziert werden. Die 368 Mitglieder des Volksbefreiungskomitees haben dafür zu sorgen, daß die Gesetze überall befolgt werden.

Eines Morgens kam eine Abordnung von zwanzig Bauern aus dem Süden nach Tschamdo und bat das Volksbefreiungskomitee, einen Streitfall zwischen ihnen und dem Kloster, an dessen Boden sie gebunden waren, zu klären.

Sie beklagten sich über die hohen Zinsen, durch die sie sich hoffnungslos immer mehr verschuldeten. Da sie siebzig Familien vertraten, war das Komitee der Ansicht, daß es zu einem blutigen Konflikt kommen könnte, wenn es sich nicht einschaltete. Deshalb benachrichtigte es seine Abgeordneten in dem betreffenden *dzong* und forderte sie auf, gemeinsam mit den Vertretern der beiden Parteien ein örtliches Vermittlungskomitee zu bilden. Sollte keine Einigung zustande kommen, dann würden Bevollmächtigte aus Tschamdo mit allen ihnen zu Gebote stehenden Mitteln den Streitfall schlichten.

Schulden waren in Tibet immer ein Problem. Eine einzige schlechte Ernte kann eine Familie so tief in Schulden stürzen, daß sie sich nie wieder herausarbeiten kann. Früher waren Mönche die einzigen Geldverleiher; sie forderten einen durchschnittlichen Zinsfuß von etwa zwanzig Prozent für sechs Monate. Die meisten Kredite werden vor der Aussaat aufgenommen, wenn wegen einer schlechten Ernte im Vorjahr Mangel an Saatgetreide besteht. Heutzutage sind die örtlichen Behörden zuständig. Diese Darlehen stiegen in vier Jahren auf insgesamt 800 Tonnen Saatgut und 98.600 Silberdollar in bar. Gleichzeitig hält das Komitee die Klöster an, Anleihen zu einem Zinsfuß zu gewähren, der mit den Behörden abgesprochen wurde.

Um eiserne landwirtschaftliche Geräte zu popularisieren, stellten die zentralen Behörden diesem Gebiet Mittel für die kostenlose Verteilung von 60.000 Werkzeugen zur Verfügung. Da von den 300.000 Bewohnern nur die Hälfte in der Landwirtschaft tätig ist, bekam jede Familie also wenigstens ein Gerät.

Ich unterhielt mich lange mit Sonson, einem sehr rührigen Kaufmann, der zugleich Vorsitzender der Bezirksvereinigung der Industriellen und Kaufleute von Tschamdo ist. Allerdings eilt die Bezeichnung der Wirklichkeit etwas voraus, denn bisher gibt es weder in diesem Gebiet noch sonstwo in Tibet eine Industrie.

Vor dreiundzwanzig Jahren, als zwischen dem Kloster Kandse und den Kuomintang Kämpfe ausbrachen, war Sonson Mönch. »Wir hatten nur Gewehre, sie aber Kanonen«, erzählte er. »Daher wurden wir geschlagen und zum Rückzug nach Tschamdo gezwungen. Ich selbst wurde verwundet.« Er rollte seinen Ärmel hoch und zeigte mir eine Schußwunde. Als Sonson mich im neuerbauten Hotel von Tschamdo besuchte, trug er ein purpurnes Seidengewand. Das Handgelenk schmückte wie bei vielen reichen Tibetern eine goldene Rolex-Uhr, um das andere war aber noch ein Rosenkranz geschlungen.

Er war als Händler für das Kandse-Kloster in Tschamdo geblieben und gründete das Volksbefreiungskomitee mit.

»Wir haben keine Industrie in Tschamdo«, gab Sonson zu, »aber Kunstgewerbe. Unsere kupfernen Buddhas sind bis Setschuan bekannt. Der Handel blüht wie nie zuvor. Seit die Straße fertig ist, hat die Regierung den hiesigen Kaufleuten Darlehen in Höhe von 800.000 Silberdollar zu niedrigem Zinssatz gegeben. Allein 1953 vermehrte sich die Zahl der Geschäfte um das Siebeneinhalbfache. Jetzt können wir unser ganzes Kapital nutzen und bei kleinem Gewinn mit schnellerem Umsatz arbeiten. Schauen Sie sich auf dem Markt um! Dort gibt es Reis, Stoffe aus Schanghai, landwirtschaftliche Geräte – Dinge, mit denen wir noch nie gehandelt haben. Täglich wird mehr verkauft.«

Auf meine Frage, wie die Kaufkraft der Bevölkerung zu erklären sei, antwortete Sonson: »Seitdem wir die Straße haben, können wir unsere Produkte schneller und billiger nach dem Inneren Chinas bringen, besonders Wolle, Fritillaria[1] und Moschus. Früher konnten diese Exportartikel oft nicht genutzt werden, weil wir keine Transportmöglichkeiten und demzufolge keine Käufer hatten. 1939 brachte die Unze Moschus zehn Silberdollar, heute dreißig. Damals wußte ich manchmal nicht, was ich mit den Kisten voll Silberdollars machen sollte.

Bevor die Straße fertig war, dauerte ein Transport nach Kangting dreißig Tage, und außerdem war das Risiko sehr groß: Wie oft verdarben die Waren im Regen, gingen sie beim Übersetzen über die Flüsse unter, wie oft stürzten Jaks in die Schluchten. 1948 verlor ich zwanzig Jakladungen Tee bei einem Banditenüberfall. Jetzt sind wir in sechs Tagen in Kangting und haben keine Verluste mehr. Die Kaufkraft ist gestiegen, die Preise sind niedriger, und uns geht es gut.«

Diese Tatsache wurde mir vom Leiter der Staatlichen Handelsgesellschaft bestätigt, die 1954 wertmäßig dreimal soviel einheimische Waren aufkaufte wie 1953. »Ein Bauer erhält für den Abgabenpreis von einem Pfund Fritillaria elfmal soviel Stoff und dreieinhalbmal soviel Tee wie früher.«

Der Lebende Buddha Shivala, Direktor der Abteilung Kultur und Erziehung des Volksbefreiungskomitees, berichtete mir, daß es jetzt zehn neue Grundschulen mit 463 Schülern gibt. Früher konnten nur die Mönche lesen und schreiben, und für Laien gab es überhaupt keine Schulen.

Ein alltäglicher Anblick in Tschamdo sind ganze Gruppen von Mönchen, die in die Poliklinik des Volkskrankenhauses gehen. Dieses weiße Gebäude ist die beliebteste Neuerung in der Stadt. Es wurde 1952 mit einem hundert Ärzte und Pfleger starken medizinischen Personal als erstes modernes Krankenhaus von der Zentralregierung in Tibet eingerichtet. Anfangs kam allerdings kaum ein Patient in die Hütten aus ungebrannten Ziegelsteinen, in denen Kisten als Betten und Operationstische dienten.

Im allgemeinen glauben die Tibeter nicht, daß Krankheiten, ja selbst Unfälle, natürliche Ursachen haben, sondern sie führen sie auf das Wirken böser Geister zurück. Kranke lassen Mönche für sich beten und bezahlen sie. Die wenigen Arztmönche sind nur für die Reichen und für die Klöster da. Kein Mönch predigt oder versieht eine religiöse Funktion im Volk. Sie sind die Monopolisten des Lamaismus: Nur durch ihre Gebeten können Kranke Hilfe bekommen, darf man auf eine gesicherte Seelenwanderung hoffen. Aus diesen Quellen fließen die Nebeneinkünfte der Mönche.

Mißtrauen gegenüber den Chinesen und ihrer Heilkunst hielt alle vom Krankenhaus fern. Aber das medizinische Personal sollte vier Hauptaufgaben erfüllen: ein vollständiges, modernes Krankenhaus mit fünfzig Betten und einem vielseitigen Ärzte- und Pflegerstab einrichten; die hauptsächlichsten Krankheiten, besonders Geschlechtskrankheiten, bekämpfen; tibetische Ärzte und Helfer ausbilden und eine großangelegte Aufklärungskampagne organisieren. Sie machten sich sofort daran, ein Krankenhaus mit Abteilungen für Innere Medizin, Chirurgie, Zahnmedizin und Röntgenologie, mit einem Labor, einer Poliklinik und Sälen für stationäre Patienten zu errichten. Ich erwähnte bereits den Lebenden Buddha von Kandse, der von Ärzten der Volksbefreiungsarmee geheilt wurde. Zum Zeichen der Dankbarkeit überreichten ihnen die Mönche eine Fahne, und die Bevölkerung von Kandse sagte: »Die Ärzte, die der Vorsitzende Mao geschickt hat, haben unseren Buddha geheilt.« So schlecht die Verkehrsverbindungen in Tibet auch sind, Neuigkeiten verbreiten sich doch in Windeseile und werden oft immer mehr ausgeschmückt. So kam es, daß die Mönche selbst den Weg ins Krankenhaus wiesen; denn wenn ein Lama dort hingehen konnte, konnten es auch einfache Mönche tun. Und als die Tibeter ihre Mönche in der Poliklinik sahen, gingen auch sie zur kostenlosen Behandlung.

Nun begann der große Wandel. Im Krankenhaus, das schon zwei große und fünf kleinere Kliniken umfaßt, herrscht ein ständiges Kommen und Gehen. Etwa zweihundert junge Tibeter und Tibeterinnen, meistens aus Bauern- und Hirtenfamilien, werden zu Pflegern, Ärzten und Hebammen ausgebildet. Als ich mich im Krankenhaus umsah, wurde gerade einer jungen Nonne, der Schwester eines Lebenden Buddhas aus dem Tschamdoer Kloster, von einem chinesischen Zahnarzt ein Zahn plombiert. Sein tibetischer Assistent war früher einmal Hirtenjunge. Zahnschmerzen galten in Tibet immer als »Würmer in den Zähnen« und wurden mit glühenden Drähten, die man in die Löcher steckte, behandelt. Die Wartezimmer waren voll Einheimischer aller Schichten, und ein gutes Drittel waren Mönche. Bereits 300.000 Patienten haben sich von dem medizinischen Dienst behandeln lassen.

Ich beobachtete, wie bei einer Untersuchung Läuse von einem Patienten auf den Ärmel des Arztes hinüberkrabbelten. Er versuchte nicht, sie abzustreifen; er schien sie gar nicht zu bemerken. Später erklärte er mir: »Wir würden nie das Vertrauen der Patienten gewinnen, wenn wir etwas dagegen unternähmen. Ihr Verhalten Läusen gegenüber ist religiös bestimmt.« Ich erinnerte mich des Berichtes von E. Hucs, einem Missionar, über den großen tibetischen Reformator Tsongkhaba, der einmal vom Führer der nicht reformierten Lamaisten zu einem Streitgespräch herausgefordert worden war. Scheinbar gleichgültig hörte er lange seinen Gegner die Überlegenheit der alten Riten preisen, aber plötzlich unterbrach er ihn. »Grausamer Mann, laß die Laus laufen, die du zwischen deinen Fingern zerquetschen willst. Ich höre sogar hier auf meinem Platz ihre Schreie, und mein Herz bricht vor Mitleid und Schmerz.«

Wie Hucs berichtete, warf sich Tsongkhabas Gegner in den Staub und erklärte sich für besiegt. Er hatte tatsächlich versucht, eine Laus zu zerdrücken.

Auch in Ausstellungen und Vorträgen über Hygiene, die von den Kliniken veranstaltet werden, wird darauf geachtet, daß die religiösen Gefühle nicht verletzt werden.

Die in erster Linie vorbeugende tierärztliche Arbeit hat indessen noch nicht die gleichen Erfolge zu verzeichnen. Ein tibetischer Hirte läßt vielleicht Religion Religion sein, wenn ein krankes Tier gerettet werden kann; aber er schwankt noch, eine gesunde Herde mit Nadeln stechen zu lassen. Deshalb wurden seit Beginn der Aktion im Jahre 1953 von den sieben Veterinärstationen, darunter einer sehr großen in Tschamdo, bis zum Herbst 1955 erst 23.307 Tiere geimpft. Wie groß der Unterschied zwischen den Erfolgen der human- und veterinärmedizinischen Betreuung ist, wird einem recht bewußt, wenn man den Viehbestand im Kham kennt: 1.500.000 Schafe und 500.000 Jaks.

Die Chinesen kennzeichnen diese Situation mit einem Sprichwort: *Man man di lai* – Langsam, aber sicher.

Das Hotel, in dem ich in Tschamdo wohnte, lag am Ufer des Mekong auf einem Grundstück, das früher dem Engländer Robert Ford gehört hatte. Dieser wurde 1951 wegen Spionage verurteilt und später freigelassen. Ich sah mir das Nebengebäude an, in dem sein Sender, der die Verbindungen mit Lhasa und anderen Orten hergestellt hatte, stand. Auf diesem Grundstück liegt jetzt auch das Zentrum des neuen gesellschaftlichen Lebens der Stadt. Der an das Hotel grenzende Sitzungssaal dient gleichzeitig als Theater. Als ich dort einmal tanzen ging, merkte ich, daß man sich dabei gut an die dünne Luft gewöhnen kann. Eine Kapelle aus Setschuan spielte für chinesische Verwaltungsangestellte und junge Tibeter, die modernen Tänze erlernten, schnelle Walzer und Foxtrotts. Die ältere Generation runzelt zwar die Stirn, muß sich aber fügen. Die Jungen tanzen gern und gut. Es gibt wohl nirgends anmutigere Menschen als in Tibet, und keiner lacht und singt so gern wie sie. Wir tanzten, knabberten Erdnüsse und unterhielten uns auf chinesisch, denn die meisten jungen Tibeter erlernen diese Sprache. An anderen Abenden werden Filme gezeigt, Theaterstücke aufgeführt und öffentliche Versammlungen durchgeführt.

Wie ich bereits sagte, kann dieser Bezirk in mancher Beziehung wegweisend für das übrige Tibet werden. Aber man muß mit dieser Feststellung vorsichtig sein. Kham gehörte früher einmal zu Tibet, wurde aber von den Mandschu abgetrennt und der Provinz Sikang eingegliedert. Nach dem Sturz dieser Dynastie eroberten tibetische Soldaten den Bezirk zurück. Dann fanden hier Kämpfe zwischen den Kuomintang und den Militaristen statt. Wahrscheinlich spielten Kham und seine Bewohner auch in Tibet eine untergeordnete Rolle. Die Provinz Sikang besteht nicht mehr; ihr östlicher Teil wurde mit der Provinz Setschuan verschmolzen, der westliche, der Bezirk Tschamdo (Kham), wird sich mit dem Autonomen Gebiet Tibet vereinigen, sobald dieses gegründet ist, und ihm mit seinen Errungenschaften wahrscheinlich wertvolle Anregungen geben.

Tschamdo liegt wie Jaan in einem tiefen Talkessel, in dem sich ständig Wolken abregnen. Mir tat es nicht leid, daß es weiterging, besonders weil das nächste größere Ziel Lhasa sein sollte. Hinter der neuen Stahlbrücke überholten wir eine Lastwagenkolonne, die auch nach dem nur noch fünf Tagesreisen entfernten Lhasa fuhr. Aber kaum fünfzig Meter weiter bewegte sich auf der alten Auslegerbrücke aus Holz und Stein eine Jakkarawane langsam in derselben Richtung; sie würde Lhasa erst in zweieinhalb oder drei Monaten erreichen.

1 Schachblume (aus der Familie der Liliaceen).

Die höchste Straße der Welt

»Das geht nicht« – Urwälder – Straßenbau in schwindelerregender Höhe – Ist der Mount Everest gewachsen? – Rasthäuser, heiße Bäder und kostenloser Tee – Abnehmende Bevölkerungszahl – Ein Gletscher explodiert – Luftbestattung – Die ersten Arbeiter in Tibet – »Yamu yamu«

»Der Konservatismus war unser größter Feind. Unsere Spezialisten meinten, wir würden hundert Jahre brauchen, um die Straße von Jaan nach Lhasa zu bauen«, sagte mir in Peking der Mann, der für ihren Bau und die Instandhaltung verantwortlich ist – Lang Min-de, der Chef der Sikang-Tibet-Straßenverwaltung. Ihm war die Aufgabe übertragen worden, die fast 2300 Kilometer lange Straße über vierzehn der höchsten Gebirgsketten der Welt und zwölf große Flüsse hinweg in einer Durchschnittshöhe von 4000 Metern zu bauen. »Ich bin kein Ingenieur«, bemerkte er, als er mir die Geschichte der Straße erzählte. »Vielleicht hätte es besser geklappt, wenn ich es gewesen wäre, vielleicht aber auch nicht; denn bei größerer Kenntnis der technischen Seite wäre ich möglicherweise genauso pessimistisch wie die Spezialisten gewesen. Jedenfalls weiß ich jetzt mehr über Straßen als am Anfang.«

Chinesische Ingenieure, die die Probleme mit westlichen Maßstäben maßen, schlugen damals die Hände über dem Kopf zusammen und hielten es für unmöglich, in aller Eile eine Straße nach Lhasa bauen zu können. Man verfüge über keinerlei Fakten oder Daten, auch über die Bodenverhältnisse sei nichts bekannt. Und da normale Motoren in solchen Höhen sowieso nicht funktionierten, wäre die Straße doch nutzlos. Menschen aus dem Flachland könnten wegen der dünnen Luft auf dem Plateau nicht arbeiten, Tibeter stünden für das Werk nicht zur Verfügung, und noch niemand hätte eine Straße in solcher Höhe gebaut.

»Ja, so war es«, nickte Lang Min-de, »oder so wäre es gewesen, wenn wir uns nach ihren orthodoxen Ansichten gerichtet hätten.«

Er fuhr fort: »Ich hatte sehr wenig Erfahrung und begann erst einmal, alles zusammenzutragen, was über klimatische Bedingungen, Bodenverhältnisse und Flüsse zu bekommen war. Ich befragte sowjetische Ingenieure, doch auch die hatten keine Erfahrung. Sie führten aber Experimente für uns in der Sowjetunion durch, die bewiesen, daß Fahrzeuge mit Benzinmotoren auch in den vorgesehenen Höhen und sogar noch darüber betriebsfähig sind. Außerdem halfen sie uns bei der technischen Planung, bei der Berechnung der Straßenführung und bei der Ausbildung des technischen Personals. Später unterstützten sie uns direkt im Abschnitt Tschamdo – Lhasa.«

Auf dieser Strecke fuhr ich jetzt. Sie führt durch Bomi[1], das am wenigsten von Fremden besuchte Gebiet Tibets. Wer einmal durch diesen für tibetische Begriffe niedrigen Landstrich gefahren ist – er liegt durchschnittlich nur dreitausend Meter über dem Meeresspiegel – und die ungeheuren Urwälder sowie den guten Boden, der jährlich zwei Ernten trägt, gesehen hat, wird Tibet nie mehr öde und trostlos nennen. Aber die wenigen Fremden, die in der Vergangenheit das Land besucht haben, zogen alle von Darjeeling nach Lhasa, ritten ein paar Tage durch eine kahle Landschaft und dichteten deshalb Tibet seinen traurigen Ruhm an. Ab Tschamdo folgt die Straße einem alten Handelsweg; sie zieht sich in schwindelerregender Höhe an Schluchten entlang, in denen tief unten der gelbe Mekong brodelt, durch purpurrote und grüne Täler, bis sie in nur dreitausendsechshundert Meter Höhe den Nian-la überquert. Dort glaubt man sich plötzlich nach England versetzt; gekappte Weiden säumen Bäche, die durch flache, üppige Wiesen eilen.

Dann steigt sie zur Lantsang-Kukiang-(Mekong-Saluen)-Wasserscheide an und klettert weiter zum E-la hinauf, von dort stürzt sie förmlich 1800 Meter in die Schluchten des Saluen. Vom Paß aus kann man die Straße weit ins Tal hinunter sehen, bis sie in fernen Abgründen verschwindet. Sie windet sich durch ein Netz von Bächen, die sich alle in einen Fluß ergießen. Jedesmal, wenn wir ihn überqueren, ist er mächtiger geworden und mündet schließlich tosend im Saluen.

Jetzt konnte ich die Techniker verstehen, die glaubten, daß man für den Bau dieser Straße ein Jahrhundert brauche. Es war, als hätte ein himmlischer Gigant das Land mit einer mehrere Kilometer breiten Axt behauen. Drachen, größer als sie sich der heilige Georg jemals träumen ließ, schienen ihre Klauen in die Ebene geschlagen zu haben, und auf ihrem Rücken stachelten senkrechte Felsen.

Die meisten Ebenen in Tibet wurden wohl von den Gletschern geschaffen. Diese zermahlten die Felsmassen und luden ihre Last in abflußlose Seen ab, die später austrockneten. Dieser Prozeß vollzog sich erst in der Erdneuzeit. Durch dieses Gemisch aus Geröll und Lehm bahnten sich Gebirgsflüsse einen Weg, den man heute noch in den Schluchten verfolgen kann. An anderen Stellen nagten sie sich durch steile Felstäler mit oft senkrechten, zum Teil sogar überhängenden Wänden. Im allgemeinen folgt die Straße den Flußläufen auf einer Art Sims, der entweder aus den krümeligen Bodenschichten des früheren Sees herausgeschnitten oder aus dem Gestein gesprengt wurde.

Maschinen konnten beim Straßenbau nur dort eingesetzt werden, wo die Straße schon vorhanden war. Deshalb wurde diese zuerst in ihrer gesamten Länge angelegt und dann mit Maschinen vervollkommnet.

Freiwillige Bauarbeiter der Volksbefreiungsarmee legten zu Fuß oder Pferde Hunderte von Kilometern zu ihren Arbeitsplätzen zurück, und Jaks transportierten ihr Gepäck. Sie wohnten auf Zeltplätzen, von denen später einige zu festen Herbergen oder zu Straßenmeistereien umgebaut wurden. Von den Arbeitern eingerichtete Polikliniken und Krankenhäuser waren die Vorläufer der heute bestehenden.

Einen dieser Straßenbauarbeiter, der jetzt als Zimmermann in einer der neuen Städte tätig ist, fragte ich, wie sie es fertiggebracht hätten, eine Straße in vier Jahren zu bauen, für die Fachleute ein Jahrhundert veranschlagt hatten.

»Das ist nicht nur eine technische, das ist auch eine politische Frage«, antwortete er. »Ich werde es Ihnen erklären: Nach dem zweiten Weltkrieg, als Tschiang Kai-schek Millionen Soldaten und eine Unmenge Waffen hatte, wir aber praktisch nichts besaßen, prophezeiten alle Militärexperten, daß wir erledigt seien. Aber es kam genau umgekehrt. Tschiang Kai-schek wurde seine Leute und Waffen los, weil wir mit der geschichtlichen Entwicklung gingen, er aber gegen sie an wollte.

Als die Kommunistische Partei zum Bau dieser Straße aufrief, war es klar, daß eine Straße gebaut werden mußte, denn sonst wäre Tibet weiterhin isoliert und rückständig geblieben und eine Gefahr für den Weltfrieden gewesen. Wahrscheinlich hätte jemand die Situation hier wie in Korea auszunutzen versucht. Einige Chinesen gingen freiwillig nach dort, andere kamen hierher. Natürlich kann man das nicht vergleichen, denn wir hatten in Tibet nur mit natürlichen Schwierigkeiten zu kämpfen. Aber wenn Tausende von Menschen bereitstehen, eine Aufgabe sofort anzupacken, und wenn alle die Wichtigkeit einsehen ... nun, dann wird es geschafft.«

Die Überquerung des Saluen war so schwierig, daß ein Soldat sein Leben riskieren mußte. An der Stelle, wo die Straße den Strom überqueren mußte, um einem Nebenfluß westwärts zu folgen, ragt ein Felsen wie eine riesige Lanzenspitze senkrecht aus dem Bett des Flusses. Wie es drüben weiterging, konnte man also nicht sehen. Den Verlauf des Weges hinter dieser hundert Meter hohen Steinklinge zu erforschen, wäre auch nicht durch eine Umgehung möglich gewesen. Vermutlich war noch kein Mensch bis hierher gekommen. Es gab nicht den kleinsten Pfad, aber einer mußte hinauf und Ausschau halten, das heißt den tosenden Saluen weit unterhalb dieser Stelle überqueren und an der gegenüberliegenden Wand so weit entlangklettern. Die Hauptschwierigkeit dort drüben war aber ein zweihundert Meter breiter, fast senkrecht über dem Fluß hängender, unheimlich glatter Felsen. Nur wenn man über ihn hinwegkam, konnte man hinter das Hindernis gelangen. Aus der Schar der Freiwilligen wählte man den Soldaten Dui Hsi-ming aus, der wegen seiner sportlichen Begabung bekannt war. Als ich die Stelle sah und bemerkte, daß sich selbst kleine Vögel nach einem Halt umblickten, konnte ich nicht verstehen, wie jemand über ihn hinweggekommen war. Während seine Kameraden auf der anderen Seite den Atem anhielten, schob sich Dui Hsi-ming Zentimeter um Zentimeter über den Felsen und gelangte hinter das Hindernis. Er berichtete, daß die Straße weitergeführt werden könnte, wenn man einen Tunnel durch die Steinsperre sprengte. Jetzt führt eine Stahlbrücke auf der einen Seite in sie hinein und auf der anderen wieder heraus. Über die Brücke spannt sich ein Transparent: »Mitten in den Bergen und Tälern gab es tapfere Männer!«

Dieser ganze Straßenabschnitt konnte nur von Männern gebaut werden, die bereit waren, sich in Schluchten hinabzuseilen, bei deren bloßem Anblick man schwindlig wird. Dort unten arbeiteten sie mit ihren Zwölf-Pfund-Hämmern und langen Meißeln auf leichten Gerüsten. Aber schon nach wenigen Schlägen mußten sie sich immer wieder ausruhen. Das Gestein war oft bröcklig, so daß den Männern der Befreiungsarmee beim Bohren, Rammen und Anbringen der Sprengladungen häufig Felsblöcke entgegenfielen. Wenn alles vorbereitet war, wurden die Leute hinaufgezogen und die Hindernisse gesprengt.

Zunächst wurde nur so etwas wie ein Weg geschaffen, über den aber Zugmaschinen und Preßluftmaschinen nachkommen konnten. Nun konnten auch Zivilarbeiter helfen; Tausende von ihnen sind jetzt noch hier beschäftigt: Sie verbreitern die Straßen und glätten die Kurven. Wir mußten oft mehrmals am Tage anhalten und warten, weil gesprengt und geräumt wurde. Zwischen solchen Baustellen sieht die Straße jedoch viel besser aus als zuvor. Jetzt sind Geschwindigkeiten von sechzig bis achtzig Kilometern in der Stunde möglich. Damit die Motoren bei diesem ständigen Auf und Ab ihre volle Leistungsfähigkeit erreichen können, werden die Steigerungen ausgeglichen. In Höhen von mehr als viertausend Metern sind höchstens sieben

Prozent erlaubt, in tieferen Lagen acht. Sowjetische Ingenieure rechneten auch aus, daß in diesem Gebiet eine Kurve mindestens sechsundzwanzig Meter Durchmesser haben muß.

Von Straßenarbeitern aus Setschuan erfuhr ich, daß es neben dem von der Gewerkschaft bestätigten Tarif zwei Prämien gibt: die Höhenzulage und die Entfernungszulage. Die eine wird entsprechend der Paßhöhe des jeweiligen Straßenabschnitts gezahlt und liegt zwischen zehn und fünfundzwanzig Prozent des Grundlohnes, die andere richtet sich nach der Entfernung vom Wohnsitz und kann ebenfalls fünfundzwanzig Prozent erreichen. Am Setschi-la kamen die Arbeiter so auf einen fünfzigprozentigen Lohnzuschlag.

Jenseits des Saluen-Tales kriecht die Straße in den Bomi-Wald und verläßt ihn erst nach zweihundert Kilometern wieder. Große Gletscherseen, dahinjagende Flüsse, üppiges Ackerland und Urwälder mit riesigen Fichten, Birken und Kiefern, Wacholder und Rhododendron bestimmen hier das Bild der Landschaft. Ende des achtzehnten Jahrhundert soll sich eine Abteilung chinesischer Soldaten, die von Setschuan nach Nepal unterwegs war, um dort gegen die Gurkhas zu kämpfen, im Bomi-Wald verlaufen und ihn so schön gefunden haben, daß sie sich zum Bleiben entschloß. Die Soldaten heirateten einheimische Frauen und wurden nie mehr in der Heimat gesehen.

Für den Reisenden ist der Bomi-Wald vielleicht die schönste Gegend Tibets, für den Geologen ein Wirklichkeit gewordener Traum, für den Straßenarbeiter aber ein endloser Kampf gegen die Tücken der Natur.

Hier kann man die geologische Entwicklung von der Zeit an verfolgen, da sich die Erdrinde faltete und Tibet in den Himmel hob. Wie von Riesenfäusten hierher geschleudert, türmen sich Felsmassen, die im Laufe der Zeit wieder von Wind und Wasser, Hitze und Kälte zernagt wurden. Berge und Flüsse tragen hier ihren ewigen Kampf aus: Ebenen entstehen durch aufgestautes Gletscherwasser und werden wieder von Flüssen zerfressen, denen die Berge mit Steinen und Erde den Weg verlegen wollen.

Tibet soll ein erdgeschichtlich junges Gebiet sein. In der Schule lernte ich, daß die Tschomolungma (Mount Everest) 8839,80 Meter hoch sei. Damals fragte ich mich immer, ob sich die achtzig Zentimeter vielleicht auf den Gipfelschnee bezögen. Jetzt wird seine Höhe mit 8900,10 Metern angegeben. Er ist also seit meiner Jugend um sechzig Meter und dreißig Zentimeter gewachsen. Seit ich Bomi gesehen habe, glaube ich es.

Bomi ist ein einziges Sorgenkind der Straßenbauleitung. Manche Berghänge, über die die Straße hinweggeführt werden mußte, bestehen nur aus rutschendem Sand und kleinen Steinen, andere aus einer Art Schiefergeröll. Unter der Last der Transportkolonnen sickern plötzlich unterirdische Flußadern hervor, und von oben schütten die Gletscher Wasser, Erde und Felsbrocken auf die Straße.

Manchmal rieselten vor dem Jeep feiner Sand und kleine Steine auf den Weg, und weiter oben am Hang rutschten immer neue Massen nach. Dann beherrschte uns nur ein Gedanke: Würde ein Erdrutsch den Jeep über den Straßenrand in den tosenden Strom tief unten fegen? Das Einzige, was man tun konnte, war soviel Gas geben, wie die Straße es erlaubte, und das Beste hoffen. In solchen Fällen klammerte ich mich an die Feststellung des Straßenabschnittsbevollmächtigten, daß noch niemand in einem Fahrzeug durch Steinschlag oder Erdrutsche verletzt worden sei.

Man versucht auf die verschiedenste Weise gegen die drohenden Sand- und Schiefertonmassen anzukämpfen. Da es in diesem Gebiet wenigstens reichlich Holz gibt, errichtet man am Straßenrand und an den Hängen stabile Zäune. Außerdem wird Grad angesät. Abzugskanäle leiten die unterirdischen Wasserläufe sicher unter der Straße hindurch. An besonders durch Lawinen und Steinschlag gefährdeten Stellen wird die Straße mit Holz überdacht.

Zwischen Jaan und Lhasa gibt es etwa alle zehn Kilometer eine Straßenmeisterei. Hier wohnen auch die Bauarbeiter mit ihren Familien in großen Bungalows.

Alle drei bis vier Fahrstunden trifft der Reisen auf moderne

Karawansereien, in denen die Fahrer der Staatlichen Transportgesellschaft ihre Feldbetten aufschlagen, die Steppdecken herausholen, essen und schlafen, ohne etwas dafür zu bezahlen. Meistens aß ich dasselbe wie sie. Man wählte Reis oder Dampfbrot, je nachdem, ob man aus Süd- oder Nordchina stammte, und verschiedene Gerichte aus Schweinefleisch, Rindfleisch, Huhn, Eiern und Gemüse. Jeder erhält unentgeltlich ein Gericht, Suppe und soviel Reis oder Brot, wie er haben will. Gewöhnlich finden sich Gruppen zusammen, die verschiedene Speisen bestellen, sie nach echt chinesischer Sitte teilen und dadurch Abwechslung haben. In den Kantinen gibt es Alkohol, Zigaretten, Süßigkeiten und andere Dinge zu herabgesetzten Preisen sowie kostenlos Tee. Als ich einmal meine Wasserflasche nachfüllen wollte, war ich überrascht, daß wohlschmekkender chinesischer Tee aus der Leitung kam. Eine weitere sehr angenehme Einrichtung sind die heißen Schwefelbäder. Tibet hat viele thermische Quellen. Wo es möglich war, wurden die Stationen in ihrer Nähe errichtet. Es gibt Bäder, in denen ganze Gruppen Platz haben, und kleinere von der Größe einer Badewanne. Ein sinnreiches Holzrinnensystem ermöglicht eine Regulierung der Temperatur mittels kaltem Wasser. Wenn man einen Tag lang in den Bergen herumkurvt, von der Sonne ausgedörrt und von Staub überkrustet ist, gibt es keine schönere Erholung, als alles abzustreifen und in ein Bad von der Größe eines normalen englischen Zimmers zu steigen.

Während draußen schon das Abendbrot bereit wurde, vergaß man in dem sprudelnden Schwefelwasser alle Strapazen des Tages.

Eine Fahrt auf der neuen Straße nach Lhasa bedeutet kaum noch Mühe, oft ist sie sogar luxuriös. Allerdings muß man die dünne Luft vertragen können und darf sich nicht vor klimatischen Extremen fürchten, die oft im Laufe eines Tages auftreten. Ein ständiger Wechsel zwischen Hemdsärmeln und Pelzmantel ist an der Tagesordnung. Auf die Sonnenbrille kann man kaum verzichten, und die Nase pellt sich ein dutzendmal. Wenn man sich auch im allgemeinen wie ein menschliches Meerschweinchen im Laboratorium vorkommt, fehlt es dem Reisenden, genauso wie dem Wagen, auf der höchsten Straße der Welt an nichts.

Bomi ist trotz seines potentiellen Reichtums noch wesentlich dünner besiedelt als andere Teile Tibets. Die Bevölkerungszahl nimmt schon seit Jahrhunderten ab. In der Blütezeit Tibets, als seine Armee sogar Sian besetzt hielt, soll die Bevölkerungszahl schätzungsweise zwölf Millionen betragen haben; gegenwärtig leben in Tibet noch etwa eine Million Menschen. Von der Mandschu-Dynastie in Bomi ermittelte Zahlen sprachen noch von dreißigtausend Menschen, aber heute dürften dort nicht mehr als zehntausend wohnen.

Überall trifft man hier auf Reste ehemaliger Dörfer, in denen nur noch wenige Familien leben und ein paar der Terrassen bebauen, die früher eine ganze Gemeinde ernährten. Oft ist alles schon mit Gras überwachsen, und die Terrassen sind verwildert. Man kann den ganzen Tag in Bomi umherfahren, ohne auf ein einziges Haus zu stoßen. Alte Wege wachsen langsam zu, und die Hochebene ergreift wieder vom Land Besitz. Wie in England viele alte Lager, kann man auch hier frühere Siedlungsplätze oft nur noch von oben, von den Gipfeln der Berge, ausmachen.

Die Bevölkerungszahl nahm immer mehr ab, die Produktionsmethoden haben sich nicht verändert, aber die Klöster wuchsen. Ihre Macht und die Anzahl der Mönche wurden größer. Es scheint, daß der stärkste Bevölkerungsschwund seit den Reformen Tsongkhabas eingesetzt hat, weil dieser den Mönchen unter anderem die Ehe und den Genuß von Wein verbot. Schon seit etwa fünfhundert Jahren gehen täglich mehr Menschen der Produktion und Reproduktion verloren.

Die Menschen in Bomi unterscheiden sich in ihrem Typ und ihrer Kleidung von den Tibetern der nördlichen Gegenden, die eine auffallende Ähnlichkeit mit den Mongolen haben. In diesen Waldgebieten haben sie mehr annamitischen Einschlag. Hier gehen sie kürzer gekleidet, ihre Hüte sind kleiner und werden auf dem Hinterkopf getragen. Wahrscheinlich war ich der erste Fremde, dem die Bewohner begegneten, aber ich bemerkte nicht das geringste Anzeichen von Feindschaft.

Mitten im Bomi-Wald, unterhalb des eisbedeckten Gipfels des Tschuse-la, ist eine völlig neue Stadt aus Fichtenholz erbaut worden. Dzamu wirkte auf mich wie eine amerikanische Pioniersiedlung, und ich glaubte etwas von der Atmosphäre des Westens im neunzehnten Jahrhundert zu spüren. Die Hauptstraße macht ihrem Namen alle Ehre: auf beiden Seite Geschäfte, teils Luftziegel-, teils Holzbauten, manchmal auch nur ein Zelt. Hier kann man sich einen Anzug machen, sich die Haare schneiden und sich rasieren lassen, Gewehre und Munition, Kodak-Filme aus Indien oder Agfa-Filme aus der Deutschen Demokratischen Republik kaufen und in einem Restaurant Schach spielen.

Kaufleute auf dem Weg von oder nach Lhasa und Indien schlagen ihre Zelte in Dzamu auf. Die Stadt wird ein neues Handelszentrum. Menschen aus ganz Tibet – wie an ihrer Kleidung leicht festzustellen ist – sitzen unter blau applizierten, weißen Tuchmarkisen, trinken Buttertee, feilschen, tätigen Geschäfte in tibetischer und chinesischer Währung und besiegeln die Abschlüsse mit enormen Mengen Schnupftabak.

Hier in Dzamu, wo ich einige Straßenbauarbeiter interviewen wollte, holte uns der Lastwagen mit den Pilgern ein, die ich bei der Abfahrt in Derge gesehen hatte. Sie errichteten ihr Lager in der Nähe der Straßenmeisterei, wie überhaupt reisende Tibeter gern in der Nähe der neuen Rasthäuser zu kampieren scheinen. Das Banditenunwesen hat, wenigstens tagsüber, auf der neuen Straße beinahe aufgehört. Nachts kommt es allerdings noch manchmal vor, daß Amateurgangster und Berufsverbrecher eine Handelskarawane angreifen, wenn sie leichte Beute verspricht.

Der Geschäftsgeist ist bei den Einwohnern Dzamus stark ausgeprägt. An einem Ende der Hauptstraße erkundigte ich mich spaßeshalber nach dem Preis eines Rollfilms. Man nannte mir den auch in Lhasa üblichen Preis – einen Silberdollar. Als ich am anderen Ende ankam, war er aber halbdollarweise auf drei Dollar gestiegen.

Einige junge Chinesen kamen mit Bündeln auf dem Rükken die Straße entlang. Einer trug einen kleinen Affen auf der Schulter. Sie packten ein paar Requisiten und Bambusklappern aus und unterhielten die Stadt eine Stunde lang. Übrigens schienen sie recht gut auf ihre Kosten zu kommen.

Dzamu hat trotz seiner Wildwestatmosphäre auch Modernes zu bieten. Ein kleines Wasserkraftwerk erzeugt elektrischen Strom, und eine große Holzfabrik stellt Fertigteile für Karawansereien und Brücken her. Ein schönes großes Kulturhaus aus Holz dient als Tanz- und Sitzungssaal, Theater und Kino. Tanzvergnügen sind unter der chinesischen Jugend so beliebt, daß ein Ort ohne Saal als altmodisch angesehen wird.

Reitet man von Dzamu eine Stunde westwärts, kommt man zum Galun-Gletscher. Kaum war 1953 die Straße bis hierher vorgetrieben, »explodierte« er und riß den eben gebahnten Weg kilometerlang auf. Er hatte solch ungeheure Mengen Wasser und hausgroße Felsbrocken in den Baluntsangpo geschleudert, daß dieser innerhalb wenigen Augenblicke blockiert war und einen fünfzig Meter tiefen See bildete. Eine Stunde später fand das Wasser einen Ausweg. Mit einem zwanzig Meter höheren Wasserstand als normalerweise jagte der Fluß durch das Tal, riß Bäume mit und veränderte die ganze Landschaft. Für die Straße mußte eine neue Route gefunden werden, und der Gletscher wird jetzt sehr sorgfältig beobachtet.

Ich unterhielt mich mit dem Ingenieur Dji Su-dschun; er ist wahrscheinlich der einzige, der den Gletscher – er kommt von drei Gipfeln, die mit einem zweihundertfünfzig Meter dicken Eispanzer bedeckt sind – erstiegen hat. Nach seinen Beobachtungen wird das Klima Tibets immer wärmer. »Leute aus der Gegend erzählen, daß der Gletscher vor zwölf Jahren etwa achthundert Meter tiefer endete«, sagte er. »Selbst in der kurzen Zeit, die ich ihn beobachte, ist er zurückgewichen.« Ich selbst fand viele Gletscherbetten an hohen Bergen, die früher einmal mit ewigem Schnee bedeckt gewesen sein müssen, aber jetzt einen Teil des Jahres eisfrei sind.

Von Dzamu aus führt man noch einen Tag mit dem Auto durch den Urwald. Links und rechts des Weges wächst ein Baum auf dem anderen, vermodern dicke Stämme unter einem Leichentuch aus verfaulten Zweigen und Blättern. Vielleicht schon vor einem halben Jahrhundert abgestorbene Urwaldreisen haben sich im Todeskampf noch im Geäst ihrer lebenden Nachbarn festgeklammert, junge Bäume werden von alten, schwarzen, blattlosen Ungeheuern umgebogen. Lange Strähnen hängen überall wie Christbaumschmuck herab, und auf dem weichen Boden wachsen Farnkräuter, blühen Blumen. Flaschengrüne Gebirgsbäche weisen der Straße ihren Weg. Ein eisiger Sprühnebel liegt über diesen tosenden Wassern, die in Kaskaden von den Höhen herabstürzen. Wenn die Sonne nicht scheint, dringt die Kälte bis ins Mark. Überall flattern Bachstelzen, Tauben, Sperlinge und blauschwänzige Elstern.

In einem der Flüsse sah ich einen zwischen zwei Felsen eingekeilten menschlichen Körper. Das Wasser hatte die Kleider schon vollständig abgerissen, aber die Leiche schien noch nicht alt zu sein. Es handelte sich um eine in Tibet weitverbreitete »Wasserbestattung«. Nach lamaistischer Auffassung muß der Körper in eines seiner Elemente – Feuer, Luft, Wasser, Erde – zurückkehren. Da in den meisten Teilen des Landes aber Brennstoff kostbar ist und zu langsam brennt, um eine Leiche einäschern zu können, der Erdboden jedoch die meiste Zeit gefroren ist, übergibt man die Toten dem Wasser oder der Luft. Es ist daher nicht ratsam, selbst das klarste Bergwasser unabgekocht zu trinken. Bei »Luftbestattungen« werden die Leichen einfach in Streifen geschnitten und den Raben und Geiern zum Fraß vorgeworfen. Die Geier kennen anscheinend keine Scheu vor Menschen. Sie hocken am Rand der Straße und beobachten aus manchmal kaum zwei Meter Entfernung den vorbeiziehenden Verkehr mit bösartigen Augen.

In der Nähe von Lhasa sah ich unter den Straßenarbeitern auch Tibeter. Wie ich schon erwähnte, ist bezahlte Arbeit eine

Neuerung in diesem Lande, denn früher galt jegliche Arbeit als eine Pflicht der niederen Klassen gegenüber dem Adel und den Mönchen. Deshalb mußten diese Straßenarbeiter entweder das Einverständnis ihres Herrn haben, oder sie waren herrenlos. Es kommt häufig vor, daß Bauernfamilien so tief in Schulden stekken, daß tausend Generationen diese nicht abtragen könnten. Dann laufen sie fort und werden *duitschuns* – »schwarze Menschen«. Sie lassen sich meistens irgendwo anders nieder und beginnen ein dem alten ähnliches neues Leben – nur ohne Schulden. Mancherorts sind bis zu fünfzig Prozent der Bauern *duitschuns.*

Erst einmal herrenlos, möchten aber einige auch weiterhin herrenlos bleiben. Dann ziehen sie bettelnd durchs Land oder verdienen sich ihren Lebensunterhalt mit Kleinhandel. Wird wirklich einmal einer wohlhabend, können seine Nachkommen in den Adel oder in hohe geistliche Ämter aufsteigen.

Die Straßenverwaltung zahlt nach tibetischen Maßstäben fürstliche Löhne. Straßenarbeiter verdienen in einem Monat soviel wie ein leidlich wohlhabender Grundherr. Selbst ein sehr reicher Tibeter hat kaum ein monatliches Realeinkommen von mehr als fünfzig englischen Pfund. Die hohen Löhne haben sogar Mönche veranlaßt, ihre roten Kutten abzulegen und in geborgter grober Wollkleidung arbeiten zu gehen.

In ihrem Verhalten unterscheiden sich die tibetischen Straßenarbeiter sehr von den leibeigenen Bauern. Gewöhnlich grüßt eine einfacher Tibeter demütig und ergeben durch Herausstrecken der Zunge und Vorweisen der Handflächen, die er dann und wann an die Stirn und wieder nach unten führt. Die Straßenarbeiter laufen lachend neben dem Wegen her, klatschen und bringen Hochrufe aus: »Yamu yamu.« Man muß den in Sinkiang und Nordtibet gesprochenen Dialekt kennen, um zu wissen, daß dies »gut« heißt.

1 Wie »Bormi« ausgesprochen, manchmal auch »Pome« oder »Pomed« geschrieben. Die Silben »Bhu« in Bhutan und »bet« in Tibet haben dieselbe Wurzel wie »Bo« in Bomi. Die Tibeter nennen ihr Land »Bod« und sich selbst »Bodpas«. »Tebod« bedeutet Oberes Tibet (an der Grenze nach Indien, von wo die ersten Europäer nach Tibet« kamen) und wurde von den Fremden in »Tibet« verwandelt.

Endlich in der heiligen Stadt

Die goldenen Dächer des Potala – Tibets Geschichte – Der Mensch stammt vom Affen ab – Ein tibetischer König heiratet eine chinesische Prinzessin – Die Entwicklung des Lamaismus – Klöster gewinnen die Oberherrschaft – Der Aufstieg des Großlamas – Auf Erden wiedergeborene Gottheiten – Tibet, ein Teil Chinas – Der Streit um die Herrschaft beginnt

Wer sich Lhasa vom Osten nähert, genießt einen Anblick, der an Schönheit alles übertrifft, was Tibet vorher in so reichem Maße zu bieten hatte. Hundert Kilometer lang geht ein Teil in das andere über – voller Blumen, Vögel, goldener Gerste, blau und rosa blühendem Buchweizen. Jedes Tal gleicht einer Perle auf dem Doppelband der Straße und des Flusses. Man hat das Gefühl, sich einem Ort von nicht zu ahnender Größe und Fremdartigkeit zu nähern. Im dunklen Blau des Himmels treibende Wolken zaubern mit farbigem Licht und Schatten phantastische Muster auf die Landschaft. Das weiße Band der sandigen Straße begleitet den blaßgrünen Fluß, zwängt sich an Felsvorsprüngen vorbei und dehnt sich wieder im ebenen Talgrund. Aus einer Gebirgsschlucht zur Linken jagt ein Regensturm auf uns zu, doch der Jeep ist schneller, und zurück bleibt ein in den Fluß tauchender Regenbogen als einzige Erinnerung.

Immer häufiger sieht man jetzt Häuser zwischen anmutigen Gruppen schlanker Birken und Eschen. Die Kutten als Sonnenschutz über den Kopf gezogen, reiten Mönche an uns vorbei. Reisen wir wie in Robin Hoods[1] Tagen in einem offenen Wagen? Langhaarige, struppige Bauern in ungebleichten, geflickten, form- und zeitlosen Wollkleidern stützen sich auf ihren Hacken oder strecken uns zum Gruß die Zunge heraus. Frauen stillen am Straßenrand ihre Säuglinge, kleine Jungen, begleitet vom Angstgezeter ihrer Mütter, fordern sich zum Wettlauf vor dem Jeep heraus. Ein farbiger Klecks in der Ferne entpuppt sich als leuchtender Brokat einer adligen Dame und der sie auf dem Ausritt begleitenden drei Herren. Hell klappern die Hufe der Pferde, als die vier winkend an uns vorbeireiten.

Was von fern wie Autos auf Beinen aussah, sind rechteckige Jakhautboote, die von ihren Eigentümern flußauf getragen werden. Hab und Gut ist auf den Rücken abgerichteter Schafe geschnallt, die hinterhertrotten. Freche Raben hüpfen träge aus dem Weg, aber die Doggen und andere Köter schlafen mitten auf der Straße weiter.

Angestrengt halte ich nach den ersten Anzeichen der »Verbotenen Stadt« Ausschau. Aber der dunkle Schatten einer dikken Regenwolke verbirgt alles. Doch plötzlich beginnt sie an einer Ecke zu leuchten, die Sonne bricht hervor und überflutet mit ihrem Licht das ganze Tal ...

Und da liegt Lhasa vor uns – das sagenumwobene, legendäre Lhasa. Dort auf dem Berg der Potalapalast, wie ein Schloß über den anderen. Flammend blitzen die Strahlen der Sonne von seinen goldenen Dächern, die alles ringsum überragen und selbst die Berge unbedeutend erscheinen lassen.

Am Weg liegt ein ganzer Berg von Gebetssteinen, seit Jahrhunderten von Pilgern als Dank für den ersten Blick auf die heilige Stadt aufgehäuft. Zweieinhalbtausend Kilometer hatte ich im Auto zurückgelegt und genoß nun einen Augenblick, den ich nie vergessen kann, ein Augenblick, in dem ich wenigstens etwas die Gefühle eines Pilgers nachempfinden konnte, der die gleiche Strecke zu Fuß zurückgelegt hat und nun endlich den Potala sieht und weiß, daß er sein Ziel erreicht hat.

Bevor ich die historische Stadt Lhasa beschreibe, ist es gut, sich noch einmal an die Geschichte des Landes zu erinnern, dessen Hauptstadt sie ist, und an die Geschichte seiner ehemaligen Regierungsform. Bis zum siebenten Jahrtausend gibt es keine schriftlich überlieferte Geschichte Tibets, und von den Verhältnissen vor diesem Zeitpunkt ist wenig bekannt, jedoch anhand einiger hervorstechender Ereignisse, über die es wenige oder keine Meinungsverschiedenheiten gibt, kann man einen ungefähren Abriß seiner Geschichte schreiben.

Nach einer tibetischen Legende hat die Menschheit ihren Ursprung in Tibet, und in gewisser Weise weicht das nicht allzusehr von den wissenschaftlich ergründeten Tatsachen ab. Wie es heißt, gab es hier früher keine Menschen, sondern nur hohe Berge, Meere und wilde Tiere. Allmählich verschwanden die Meere, und das Land stieg aus dem Wasser. Die Entwicklung menschlicher Wesen beruht auf der Ehe eines Affen und einer Göttin. Der Affe, der danach strebte, ein Buddha, ein Erleuchteter, zu werden, zog sich zum Meditieren in eine Höhle zurück und traf dort eine Berggöttin. Nachdem er sich im Potala[2] Rat geholt hatte, durfte er sie heiraten und zeugte mit ihr sechs kleine Affen, die er mit in die Wälder zurücknahm. Innerhalb von drei Jahren gab es fünfhundert Affen, die sich weiter vermehrten, bis der Wald sie nicht mehr ernähren konnte. Da ging der Vateraffe abermals zum Potala, wo man ihm Gerste, Bohnen und anderes Saatgut gab. Dieses säten die Affen aus und entwickelten sich nach und nach zu Menschen.

Das alles soll sich im warmen, waldreichen Bomi abgespielt haben. Nach einer zweiten Legende stammen die Tibeter von einem fleischessenden und bluttrinkenden Stamm im Nordwesten ab; nach einer dritten kamen sie aus dem Süden. Da die Tibeter kein einheitlicher Typ sind, sondern hier starke annamitische Züge, dort mongoloide Züge vorherrschen und manche gar wie reinblütige Perser aussehen, kann in jeder dieser Legenden ein Körnchen Wahrheit stecken.

Bei jedem ernsthaften Versuch, in die tibetische Geschichte einzudringen, stößt man bis zum König Srongtsan-gambo vor, der zu Beginn des siebenten Jahrhunderts geboren wurde. In noch früheren Zeiten hatte jeder der verstreut lebenden tibetischen Stämme seinen eigenen kleinen Führer. Srongtsangambo begann, sie unter seiner Oberherrschaft zu vereinigen. Die Schriften der Tang-Dynastie bezeichnen ihn als streng und grausam, aber demokratisch. Bevor er Beschlüsse faßte, rief er stets eine Anzahl Menschen zusammen und fragte sie um ihre

Meinung. Sein Charakter gab ihm auch seinen Namen, denn *srong* bedeutet gerecht, *tsan* streng und *gambo* angefüllt mit.

Dieser starke König erfaßte alle Jünglinge und entfachte in ihnen kriegerischen Geist. Entsprechend den Sitten seiner Zeit, begegnete er seiner Mutter und den Frauen mit Hochachtung, seinem Vater und älteren Männern jedoch nur mit Verachtung. Noch heute sind Reste dieser respektvollen Haltung den Frauen gegenüber vorhanden, und Tibet ist eines der letzten Länder, wo nicht selten eine Frau mit mehreren Männern verheiratet ist. Nach Srongtsan-gambos Kodex war der Tod im Kriege ehrenhaft, der durch Krankheit aber verachtenswert. Als Adliger galt zu seiner Zeit nur, wessen Vorfahren seit Generationen im Kampf gefallen waren. Die den König verehrenden Jünglinge bildeten einen mächtigen Stamm, der die anderen unterwarf und Tibet mit Gewalt vereinigte.

Vor Srongtsan-gambo war in Tibet die Bon-Religion, eine Art Naturverehrung, verbreitet; zwei Jahrhunderte lang hatte sich der Buddhismus ihr gegenüber nicht durchsetzen können. Als aber dieser König das nördliche Burma und Westchina überrannte, verlangte er die chinesische Prinzessin Wen Tscheng zur Frau und bekam sie auch. Außerdem heiratete er 640 u. Z., dreiundzwanzigjährig, eine Prinzessin aus Nepal. Beide Frauen waren schön, intelligent und – Buddhistinnen. Und sie sollen auch den König bekehrt haben. Die chinesische Prinzessin brachte eine der kostbarsten Reliquien des Buddhismus mit, ein Porträt des jungen Buddha, das auf wunderbare Weise vom Herrn der Schöpfung geschaffen worden sein soll. Ursprünglich ein Geschenk Indiens an den Kaiser von China, wurde es in einem eigens dafür in Lhasa errichteten Tempel untergebracht. Der Tschokhang-Tempel birgt es auch heute noch als heiligste Reliquie Tibets.

Srongtsan-gambo erklärte den Buddhismus zur offiziellen Religion Tibets, aber das, was sich tatsächlich herausbildete, war eine Mischung aus Buddhismus und den Zauberlehren der Bon-Religion. Die Herrschaft des jungen Königs brachte dem Land manchen Fortschritt. Im Gefolge der Prinzessin Wen

Tscheng hielten viele geschickte Handwerker Einzug in Tibet: Köche, Weinbauern, Maurer, Zimmerleute und Maler. Ihr Gemahl schickte Tibeter, die die Herstellung von Papier und Keramiken sowie andere handwerkliche Techniken erlernen sollten, nach China. Wenn wir den wohl nicht ganz vorurteilsfreien Tang-Chroniken glauben dürfen, kannten die Tibeter damals keine Stoffe, sondern sie trugen Schafpelze und Filz. In Indien sollten Abgesandte des Königs die alten Schriften studieren. Zu dieser Zeit wurde das heutige tibetische Alphabet geschaffen. Srongtsan-gambo bemühte sich weiterhin, die Geschichte Tibets vor seiner Regierungszeit schreiben zu lassen; vor allem war er an einer kritischen Untersuchung der Zeit der achtundzwanzig Könige interessiert, die ihm in der nationalen und internationalen Politik vorangegangen waren.

Vielleicht war nicht alles, was man dem jungen König zuschreibt, tatsächlich sein Verdienst. Diese Tendenz liegt nämlich nahe, weil er die farbigste und wichtigste tibetische Persönlichkeit gewesen ist. Fest steht, daß er große Veränderungen in Tibet erwirkt und ein Königreich gegründet hat, das sich bis Nepal, Bhutan und Nordburma erstreckte. Tibet war damals einer der mächtigsten Militärstaaten in Asien. Srongtsangambos Regierungszeit war der Höhepunkt in der Geschichte Tibets; sie fällt in die ersten Jahre der Tang-Dynastie, die in der chinesischen Kulturgeschichte gleichfalls eine Blütezeit war.

Sowohl äußere als auch innere Kräfte trugen zu dem Verfall der Kultur und der Macht bei. Zum einen entwickelten sich Indien und China, die Tibet vorangeholfen hatten, selbst nicht weiter, aber die Hauptgründe sind in Tibet selbst zu suchen, vor allem in der wachsenden Macht der Klöster. Allein die Einheit der kleinen Stämme und Clans aufrechtzuerhalten, bedurfte großer Kräfte eines Königs. Tibet ist ein Land der Täler, die durch hohe Berge geschieden sind, ein Land unbewohnter Steppengebiete, wenn man von den Viehherden und einigen Nomaden absieht. Die wenigen größeren Städte, Lhasa, Schigatse, Gjangtse und Tschamdo – haben auch heute noch keine siebzigtausend Einwohner, und von diesen sind die meisten Mönche.

Prinzessin Wen Tscheng, die die Klöster in Tibet gründen half, brachte damit eine Entwicklung ins Rollen, die sicher nicht in ihrer Absicht lag. Es kam so weit, daß sich nur in Klöstern kräftige Männer in größerer Zahl zusammenfanden; denn die Lehnsleute der Adligen waren weit über die Besitzungen ihrer Herren verstreut. Es entstanden reiche und mächtige Klöster mit eigenen bewaffneten Abteilungen, die die verfallende Monarchie zum Kampf herausforderten.

Im frühen zehnten Jahrhundert wurde ein vergeblicher Versuch unternommen, die Macht der Klöster zu brechen. Die meisten Berichte stimmen darin überein, daß Langdarma, der letzte weltliche König, seinen Bruder tötete und als Oberhaupt der antilamaistischen Partei versuchte, die Kirche zu zerschlagen. Ein Mönch aus einem der vom König zerstörten Klöster soll ihn aber ermordet haben. In schwarzen Gewändern gelang es ihm, auf einem rußgeschwärzten Schimmel dem König so nahe zu kommen, daß er ihn töten konnte. Nach der Tat warf er seine schwarzen Kleider ab, ritt durch einen Fluß und entkam unerkannt auf dem nun wieder weißen Pferd. Dieses Ereignisses wird beim tibetischen Neujahrsfest im Tanz der Schwarzhut-Zauberer gedacht. Aber wahrscheinlich haben die Mönche einen alten Tanz für ihre Legende umgestaltet.

Tibet spaltete sich erneut in einander befehdende Parteien und Stämme, doch die Kirche ging stärker und einiger als zuvor aus dem Kampf hervor. Die Macht der Mönche und der alles durchringende Einfluß des Lamaismus veranlaßten nun auch die Adligen, ihre Söhne in die Klöster zu schicken. So entstand das klerikal-weltliche Regime.

Im Jahre 1260, als sich die Jüan-Dynastie China mit Waffengewalt erobert hatte, lud Kublai-Chan den Führer des tibetischen Lamaismus, Phagba, nach Peking ein. Das Oberhaupt der Saskyaba-Sekte erhielt vom mongolischen Chan den Titel »Kaiserlicher Erzieher«. Phagba ging in die Mongolei, unterstützte dort die Entwicklung der Schriftsprache und kehrte nach Tibet zurück, wo er zum Herrscher über 130.000 Familien in Tsang, Ui und Kham ernannt worden war. Damit war die Vorherrschaft der Klöster besiegelt.

Die nach Srongtsan-gambo berühmteste Persönlichkeit Tibets – Tsongkhaba, der Reformator – wurde 1358, hundert Jahre nachdem die Saskyaba-Sekte zur Macht gekommen war, als Kind eines Bauern geboren. Zu dieser Zeit ließ sich die tibetische Form des Buddhismus kaum noch von der ursprünglichen Dämonenverehrung unterscheiden. Tsongkhaba rief eine reformatorische Bewegung ins Leben, deren Bestrebungen in vielem katholischen Glaubenssätzen und Riten ähnelten: Zölibat, geistiges Einsiedlertum, Seligsprechungen, Tonsur und Weihwasser, Rosenkränze und hohe, mitraähnliche Hüte für Feierlichkeiten.

Um sich von anderen Mönchen, die rote Mützen trugen, zu unterscheiden, führten die Angehörigen der neuen Gelugba-Sekte, die sich ihrem Namen nach »auf dem Weg zur Tugend befinden«, gelbe Mützen ein. Ihre wichtigsten Gebote richteten sich gegen die Ehe und den Wein. Die »Gelbmützen« erstarkten schnell. Zwar warf das Zölibat das Problem der Nachfolger auf, denn eine Sekte, die die Ehelosigkeit heiligte, durfte keine Erbfolge kennen, doch wurde es genial gelöst. Man nahm an, daß beim Tode eines Großlamas seine Seele in den Körper eines Kindes überginge, das ihm in seinem Amt folgen sollte. Diese zweckdienliche Erweiterung der Seelenwanderung – der Übergang einer Seele in einen eigens dafür bestimmten Körper – sorgte für einen ewigen Großlama.

Zur Zeit der Fünften Wiederverkörperung – des »Großen Fünften«, wie Ngawang Lobsang genannt wird – glaubten sich die Gelbmützen schon in der Lage, die Saskyaba-Sekte ausschalten zu können. Sie riefen Guschri-Chan ins Land, der die ältere Glaubensform vernichten sollte. Erfreut sah der Chan darin eine Möglichkeit, Tibet unter der Oberherrschaft Chinas zu vereinigen. Er bedeckte Tsongkhabas Grab mit seinem eigenen Zelt, das heute noch dort zu sehen ist, und übertrug der Gelben Sekte politische und religiöse Macht. Er war es auch, der dem »Großen Fünften« den Titel Dalai-Lama gab. »Dalai« ist die wörtliche mongolische Übersetzung des Titels des Großlamas und bedeutet »weit wie der Ozean«.

Dieser war sehr rührig und führte noch andere Neuerungen ein. Eine göttliche Offenbarung ließ ihn wissen, daß er die Reinkarnation des tibetischen Schutzgottes Tschenresi sei. So wurde er die erste auf die Erde zurückgekehrte Gottheit, der erste Gottkönig Tibets. Zu derselben Zeit hatte er ein weiteres Gesicht: Sein alter Erzieher sei auch eine Gottheit, die Reinkarnation des Opama, der zweiten Erscheinung des Tschenresi. Dieser Erzieher und seine Nachfolger werden Pantschen-Lama genannt; sie sind die Großlamas des Taschilhunpo-Klosters in Schigatse. Die Nachfolge wurde wie beim Dalai-Lama festgelegt. Die Beziehungen zwischen den beiden Lamas in geistlicher Hinsicht sind selbst Fachleuten nicht ganz klar. Da Tschenresi und Opame verschiedene Erscheinungen derselben Gottheit sind, sind ihre Verkörperungen im religiösen Sinne gleich. Es wird jedoch angenommen, daß Opame mehr für geistliche, Tschenresi aber für weltliche Angelegenheiten zuständig ist, denn die Anhänger des Dalai-Lamas verwalteten immer 109 Kreise, die des Pantschen-Lamas jedoch nur zehn. Der Dalai-Lama hatte die größere irdische Macht, aber daß sie auch auf geistlichem Gebiet gleichgestellt sind, kommt darin zum Ausdruck, daß der ältere der beiden automatisch Erzieher und Führer des jüngeren ist und ihn in sein Amt einsetzt. Für die Tibeter besteht zwischen ihnen kein Unterschied, sie tragen einen umfassenden Titel: »Gyalwa Yabse« – »Vater und Sohn«.

Der Nachfolger des »Großen Fünften« liebte Luxus und Damengesellschaft und stürzte die Sekte in ernsthafte politische Schwierigkeiten. Er floh aus Lhasa und starb bald. Die nun offen zu Tage tretende Rivalität zwischen den verschiedenen Gruppen machten sich die dsungarischen Mongolen zunutze und besetzten Lhasa. Auf Bitten der Tibeter entsandte der chinesische Kaiser Kang Hsi ein zehntausend Mann starkes Heer, das die Eindringlinge verjagte. Erst 1720 wurde wieder ein Dalai-Lama inthronisiert. Um allen Risiken vorzubeugen, setzte der chinesische Kaiser in Lhasa einen Amban ein, einen ständigen Vertreter mit großen Machtbefugnissen.

Seit aber der chinesische Amban 1749 den tibetischen Regenten hinrichten ließ und ein Aufstand ausbrach, war die Lage ständig gespannt. Kaiser Kien Lung stärkte die chinesische Herrschaft durch Truppen und verfügte, daß künftig alle wichtigen Bestimmungen in Tibet nur von ihm selbst auf Grund der Empfehlungen seiner Vizekönige erlassen werden dürften. Gleichzeitig schaffte er das System der Doppelherrschaft ab, in der der Dalai-Lama für die geistlichen Angelegenheiten und der Regent für die weltlichen zuständig war, und berief ein Kabinett der vier Kalons, den Kaschag.

Vierzig Jahre später vertrieb der gleiche Kaiser die in Tibet eingefallenen Gurkhas, die zuvor schon Nepal erobert hatten. Sie waren bereits bis Schigatse, den Sitz des Pantschen-Lamas, vorgedrungen, als der Dalai-Lama Kien Lung um Hilfe bat. Die kaiserlichen Streitkräfte diktierten den Gurkhas in ihrer eigenen Hauptstadt einen Friedensvertrag, nach dem sie alle fünf Jahre an Peking Tribut zahlen mußten. Noch heute erinnern in Lhasa Obelisken an die Hilfe aus Peking. Kien Lung ordnete an, daß die Wahl der neuen Großlamas in Abwesenheit des chinesischen Ambans durch das Los erfolgen solle, und sandte zu diesem Zweck eine goldene Urne nach Lhasa. Das Los für einen neuen Dalai-Lama mußte der Pantschen-Lama ziehen und umgekehrt; auf diese Weise wurde die Seelenwanderung gegenseitig beaufsichtigt.

An diesen Beziehungen zwischen Peking und Lhasa änderte sich bis zur letzten Jahrhundertwende, als die Engländer in Tibet einfielen, wenig.

1 Held einer englischen Volksballade des ausgehenden Mittelalters.

2 Der Potala wurde erst vor etwa dreihundert Jahren erbaut, und seit dieser Zeit ist die Bevölkerung in Tibet beträchtlich zurückgeblieben. Die Tatsache, daß man heute in Tibet solch einen Bau nicht mehr ausführen könnte, stützt anscheinend den Glauben der meisten Einwohner, das Bauwerk sei von den Göttern errichtet worden.

Prachtvolles Lhasa

Lhasa übertrifft alles – Mittelalterliche Wandbehänge werden Wirklichkeit – Schweizer Uhren und Gebetsmühlen – Brokat und Motorräder – Der Palast der Dalai-Lamas – Gräber aus purem Gold – Das Herrscherhaus – eine als Königin Viktoria wiedergeborene Hirn essende Göttin – Heilige Mäuse – Zu Tisch bei den Kabinettsmitgliedern

Was immer man an Pracht und Großartigkeit in Tibet gesehen haben mag, der Blick auf Lhasa, das Ziel so vieler wegmüder Reisender, hinterläßt den lebendigsten, tiefsten Eindruck. Der Potala, der als Bauwerk das Kreuz der St.-Pauls-Kathedrale noch um dreißig Meter überragt, mißt sich in seiner strengen Pracht selbst mit den Bergen im weiten Rund. Hinter den beiden Pyramiden des Potala und dem sich ihm anschließenden Eisenberg bleibt die Stadt dem Blick des fernen Beobachters fast verborgen; nur dann und wann blitzt durch die Bäume ein goldener Schein.

Lhasa liegt in einer flachen, von Bergen umschlossenen Ebene in 3900 Meter Höhe. Die Gipfelketten türmen sich noch 1800 Meter höher in den Himmel; bis in die Ebene schieben sich ihre Ausläufer vor, in deren kleinen Tälern sich Klöster zu verstecken suchen. Auf alten Pfaden zieht sich die Straße an schattigen Parks vorbei. Die neue Stahlbrücke über den Kyi führt endlich in die eigentliche Stadt.

Welche Erwartungen und Hoffnungen ein Fremder an den Namen Lhasa auch knüpfen mag, sie werden immer übertroffen. Selbst wenn Lhasa nur den Potala zu bieten hätte, würde man nicht enttäuscht. Lhasa hat aber auch Drepung, das größte Kloster der Welt, den 1300 Jahre alten Dschokhang-Tempel mit seinen Golddächern und die klösterliche Medizinschule auf dem Eisenberg. Dutzende von Klöstern, Tempeln und Schreinen machen die Stadt zum Anziehungspunkt der Pilger, denen oft alles, Habe und Leben, nichts ist, wenn sie nur dort hinwandern können. Das geschäftige Gewimmel der kaufenden, feilschenden, betenden, bettelnden, sich in den Staub werfenden Bauern, Mönche, Beamten, Nomaden und Pilger erweckt die verblichenen Wandteppiche des europäischen Mittelalters zu neuem Leben voller Lärm, Wohlgerüche, Staub und Sonne. In diesem Bild aus dem siebenten Jahrhundert tauchen aber plötzlich Lastwagen aus dem zwanzigsten Jahrhundert auf, Tee wird abgeladen und von Jaks und Kamelen in ferne Täler weitertransportiert.

Lhasa hat drei heilige Ringe: den Innersten Ring um das heiligste Bild Buddhas im Dschokhang-Tempel, den Barkhor, der um den Tempel herumführt und in dem das Hauptgeschäftszentrum der Stadt liegt, und den Lingkhor, einen acht Kilometer langen Pfad um die ganze Stadt herum. Es ist verdienstvoll, auf diesen heiligen Kreisen im Uhrzeigersinn zu wandeln. Immer wieder trifft man Pilger, die kräftig ausschreiten und dabei ihre Gebetsmühlen kreisen lassen. Der Lingkhor wird sogar auf dem Bauch umrundet. Die Gläubigen werfen sich lang auf die Erde, machen dort, wo ihre mit Holzplatten geschützten, vorgereckten Hände hinreichen, ein Zeichen, stehen auf, stellen ihre Füße an das Zeichen und legen sich wieder der Länge nach in den Staub. Mindestens fünftausendmal wirft sich ein Pilger auf einer Lingkhor-Runde nieder und steht wieder auf. Je öfter er diesen Weg zurücklegt, um so besser ist es für die nächste Seelenwanderung. Hat aber einer das Glück, auf dem Lingkhor zu sterben – und sei er ein Heide wie ich –, braucht er für keine seiner Sünden zu büßen. Die heiligen Kreise sind von Bettlern gesäumt, denn wer hier den Armen hilft, darf für seine Seele zusätzliche Verdienste verbuchen.

In den Hauptstraßen befindet sich in jedem Haus zu Erde ein winziges, fensterloses Geschäft. Will man ergründen, was im dunklen Innern verkauft wird, so muß man eintreten. Neben chinesischen Waren wurde fast jeder Artikel, der sich auf Jaks herbeischaffen läßt, angeboten oder konnte auf dem Markt bestellt werden. Bevor die neue Straße bis zur indischen

Grenze weitergeführt wurde, quälten sich Jaks und Kamele nach Lhasa und brachten in Häute ihrer toten Brüder eingenähte Luxusartikel. An der Wand eines nepalesischen Ladens lehnen Releigh-Fahrräder neben gedörrten Hammeln. Schweizer Uhren, Trockenmilch, Kameras und französisches Parfüm liegen neben Gebetsmühlen, Opferschalen und Rosenkränzen. Dutzende von Hutgeschäften in Lhasa haben weiche europäische Filzhüte und tibetische Kopfbedeckungen aus Goldbrokat und Pelz am Lager. Die weichen Filzhüte sind die einzigen westlichen Kleidungsstücke, die sie haben. In dieser Stadt, in der jeden Tag tonnenweise Jakbutter den Göttern zum Opfer verbrannt wird, gibt es australische Butter in Büchsen zu kaufen. Man erhält Seide und Baumwolle aus Schanghai und Indien und Taschenlampen aus Hongkong. Überall stehen plaudernde, lachende Menschen vor den Türen. Händlerinnen in langen, staubigen Kleidern unter speckigen, gestreiften Schürzen tätigen flirtend ihre Geschäfte. Viele tragen eine weiße, von einem Rosenkranz umschlungene Muschel am Arm.

Hinter Toren kann man Handwerker hämmern, nähen und feilschen sehen. Ein struppiger Nomade lehnt an einer Mauer und hält in einer Jakhaut einen halben Zentner Butter unterschiedlicher Farbe feil. Mit seinem Dolch schneidet er unzenweise Klumpen ab und verkauft sie an Hausfrauen.

Bootseigentümer schleppen ihre großen leichten Fahrzeuge aus Jakhaut, die eine Tonne tragen können, auf dem Rücken mit sich umher; oft müssen sie zur Seite treten und sich ihren Weg an einer Lastwagenkolonne vorbei bahnen, die ihre Teeladungen vor dem Speicher der neuen Staatlichen Großhandelsgesellschaft ablädt. Überall wimmelt es von Mönchen aller Sekten und Grade. Die Religion bestimmt das gesamte gesellschaftliche Leben. Kaufleute murmeln nach dem Rosenkranz ihr *»Om mani padme hum«* und hauen dabei verschmitzt einen Kunden übers Ohr. Ein lamaistischer Kaufmann ist nämlich davon überzeugt, daß ein gelungener Betrug nur beweist, daß das Ergaunerte ihm aus einem früheren Leben rechtmäßig zusteht.

Lhasa wurde zu einer Zeit erbaut, als man von sanitären Einrichtungen noch nichts wußte. In dieser Beziehung hat sich auch heute noch nicht viel verändert. Offen herumliegende Müllhaufen, sie werden nach alter Tradition einmal im Jahr fortgeschafft – zieren einige Straßen. Alles Mögliche verfault auf ihnen, manchmal auch der rötlich-grüne Kadaver eines in Verwesung übergehenden Hundes. An allen Ecken stößt man auf verwilderte, herrenlose Köter, die den lieben langen Tag an sonnenbeschienenen Plätzchen schlafen, nachts aber ununterbrochen bellen und jaulen. Gellt ein schrecklicher, lang gezogener Schrei auf, der das Blut in den Adern gerinnen läßt, dann wurde wieder einer von einem Artgenossen totgebissen. Die Hunde rotten sich auch zu ganzen Rudeln zusammen und greifen Menschen an; es ist also recht gefährlich, nach Einbruch der Dunkelheit zu Fuß durch die Stadt zu gehen. Da religiöse Bedenken verbieten, sich ihrer zu entledigen, fängt man sie lediglich und sperrt sie, nach männlichen und weiblichen Tieren getrennt, ohne Fressen ein. Man hofft, sie fräßen sich dann gegenseitig auf und stürben allmählich aus, ohne daß ein Lamaist die Sünde, getötet zu haben, begangen hat.

Wie alle Tibeter lieben die Einwohner Lhasas Blumen. Die Fenster in den ersten Stockwerken stehen voller Astern, Levkojen, Ringelblumen und anderer einfacher Arten, die in der Treibhausluft Lhasas gedeihen. Gärten gibt es nicht. Die Innenhöfe gleichen einem Morast, in dem Mensch und Tier ihre Notdurft verrichten.

Das Neue in Lhasa – zum Beispiel die Stahlbrücke über dem Kyi – fällt nicht sofort auf. Die Brückenteile konnten nur auf Lastwagen herangebracht werden. Stahlträger kannte man aber schon früher; ich hatte sogar einen in meinem Lhasaer Schlafzimmer. In etwa ein Meter lange Stücke zersägt, war er von Jaks hierher befördert und dann wieder zusammengesetzt worden. Er war blau angestrichen und mit Blümchen und Goldfarbe auf den Nieten verziert. Das Haus hatte früher einem Mitglied des tibetischen »Kabinetts« gehört, der es an das tibetische Arbeitskomitee der Kommunistischen Partei Chinas verkauft hatte. Jetzt dient es als Gästehaus. Mit seinen vollständig verglasten Fenstern ist es eines der besten Häuser in ganz Tibet.

In dieser Stadt, in der es nie Fahrzeuge gegeben hatte, kommt es jetzt beim Zusammentreffen von Jeeps und Jakkarawanen mitunter zu Verkehrsstockungen. Das hatte ich in Lhasa nicht erwartet.

Als ich am ersten Tag einen Morgenspaziergang durch die Stadt machte, bemerkte ich zwischen dem Lingkhor und der Türkisdach- oder Yu-to-Brücke, in einem unbeschreiblich schmutzigen Elendsviertel der Bettler und Pilger, eine lange Schlange von Adligen, Mönchen, Bauern, Nomaden, Frauen und Kindern. Sie schob sich langsam auf das Gelände neuer weißgetünchter Luftziegelbauten zu, über denen in chinesisch und tibetisch »Volkskrankenhaus« geschrieben stand.

Ein an mir vorbeibrausendes Motorrad riß mich aus meiner Betrachtung. Der Fahrer war ein Beamter in rotem Gewand und trug einen flachen, schalenförmigen gelben Hut. Auf dem Sozius saß ein schwarz gekleideter Diener, der eine lampenschirmähnliche Kopfbedeckung mit einem zehn Zentimeter breiten Fransenbesatz aus roten Seidenfäden auf hatte. Die Beamten unterscheiden sich in ihrem Rang durch die Anzahl der ihnen folgenden Diener. Der auf der BSA gehörte der fünften Klasse an; ihn mußte stets ein Lehnsmann begleiten. Ich fragte mich, was geschieht, wenn höhere Beamte, denen zwei Leute vorausgehen und zwei weitere folgen müssen, denen außerdem ein Bote die Aktentasche und die Peitsche trägt, Autos benutzen wollen, weil es der Dalai-Lama bereits tut. Irgend etwas muß sich wohl ändern.

Auch die weltlichen Beamten unterscheiden sich rangmäßig genau durch Kleidung und Haartracht. Einige dieser Merkmale sind schon 1300 Jahre alt, zum Beispiel die Vorschrift, daß Beamte ihr Haar in zwei zu Knoten aufgesteckten Zöpfen tragen, in die – sehr treffend – eine rote Aktenschnur eingeflochten wird. Ein Beamter, der nur diese zwei Knoten trägt, gehört dem niedrigsten Rang an. Ein goldenes Ornament, ein *gau*[1], zwischen den Knoten weist darauf hin, daß sein Träger über dem vierten Rang steht. Beamte mindestens fünften Ranges tragen gelbe Gewänder aus Atlasseide und einen vergoldeten Helm mit einer rotseidenen Krause, die des vierten Ranges und darunter blaue mit einem rotwollenen Überwurf. Wer noch nicht den Rang eines Kabinettmitglieds erreicht hat, ist am Hut aus gelber Wolle zu erkennen, der wie eine gelbe Untertasse in unmöglichem Winkel auf den Knoten thront. Obwohl sich die Qualität der Stoffe nach ihrer finanziellen Lage richtet, unterscheiden sich Mönchsbeamte nicht durch ihre Kleidung. Ihr Rang ist nur nach der Anzahl ihrer Gefolgsleute zu bestimmen. In Lhasa gibt es vielleicht hundert Beamte über dem vierten und etwa vierhundert über dem sechsten Rang.

Alle Lhasaer lieben Edelsteine, vor allem den Türkis, der als besonderer Glücksstein gilt. Korallen kommen ihm in Preis und religiöser Bedeutung gleich.

Auch Elektrizität gibt es in Lhasa. Ein knarrender Hundert-Kilowatt-Wasserkraftgenerator, der von der chinesischen Volksbefreiungsarmee wieder instand gesetzt wurde, erzeugt so viel Strom, daß ein paar Glühbirnen täglich vier Stunden ein gelbliches Licht ausstrahlen können. Diese altertümliche englische Maschine, die auf Jaks hierher transportiert wurde, muß noch so lange ihre Dienste tun, bis das neue Kraftwerk anläuft. Die Wasserversorgung erfolgt in hölzernen Fäßchen, die meistens Frauen auf dem Rücken tragen. Heizung kennt man in den Häusern nicht; gegen Kälte schützt man sich nur durch Kleidung. Jakmist ist bei einem Preis von drei Schilling für neun Pfund für Heizzwecke zu teuer; man nimmt ihn nur zum Kochen.

Wie vielerorts auf der Erde fehlt es in Lhasa an Annehmlichkeiten und arbeitserleichternden Einrichtungen; aber was diese Stadt besitzt, gibt es sonst nirgends. Nicht umsonst sind Lhasa und der Potala[2] ein Anziehungspunkt für Menschen aus aller Welt.

Wo man auch steht, in den Straßen der Stadt, in der Ebene oder auf den Bergen, immer beherrscht der Palast der Dalai-Lamas die Umgebung und zieht das Auge unwiderstehlich an.

Der Tschagpori, der Eisenberg, südwestlich des Potala, ist zwar höher, kann aber nicht im geringsten mit dem Palast konkurrieren. Allerdings ist der Blick vom Dach der Medizinschule auf dem Eisenberg auf die goldenen Dächer des Potala und die Traumstadt der aufschlußreichste, weil man alles direkt vor sich hat. Kein Wunschbild und keine Erinnerung kommt dieser Schönheit aus Bauwerken, grünenden Büschen, Flüssen, Wiesen, Sandwegen, Ebenen und Bergen gleich. Keine Beschreibung vermag das Leuchten und die Transparenz der Farben in der dünnen Luft unter dem blauen Himmel wiederzugeben.

Das Auge wandert über die Stadt mit ihren flachen Dächern und den Bäumen, über die goldenschimmernden Tempeldächer, aber stets kehrt es zum Potala zurück, zur Dynamik seiner winkligen Form und der Kühnheit seiner Anlage. Die hoch aufragenden Berge im Hintergrund sind ihm nur Kulisse. Der Potala ist in typisch tibetischem Stil erbaut. Die Mauern neigen sich vom Fundament nach innen, Türen und Fenster stehen im gleichen Winkel; Rahmen und Querbalken sind oben kleiner als unten. Geniale Einfachheit und anmutige pyramidenähnliche Formen erwecken den Eindruck, daß hier ein Gebäude aus dem gewachsenen Fels gehauen wurde. Auf formale Symmetrie wurde zugunsten der Asymmetrie der Hügelkonturen großzügig verzichtet; es entstand ein lebendiges und harmonisches Meisterwerk. Vielleicht verdankt der Potala seiner Umgebung genausoviel wie die erhabene Landschaft diesem Wunderwerk aus Granit, das in ihr errichtet wurde. In seiner Einheit ist er vollkommen. Ist es verwunderlich, daß der einfache lamaistische Pilger an diesem Anblick seine Seele labt und davon überzeugt ist, daß nur Götter so etwas bauen können?

Wer zu den goldenen Dächern gelangen will, die sich über die Gräber »Früherer Körper« verstorbener Dalai-Lamas spannen, muß 135 Meter über Steinrampen und senkrechte, vom Rauch und der herabgetropften Lampenbutter im Laufe der Zeit schlüpfrig gewordene Leitern höher klettern. Im Vorhof des Potala, der größer ist als manches tibetische Städtchen, wohnen die Laiendiener. Hier lärmen Kinder, schlafen Hunde, kochen die Bewohner und streiten sich. Den ganzen Tag lang zieht eine Prozession gebückter Frauen und armer, dienender Mönche über die steilen Leitern. Alle tragen ein Fäßchen voll Wasser auf dem Rücken, das sie in die Tausenden funkelnden Opferschalen gießen oder das den Mönchen zur Teebereitung dient. Zum Waschen brauchen Tibeter aller Klassen jedenfalls wenig Wasser.

In seiner eigentlichen Bestimmung ist der Potala die Wohnung des jeweiligen Körpers der wiedergeborenen Gottheit; er beherbergt auch die Gräber der Früheren Körper. Nach zwölf Uhr mittags darf sich keine Frau im Palast aufhalten, aber ich sah, daß dieses Gesetz nicht streng befolgt wurde. Nur Mönche leben hier. Sie versorgen die zahllosen Butterlampen jeder Größe – bis zur halben Zentner schweren Butterscheibe, in der mehrere Dochte gleichzeitig brennen.

Da man keine Taschenlampen benutzen darf, leuchtete mir auf meinem Rundgang ein schmutziger dienender Mönch mit einem bronzenen Handbutterlämpchen, wie sie früher die Priesterinnen trugen. In düsteren Kapellen und stickigen Grabstätten schlagen Mönche große Trommeln und legen eine ständige andachtsvolle Geräuschkulisse über die tausend nachtdunklen Räume, in denen die Toten inmitten verstaubten Goldes und unzähliger Edelsteine ruhen.

Zu den Gräbern der Dalai-Lamas führen steile, fettige Leitern hinauf. Ein genauso schmieriges, nachgebendes Geländer reicht nicht einmal von der ersten bis zur letzten Sprosse und soll scheinbar eher den Kletternden täuschen und ihn in die Tiefe stürzen lassen, als ihm eine Hilfe sein. Die Pforten auf dem Weg nach oben werden von herabhängenden, walzenförmig zusammengenähten Tigerfellen bewacht. Symbolen der Gerechtigkeit und der Macht. Es würde Wochen dauern, alle Schätze in den tausend Räumen des Potala besichtigen zu wollen. Besonders bemerkenswert wegen ihrer Unversehrtheit ist eine kleine, ursprünglich direkt auf dem Feld erbaute Kapitelle, die jetzt tief im Innern des Gebäudes liegt. Sie beherbergt die lebensgroßen Bildnisse des Königs Srongtsan-gambo und seiner zwei fürstlichen Gemahlinnen aus China und Nepal sowie einen Kochtopf, den sie benutzt haben sollen, als sie tausend Jahre vor der Errichtung des Potala gemeinsam genau an dieser Stelle gewohnt haben.

Auf etwa gleicher Höhe befindet sich die Kanzlei des Dalai-Lamas, die sehr treffend Yik-tsang, »Nest der Dokumente«, genannt wird. Die Tibeter nähen nämlich ihre Dokumente in Tuchrollen ein und hängen sie an jedem nur erdenklichen Vorsprung im Schnitzwerk der Pfeiler und Möbel auf. Ein Büro sieht daher wie ein mit Gewinnen behängter Glücksbaum auf dem Jahrmarkt aus. Nicht weit davon entfernt, thront im fast undurchdringlichen Dunkel eine Statue des »großen Fünften«, die einmal gesprochen haben soll.

Unmittelbar unter den goldenen Dächern befinden sich die Gräber der Früheren Körper, ausgenommen des Sechsten Dalai-Lamas, der das Vergnügen liebte und dessen Gedichte zur beliebtesten Lektüre der Tibeter gehören. Die Gruft des Dreizehnten Dalai-Lamas, des Vorgängers des gegenwärtigen, nimmt drei Stockwerke im Potala ein. Sein riesiger, gut zwanzig Meter hohen Tschorten[3] ist ganz mit Blattgold belegt. Diesmal ist es aber nicht, wie sonst üblich, auf irgendein anderes Metall aufgetragen, sondern bedeckt als massive, wellblechstarke Feingoldschicht von mindestens einer Tonne Gewicht die Grabstätte. Da die Unterlage aus Silber sein soll und neben dem eingesalzenen Dreizehnten Körper noch große Mengen kostbarer Geschenke, die ihm zu Lebzeiten überreicht wurden, aufgehäuft sind, stellen diese Gruft und die ähnlich wertvollen noch älteren Körper ein ungeheures Vermögen dar. Daneben haben sich natürlich im Privatschatz der Hierarchie seit Jahrhunderten solche Reichtümer angesammelt, daß der Potala ein einmaliges Museum an Juwelen, Gold, Silber und Porzellan sein muß.

Das Gold der Dächer besteht nicht aus puren Platten, sondern ist auf Bronze aufgewalzt. Um diese goldenen Kuppeln wandeln die Dalai-Lamas, wenn sie im Winter in der Residenz weilen. Dürfte ich nur einen Anblick für mein ganzes Leben wünschen, ich würde den wählen, den die Dalai-Lamas ständig vor sich haben können: Lhasa tief unten in der Ebene, die Türkisdach-Brücke, den Dschokhang- und den Ramotsche-Tempel, die großen Gebetspfosten, die Gerstenfelder und das Band der neuen Straße, die ostwärts in Richtung Peking und westwärts nach Indien führt. Schon früher, als sie bloß ein einfacher Pfad war, den nur ein guter Reiter auf seiner ganzen Länge bewältigen konnte, gehörte diese Straße zu den großen Transportwegen der Welt, von Sibirien zog sie sich durch die Mongolei und Tschinghai, passierte Lhasa und verlief weiter bis nach Indien.

Wie allen anderen Ungläubigen war es mir nicht gestattet, die Gemächer des Dalai-Lamas zu betreten. Aber wie in den anderen Räumen des Potala schützt auch dort kein Feuer vor den eisigen Winden, es gibt keine Badezimmer und kein elektrisches Licht. Abends hallt der Ruf der Wächtermönche als einziger Laut durch den dunklen Palast. Tief über die flackernden Butterlampen gebeugt, studieren die Lamas andächtig die vor langer, langer Zeit aufgezeichnete Weisheit des Menschengeschlechts.

Wohl nur wenige arbeitende Nichttibeter würden ihr Leben gegen erstarrte Wohlhabenheit und Formen, gegen Zölibat und Abstinenz eintauschen wollen.

So beeindruckend der Potala auch ist, das Zentrum des geistigen Lebens in Lhasa und Tibet, des ganzen Lamaismus, ist der Dschokhang-Tempel. Der prächtige Potala birgt nur wenige lamaistische Reliquien, die heiligsten und wertvollsten Kostbarkeiten des Glaubens befinden sich im fast unsichtbaren Dschokhang. In diesem Tempel verläuft der Innerste Ring und um ihn herum der Barkhor. Zwischen ihnen sind Kapellen und Regierungsbüros so innig verwoben wie Kirche und Regierung in Tibet überhaupt. Nur eine in den Barkhor einbezogene Marktstraße, in der zahlreiche Verkaufsstände alles feilhalten, was man in Tibet kaufen kann, führt zu ihm hin. Von hier aus sieht man nur den Eingang des Hauptgebäudes, den die sich ständig niederwerfenden Pilger glatt wie Glas poliert haben. Das Äußere des Tempels bleibt dem Betrachter verborgen, so dicht drängen sich Büros und Regierungsdienststellen an ihn heran. Rings um den Innersten Ring scheinen die Wahlen der winzigen Kapellen Höhlen im dicken Gemäuer zu sein. Ihre Eingänge sind mit Stahlvorhängen aus dicken Ringen und geraden Kettengliedern, die Kandaren ähneln, verschlossen, vor denen große eiserne Schlösser baumeln.

Eine Entlüftung gibt es in den Tempelräumen nicht, im Gegenteil, ein vorausgehender dienender Mönch verräuchert die schon verbrauchte Luft noch mit Wacholder und Kräutern. Der beißende Rauch treibt einem die Tränen in die Augen, so daß man die Altäre und Bildnisse im gelben Schein der rußenden Butterlampen noch schwerer erkennen kann. Jeder Korridor wird von diesen Lampen beleuchtet: Jeder Docht in einem Becher nährt sein Flammentüpfelchen aus einer kleinen Lache geschmolzener Butter. Ihr Ruß hat sich als schmierige Schicht in allen Kapellen abgelagert, der Fußboden ist schlüpfrig, und selbst die goldenen Heiligenbilder glänzen stumpf unter einem öligen Film. Allein in diesem Tempel werden täglich sechsunddreißig Zentner Butter verbrannt, und der Ramotsche-Tempel verbraucht genausoviel. Wieviel Butter jeden Tag in all den Kultstätten in Lhasa, von Tibet ganz zu schweigen, verbrannt wird, dürfte kaum zu schätzen sein.

Im Dschokhang herrschte der mit Tibet untrennbar verbundene Geruch, der besonders typisch für Tempel und Klöster ist, in reinster Form: ein Gemisch aus ranziger Butter, Qualm der Jakmistfeuer, Weihrauch, menschlichen Ausdünstungen und Muffigkeit. Einem Stück handgewebten Wolltuch, das ich aus Tibet mitbrachte, haftet dieser unvergeßliche Geruch noch immer an. Immer wieder versetzt er mich beim Schreiben zurück auf das Hochland und in die dunklen Korridore seiner Klöster.

Vor der Kapelle, in der Dscho – der Herr – thront, wachen Mönche. »Das Haus des Herrn« ist der heiligste Ort in Tibet. Es enthält das Bild des jungen Buddha, das die chinesische Prinzessin vor 1300 Jahren als Mitgift in die Ehe einbrachte. Es soll durch ein Wunder von selbst aus Gold, Silber, Kupfer,

Zink und Eisen entstanden sein und ist mit Edelsteinen reich besetzt. Es ist der Magnet, der die Gläubigen unter großen Mühen über unzählige Berge nach Lhasa pilgern läßt.

Die Kapelle des gefürchteten weiblichen Schutzpatrons der tibetischen Regierung befindet sich eine Treppe höher. Paldenlhamos Bildnis wird nach dem Buddhas in Tibet am meisten verehrt. Die Göttin reitet auf einem Maultier und ißt menschliches Hirn aus einem Schädel. Einige Tibeter glaubten, daß Königin Viktoria eine ihrer Inkarnationen gewesen sei, und man behauptete, daß, solange diese lebte, England nicht in Tibet einfallen würde. Tatsächlich zog drei Jahre nach dem Tod der Königin eine britische Einheit in Lhasa ein. In dieser Kapelle wimmelt es von hellbraunen Mäusen, die so zahm sind, daß sie sich streicheln lassen. Da sie heilig sein sollen, trocknet man die toten Tiere und zermahlt sie für eine Medizin zu Pulver. Vor der Besichtigung wurde ich darauf aufmerksam gemacht, daß es ein gern gesehenes gutes Omen sei, wenn eine Maus aus meiner Schale Tee tränke. Es tat mir keine den Gefallen; aber bei einer anderen Gelegenheit fiel zur großen Bestürzung meiner Gastgeber eine Fliege in meinen Tee. Sofort wurden Eßstäbchen geholt, und alle atmeten erleichtert auf, als das Tier herausgefischt war und zum Trocknen in der Sonne lag. Ein Diener reichte mir dieselbe Tasse zurück.

Vom Dschokhang-Tempel werden zahllose Legenden und Wunder berichtet. In vielen taucht der antiklerikale König Langdarma auf, der die Herrschaft der Klöster brechen wollte.

Am Tag meiner Besichtigung des Dschokhang war ich vom Kaschag, dem »Kabinett« des Dalai-Lamas, zum Abendessen eingeladen worden. Die vier weltlichen Mitglieder und die beiden Mönche führen den Titel Kalon. Ich betrat den Speisesaal vom Tempeldach aus und nahm mit fünf Kalons an der Tafel Platz. Amtliche Geschäfte, die den Vorbereitungen für die Autonomie Tibets galten, hinderten einen der Mönche teilzunehmen.

Von meinem Platz aus überblickte ich den Marktplatz von Lhasa mit seinen Ständen und dem Gewimmel der Menschen, die alles und jedes kaufen; ich sah die zweieinhalb Meter weiten Bronzeschalen, in denen an Festtagen Tee gekocht wird, und die Traube der Neugierigen vor dem neuen Modell des sowjetischen Kombiwagens, mit dem ich aus Tschamdo gekommen war. Unsere Mahlzeit war märchenhaft; sie könnte in »Tausendundeiner Nacht« beschrieben sein. Tibeter höherer Klassen bevorzugen im allgemeinen die chinesische Küche; sowohl aus Höflichkeit meinen Gastgebern gegenüber als auch aus Neugier hatte ich jedoch ausdrücklich um eine vollständige tibetische Mahlzeit gebeten. Auf der langen Tafel waren die Haupt- und Nachspeisen auf Gold- und Silberplatten angerichtet. Zum Zeichen besonderer Ehrerbietung, die für Tibeter schon sei je charakteristisch ist, legten hohe Beamte in schweren seidenen Gewändern vor und schenkten ein. In großen Schüsseln wurden Jakfleisch, dampfende Lammrücken und gekochte Hammelköpfe – abgekühlt und geöffnet, so daß das Hirn und die Zunge zu sehen waren –, mit gehacktem Fleisch gefüllte Innereien – eine Art tibetischer Wurst –, Leber, Knödel, rohes Hackfleisch, Zunge, Eier, Mixed Pickles, Pfefferschoten sowie mit Butter, Zucker und Bier zubereitete Gerstenkuchen aufgetragen. Fleisch und noch einmal Fleisch in märchenhafter Vielfalt und Menge.

Neben mir saß der Kalon Surkhang[4], der frühere Besitzer meines Lhasaer Quartiers, und erklärte mir auf englisch die tibetischen Tischsitten. Inzwischen hatte ich schon mehr gegessen, als mir guttat. Das Fehlen jeglichen Alkohols schrieb ich der Gegenwart des Kalon-Lamas zu. Auf ein Zeichen meines Tischnachbarn brachte ein Kellermeister einen gravierten Pokal aus Gold und Silber voller Gestenbier.

»Bei uns ist es üblich«, sagte der Kalon Surkhang, »erst ein wenig zu essen, wie wir es eben getan haben. Danach beginnt die eigentliche Mahlzeit, die eine ganze Weile dauert und zu der auch getrunken wird.« Als erneut dampfende Gerichte hereingetragen wurden, stöhnte ich in mich hinein.

»Zuerst müssen wir auf die Götter trinken«, erklärte Surkhang. »Passen Sie auf, wie man das bei uns macht.«

Der Diener verbeugte sich mit dem Pokal. Der silberne Rand war mit Korn, ein Opfer für die Götter, gefüllt. Der Kalon tauchte den linken Ringfinger in das Gerstenbier, schnellte den winzigen Tropfen in die Luft und steckte den Finger in den Mund. Als alle Anwesenden seinem Beispiel gefolgt waren, wurden die Gläser gefüllt. Dieses Getränk, das die Tibeter *tschang* nennen, sieht wie stark verdünnte Milch aus und ist von prickelnder Schärfe. Der Kalon erzählt mir, wie es hergestellt wird: Gerste wird in etwas Wasser gekocht, dann fügt man entweder Hefe zu oder läßt es ohne Zusatz gären. Ist der Gärungsprozeß fast beendet, wird heißes Wasser darüber gegossen. Nun braucht das *tschang* nur noch abzukühlen, um trinkfertig zu sein. Es ist das beliebteste alkoholische Getränk in Tibet, im Grunde genommen sogar das einzige, denn sein Destillat ist sowohl stark als auch teuer. Es ist schwerer, von *tschang* betrunken zu werden, als vom dünnsten englischen Bier, doch einige Sorten sind gut abgelagert und kräftig. Von diesen wurde uns jetzt eingeschenkt, und wir tranken einander zu und tafelten, wie der Kalon prophezeit hatte, »eine ganze Weile«. Daß ich dieses Marathongelage überlebt habe, schreibe ich nur der verteilenden Wirkung des *tschang* zu.

1 gau: tragbare Reliquienbehälter in mannigfaltigen Formen, die je nach Zweck alle möglichen Gegenstände enthalten können.

2 Der Potala-Berg hat seinen Namen von einem Hügel auf Kap Comorin in Südindien. Es gibt noch einen dritten Potala – einen Hügel an der Küste Chinas.

3 Auf einem quadratischen Sockel ruhende kuppelförmige Denkmäler, in denen die Gebeine hoher Mönche und Heiliger ruhen.

4 Der Kalon Surkhang, in Gjangtse von englischen Lehrern erzogen, war 1947 an der Ermordung von Rabtschen Hutuktu beteiligt. Sein Bruder, Surkhang Lhawang Dordsche, unterstützte in Kalimpong schon lange imperialistische Bestrebungen, deren Ziel es ist, Tibet von China zu trennen. In der Verschwörung, die mit der Entführung des Dalai-Lamas nach Indien endete, spielte der Kalon Surkhang eine Hauptrolle. Er gehört jetzt zu den engsten »Beratern« des Dalai-Lamas.

Die Sünden des Hundes

Seelenwanderung und Vergeltung – Die Monopolisten der Religion – Lebende Buddhas – in jeder Familie ein Mönch – Wo kommt das Geld der Klöster her? – Schatzkammern – Sie haben die Kutte abgelegt – Das Problem des ehemaligen Lebenden Buddhas

Die Tibeter haben mit ihrer Legende, daß der Mensch vom Affen abstammt, nicht nur Darwin vorgegriffen, sie sind auch Vorgänger Pasteurs, denn sie glauben, daß jede Krankheit von winzigen bösartigen Dämonen hervorgerufen wird, die unsichtbar herumfliegen, vom Gestank leben und die Menschen überfallen. Für die Tibeter bevölkern unzählige schädliche Geister und boshafte Teufel die Welt, bringen der Menschheit alle ihre Nöte und Sorgen und müssen auf Schritt und Tritt besänftigt werden.

Die Angst vor diesen Geistern ist die eine Triebkraft ihrer religiösen Bräuche, die Furcht vor allem, was der Seele im endlosen Kreislauf ihrer Wanderung zustoßen könnte, die andere. Die Lamaisten glauben, daß jede Seele in den verschiedensten Körpern endlos wiedergeboren wird, wenn sie sich nicht durch viele fromme Leben das Recht auf das Nirwana erworben hat. Jene Laus, die Tsongkhaba vor den Nägeln seines Gegners rettete, kann ein ehemaliger Mönch gewesen sein, der in irgendeinem Punkt des Ritus nachlässig war, oder ein betrügerischer Beamter. Die unglückliche Seele, die zur Straße in solch niederem Stand wiedergeboren wird, hat die menschliche Fähigkeit, zu denken und zu leiden, beibehalten.

Eines Tages sah ich in Lhasa einige Leute betrübt um einen räudigen Hund herumstehen, der auf der schmutzigen Straße röchelnd in den letzten Zuckungen lag. Er blickte die Menschen an, die ihn beobachteten, und auch die Hunde, die nur darauf warteten, ihn zu zerreißen. Zwischen den Menschen und dem Hund bestand eine Art Verbindung. Hier lag kein Hund, sondern jemand, der sich in einem früheren Leben zu wenig um die Religion gekümmert hatte. Mochten sie es auch noch so sehr bemitleiden, nicht einer der Versammelten hätte sein Schwert oder den Dolch gezogen, um das leidende Tier zu erlösen, denn das wäre eine unerlaubte Einmischung in den göttlichen Willen gewesen.

Ein Mensch ist reich oder arm, gesund oder krank, Herr oder Leibeigener, je nach seinem Verhalten in einem früheren Leben und weil es die Dämonen im gegenwärtigen so wollen. Tugend, insbesondere Frömmigkeit und Freigiebigkeit den Klöstern gegenüber wird durch höhere Wiedergeburt belohnt.

Man darf aber nicht glauben, daß der Durchschnittstibeter deshalb nur mit ernster, finsterer Miene umherläuft. Im Gegenteil, er nimmt seinen Glauben sehr heiter hin, entgeht so den metaphysischen Übeln, die ihm in jedem Baum und Stein auflauern, und verbessert sein Los im jetzigen und im zukünftigen Leben. Zu letzterem können ihm allerdings nur die Mönche verhelfen.

Zwischen Mönchen und Laien besteht eine unüberbrückbare Kluft. Die Mönche bilden eine höhere Kaste. Sie besitzen das Monopol des Lamaismus: Sie allein können bei den Göttern vermitteln, sie sind auf dem Wege, ein Buddha zu werden, sie sind die Herrschenden. Mag ein Laie einen noch so hohen Rang haben, er ist ihnen untergeordnet. Selbst den niedersten Mönchen muß man mit Hochachtung begegnen, denn sie streben danach, *gedschu,* Geistliche, zu werden, denen fünf der fünfzehn Arten, in das Nirwana einzugehen, bekannt sind, sie sind auf dem Wege, ein Buddha zu werden. Das höchste Ziel eines jeden Lamaisten ist, aus jeglicher irdischer Existenz als ein Buddha auszuscheiden, der sich über die 84.000 menschlichen Leidenschaften hinweggesetzt hat und nun ins Nirwana eingehen kann. Die Lebenden Buddhas des Lamaismus – etwa tausend an der Zahl – können in ihrer religiösen Stellung mit Christus verglichen werden. Sie haben das Recht auf ewige Ruhe erworben, das Recht, dem immerwährenden Zyklus der Wiedergeburt in irdische Sorgen und Leiden zu entfliehen. Aber sie verzichten auf diese ersehnte Gelegenheit und kehren zur Erde zurück. Diesen höchsten Akt der Selbstaufopferung vollziehen sie für alle Zeiten, für den unendlichen Kreislauf der Wiedergeburten, um anderen Seelen auf ihrem Weg ins Nirwana helfen zu können, auf das sie selbst verzichtet haben. Stirbt ein Lebender Buddha – oder vielmehr der Körper, der zur Zeit seines Todes zufällig der Träger seiner Seele ist –, geht diese in den Körper eines Kindes über und tut ihre Wiedergeburt in verschiedenen festgelegten Anzeichen kund.

Der höchste Glaubensrichter des Lamaismus ist der Galdan Dzeba[1], ein Meister der metaphysischen Philosophie, der auf dem Thron des Klosters Galdan sitzt. Ihn fragte ich, was ein durchschnittlicher Anhänger des Lamaismus tun muß, um den irdischen Anfechtungen und der Vergeltung während der Seelenwanderung zu entgehen und dem Nirwana einen Schritt näher zu kommen. Er antwortete, ein gewöhnlicher Mensch müsse folgende Gebote beachten:

Bete, und sei es kurz, so oft wie möglich.

Vertraue allen Göttern bedingungslos.

Ehre die Bücher des Glaubens, zerreiße sie nicht und befolge ihre Lehren.

Glaube an die Mönche und ehre sie als die Diener der Religion.

Liebe deine Nächsten und hilf ihnen, besonders den Armen.

Hilf den Mönchen und unterstütze die Klöster.

Töte oder verwunde nie ein lebendes Wesen, selbst eine Fliege nicht.

Füge niemandem etwas Böses zu.

Begegne dem Bösen nicht mit Gewalt.

Trachte nicht nach Vergeltung.

»Die schwerste Sünden sind: Vater, Mutter, einen *gedschu* oder einen anderen Mönch töten, Zwietracht zwischen den Klöstern säen und die Gesetze der Götter verletzen.«

Nach vielen Fragen bekam ich heraus, daß mindestens ein Viertel aller männlichen Bewohner in den Klöstern lebt. Wenn eine Familie drei Söhne hat, bestimmt aber wenn sie vier hat, geht einer in ein Kloster. Die meisten treten mit acht Jahren, manche aber auch schon mit vier ein, Klöster gibt es überall, aber nur wenige sind große Priesterschulen, wie etwa die drei großen Klöster in Lhasa, in denen bis zu zehntausend Mönche leben. Die Mehrzahl sind kleine örtliche Klöster der verschiedenen Sekten mit einem Dutzend oder hundert Insassen[2]. Alle besitzen Land und treiben Handel.

Ihr Land wird von Leibeigenen bestellt, die an den Grund und Boden der Klöster gebunden sind. Leibeigene Aufseher oder Inspektoren verwalten es. Außer den Einnahmen aus der Land- und Viehwirtschaft, die zum Unterhalt des Klosters, der Mönche und für die Butterlampen verwendet werden, bekommen die höheren Mönche dafür, daß sie bei Hochzeiten, Geburten, Sterbefällen, Festlichkeiten und Krankheiten amtieren, Geld- und Sachgeschenke. Es gibt wohl kaum einen Tibeter, der nicht einen Mönch unter seinen nahen Verwandten hat und sich durch ihn um freundschaftliche und nützliche Beziehungen zum Kloster bereichert fühlt. So entstand eine enge Verbindung zwischen den Klöstern und der übrigen Bevölkerung, die ihrerseits die Klöster als Sprungbrett betrachtet, denn ein Mönch ist für seine Angehörigen nur Mittel zum Zweck, es in diesem Leben zu etwas zu bringen und mit Zuversicht auf die kommenden Leben blicken zu können. Die Seele eines Buddhas kann theoretisch in den Körper eines jeden Kindes eingehen, und sei es noch so niederen Standes. Eine solche Reinkarnation würde natürlich die ganze Familie erhöhen. Tatsächlich werden die Dalai-Lamas und Pantschen-Lamas immer in einfachen Verhältnissen wiedergeboren; ihre Familien werden selbstverständlich sofort geadelt und kommen zu Reichtum.

Innerhalb und außerhalb der Klöster zählt nur die Wohlhabenheit, denn sie ist auf jeden Fall ein Beweis für Frömmigkeit in früheren Leben. Gutsituierte Familien besitzen in den Klöstern eigene Häuser, die von Generation zu Generation weitervererbt werden. Wohlhabende Klosterinsassen lassen sich ihr eigenes Essen kochen, verrichten keine körperliche Arbeit, ihr Aufstieg ist von Anfang an gesichert. Eine Karriere in der Klosterhierarchie setzt enorme Studien voraus, denn die Lehrtexte müssen auswendig gelernt werden. Die überwiegende Mehrheit der Mönche kommt aus armen Familien. Zwar können auch von ihnen einige lesen und schreiben und somit vorwärtskommen, aber den meisten bleibt nur ein Leben als Diener, Wasserträger, Klosterarbeiter und Bediensteter der höheren Mönche. Trotz allem sind die Klöster für die Kinder der Bauern oder Hirten die einzige Hoffnung auf ein besseres Leben, weil eben jeder Mönch über den Laien steht.

Die Klöster sind seit Jahrhunderten die Schatzkammer Tibets. In sie flossen alles Gold und alle Kostbarkeiten, alle künstlerischen und alle materiellen Schätze des Landes. Gemessen an diesen ungenutzten riesigen Werten, ist der reichste Adlige ein Bettler, ja, im Interesse seiner künftigen Existenz, wird er auf dem Sterbebett einen Großteil seines erworbenen Besitzes den Klöstern vermachen. Diese horten und horten Werte, die keinen praktischen Nutzen haben, mit Ausnahme der Ländereien, die aus Vermächtnissen, Schenkungen und Schulddeckungen einkommen. Quelle ihrer Einnahmen sind die Pachten für die größten Besitzungen in Tibet, das Handelseinkommen, der Geldverleih und die Schenkungen.

Ein Teil dieser Mittel wird vor allem für die meistens nicht allzu schlechte Verpflegung der armen Mönche verwendet. Das ist aber auch ihre einzige fleischliche Befriedigung, denn die Klosterinsassen dürfen weder heiraten noch trinken, noch rauchen. Schnupfen ist nicht verboten, und Mönche, die es sich leisten können, machen regen Gebrauch davon. Da man aber erkannt hat, daß damit auch Nikotin vom Körper aufgenommen wird, muß zur Vermeidung der Sünde dem Schnupftabak mindestens die gleiche Menge Weihrauchasche zugefügt werden. Wenn ein Tibeter eine recht beträchtliche Prise vom Daumennagel genommen hat, atmet er unmittelbar darauf die weiße Asche wie Tabakrauch durch den Mund wieder aus. Ob das ihren Lungen schadet, danach fragen sie nicht.

So sehr ich mich bemühte, ein genaues Bild vom wahren Einfluß des Lamaismus auf die nicht in Klöstern lebende Bevölkerung erhielt ich nicht. Man sagte mir, daß fünfundneunzig Prozent der Tibeter an den Lamaismus glauben. Es gibt darüber keine Statistiken, doch traf ich nicht einen Landesbewohner, der Zweifel am Glauben geäußert hätte, ja selbst in der ärmlichsten Behausung fehlt nur selten irgendein Schrein, und wohl jeder besitzt einen Rosenkranz.

Viele Laien beten täglich mehrere Stunden. In Lhasa gibt es Menschen, die jeden Tag den acht Kilometer langen heiligen Ring umwandern. Die heiligen Worte »*Om mani padme hum*« findet man überall. In der Nähe des Dschokhang-Tempels sah ich eine mit dieser Formel über und über bedeckte Mauer, vor der eine Frau abwechselnd ihren Rosenkranz herunterbetete und dann wieder Fleisch verkaufte, ein zwar vom Glauben verbotenes, jedoch immer wieder gern betriebenes Geschäft. Die Pilger waren meist alte Leute, für die Seelenwanderung allmählich aktuell wurde.

Glücklicherweise blieb mein Bild nicht ganz einseitig, denn ich begegnete mehreren ehemaligen Mönchen und unterhielt mich auch mit ihnen.

Tseren, ein Student am Institut der Nationalen Minderheiten in Tschöngtu, war früher ein armer Mönch gewesen, fortgelaufen und eine Weile hausieren gegangen. Zu einer Zeit, da er noch zu jung war, die Ursachen zu verstehen, hatte sein Vater eine Auseinandersetzung mit seinem Herrn gehabt und das Recht verwirkt, sein Land zu bearbeiten. Daraufhin verließ der Vater seine Frau und ging nach Lhasa.

Die Mutter hatte sechs Söhne und zwei Töchter zu versorgen, besaß aber kein Land. Als sie ein Stück pachten konnte, wurden der achtjährige Tseren und zwei jüngere Brüder ins

Kloster gegeben, die drei arbeitsfähigen älteren Jungen wurden zu Hause behalten.

»Mönch zu werden ist nicht schwer. Mutter spendete für uns ein *khadag* – eine Seidenschärpe für festliche Anlässe –, eine Kupfermünze und eine Teekanne voll Sahnekäse.« Tseren sprach bereits ausgezeichnet Chinesisch, und auch in seinem Äußeren mischte sich Altes mit Neuem: Seine gute Wollkleidung ließ die eine Schulter wie üblich frei, aber in der Brusttasche seines Schanghaier Hemds steckten zwei Füllfederhalter. Ich weiß nicht, ob er sein Haar lang trug, denn er nahm den breitrandigen Gurkhahut während unserer Unterhaltung nicht ab. Übrigens sollte man Tibeter nie darum bitten, es zu tun.

»Mein Herr war ein hoher Mönchsbeamter aus adliger Familie, der riesige Ländereien und so viel Vieh besaß, daß man es nicht zählen konnte. Wie ich hörte, gehörten ihm fünfzig Dörfer mit zehntausend Familien.«

Ich glaube Tseren wußte nicht einmal genau, in welcher Beziehung sein Herr zum Drepung-Kloster – einem der drei großen Klöster Lhasas – stand. Soviel ich seinen Worten entnehmen konnte, war er wohl verantwortlich für den Warenein- und -ausgang im größten Kloster der Welt. Er besaß zwei Häuser in Lhasa und eins im acht Kilometer entfernten Drepung.

»Ich war einer seiner etwa dreißig Diener. Wir wurden Schüler genannt, und manchmal brachte er uns tatsächlich etwas bei. Aber die meiste Zeit mußten wir körperlich arbeiten. Als ich vierundzwanzig war, kannte ich das Alphabet erst zur Hälfte, siebzehn Buchstaben. Entsprechend unseren Fähigkeiten im Lesen und Schreiben gab es höhere und niedere Diener unter uns. Ich war einer der geringsten, und zu meinen Obliegenheiten gehörten Wassertragen, Botengänge, das Zubereiten von *tsamba*, Scheuern von Fußböden und ähnliches. Machten wir etwas falsch, war uns eine Tracht Prügel sicher.«

Eines Tages begab sich sein Herr auf eine lange Geschäftsreise nach Tschinghai. Hatte früher, als der Herr zu Hause war, das Essen immer gereicht, wurden jetzt die vom Kloster ausgegebenen Rationen immer kleiner. Tseren suchte daher seinen Vater in der Stadt auf und half ihm beim Kleinhandel. Da sein Name auf der Liste stand, konnte er sich weiterhin seine Verpflegung im Kloster abholen; denn er war ja nicht diesem, sondern seinem Herrn verpflichtet.

»Natürlich mußte ich noch immer wie ein Mönch leben, ohne Wein, ohne Frauen.«

Als Tserens Vater wieder heiratete, änderten sich die Verhältnisse. Zwar war er nach tibetischen Maßstäben schon alt, aber in diesem Lande sieht man häufig junge Frauen, die mit alten Männern verheiratet sind, denn es fehlen ja die vielen Klosterinsassen. Die neue Frau behandelte Tseren sehr schlecht, und er mußte das Haus verlassen. Da er sich aber gerade in ein Mädchen namens Lodscho verliebt hatte, beschloß er, das Klosterleben aufzugeben.

»Ich mußte fort. Geld hatte ich nicht, um die Angelegenheit aus der Welt schaffen zu können, und das Kloster verlassen und trotzdem in Lhasa bleiben, wäre unmöglich gewesen; man hätte mich einfach zurückgeholt und mir zweihundert Peitschenhiebe übergezogen. Deshalb zogen Lodscho und ich in die Weidegebiete am Schwarzen Fluß nördlich von Lhasa und verdienten uns unseren Lebensunterhalt durch Kleinhandel mit Tabak, Schnupftabak und Zucker.«

Hier trafen Tseren und Lodscho auf die Volksbefreiungsarmee. Die Soldaten erzählten von den Veränderungen in China und fanden in den beiden, die sich nur mühsam durchs Leben schlugen, aufmerksame Zuhörer. Aus Angst, seine Stiefmutter, die nicht älter war als seine Frau, könnte ihn denunzieren, wagte sich Tseren nicht nach Lhasa zurück. »Was sollte ich tun?« sagte er. »Ich vertraute den Soldaten, die so begeistert vom Neuen in China sprachen. Ich mußte ihnen einfach glauben. Lodscho und ich waren jung und konnten noch lernen. Tibet würde in der besseren Zukunft, von der die Soldaten der Volksbefreiungsarmee erzählten, gebildete Menschen brauchen. Wir besprachen die Angelegenheit und bewarben uns zum Studium am Institut in Tschöngtu. Wir lernen Tibetisch, Chinesisch und Mathematik.« Tseren stellt mir Lodscho vor, ein kleines, kräftiges Mädchen mit ausgearbeiteten Händen. Sie trug jetzt Kleider, wie sie sich sonst nur die Adligen in Lhasa erlauben können.

Ohne im geringsten verlegen zu werden, erzählte Tseren, daß es als Schande gilt, wenn ein Mönch ins bürgerliche Leben zurückkehrt.

Ein anderer junger ehemaliger Mönch war Thuden Wangdui. Als er mit elf Jahren ins Kloster kam, hatte er schon einige Annehmlichkeiten des Lebens, zumindest die Freuden der Jagd und die Ungebundenheit der Jugend, kennengelernt. Seine Familie konnte es sich leisten, zwanzig Silberdollar im Jahr zu seinem Unterhalt beizusteuern und selbst erntete er etwas auf zwei Stückchen eigenem Land. Er durfte im Kloster, dem etwa hundert Mönche und zwei Lebende Buddhas als Äbte angehörten, auch im Zimmer seiner Familie wohnen.

»Einer dieser Lebenden Buddhas war Arzt und Geldverleiher. Er war sehr unbeliebt, und viele mußten für ihn *ula* leisten. Einmal ließ er meinen Vater auspeitschen, weil er seine Schulden nicht bezahlt hatte«, berichtete der junge Thuden.

»Aber wie war das möglich?« fragte ich. »Ein Lebender Buddha ist doch die Reinkarnation eines Buddhas, also ein guter Mensch.«

Er durchdachte meine Frage sorgfältig und antwortete langsam, ja vorsichtig: »Mitunter sagen die Leute, daß einige Lebende Buddhas nicht richtig ausgesucht werden. Manchmal handeln die Adelsfamilien des Ortes und die hohen Mönche in egoistischer Absicht aus, wo ein Lebender Buddha gefunden werden soll. Natürlich«, fügte er schnell hinzu, »handelt es sich dabei um die kleineren Lebenden Buddhas. Menschen, die solches tun, sind schlecht.«

Thuden war ein Dienermönch gewesen, hatte aber etwas Zeit zum Lernen gehabt, weil seine Familie eine gewisse soziale Stellung hatte und das Kloster nicht für seinen Lebensunterhalt aufkommen mußte. »Jede Seite der Lehrtexte mußte laut gelesen werden, und wenn wir es schlecht machten, wurden wir geschlagen, bis wir bluteten. Auch hängt man uns, die

Arme auf dem Rücken, an den Handgelenken auf.« Zur Erläuterung nahm Thuden die Arme nach hinten.

Ein Mönch darf wohl seinen Acker bestellen, ihn aber nicht umgraben oder pflügen. Thuden sagte, dies müßten die Pächter besorgen. »Ein armer Mönch kann seinen Landbesitz nicht vergrößern oder sich einen schaffen, denn er selbst darf kein Brachland bearbeiten, und es von anderen umpflügen zu lassen, kann er sich nicht leisten.« Rechnete Thuden alles ab, brachten ihm die eigenen Stückchen Land nur wenig ein, aber er hatte wenigstens zu essen und konnte einige Erzeugnisse gegen Fleisch, Butter und Tee einhandeln. Er konnte das Kloster nur deshalb verlassen, weil seine Familie dort ein Stück Land und ein Haus hatte. Bedingung war aber, daß dieser Besitz an das Kloster überging; außerdem mußte er seinem Bruder helfen, eine Schuld von vierzig Jaks zu tilgen, die diesem auf einem Transport umgekommen waren, für den er verantwortlich gewesen war.

»Wenn man nicht ein gewisses Vermögen hat, ist es ziemlich schwer, vom Kloster loszukommen«, erklärte Thuden. »Mein Kloster war nur klein, aber acht berittene Wachen standen bereit, Flüchtlinge zu verfolgen. Wurde ein Ausreißer wieder eingefangen, stand es böse um ihn. Er mußte damit rechnen, derart verprügelt zu werden, daß ihm die Haut aufplatzte. Eine Flucht war zu riskant. Am meisten Angst hatten die Klöster aber wohl, daß ein erfolgreicher Ausbruch zur Nachahmung reizen würde. Deshalb machten sie einem die Flucht so schwer.«

Thuden hatte in Tschöngtu bereits sein Examen abgelegt und beschäftigte sich nun mit dem Studium der chinesischen Verfassung, mit der tibetischen und der Han-Sprache.

Den dritten ehemaligen Geistlichen traf ich Lhasa. Er unterschied sich im wesentlichen von den beiden anderen: Er war wohlhabend und adliger Herkunft, er war ein Lebender Buddha. Bereits in Tschöngtu hatte ich seine Tochter Dschoma Budsche kennengelernt, jene junge Frau, die so bald wie möglich in einer tibetischen Fabrik arbeiten wollte. Ich war natürlich neugierig zu erfahren, wie ein Lebender Buddha, von dem doch angenommen wird, er habe weltliche Versuchungen für immer überwunden, heiraten und eine Familie gründen durfte.

Der Lebende Buddha Dzadzu – so wird er immer noch genannt – empfing mich freundlich und freute sich zu hören, daß ich mit seiner Tochter gesprochen hatte, die zweieinhalbtausend Kilometer entfernt lebte. Er trug die Kleidung eines hohen Mönchs, und auch sein Haar war kurz geschoren. Aus seinem tiefzerfurchten Gesicht strahlten mich kluge, fröhliche Augen an.

Er schien meinen Seitenblick auf sein Mönchsgewand bemerkt zu haben, als ich von seiner Tochter sprach, und kam gleich zu Sache: »Den Titel ›Lebender Buddha‹ gaben mir andere. Ich habe ihn nicht gewählt«, sagte er. »Ich glaube, in meinem Fall ist da ein Irrtum unterlaufen. Aber da ich nun einmal ein Lebender Buddha war, lernte ich, weil fundiertes Wissen beweist, daß jemand ein Lebender Buddha ist.«

Ich erwiderte nichts, und er fuhr fort: »Ich hege keinen Zweifel an der Inkarnation des Dalai-Lamas und des Pantschen-Lamas, aber in einigen anderen Fällen wurden die Wiedergeburten nicht richtig erkannt.«

In meiner Familie beteten die Mönche und sagten, daß es in meiner Familie einen Lebenden Buddha geben werde. Das war zu einfach. Ich komme aus adliger Familie, und für solche ist es nicht schwer, Lebende Buddhas zu bekommen.

Dzadzu war Privatsekretär des verstorbenen Dreizehnten Dalai-Lamas gewesen und hatte viele Aufträge für ihn erledigt. Im Alter von vierundfünfzig Jahren verliebte er sich. Er bat den Dalai-Lama um die Erlaubnis, heiraten zu dürfen, und sein Wunsch wurde ihm erfüllt. Der fast Achtzigjährige ist noch sehr rührig. Als ehemaliger Lebender Buddha, der das Nirwana erreicht hatte und dem für immer die Versuchungen des Fleisches erlassen waren, kann er sich nicht mehr an die Lebensweise eines Laien gewöhnen. Deshalb trägt er weiterhin die Gewänder eines Fleischgewordenen. Er ist ein verzwicktes theologisches Problem. Zur Zeit arbeitet er an einem neuen tibetischen Wörterbuch und bildet neue Begriffe für den Fall, daß ein alter den modernen Ansprüchen nicht gerecht wird.

Aus naheliegenden Gründen ist es nicht leicht, ehemalige Mönche kennenzulernen, obwohl es viele gibt. Die Tibeter begegnen ihnen mit finsteren Blicken, so daß sie gewöhnlich dort hingehen, wo sie niemand kennt. Leuten, die Geld und Land haben, fällt es leichter, aus einem Kloster auszutreten. Die Armen müssen aber nicht nur bedenken, daß sie eine Tat begehen, für die sie im nächsten Leben schwer büßen müssen, sondern daß sie sich damit auch von ihren Familien lossagen, die ebenfalls zur Verantwortung gezogen werden.

Die meisten Laien, die ich traf, meinten, die Mönche würden lieber heiraten und das Kloster verlassen, wenn es nach ihnen ginge. Aber diese Möglichkeit erscheint dem Durchschnittstibeter unerreichbar und unmöglich.

1 Der Titel Galdan Dzeba wird dem Mönch verliehen, dessen religiöses Wissen ihn dazu berechtigt, den Sitz Tsongkhabas, des Gründers der Gelben Sekte, einzunehmen. Er nimmt dieses Amt sieben Jahre wahr, und zu Neujahr muß sich selbst der Dalai-Lama vor ihm verbeugen. Die Nachfolgerprüfung findet unter Vorsitz des Dalai-Lamas, des Pantschen-Lamas und des Mönches statt, der den Platz wieder räumt.

2 In Tibet gibt es folgende lamaistische Sekten:
Gelugba, die Gelbe Sekte, die vom Reformator Tsongkhaba (1357–1419) gegründet wurde. Die Anhänger dieser Sekte tragen gelbe Kopfbedeckungen, die aller anderen rote.
Saskyaba, die Rote Sekte; sie soll, greifbaren Aufzeichnungen zufolge, mit Atischa aus Indien gekommen sein und die vollständigsten buddhistischen Lehrtexte der Welt besitzen.
Kargyuba, die Weiße Sekte, von Marba, der zum Studium nach Indien ging, gegründet.
Die Weißen Bonpo gelten als Angehörige der lamaistischen Sekten – aber die Schwarzen Bonpo, über die ich wenig in Erfahrung bringen konnte, stehen aus religiösen oder sozialen Motiven dem Lamaismus feindlich gegenüber. Einen ihrer Anhänger zu treffen ist schwer, weil sie bis vor kurzem stark unterdrückt wurde und ihren Mitgliedern sogar die Todesstrafe drohte.
Galdan Dzeba sagte mir: »Alle religiösen Sekten sind gut. Ich kann über die anderen nicht urteilen, weil ich der Gelben Sekte angehöre. Die Schwarze-Bon-Religion bestand schon vor der Zeit Srongtsan-gambos, und wir wissen wenig über sie. Ihre Glaubensregeln sind unseren entgegengesetzt, und manchmal hatten wir Kontroversen mit ihnen.«
Die Schwarze-Bon-Religion scheint von den orthodoxen lamaistischen Sekten etwa so eingeschätzt zu werden wie die Hexerei früher in Europa.

Rechte und Ehe

Das Bündnis zwischen Mönchen und Adligen – Die drei großen Klöster Lhasas – Wer hat die Macht? – Kloster und Burg – Tibetisches Recht – Keiner will für den Tod des Hingerichteten verantwortlich sein – Die Gefahren einer gerichtlichen Klage – Ehe, Vielmännerei, Vielweiberei und Scheidung – Die Braut muß weinen

Es ist einer der scheinbaren Widersprüche in Tibet, daß trotz der starken Bemühungen, die Herrschaft des geistlich-weltlichen Adels aufrechtzuerhalten, gleiche Mühen aufgewandt werden, die Wiedergeburt der Seelen des Dalai-Lamas und des Pantschen-Lamas in den Körpern von Kindern aus niederem Stande und nicht aus adligen Familien erfolgen zu lassen. In Wirklichkeit soll damit aber nur verhindert werden, daß eine einzige weltliche Adelsfamilie den Titel an sich reißt und eine Erbfolge errichtet. Die jetzige Form sichert immer noch am besten die ständige Vorherrschaft der Klöster.

Die Klöster brauchen aber den weltlichen Adel, denn das oberste Gesetz der Gelben Sekte, das Zölibat, auf dem ihr Zusammenhang weitgehend beruht, schließt die Erblichkeit höherer Ämter in der Regierung und den Klöstern aus. Der Adel bildet also eine ständige Reserve für die Klöster. Die geadelten Familien der Dalai-Lamas und gelegentlich auch reiche Kaufleute stärken immer wieder seine Reihen. In diesem eigentümlichen Bündnis des geistlichen und weltlichen Adels, die voneinander abhängig sind, spielt die Kirche die entscheidende Rolle. Da nur in den Klöstern kräftige Männer in größerer Anzahl zusammengefaßt sind, wurden sie seit der Vorherrschaft der Gelben Sekte niemals bedroht. Sobald ein neuer Dalai-Lama entdeckt ist, wird sein Vater zum Herzog ernannt, und alle Angehörigen seiner Familie werden in den Adelsstand erhoben. Nebenbei bemerkt, ein neuer Dalai-Lama muß nicht in der Todesstunde seines Vorgängers geboren werden. Theoretisch verläßt der Dalai-Lama seinen Körper, wenn es ihm beliebt; denn er muß nicht sterben. Wenn er nach dem »Ehrenfeld« aufbricht, weil er über die Sünden der Menschen erzürnt ist, kann es sein, daß er dort eine Zeit verweilen möchte, bevor er zur Erde zurückkehrt.

Für die Zeit zwischen dem Tode eines Dalai-Lamas und der Ordination des nächsten im Alter von achtzehn Jahren muß ein Regent eingesetzt werden. Bevor das neue Oberhaupt des Lamaismus in sein Amt eingeführt wird, darf es eine Woche lang nur Wasser zu sich nehmen. Das ist eine kritische Zeit für die Dalai-Lamas. Nur der Große Fünfte, der Siebente, Neunte und Dreizehnte erreichten ein normales Alter.

Die drei wichtigsten Klöster der Gelben Sekte sind das Reishaufen-Kloster, das Rosenhecken-Kloster und das Freudvolle Kloster (Drepung, Sera und Galdan). Sie sind so mächtig, daß die Mandschu-Dynastie ihre Mitgliederzahl auf 7700 für Drepung, 5500 für Sera und 3300 für Galdan beschränkte.

Gegenwärtig schätzt man, daß etwa 20.000 Mönche in den drei großen Klöstern Lhasas leben; das ist die Hälfte der Einwohner Lhasas.

Diese Klöster genießen hohes Ansehen und besitzen eine ungeheure Macht. Aus ihnen gehen die meisten Mönchsbeamten hervor, und sie gelten auch als die höchsten Bildungsstätten, an denen Lebende Buddhas und die Dalai-Lamas studieren. Die Meinung der hohen Beamten dieser drei Klöster ist schon seit langem für die Politik Tibets ausschlaggebend.

Das auf der Verbindung zwischen den Klöstern und dem Adel beruhende Regierungssystem ist einfach. Ui, das größte Gebiet Tibets, untersteht dem Dalai-Lama; es ist in 109 *dzongs* oder Kreise unterteilt. Seine Regierung wird als Tibetische Örtliche Regierung bezeichnet. An dem von der Mandschu-Dynastie geschaffenen System hat sich nur wenig geändert.

Dem Dalai-Lama als Oberhaupt der Regierung unterstehen zwei regierende Körperschaften, eine rein klerikale und eine aus Laien und Geistlichen zusammengesetzte, der Kaschag.

Diesem gehörten früher vier Kalons an, von denen einer ein Mönch war. Er wurde inzwischen um einen Mönch und einen Adligen erweitert. Dieses »Kabinett« ist den Ämtern für Steuern, Ländereien, Schulden, Getreide, Bauwesen und Finanzen übergeordnet. Nach außen stellt es das höchste Verwaltungsorgan dar.[1]

Die andere Körperschaft, die direkt dem Dalai-Lama untersteht, ist die als Yik-tsang (Nest der Dokumente) bekannte Kanzlei. Sie repräsentiert die geistliche Macht und hat kein weltliches Mitglied. Jede Ernennung eines Mönchs muß von ihr genehmigt werden, denn jeder höhere Posten muß mit einem Mönch und einem adligen Laien besetzt sein, wobei der Kleriker Chef und der Adlige sein Stellvertreter ist. Das in der Kanzlei bewahrte Siegel des Dalai-Lamas, das auf keinem wichtigen Dokument fehlen darf, ist das Zeichen höchster Macht dieser dem Dalai-Lama direkt unterstehenden Vertretung der Kirche. Der Dalai-Lama ist der höchste Beamte und Vorsitzende des Kaschag und der Kanzlei; er kann über unumschränkte Macht verfügen, wenn er die Fähigkeit und die Energie besitzt, sie auch zu nutzen.

Die meisten Mönchsbeamten sind junge Adlige, die in ein Kloster eintreten und dort eine Spezialausbildung für den Verwaltungsdienst erhalten. Die sehr geringe Anzahl von Mönchsbeamten niederer Herkunft hat sich nur durch Können emporgearbeitet. Von diesen Ausnahmen abgesehen, sind Nichtadlige von allen Regierungsämtern, ausgenommen den allerniedrigsten, ausgeschlossen. Offiziere, vom Regimentskommandeur aufwärts, müssen ebenfalls dem Adel angehören.

In Tibet gibt es faktisch keine starke Zentralgewalt. Die breiten Bevölkerungsschichten der Bauern und Hirten unterstehen ihren jeweiligen Herren – einem Kloster, der Verwaltung oder einem Adligen –, die zugleich alleinige Besitzer von Land und Herden sind. Was auf höherer Ebene die enge Verbindung zwischen Geistlichkeit und Adel, ist auf niederer die zwischen Kloster und *dzong* oder Burg. Meistens steht ein *dzong* inmitten einer fruchtbaren Ebene auf einem felsigen Hügel, an dessen Fuß sich das Kloster anschmiegt. In solchen Burgen residieren die *dzongpons,* normalerweise ein Mönch und ein Laie. Sie verwalten den Grundbesitz der Regierung in einem Gebiet von der Größe eines Kreises und fungieren als Richter und Steuereinnehmer. Ihrer Gerichtsbarkeit unterstehen allerdings nicht die Klöster und der Adel. Die Beamtengehälter sind sehr niedrig, doch die Gelegenheiten, aus solchen Posten Profit zu schlagen, sind mannigfaltig.

Mehr als an allen anderen Bauwerken kann man an den großen, steinernen Festungen der *dzongpons* die charakteristischen Merkmale der tibetischen Architektur erkennen: nach innen geneigte Linien, quadratische Zinnen und eine Abneigung gegen formale Symmetrie, die sich wohl aus der Anpassung an die Berge der Umgebung ergab. Selbst der Potala ist einer viel älteren und fast genauso prächtigen Burg nachgebaut, die sich in der Nähe des Pantschen-Lama-Sitzes erhebt. Ursprünglich hatten diese Bauten dieselbe Funktion wie die Burgen in Europa: Sie waren ein Zufluchtsort für Menschen und Vieh der ganzen Gemeinde und konnten einer Belagerung standhalten.

In Tibet gab es für eine Zentralregierung nie viel zu tun. Kein Meter Landstraße brauchte unterhalten zu werden, kein Krankenhaus und keine sonstige soziale Einrichtung. Die Beamten achteten selbst darauf, daß sie bei ihrem Dienst nicht zu kurz kamen. Das Recht beruhte auf Gewohnheiten und war in seiner Anwendung nicht kostspielig. Die Menschen wurden von ihrem Herrn – einem Kloster, Adligen oder Beamten – bestraft. Fälle, für die diese Organe nicht zuständig waren, erledigte der *dzongpon.* Nichtadlige Mönche, die sich kleiner Vergehen schuldig gemacht hatten, wurden meistens im Kloster ausgepeitscht. Handelte es sich um ein schwerwiegendes Vergehen, so wurden sie ihrer Priesterwürde entkleidet und dem weltlichen Richter übergeben. Höhere Mönche waren ausschließlich der Kanzlei verantwortlich und Adlige nur dem Kaschag.

Das Gebäude, das gleichzeitig Lhasas Gericht, Gefängnis

und Rathaus ist, schließt sich mit einigen anderen unmittelbar an den Tempel an. Als ich beim Mebon Gorkar, dem obersten Richter und Bürgermeister der Stadt, vorsprach, waren verschiedene Zeichen, darunter ein Hakenkreuz, in den Staub vor dem Eingang gemalt. Sie sollten die Götter günstig stimmen und meinen Eingang segnen, erklärte mir der Mebon. Er trug zu meinem Empfang einen roten Mantel, einen blauen Talar und den gelben, einer Untertasse ähnlichen Hut eines weltlichen Beamten fünften Ranges. Wir unterhielten uns im Gerichtssaal; der Mebon saß im Schneidersitz auf einem Diwan, ich an einem weißen Emailletisch, der eigentlich in einen Operationssaal gehörte, aber auf einem Jak nach Lhasa gebracht worden war. Die Wände waren mit Memoranden, Urteilen, vergilbten Briefen und gesiegelten Dokumenten tapeziert. Etwa zwanzig Dokumentenrollen aus Stoff hingen an den Pfeilern: Sie waren das ganze Gerichtsarchiv. Außerdem sah ich große eiserne Schlösser und Ketten herumliegen. Mir gegenüber, aber tiefer, saß mit gekreuzten Beinen der Gerichtsdiener und nahm von Zeit zu Zeit eine große Prise Schnupftabak.

Gorkar Mebon berichtete, daß in Lhasa nur sehr wenige, meistens geringfügige Delikte vorkämen. Dann erzählte er eine höchst verwickelte Geschichte von einem Gastwirt, der sich zum Kauf von Alkohol Geld geborgt hatte und seine Schuld nicht bezahlte. Die Personen tauchten darin auf und verschwanden plötzlich wieder wie in einem der ersten Filme: ein Mann aus Amdo, der den Schuldner ruinieren wollte, und ein Kaufmann aus Nepal, der ihm vorher Geld geliehen hatte. Eines Abends kam schließlich der Hauptgläubiger und konfiszierte die Einrichtung. Er behauptete, der Eigentümer habe gesagt, er könne sie nehmen, was dieser wiederum abstritt. Etwas verwirrt, erkundigte ich mich nach dem Schiedsspruch des Gerichts. Der Mebon rief sich die Einzelheiten ins Gedächtnis zurück und lächelte mich mit großen Augen weise an. »Ich entschied folgendermaßen: Einerseits war der Verlust, der dem Eigentümer durch den zweiwöchigen Entzug seiner Einrichtung entstanden war, beträchtlich. Auf der anderen Seite hatte der Gläubiger sein Geld nicht bekommen. Darum sollte dieser die Einrichtung zurückgeben und der Gastwirt zweihundert Silberdollar weniger zahlen, als er sich geliehen hatte.«

Ich fragte, was daraus geworden sei. Die Einrichtung sei zurückgegeben worden, doch der Gastwirt hätte seine Schulden noch nicht bezahlt. Daraufhin ließ man die Angelegenheit ruhen.

Seine nächsten Beispiele erinnerten mich daran, daß mein Urgroßvater gesehen hatte, wie ein Mann wegen Schafdiebstahls gehenkt wurde. In Lhasa gab es ein paar Jugendliche, eine Art mittelalterliche Taugenichtse, die kleinere Diebereien und Taschendiebstähle begingen. Bei einer Razzia wurden zwanzig junge Kerle aufgegriffen und vor den Mebon geführt. Als sie gestanden hatten, erhielt jeder erst einmal zweihundert Peitschenhiebe, und dann wurden sie zur Zwangsarbeit auf Regierungsland in verschiedene Gegenden geschickt, wo sie unter Aufsicht standen. Einige wurden von Grundbesitzern übernommen. Die Urteile galten auf Lebenszeit.

Der Mebon schilderte auch einen Fall von fahrlässiger Tötung: Ein Händler überließ seinen Verkaufsstand für einige Minuten einem Kollegen, weil er etwas erledigen wollte. Als er fort war, nahm sein Vertreter ein zum Verkauf ausgestelltes Gewehr, zielte aus Spaß auf einen Freund und drückte ab. Ein Schuß löste sich, und der Freund wurde getötet. Auch die Witwe des Toten bestätigte, daß das Unglück aus Zufall geschehen war. Da aber der Schuldige in grober Fahrlässigkeit versäumt hatte, sich zu vergewissern, ob das Gewehr geladen war, lautete das Urteil: lebenslängliche Verbannung, hundert Peitschenhiebe und Zahlung von fünfundzwanzig Silberdollar als Entschädigung für die Witwe. Auch der Standinhaber, der es unterlassen hatte, seinen Kollegen darauf hinzuweisen, daß das Gewehr geladen war, wurde für schuldig befunden. Er wurde zwar nicht verbannt, erhielt aber achtzig Peitschenhiebe.

Wie mir der Mebon sagte, werden in Tibet schon seit einigen Jahren keine Todesurteile mehr gefällt, denn Töten verstößt gegen die Gesetze des Lamaismus. Aus diesem Grunde steht die Todesstrafe nur auf einige besonders abscheuliche Verbrechen wie zum Beispiel Mord an einem Mönch. Selbst bei der Vollstreckung des Todesurteils richtete man es so ein, daß niemand für den Tod des Delinquenten verantwortlich war: Der Verbrecher wurde in einen Abgrund gestürzt oder in Jakhaut eingenäht und in einen Fluß geworfen. Mildere Urteile waren das Abschlagen einer Hand oder beider Hände, eines Beines oder beider. Einer Infektion der Stümpfe versuchte man mit kochender Butter zu begegnen. »Es kommt jeweils auf den Fall an«, sagte der Mebon. »Nehmen wir zum Beispiel die schwere Peitsche dort: Wenn jemand dreihundert kräftige Hiebe damit übergezogen bekam, so konnte man fast mit Sicherheit annehmen, daß er starb.«

Die häufigsten Strafen sind die Auspeitschung, das *kang* (ein transportabler Pranger) und die Verbannung. Man kennt zwei Arten des *kang:* Lebenslänglich Verbannte tragen ständig einen kleinen hölzernen Kragen von etwa fünfundvierzig Zentimeter Durchmesser um den Hals; die zweite Form ist eine schwere hölzerne, neunzig mal neunzig Zentimeter große Halskrause, mit der sich der Verurteilte ein oder zwei Wochen lang frei bewegen darf. Wegen der Größe des Brettes, auf dem seine Schandtaten vermerkt werden, muß er von den anderen gefüttert werden. Wenn es ihm abgenommen worden ist, wird er ausgepeitscht und verbannt.

Eine Klage will in Tibet sehr bedacht sein. Bezichtigt man nämlich jemand eines Verbrechens und es erweist sich, daß der Angeklagte unschuldig ist, muß man eine Buße zahlen. Ist das Gericht gar der Auffassung, daß seitens des Klägers Böswilligkeit vorliegt, wird dieser außerdem zu der Strafe verurteilt, die der Schuldige verdient hätte.

Der Nachweis eines Verbrechens muß vom Kläger erbracht werden. Wird ein Diebstahl begangen, so liegt es am Bestohlenen, den Schuldigen zu finden. Dann kann er sich an das Gericht wenden und hoffen, daß dieses den Dieb nicht für unschuldig erklärt.

Dem tibetischen Recht liegt heute noch die auf Srongtsan-gambo zurückgehende Gesetzessammlung »Zehn Übel, die ausgerottet werden müssen« zugrunde. Diese Übel sind Mord, Diebstahl, Ehebruch, Betrug, Zwietrachtsäen, Fluchen, Schwatzhaftigkeit, Bosheit, Verschwörung und Habgier. Zwar gibt es Gesetzbücher, aber ein tibetischer Adliger bemerkte mir gegenüber: »Einige *dzongpons* haben noch nie eins gesehen. Sie urteilen nur danach, wer am meisten zahlen kann.«

Ich wollte gern wissen, wie das Gesetz zur Vielehe oder zumindest zur Einehe steht, doch konnte mir weder der Mebon noch jemand anderes eine klare Antwort geben. Es scheint tatsächlich kein richtiges Ehegesetz in Tibet zu geben. In Adelskreisen hat die Macht der Gewohnheit mehr oder minder Gesetzescharakter. Die Sitten sind in den einzelnen Klassen und Gegenden sehr unterschiedlich.

In ganz Tibet findet man die Vielmännerei, wobei die Ehepartner der Frau immer Brüder sind, und die Vielweiberei mit mehreren Schwestern. Beide sollen verhindern, daß der Familienbesitz zerstreut wird. Die Vielehe der Männer findet sich fast ausnahmslos unter den Reichen. Sie hat nichts gemein mit den polygamen Ehen der Moslems oder mit den ehemaligen Zuständen in China. Eine wohlhabende Familie, die mehrere Töchter, aber keinen Sohn besitzt, kann einen Mann in den Haushalt aufnehmen, der dann der Gatte aller Töchter wird. Im Gegensatz dazu ist Vielmännerei häufig, besonders unter Hirten. Was auch immer ihr Ursprung gewesen sein mag, jetzt liegt ihr ein zwingendes ökonomisches Motiv zugrunde. Wenn man die Herden und Weiderechte aufteilte, bliebe nicht so viel übrig, daß mehrere Söhne je eine Frau ernähren könnten. Darum wird für den ältesten eine Frau gesucht, die seine jüngeren Brüder mit ihm teilen müssen, solange sie alle zusammen wohnen. Haben sie eines Tages Geld genug, die Familie zu verlassen und selbst zu heiraten, dann verlieren sie alle Rechte auf die Frau und auch auf die Kinder, die der Verbindung entsprungen sind. Als Vater aller Kinder gilt stets der älteste Bruder. In allen Fällen, die ich kennenlernte, schien man mit dieser Regelung zufrieden zu sein. Der älteste Sohn hat die größeren Rechte, er ist der Gebieter; der jüngste wird meist Mönch, einer zieht mit den Herden hinaus, ein anderer geht auf die Jagd, ein vierter auf den Markt und so fort. Nur in den seltensten Fällen sind sie für längere Zeit zusammen zu Haus. Da der Besitz in der Familie bleibt, ist die Frage der Vaterschaft ohne ökonomische Bedeutung.

Bauern und Hirten, die eine Frau heiraten wollen, die nicht demselben Herrn untersteht, brauchen eine Heiratserlaubnis. Solche Ehen bedeuten nämlich für den Eigentümer den Verlust einer Arbeitskraft und der aus dieser Ehe zu erwartenden Kinder. Dieser Punkt ist wichtig, da Tibet wohl fast alles besitzt, nur keine Arbeitskräfte. Der Lehnsherr des Bräutigams muß eine Entschädigung zahlen oder Ersatz für die ausfallende Arbeitskraft stellen. Weigert er sich, dann kann die Hochzeit nicht stattfinden. Die Hochzeiten der Bauern und Hirten sind eine vereinfachte Form der komplizierten Eheschließungen des Adels.

Wenn die Eltern eines adligen Mädchens glauben, einen geeigneten Mann für ihre Tochter gefunden zu haben, fragen sie als erstes die Mönche, ob eine Verbindung zwischen den beiden glücklich zu werden verspricht. Steht von deren Seite der Ehe nichts im Wege, verhandeln die Eltern des Mädchens mit denen des Mannes. Ist die finanzielle Seite geklärt, schicken die Eltern des Bräutigams den Schwiegereltern Geschenke, darunter das sogenannte »Milchgeld«, das eigens für die Mutter des Mädchens, die es nährte, bestimmt ist.

Werden diese Geschenke angenommen, so gilt die Heirat als abgemacht.

Am Morgen des Hochzeitstages holen die Freunde des Bräutigams, nicht er selbst, die Braut auf einer Stute, die schon gefohlt hat, heim. (Dieser Teil der Zeremonie entfällt allerdings für die Bauern und Hirten, denn es dürfen bekanntlich nur adlige Frauen reiten.) Damit ihr auf diesem Weg das Böse nichts anhaben kann, ist sie bis auf die Augen völlig verhüllt. Als erstes muß sie im Hause des Mannes Tränen vergießen, zum Zeichen, daß sie ihre Eltern, die sie nun verläßt, nicht geringschätzt.

Zum Empfang der Braut haben die Schwiegereltern »Geschenke« – Tee, Geld, Butter, *tsamba* und Tuch – aufgetürmt, auf die sie jetzt absteigt, falls die sie begleitenden Dienerinnen die Geschenke als standesgemäß betrachten. Ist das nicht der Fall, legt die Familie des Mannes noch etwas hinzu. Im allgemeinen werden sie zwar im voraus ausgehandelt, aber manchmal kommt es doch zu kleinen Betrügereien. Die Brauteltern nehmen an der Hochzeit nicht teil.

Auf dem ersten Treppenabsatz des Hauses überreicht die Schwiegermutter der jungen Frau ein Fäßchen mit Milch und Butter; sie sollen Glück verheißen. Die Braut bleibt verschleiert, und nur der Ehemann und gute Freunde dürfen ihr Gesicht sehen. An einem späteren günstigen Tag nimmt sie in der Halle Platz. Zum Zeichen, daß die Verbindung nun nicht mehr rückgängig gemacht werden kann, setzt ihr hier ein vom Bräutigam bestimmter älterer Freund einen Türkisschmuck, ein Familienerbstück, auf. Eine Woche lang wird gefeiert, aber noch immer ohne die Familie des Mädchens. Erst nach Monaten besuchen die Eltern des Mannes die der Braut, und nun folgt eine große Einladung der anderen.

Eine Ehescheidung ist in Tibet kein Problem. Wollen sich die Partner trennen, müssen sie sich nur einigen, wie ihr Besitz aufgeteilt werden soll. Auch eine Frau kann die Scheidung verlangen. Ist der Mann einverstanden, erhält sie ihren Eigentumsanteil, ist er es nicht, geht sie leer aus. Auch die Kinder werden verteilt: Die Jungen bleiben beim Vater, die Mädchen bei der Mutter. Eine gesetzliche Grundlage gibt es aber nicht, alles beruht lediglich auf Tradition. Die Behörden werden nur dann zu Rate gezogen, wenn sich die Familien der adligen Ehepartner nicht über die Einzelheiten einigen können, ansonsten haben sie mit der Scheidung so wenig zu tun wie mit der Eheschließung.

1 Zwei Mitglieder des Kaschag, ein hoher Lama und ein weltlicher Adliger, weigerten sich, am Putsch der anderen Adligen vom März 1959 teilzunehmen.

Festwochen auf dem Hochland

Der Wettkampf der Drachen – Lhasas Vergnügungszeit – Die Zubereitung von Buttertee – Tanz in Lhasa – Dudelsäcke – Der alte Tschako – Musikalische Pfeife – Jakmist und Petroleum – Seine Heiligkeit und das Fußballspiel

In den Wochen vor und nach dem 1. Oktober herrschten in Lhasa Scherz und Spiel, denn der Gründungstag der Volksrepublik China fällt in die traditionelle Vergnügungszeit der tibetischen Hauptstadt. Die Einwohner Lhasas sind unermüdliche Freunde des Picknicks; das größte, das offizielle *lingka*, stellt Ende September einen der Höhepunkte des Jahres dar. Am Ufer des Kyi und in den kleinen Parks, die die Umgebung von Lhasa so reizvoll machen, stehen ständig die weißen, blau und rot applizierten Zelte kleiner und großer Privatgesellschaften. Spielend, schwimmend, tanzend und singend verbringen sie Tage und Wochen.

Ein verbreitetes Spiel ist das Prophezeien von Hochzeiten. Die Mädchen sitzen im Kreis herum, und jede versteckt einen Gegenstand unter einem Tuch in der Mitte. Dann muß der Reihe nach jede ein Lied singen. Nach jedem Lied holt die Hüterin ein Pfand unter dem Tuch hervor, und die Aussage des Liedes bezieht sich nun auf die Eigentümerin. Eins erzählt von einigen Mädchen, die ledig bleiben und miteinander spielen sollen, ohne dabei ungeduldig zu werden:

Hast du Gold- und Silberringe,
gib nicht alle weg,
heb dir ein paar auf.

Beliebt ist auch:

Sei nicht traurig, Wolkenmädchen, wenn die Wolken tropfen,
wirst du deinen Liebsten finden.

Ich war zur Drachenzeit in Lhasa. Geschickte kleine Jungen versuchen mit ihren schwanzlosen viereckigen Drachen die Steigschnüre der anderen zu kappen. Zu diesem Zweck haben sie ihre Schnüre mit Leim und Steinmehl bestrichen. Die Jungen tragen mit ihren Drachen erbitterte Kämpfe aus. Einmal sah ich einen kleinen Mönch so vertieft in den Wettstreit mit einem anderen Knirps, daß er seine Mutter nicht kommen sah, die ihn dann beim Kragen packte und trotz heftiger Proteste mitnahm.

In Tschöngtu hatte mir übrigens Sodo, der kleine Adlige, erzählt, daß in Tibet Bubenstreiche oft mehr nach sich zögen als nur den Zorn der Erwachsenen. Ich hatte ihn nämlich nach der Ursache seiner großen Gesichtsnarbe gefragt, und er hatte gestanden, daß sie von einem Obstdiebstahl herrühre. Man habe ihm zwar gesagt, daß in einem Obstbaum auf dem Tempelgelände Dämonen hausten, aber er habe sich nicht darum gekümmert und sei hinaufgeklettert. Als er bald darauf ein großes Geschwür im Gesicht bekommen habe, mußten natürlich die Dämonen im Obstbaum daran schuld sein – »so sagte jedenfalls der Mönch. Und meine Mutter meinte, der müsse es ja wissen.«

Drei Tage währten in Lhasa die Feierlichkeiten aus Anlaß des 1. Oktober, der mitten in der Woche des offiziellen *lingka* mit seinen Festessen, Trinkgelagen, Belustigungen, Kartenspielen und madschong-Partien fiel. Zu diesem Fest finden sich alljährlich alle Mönch- und Laienbeamten ein.

Gefeiert wurde in den Gebäuden eines nur 800 Meter vom Potala entfernten Parks und unter einem in diesem errichteten riesigen blau-weißen Zeltdach. Jeden Tag wurden kurz nach dem Mittag Tische und Polstersitze aufgestellt, und bald wimmelte es in dem Zelt von Beamten jeden Ranges bis hinauf zu Kalons; man sah Lebende Buddhas und Mönche aller Grade und Sekten, die mit solcher Begeisterung Karten spielten, daß mir Zweifel kamen, ob es wohl hierbei nicht um Geld ginge. Und siehe da, an einigen Tischen tat man es ganz offen und hatte ganze Stöße von Banknoten vor sich liegen. Andere hielten sich strikt an das Verbot und schrieben auf, um hinterher abzurechnen. Unter dem Zeltdach tanzte auch den ganzen Tag lang eine Gruppe zur Musik einer tibetischen Kapelle, aber die essenden, trinkenden und schwatzenden Beamten schauten sich gar nicht nach ihr um. Frauen waren unter den Gästen nicht zu finden.

Hier gewöhnte ich mich an den Buttertee. In Tibet hat Tee nur wenig mit dem gemein, was man in China, Indien oder Europa darunter versteht. Er hat weder die geringste Ähnlichkeit mit dem Getränk, das man in einer Londoner Teestube erhält, oder mit der braunen Flüssigkeit, die in Cafés getrunken wird, noch erinnert er an eine andere Art Tee. Man kann ihm nur dann Geschmack abgewinnen, wenn man vergißt, daß es Tee ist. Dann mag er für manchen ein durchaus annehmbares Etwas sein – vielleicht eine Suppe. Die Tibeter bevorzugen den zu harten Ziegeln gepreßten Tee, der auch noch die Zweige enthält. Man bricht ein Stückchen ab und kocht es eine ganze Weile. Diesem Gebräu gibt man etwas Salz, Natron und ein großes Stück ranzige Butter bei und rührt das Ganze mit einem durchlöcherten Kolben solange in einem Holztopf, bis es gut vermengt und damit trinkfertig ist. Wenn sie es sich leisten können, trinken die Tibeter unglaubliche Mengen Buttertee – bis zu sechzig Tassen an einem Tag. Er ist sehr nahrhaft und hinterläßt einen Fettrand um den Mund, der die Lippen vor dem Aufspringen bewahrt. Immer wenn ich mich in der dünnen Luft wie zerschlagen fühlte, hatte ich ein regelrechtes Verlangen danach. Beim *lingka* floß er in Strömen, aber auch chinesischer Schnaps, schottischer Whisky und französischer Cognac wurden von den reichen Tibetern nicht verachtet. Die Qualität dieser Getränke ist auf den langen Jaktransporten bestimmt noch besser geworden – die Mönche, denen Alkohol bekanntlich untersagt ist, brachten Toaste mit Orangensaft aus, den sie scherzhaft »Mönchswein« nannten. Sie hoben ihre Gläser mit einer Handgelenkbewegung, die in ihrer Sicherheit verdächtig schien.

Die meisten Festspeisen waren nach chinesischen und tibetischen Rezepten gekocht. Größtenteils waren sie sehr eiweißhaltig, und es gab auch Seefisch, der in Tibet als Leckerbissen so begehrt und geschätzt wird, weil das Land keine Verbindung zum Meer hat, diese Fische aber dem Kropf, einer hier häufigen Erscheinung, vorbeugen.

Vom Abend bis in die frühen Morgenstunden wurde im neuen, vom Arbeitskomitee der Kommunistischen Partei erbauten Mehrzwecksaal getanzt. Die jüngere Generation Tibets und die jungen Chinesen, die in oder bei Lhasa arbeiten, vergnügen sich hier oder lernen mit einem wahren Feuereifer die ersten Schritte nach moderner Musik. Die Meinung der Älteren gilt ihnen nichts. Die Mädchen fordern unbefangen die Herren auf, und keiner empfindet es als aufdringlich, wenn eines denselben Burschen noch so oft zum Tanz bittet. Die meisten tanzen gut, aber manchmal gerät man an einen völligen Neuling: Sie will unbedingt aufs Parkett, kann aber nicht führen und läßt sich auch nicht führen, so daß man einander dauernd auf die Füße schauen muß. Die anmutigen, schönen Töchter des ehemaligen Kalons Tsarong, des anerkannt reichsten Mannes in Tibet, gehörten zu den besten Tänzerinnen. Ein paar in Kalimpong und Darjeeling erzogene junge Adlige sprechen Englisch. Sehr viele lernen neuerdings Chinesisch. Die chinesischen Mädchen waren hauptsächlich als Krankenschwestern, Ärztinnen und Zahnärztinnen im Lhasaer Volkskrankenhaus beschäftigt, es waren aber auch Angehörige der Kulturensembles der Volksbefreiungsarmee unter ihnen, die sich jetzt mit tibetischen Volksliedern und -tänzen beschäftigen. Viele hatten noch vor dem Bau der Straße zu Fuß oder Pferde Wochen gebraucht, um von Setschuan nach Lhasa zu kommen. Ihnen waren die Heiterkeit und Ausdauer echter Pioniere eigen.

Als der 1. Oktober näherrückte, tauchten vor den Fenstern immer mehr chinesische Fahnen mit den fünf Sternen auf, und schließlich waren alle Straßen ein einziges Flaggenmeer. Mit rotem Tuch umkleidete Bögen wurden errichtet, und auf dem Platz vor dem Potala erhob sich eine große Rednertribüne, hinter der zwölf bestickte Zelte standen.

Außer den wenigen zelebrierenden Diensttuenden in den Klöstern und Tempeln und ein paar lahmen Bettlern auf dem Lingkhor erschienen alle Einwohner Lhasas in ihren besten Sachen zur großen Versammlung unterhalb des Potala. Die Kalons kamen in vollem Ornat. Ihr vom Hals bis zu den Knöcheln reichendes Gewand aus knisterndem Goldbrokat wurde von einer roten Schärpe zusammengehalten; unter ihm wurden Kragen und Manschetten eines weißen Hemds aus weicher Seide sichtbar. Im linken Ohr hing ein zwölf Zentimeter langer Türkisohrring, der so schwer schien, daß ihn eine über das Ohr hängende rote Schnur mittragen mußte. Ein kleiner Türkisknopf stak im rechten Ohr. Ihre Hüte waren aus vergoldetem und lackiertem leichten Holz, deren Kopfteile mit rotseidenen Fransen umsäumt waren. Hinten an der Schärpe hingen ein Geldtäschchen und allerlei Kleinigkeiten. Dann und wann sah man unter den Goldbrokatgewändern die mit roten, blauen und weißen Streifen reich bestickten Stiefel. Andere, kaum weniger prächtig gekleidete Beamte, trugen die Farben und Stoffe, die schon jahrhundertelang ihrem Rang vorgeschrieben sind. Ein paar erschienen in dem altertümlichen langen mongolischen Gewand mit einer kurzen Jacke aus Goldbrokat und einem Helm aus Goldstoff.

Die Pferde waren kaum weniger prächtig aufgeputzt: seidene, gepolsterte Sättel, Decken aus bestem Tuch, innen mit Tuch gefütterte bronzene Steigbügel feinster Handarbeit, Kopfputz mit Quasten und Metallverzierung. Jedes Tier wurde von einem Diener gehalten, der einen großen flachen Hut mit rotseidenem Fransenbesatz aufhatte.

Die Frauen zeigten sich in ihrem traditionellen Putz: lange, ärmellose Kleider aus schwerer Seide, darunter Blusen aus feinerer Seide. Diese haben wie die Männerhemden außerordentlich lange Ärmel, die gewöhnlich bis zum Handgelenk umgeschlagen werden, beim Tanzen aber über einen halben Meter herunterhängen. Eine leuchtende Schärpe über der Hüfte schmiegt das Kleid vorn fest an den Leib und legt es hinten in zwei tiefe Falten, die von den Schulterblättern bis zum Saum fallen. Sehr schön, aber auch teuer waren ihre Schürzen, die aus drei schmalen Längen handgewebten Stoffs so zusammengenäht sind, daß die etwa drei Zentimeter breiten blauen, roten, gelben und grünen Querstreifen nicht genau zusammenpassen. Das Haar scheitelt man in der Mitte, und die beiden Zöpfe werden in Taillenhöhe zu einem verflochten. Die Frauen tragen wie die Männer kniehohe, reich bestickte Stiefel.

Der Platz war bevölkert mit Pilgern, Hirten, Jägern, Bauern und Einheiten der tibetischen Streitkräfte sowie der Befreiungsarmee. Hätten nicht Jeeps und Lastwagen am Rande geparkt, konnte man sich auf den Schauplatz eines Ritterturniers versetzt glauben, dem die leuchtenden Kleider, die flatternden seidenen Fahnen, die bestickten Zelte, die Pferde, die geschmückte Tribüne und das rotweiße Gebäude des Potala im Hintergrund einen prächtigen Rahmen gaben.

Von den vielen Ansprachen war für mich die des Kalons Ngabo[1] von besonderem Interesse; denn dieser Regierungsvertreter hatte 1951 die Verhandlungen geleitet, die zur Wiedervereinigung Tibets mit China geführt hatten; zur Zeit war er wesentlich an den Vorarbeiten für die Autonomie Tibets beteiligt. In Gold gekleidet, trat er vor eine ganze Batterie von Mikrophonen und holte die Aufzeichnungen aus dem enganliegenden Oberteil seines Gewandes. Er erinnerte daran, daß sich die beiden ehemals feindlichen Gruppen um den Dalai-Lama und den Pantschen-Lama versöhnt hätten, seit Tibet »ins Mutterland« zurückgekehrt sei. An der Hinterwand der Tribüne hingen Porträts von Mao Tse-tung und den beiden Großlamas.

Er führte weiter aus, daß, seitdem die neuen Straßen gebaut, viele Fortschritte für das tibetische Volk erzielt wurden. Neue Rohstoffquellen wurden entdeckt, neue Methoden in der Landwirtschaft entwickelt, Pläne für Fabriken, Wasserkraft- und Bewässerungsanlagen entworfen. »So etwas war nur möglich, weil es in unserem Land einen allumfassenden Plan für die ökonomische Entwicklung zum Sozialismus gibt.«

Dem Kalon folgte ein großer Chinese in blauer Uniform:

Fan Ming, der Vertreter des Arbeitskomitees der Kommunistischen Partei in Tibet. Dieses Komitee und seine Unterabteilungen in Tschando, Gjangtse, Schigatse, Ngari, Jatung und im Gebiet des Schwarzen Flusses werden »Arbeitskomitees« genannt, weil sie nicht von ortsansässigen Tibetern organisiert wurden. Tibet hat keine Arbeiterklasse und weder eine kommunistische noch irgendeine andere politische Partei im allgemein üblichen Sinn. Fan Ming sprach für den abwesenden Vertreter der chinesischen Regierung in Lhasa, Dschang Dijing-wu, und dankte dem tibetischen Volk für die Energie, die es bei seiner Mitarbeit an der Straße gezeigt hat.

Ich sah mich nach den tibetischen Soldaten um, die nach dem Abkommen von 1951 allmählich in die Volksbefreiungsarmee eingegliedert werden sollen. Anscheinend hat man es damit nicht besonders eilig. Das Auffallendste an dieser winzig kleinen Truppe ist ihr unverkennbar englischer Charakter. Auf den ersten Blick sahen die Soldaten wie ein englisches Bataillon aus dem Ersten Weltkrieg aus: Sie trugen englische Uniformen aus dieser Zeit und waren einschließlich des Musikkorps in englischem Stil ausgerüstet; sogar die Dudelsäcke und die Leopardenfelle für die Trommler fehlten nicht. Die Offiziere sahen etwas seltsam aus: Sie trugen die üblichen fünfzehn Zentimeter langen Türkisohrringe, und die Mützen waren weit gearbeitet, damit die Haarrollen darunter Platz hatten. Noch antiquierter in ihrer Kleidung wirkten zwei Soldaten auf einer Tribüne; sie schienen einer Illustration des Buches »Mit Kitchener nach Khartum« zu entstammen.

Sie trugen schwarze Tschakos ohne Schirm, schwarze Kniehosen und Wickelgamaschen sowie rote Jacken englischen Schnitts. Es waren Nepalesen, Zeugen einer vergangenen Epoche, in der Nepal von Tibet eine jährliche Entschädigung von 10.000 Rupien erhielt und das Recht hatte, bei Gerichtsverhandlungen gegen in Tibet weilende Nepalesen mitzusprechen. Die Entschädigung wird seit 1953 nicht mehr gezahlt, und die gemischt zusammengesetzten Gerichtshöfe sind gleichfalls abgeschafft worden. Diese nepalesischen Soldaten waren zwei der sieben oder acht, die noch in den englischen Uniformen aus dem vorigen Jahrhundert herumlaufen und ihren Sold durch etwas Handel, auf den sich die Nepalesen in Lhasa spezialisiert hatten, aufbessern. Neben ihnen standen der geschäftsführende indische Konsul und der Vertreter Nepals in seinem Anzug aus Goldbrokat. Vor der Menschenmenge saß ein alter Pilger und lauschte mit einem Ohr angestrengt den Ansprachen, vergaß aber nicht einen Augenblick für sein Seelenheil zu sorgen, denn er ließ zwei große Gebetsmühlen eifrig kreisen, in jeder Hand eine. Die meisten Zuhörer ließen die Perlen ihres Rosenkranzes nur beim Klatschen zwischen den Fingern ruhen.

Noch mehr als die Jeeps fiel eine riesige Vollerntemaschine vom Typ Stalinez aus dem Rahmen. Sie stand hinter dem Festplatz, neben dem Tor zur Wissenschaftlichen Ausstellung, die am kommenden Tag eröffnet werden sollte.

Nach der Kundgebung ging ich zu den Zelten hinter der Tribüne und trank gerade meinen dritten oder vierten Krug Buttertee, als ich plötzlich wiederholt ein lautes Summen vernahm, das mit hohem Ton einsetzte und dann wieder abfiel. Ein Bogenschützenturnier war im Gange. Die Pfeile trugen einen leichten, ausgehöhlten und mit Löchern versehenen Holzkopf. Da sie beim Flug heulen und auch nur eine geringe Reichweite haben, ist die Gefahr, jemanden zu verletzen, nicht groß. Geschossen wird mit zusammengesetzten Bogen auf eine etwa fünfunddreißig Meter entfernte Scheibe. Andere Wettkämpfe wurden im Heben von großen, glatten Felsbrocken und im Ringen ausgetragen. Ihnen folgten Vorführungen der Kulturgruppen der Volksbefreiungsarmee und akrobatische Sprünge, ausgeführt von Mitgliedern der Peking-Oper. Nach den tibetischen Tänzen und einer Oper war es Zeit, zum Abendessen in das *lingka*-Zelt hinüberzugehen. Tibetische Tänze ähneln in vielem denen der nordamerikanischen Indianer. Die Tänzer tragen einen fächerförmigen Kopfputz, der wie die Adlerfedern der indianischen Krieger aussieht; sie bewegen sich, rhythmisch stampfend, einer hinter dem anderen im Kreise herum und halten dabei einen Stab in der Hand. Als ich diese Tänze, die Übereinstimmung der handgewebten Stoffmuster, die anmutige Art zu laufen und zu stehen, die Gesichtsmerkmale und natürlich die Ähnlichkeit zwischen Büffeln und Jaks bemerkte, dachte ich, daß es bestimmt eine lohnende Aufgabe für künftige Ethnologen wäre, die Beziehungen zwischen Tibet und dem von Indianern bewohnten amerikanischen Kontinent zu untersuchen.

Drei große Ereignisse bot der 2. Oktober: Die Eröffnung der Wissenschaftlichen Ausstellung sowie Basketball- und Fußballspiele zwischen chinesischen und tibetischen Mannschaften. Im stillen überlegte ich mir manchmal, ob ein Spieler mit zwei Haarknoten überhaupt köpfen kann.

Auf dem freien Platz unterhalb des Potala wartete schon eine lange Menschenschlange darauf, in die Ausstellung gelassen zu werden. Etwa ein Drittel war Mönche. Ich glaube, jeder gehfähige Einwohner Lhasas war wenigstens einmal während der Festtage in der Ausstellung.

Mit vielen einfachen Diagrammen und Modellen wurde erläutert, wie man Herden schützen und besseres Vieh züchten kann, höhere Ernteerträge erzielt, Krankheiten heilt und ihnen vorbeugt. Die Mönche waren von den Mikroskopen fasziniert. Besonders die jungen mußten regelrecht von ihnen fortgezogen werden; Hirten starrten voll Ehrfurcht hinein und gingen mit großen Augen und ungläubigen Gesichtern weiter. Der Lamaismus hat jetzt ein schwieriges Problem zu lösen, denn bisher wurde das strenge Verbot, ein Lebewesen zu töten, entweder einfach ignoriert oder spitzfindig umgangen. Man nahm keinen Anstoß daran, wenn ein Schaf oder Jak Nahrung für viele Menschen lieferte und von jemandem getötet worden war, der ihr Fleisch nicht selbst verzehrte. Nun aber sahen die Gläubigen unter dem Mikroskop, daß man nicht einmal Käse essen kann, ohne mit jedem Bissen zahllose lebende Organismen zu zerstören.

Eine kleine, aber recht ansehnliche Abteilung der Ausstellung war von der neuen Grundschule in Lhasa ausgestaltet worden. Hier waren Zeichnungen und Modelle zu sehen, die ebensogut in jeder englischen Grundschule in Lhasa entstanden sein konnten, besonders die Flugzeugmodelle. Hier schien der Weg vorgezeichnet, den das junge Lhasa zu gehen gedenkt. Viel Raum war dem Problem der Mütterberatung und Kinderfürsorge gewidmet. Teilmodelle in Lebensgröße zeigten den ganzen Entwicklungsprozeß eines Kindes von der Empfängnis bis zur Geburt. Erläuterungen über Hygiene vervollständigten das Bild. Mütter sahen sich alles aufmerksam an, junge Mädchen kicherten, und Mönche zeigten unbefangen auf Tafeln und Modelle.

Die ausgestellten modernen arbeitserleichternden Geräte – zum Beispiel eine Getreidevollerntemaschine – konnten nur auf den neuen Straßen hierher transportiert worden sein; denn mit einem Kühlschrank oder einer Waschmaschine wären die Jaks sowieso nicht weit gekommen. Ein Hirte betrachtete aufmerksam einen Primuskocher. Wenn ich noch an die Nomaden denke, die im naßkalten Morgengrauen in über 4200 Meter Höhe versuchten, mit einem selbstgefertigten Blasebalg aus Jakhaut ein Jakmistfeuer zu entfachen, konnte ich mir vorstellen, welche Erleichterung ein Petroleumkocher für die Tibeter wäre.

Selbst Basketball und Fußball vermochten nicht, die Menschen von der Ausstellung wegzulocken. Aber wer sie schon gesehen hatte, ging hinüber zu den Spielen. Das Basketballspiel der Lhasaer Mädchen gegen eine chinesische Frauenmannschaft endete mit einer haushohen Niederlage der Tibeterinnen. Ausgezeichnetes Zuspiel und Ausnutzen aller Chancen sicherten den chinesischen Mädchen den 43:4-Sieg über ihre Gegner, die bis zum Schluß kämpften, aber weder die notwendige Kondition besaßen noch richtig zuspielen konnten. Aber alle diese Mädchen konnten eine Stunde lang in der glühenden Sonne umherlaufen, ohne höhenkrank zu werden, während ich immer noch keuchte, wenn ich nur ein paar Stufen stieg.

Wir gingen langsam zum Fußballplatz, der schon von Zuschauern gesäumt war. Nach einigen Auseinandersetzungen mit der Mönchspolizei wurden sie schließlich hinter die Seitenlinien verwiesen, und die beiden Mannschaften konnten einlaufen. Der Präsident des Lhasaer Patriotischen Jugendvereins, ein reicher junger Mönch, stellte die einheimische Vertretung und die beste Mannschaft der Volksbefreiungsarmee vor. Die Tibeter spielten schon mehrere Jahre zusammen und galten deshalb als starke Gegner.

Beide Mannschaften trugen Sporthosen und Jerseys, Stutzen und Fußballschuhe, aber man hätte sie allein an der Haartracht unterscheiden können. Die weltlichen Adligen in der tibetischen Elf hatten ihre hohen Knoten mit einem Taschentuch umwickelt und den Goldschmuck abgelegt. Für die mitspielenden Mönche mit ihren Kahlköpfen schienen Kopfbälle von vornherein kein Problem zu sein, aber es stellte sich heraus, daß auch die Haarknoten kein Hindernis waren, weil sie mehr auf dem Hinterkopf sitzen.

Obwohl meines Erachtens die tibetische Mannschaft etwas besser war, endete das Spiel unentschieden, denn die Lhasaer konnten ihre Angriffe nicht erfolgreich abschließen und hatten zum Teil ungenau geschossen.

Die Kette der Veranstaltungen, Tanzabende und Picknicks riß nicht ab, aber für die Masse des Volkes mehr noch als für den kleinen Kreis der Beamten war zweifellos die Wissenschaftliche Ausstellung der größte Schlager der Festtage. Die Schlange der Einlaß Begehrenden wurde niemals kürzer. Einige Familien brachten sich *tschang* und etwas zu essen mit und machten sich einen vergnügten Tag: Erst gingen sie einmal durch, dann hielten sie in der Schlange ihr Picknick und warteten, bis sie wieder herein durften.

1 Ngabo Ngawang Dschigme war eines der aufrichtigen Mitglieder des Kaschag. Er ist jetzt Stellvertretender Vorsitzender des Vorbereitenden Komitees für das Autonome Gebiet Tibet.

Engländer in Tibet

Erster Auftritt – Spione mit Gebetsmühlen – Vorbereitungen zum Überfall – Freier Handel: »Aber es bleibt Ihnen keine andere Wahl!« – Der Dalai-Lama flieht – Nochmalige Flucht – Die Demonstration der Mönche – »Weiße Barbaren« – Das Fingerspiel

Unter all den Gold- und Edelsteinschätzen, die das von den Butterlampen verräucherte Dunkel des Potala birgt, sind die Gräber des »Großen Fünften« und des Dreizehnten Dalai-Lamas die kostbarsten und heiligsten. Der »Große Fünfte« brachte die Gelbe Sekte zur Macht und baute den Potala. Der Dreizehnte Wiedergeborene war der einzige Dalai-Lama, der volle weltliche Macht ausübte, allerdings die ganzen dreißig Jahre zwischen mächtigen rivalisierenden Klöstern und kleinen Fürsten lavieren mußte. Er erlebte die Invasion der Engländer und die von ihnen angestrebte wirtschaftliche Durchdringung des Landes, den Sturz der Mandschu-Dynastie und den Aufstieg der Kuomintang. Wenn die Tibeter vom Dreizehnten Dalai-Lama sprechen, erinnern sie sich gewöhnlich daran, daß er seinen Truppen befahl, den einfallenden englischen Streitkräften Widerstand zu leisten, sich selbst aber zu ihrem Erstaunen aus Lhasa absetzte und so lange fortblieb, wie die Invasoren in der Stadt waren.

Die sterblichen Überreste des Dreizehnten Wiedergeborenen ruhen, von einer Tonne Gold umschlossen, nicht weit von dem Sitzungssaal, in dem 1904 die englischen Streitkräfte des Obersten Younghusband unter dem Druck der auf den Potala gerichteten Geschütze ein Handelsabkommen erzwangen. Der Saal sieht heute noch genauso aus wie damals: Große, quadratische Säulen, mit rotem Stoff beschlagen, tragen reich verzierte und bemalte Balken.

Zum erstenmal bekundete England sein Interesse an Tibet in

der zweiten Hälfte des achtzehnten Jahrhunderts, als die East India Company und der erste Generalgouverneur von Britisch-Indien, Warren Hastings, auf das hinter den höchsten Bergen der Welt verborgene Hochland aufmerksam wurden. Damals war die East India Company in Vorgänge verwickelt, die später zur Annexion des seinerzeit Tibet tributpflichtigen Bhutans führten. Als es 1772 zu Kampfhandlungen zwischen englischen Einheiten und den tibetischen Untertanen in Bhutan kam, ersuchte der Pantschen-Lama die Engländer, die Feindseligkeiten einzustellen. Warren Hastings stimmte unter der Bedingung zu, daß der Pantschen-Lama sich zu Gesprächen mit einem englischen Gesandten über die Aufnahme von Handelsbeziehungen bereit erklärte.

So war G. Bogle, der 1774 mit Hastings' Handelsvorschlägen nach Schigatse reiste, der erste Engländer, der Tibet sah. Die Vorschläge wurden nach Peking weitergeleitet, aber niemand hörte jemals wieder etwas über sie. Louis King, der ehemalige britische Konsul in Kangting, schrieb darüber in der Einleitung zu dem Buch seiner tibetischen Frau »Wir Tibeter«: »Schien Warren Hastings die Aufnahme von Handelsbeziehungen einfach und von gegenseitigem Nutzen zu sein, so war diese Absicht für die Regierung in Lhasa, für den Residenten der Mandschu-Dynastie und den kaiserlichen Thron ein Signal, vor dem bewaffneten Feind das Fallgitter herunterzulassen.«

Hauptmann S. Turner, Hastings' nächster Handelsbevollmächtigter, sollte es erfahren, daß dies tatsächlich die Einstellung des Kaisers von China und seiner tibetischen Untertanen war. Er erwähnt in seinem Buch »Gesandter am Hof des Taschi-Lamas« einen Brief des chinesischen Ambas in Lhasa an den Pantschen-Lama, der die offizielle Meinung deutlich ausdrückt: »... ›die Feringhi‹ (Europäer) ›führten gern Krieg, und wenn sie sich in ein Land eingeschlichen hatten, stifteten sie Unruhe und machten sich zu seinen Herren‹; da Feringhis noch nie nach Tibet hineingelassen worden waren, riet er dem Taschilhunpo-(Pantschen)-Lama, sie auf irgendeine Weise zurückzuschicken.«

Die Berichte der beiden englischen Unterhändler genügten jedoch, den Appetit der Kaufleute anzuregen. In ihnen war von Unmengen Gold die Rede, das in den Flüssen nur so umherliege, von Moschus und Borax. Felle könne man billig kaufen und mit Scheren, Messern und Glaswaren bezahlen. Bogle sprach von russischen Waren im Palast der Pantschen-Lamas. Das war durchaus glaubhaft, denn seit frühester Zeit zogen jährlich Karawanen aus dem Gebiet der Burjaten nach Tibet. Turner erwähnte den enormen Teeverbrauch der Tibeter und behauptete, der Kaiser von China beherrsche das Land mit Hilfe von Tee und Seide.

Zeitweilige Rückschläge schreckten die britische Regierung nicht ab. In den folgenden hundert Jahren brachte sie Sikkim, das damals ebenfalls zu Tibet gehörte, Bhutan, Nepal und China unter ihre Kontrolle. Darjeeling war ideal für den Anbau von Tee und Sikkim der beste Weg nach Tibet. 1861 waren die Sikkamesen nach einer Reihe von Kriegen endgültig besiegt worden. In einem Abkommen wurden sie verpflichtet, den Engländern ein großes Gebiet abzutreten, ihnen Handelsfreiheit zu gewähren und eine Straße nach Tibet zu bauen und zu unterhalten. Diese Gewinne gedachte die britische Regierung mit 1200 Pfund Sterling jährlich zu entgelten.

Während England seinen Plan also weiterverfolgte, wurde gleichzeitig das Problem, Landkarten von Tibet anzufertigen, auf eine Art gelöst, die Oberstleutnant L. Austine Waddell in seinem Buch »Lhasa und seine Geheimnisse« sehr offen beschreibt: »... Als die britische Regierung im Hinblick auf alle Eventualitäten eine zuverlässige Landkarte vom Land der Lamas brauchte, das auf Hunderten von Kilometern dicht an Indien grenzte, mußte sie für die geheime Landvermessung tibetische Spione einsetzen, die sich auf unsere Seite des Himalayas als naturalisierte britische Staatsangehörige niedergelassen hatten und deren mongolische Gesichtszüge ihre Verkleidung erleichterten ... Sie konnten mit dem Prismenkompaß, mit Sextanten, Siedepunktthermometern zum Feststellen der Höhe und Karten umgehen. Sie waren in der Lage, Wege aufzuzeichnen und sich nach Fixsternen zu orientieren ... Nain Sing zum Beispiel arbeitete, als Kaufmann aus Ladak verkleidet, meistens unter dem Schutz einer Gebetsmühle und des Rosenkranzes. Wenn er jemanden kommen sah, ließ er sofort die Gebetsmühle kreisen, und alle guten Buddhisten glaubten, daß er in religiöse Gedankengänge vertieft sei. Auf diese Weise wurde er nur selten gestört. Seine Gebetsmühle enthielt an Stelle der üblichen Gebetsrollen lange Papierstreifen, auf denen er die Kompaßpeilungen eines Ortes, die Entfernung zwischen den einzelnen Städten und ähnliche Angaben notierte; später verbarg er einen Kompaß darin, da sie vor der Zollkontrolle sicher war. Sein Rosenkranz hatte statt der üblichen einhundertacht Perlen nur hundert, die er beim Schrittzählen durch die Finger gleiten ließ, alle hundert Schritte eine Perle ...

Mein Versuch, im Sommer 1892 Lhasa von Nepal aus auf eigene Faust zu erreichen, wurde vereitelt. Ich hatte mich als tibetischer Pilger verkleidet und die Vermessungsinstrumente in Gebetsmühlen, hohlen Spazierstöcken und Körben mit doppelten Böden versteckt ... Für einen Europäer war es so gut wie unmöglich, unerkannt zu bleiben, weil schon seit Jahren jeder Stammesführer in Zentral- und Westtibet den Lhasaer Lamas bei Todesstrafe dafür verantwortlich war, daß kein Ausländer sein Dorf passierte oder dort Aufnahme fand.«

Waddells Zusatz »Die Entsendung der bewaffneten britischen Mission nach Tibet im Dezember 1903 entsprang keinesfalls nur der harmlosen Neugier, das Verbotene Land zu sehen« war völlig überflüssig. Als Erklärung führte er an, daß »die aggressiven Feindseligkeiten der Tibeter« dafür verantwortlich gewesen seien.

In der Blütezeit des britischen Empires betrachtete man selbstgefällig Spionage als Heldentum und Annexion als rechtmäßig. Noch 1926 wollte es Louis King nicht glauben, daß die Tibeter sich nicht an die Befehle der englischen Regierung halten wollten, als sie annektiert wurden. Er schrieb in »Wir Tibeter«: »Jetzt, im Jahre 1886, ergriffen die Tibeter Gegenmaßnahmen. Wahrscheinlich betrachteten sie Sikkim als von

Lhasa abhängig, obwohl dieser Staat nach unserem Krieg mit Nepal in den Jahren 1814 – 16 uns zugefallen war. Die Art und Weise, wie sie diesen Anspruch geltend machten, war recht ungewöhnlich: Sie schickten Truppen über die Grenze und besetzten einen Posten.« King fügte hinzu, daß Großbritannien in dieser Frage mit China Verbindung aufnahm, »an das wir uns nun gewöhnlich wandten, wenn es sich um tibetische Angelegenheiten handelte«.

Auch Tibet bat den Mandschu-Kaiser um Hilfe gegen die Engländer. Aber China, im Opiumkrieg von England besiegt und von inneren Aufständen gegen den Feudalismus erschüttert, wollte das Problem dadurch lösen, daß es die Tibeter zum Rückzug zu veranlassen suchte. Diese lehnten ab, wurden aber schließlich aus Sikkim hinausgetrieben. In einem Abkommen zwischen dem chinesischen Amban und Lord Landsowne, dem Vizekönig von Indien, wurde 1890 die Annexion des Landes besiegelt. Drei Jahre später wurden die im Vertrag vorgesehenen Handelsverträge von einem gewissen Paul, Friedensrichter in Darjeeling, von Hart, Zollkommissar in China – der chinesische Zoll unterstand britischer Kontrolle –, und vom britischen Amban unterzeichnet.[1] Das Abkommen sah die Eröffnung eines Marktes in Jatung und den Wegfall der Zölle für Importe von Indien nach Tibet vor.

Nach der Eröffnung des Marktes durch den chinesischen Amban und der Errichtung eines unter britischer Kontrolle stehenden chinesischen Zollhauses zeigten die Tibeter und Chinesen ihre wahre Einstellung zu dieser Angelegenheit und bauten auf der tibetischen Seite quer durch das Tal eine Mauer. Dennoch stieg nach dem Bericht des Zollamtes in Jatung der Gesamt-Handelsumsatz auf dieser Route von 1.050.304 Rupien im Jahr 1895 auf 1.785.397 Rupien im Jahre 1899. Aber das war den Engländern nicht genug. 1900 und 1901 schickten sie Briefe and den Dalai-Lama, die jedoch ungelesen oder unbeantwortet mit der Begründung zurückkamen, der Dalai-Lama könne Schreiben fremder Mächte nur über den Amban erhalten.

England rüstete zur Invasion Tibets.

Die wichtigsten Argumente der britischen Regierung für diese Maßnahme, damals wie später von gehorsamen Autoren in zahllosen Variationen wiederholt, waren: Die Tibeter behaupten, sie könnten nur auf dem Wege über China verhandeln; China behauptet, es könne die Tibeter nicht zwingen, mehr britische Waren abzunehmen. Eine ausweglose Lage. Nun tritt, mysteriös und schattengleich, eine finstere Gestalt auf den Plan: der russische »Agent« Dorjew, ein burjat-mongolischer Lama, der im Drepung-Kloster in Lhasa studierte. Man behauptete, er sei ein Agent des Zaren, und Tibet habe kein Recht, den russischen Bären einzulassen und dem britischen Löwen den Zutritt zu versperren.

Kein Autor konnte damals angeben, welcher Art Dorjews angeblich englandfeindliche Tätigkeit war. So schrieb Perceval Landon, der Sonderkorrespondent der »Times« 1905 in seinem Buch »Lhasa«: »Wir wären froh gewesen, das gleiche wie die Russen tun zu können, die Dorjew gestatteten, sie inoffiziell in Lhasa zu vertreten. Es ist bedauerlich, daß Millionen von Buddhisten im Norden unseres Einflußbereichs keinen Mann vom Schlage Dorjew hervorgebracht haben. Wäre das der Fall, so denke ich, hätten wir ihn schon längst bereitwillig in unsere Dienste genommen.«

Landon folgerte daraus: »Unter den gegebenen Umständen blieb uns nichts übrig als einzugreifen, und zwar schnell.« Im Dezember 1903 bekam eine britische Einheit den Befehl, Oberst Younghusband von der Politischen Abteilung, dem späteren Sir Francis, einen Weg nach Tibet zu bahnen. Das Oberkommando hatte Brigadegeneral J. L. R. Macdonald, der ebenähnliche Unternehmungen in Uganda beendet hatte. Der Augenblick war günstig; denn Rußland stand im Krieg mit Japan, und China hatte die Folgen des Boxer-Aufstandes noch nicht überwunden.

Es war Younghusbands Aufgabe, Tibet dem britischen Handel zu erschließen. Waddell, der die Truppen diesmal ohne Verkleidung bekleidete, schrieb mit echter chauvinistischer

Freude: »Die Karikatur, die ›Punch‹ über dieses Ereignis brachte, traf mit ungeschminkter Offenheit den Nagel auf den Kopf: Der Großlama lehnt die vom Hausierer John Bull angebotene Wohltat ›Freier Handel‹ ab und erhält darauf die Antwort: ›Aber Ihnen bleibt keine andere Wahl!‹«

Als Younghusband im August 1904 nach einem achtmonatigen Feldzug Lhasa erreichte, mußte er feststellen, daß der Dalai-Lama geflohen war und ein Regent ihn vertrat. Er schlug sein Lager unterhalb des Potala auf und erzwang ein Abkommen, in dem die englische Annexion Sikkims anerkannt wurde, drei Märkte – in Jatung, Gjangtse und Gartok – vorgesehen waren und Tibet soweit wie möglich unter britischen Einfluß gebracht wurde.[2]

Das Prestige Chinas in ganz Tibet hatte gelitten, da die kaiserliche Regierung mehrmals hintereinander ihren Untergebenen keine Hilfe geleistet hatte. Die Tibeter waren der Gnade der Engländer ausgeliefert worden. Die Beziehungen verschlechterten sich noch mehr, als der Dalai-Lama nach der britischen Invasion auf seinen Reisen Peking besuchte und gezwungen wurde, vor dem kaiserlichen Thron, der ihn im Stich gelassen hatte, Kotau zu machen, und den Titel »Treuergebener Vizeregent« verliehen bekam. Auf seiner Rückreise nach Lhasa im Jahre 1909 mußte er erleben, daß der chinesische General Dschau Ör-feng auf dem Marsch nach Lhasa war und dabei Klöster zerstörte und Greueltaten beging. Der Dalai-Lama floh wieder, diesmal nach Indien.

Als die Mandschu-Dynastie 1911 gestürzt wurde, konnte der Dreizehnte Dalai-Lama nach Lhasa zurückkehren. Es ist ihm jedoch nie gelungen, Tibet aus den imperialistischen Intrigen herauszuhalten. Jetzt trat Sir Charles Bell, Englands Gegenstück zu Dorjew, auf den Plan. Er war nicht der »Buddhist aus dem Norden«, den Landon herbeigesehnt hatte, sondern ein Vertreter des Auswärtigen Amtes, der das Unternehmen Younghusbands mitgemacht hatte, gut Tibetisch sprach und seit 1908 für die britischen Beziehungen zu Tibet, Bhutan und Sikkim zuständig war. Bald nach der chinesischen Revolution und der Rückkehr des Dalai-Lamas nach Lhasa aus seinem zweiten Exil fand 1913 in Simla eine Konferenz zwischen Vertretern der chinesischen Regierung, des Dalai-Lamas und Großbritannien statt. England verlangte die Teilung Tibets in ein, von China aus gesehen, Äußeres und Inneres Tibet. Das Äußere Tibet sollte autonomes Gebiet bleiben und weiterhin dem Dalai-Lama unterstehen; auch der chinesische Amban sollte weiterhin in Lhasa residieren. Das von chinesischen Truppen besetzte Innere Tibet sollte direkt unter chinesischer Herrschaft stehen.

Der Dalai-Lama betrachtete den Vorschlag als Verrat der Engländer, und auch Peking verhielt sich ablehnend. In den Kämpfen, die daraufhin ausbrachen, besetzte die tibetische Armee weite Teile des umstrittenen Gebiets, und die Engländer verstärkten ihre bewaffnete Intervention. Da schaltete sich der britische Konsul Eric Teichman mit einem Vermittlungsversuch ein, über den er 1922 in seinem Werk »Reisen eines Konsuls in Osttibet« berichtete.

Nach dem Ersten Weltkrieg wurde Bell aus dem Ruhestand zurückgeholt, um einen Sonderauftrag in Lhasa zu übernehmen. In seinem Buch über diese Mission, »Porträt des Dalai-Lamas«, 1946, enthüllte er, daß er ein Übereinkommen mit Tibet durchsetzen sollte, in dem England sich verpflichtete, Waffen an Tibet zu liefern, und außerdem Arbeiter für die Sprengstoffherstellung und Gewehrfabrikation sowie tibetische Truppen ausbilden wollte. Weitere Punkte waren: Entsendung englischer Erzschürfer und Bergbaumaschinen nach Tibet; Verlängerung der Telegrafenlinie von Indien nach Gjangtse bis Lhasa und Eröffnung einer Schule für Tibeter höherer Gesellschaftsschichten in Gjangtse, die unter der Leitung eines englischen Direktors stehen sollte.

Bells Vorschläge stießen in Lhasa auf hartnäckigen Widerstand. Mehrere Monate bemühte er sich, den Dalai-Lama und andere tibetische Führer zu überzeugen. Er sicherte sich vor allem die Unterstützung Tsarongs, des reichsten Mannes in Tibet, der ein seltenes Beispiel für den raschen Aufstieg eines

Nichtadligen in eine Machtposition war. Wie Bell und andere berichten, war Tsarong nicht sein ursprünglicher Name. Er war der Sohn eines Pfeilmachers, ein Beruf, der Angehörigen niederer Schichten vorbehalten war, und diente einem Mönch im Juwelenpark, der Sommerresidenz des Dalai-Lamas. Seine Heiligkeit wurde auf ihn aufmerksam, machte ihn zu seinem Günstling und wählte ihn bald nach seiner Rückkehr aus Darjeeling aus, die Erbinnen der berühmten Familie Tsarong zu heiraten, deren Oberhaupt und einziger Sohn hingerichtet worden waren. Der ehemalige Diener vermählte sich mit der Tochter des Hauses und der Witwe des Sohnes, nahm den Familiennamen an und brach völlig mit seiner Vergangenheit. Er wurde bald zum Kalon ernannt, erhielt den Oberbefehl über die Armee und die Oberaufsicht über die Münze.

Bell schreibt, daß Tsarong seine Pläne sehr unterstützte, »aber die allgemeine Reaktion des Volkes, besonders der Mönche, ist stark ablehnend«. Es liefen Gerüchte um, daß Bell insgeheim eine neue und größere Armee unter Tsarongs Oberbefehl schaffen, mit ihr die Macht der Klöster brechen und Tsarong und den Adel als weltliche Regierung einsetzen wollte. Er hoffte, diese Regierung wäre dann schwach genug, um dauernd der Unterstützung Englands zu bedürfen, aber immerhin so stark, mit britischer Hilfe Tibet von China zu trennen.

An den Mauern Lhasas erschienen Anschläge, die den Tod Bells forderten. Die Mönche in den großen Klöstern wurden unruhig. Mehrere Tausend forderten in einer Demonstration eine Aussprache mit dem Dalai-Lama, wurden aber auseinandergejagt. Bell indessen wurde versichert, daß seine Punkte angenommen würden; im Oktober 1921 verließ er daraufhin Lhasa. Aus seinen Werken spricht die Befriedigung, einen Sieg über die Chinesen und die junge Sowjetunion errungen zu haben.

Allerdings schien etwas Unvorhergesehenes dazwischen gekommen zu sein; denn einige Monate später wurde William McGovern verkleidet nach Lhasa gesandt. Er hatte schon Verbindung mit Tsarong und dem Dalai-Lama aufgenommen, als seine Gegenwart in Lhasa bemerkt wurde. Eine Menschenmenge versammelte sich vor seinem Haus und forderte seinen Tod.

In seinem Buch »Als Kuli in Lhasa« sprach McGovern deutlich aus, wie er die britische Außenpolitik jener Zeit einschätzte. Er schrieb, daß es eine vom weltlichen Adel unterstützte »Hofpartei« und eine geistliche Partei gab. »... Die Hofpartei ist probritisch eingestellt und die geistliche Partei betont antibritisch und prochinesisch ... Zur Zeit gewinnt die Hofpartei allmählich an Einfluß, aber was wird, wenn der jetzige Dalai-Lama stirbt? Wird Tsarong die Zügel der Regierung ergreifen und sich zum König erklären, wie man es sich hier und dort zuflüstert, oder wird er – was vielleicht diplomatischer wäre – die Wahl eines neuen Dalai-Lamas beeinflussen und ihm dann seine eigene Anschauung und Meinung einimpfen? Oder soll sich die uralte Prophezeiung erfüllen, daß der Dreizehnte Dalai-Lama der letzte sein wird und Tibet nach seinem Tod den ›Weißen Barbaren‹ des Westens geöffnet werden soll und dann der Titel Dalai-Lama nur noch eine Erinnerung an vergangene Zeiten ist?«

Doch keine von McGoverns zahlreichen Spekulationen traf ein. Die chinesische Revolution, die durch China fegte und es mit Unterstützung des ganzen Volkes einigte, das Erstarken der Kommunistischen Partei und der Kuomintang beeinflußten auch die Tibeter. Dies schien nach ihrer Ansicht endlich eine chinesische Regierung zu sein, die dem Land die Hilfe gewähren konnte, die es von den vorhergehenden Regierungen niemals erfahren hatte.

Zuerst floh der Pantschen-Lama in die Provinz Tschinghai, da er wegen seiner Opposition gegen die englandfreundliche Politik Lhasas um sein Leben fürchtete. Dann wandte sich auch der Dalai-Lama endlich wieder China zu. Betrübt schrieb Bell:

»Ab 1925 wandte sich der Dalai-Lama stark von England ab und China zu ... Unser alter Freund Tsarong, der immer englandfreundliche frühere Oberbefehlshaber, büßte fast seine ganze Macht ein und wurde sogar degradiert ... In jenen Jahren zeigten die beiden Oberhäupter Tibets, der Dalai-Lama und der Pantschen-Lama, eine offensichtliche Tendenz, sich an China anzuschließen.«

Diese Tatsache versuchte Bell nicht weiter zu erklären.

Als Tschiang Kai-schek nach dem Tode von Dr. Sun Jat-sen umschwenkte und seine kommunistischen Verbündeten angriff, wurde China von den Kuomintang erneut in Unruhen gestürzt. Der Dreizehnte Dalai-Lama griff noch einmal auf seine alte Taktik zurück und versuchte, die Engländer gegen die unfähigen Zentralbehörden auszuspielen.

Als er 1933 starb, geriet Tibet mehr und mehr unter britischen Einfluß.

In Lhasa traf ich mehrmals mit Tsarong zusammen. Mit seinen achtundsechzig Jahren ist er nach tibetischen Maßstäben ein alter Mann; denn dort scheint das unbarmherzige Zusammenspiel der dünnen Luft und der extremen täglichen Temperaturunterschiede die Menschen auszubrennen, sobald sie das fünfzigste Lebensjahr überschritten haben. Es war auf der ersten echt tibetischen Gesellschaft in einem großen, weißen Leinwandzelt mit blauer Applikationsarbeit, an der ich teilnahm. Im Zelt waren Tische aufgestellt, und der gesamte Adel war erschienen und aß und trank mit jungen Offizieren und Mädchen der Volksbefreiungsarmee, mit Schwestern aus dem Volkskrankenhaus und vielen hohen Mönchsbeamten. Lobsam Samtem, der Bruder des Dalai-Lamas und zugleich einer der höchsten Mönchsbeamten, ging von Tisch zu Tisch, unterhielt sich in einwandfreiem Chinesisch und trank allen mit kaltem Tee zu. Ich stand auf, um Aufnahmen zu machen.

Als ich an meinen Tisch zurückkam, saß dort ein klug aussehender Mann mit zerfurchtem Antlitz. Seine Augen waren vor lauter Falten kaum zu sehen, und so schütter sein Haar auch schon war, er trug die beiden unvermeidlichen Haarknoten und das goldene *gau.* Es war Tsarong, der Krösus Tibets. Er unterhielt einen General der Volksbefreiungsarmee mit dem chinesischen Fingerspiel und war ihm darin weit überlegen.

Bei diesem Spiel strecken die beiden Partner gleichzeitig beliebig viele Finger einer Hand aus und raten die Gesamtsumme. Rät der eine richtig, muß der andere einen Schnaps trinken.

Als ich mich setzte, entschuldigte sich Tsarong wegen seines mangelhaften Englischs; er war jedoch so weit damit vertraut, daß er ein paar scherzhafte Worte mit mir wechseln konnte. Auch mußte ich mit ihm das Fingerspiel spielen, und jeder versuchte nun, den andern möglichst viel Weinbrand trinken zu lassen. Nachdem ich dreimal hintereinander verloren und drei Gläser getrunken hatte, gab ich mich geschlagen.

Tsarongs Familie ist sehr verzweigt. Einmal kamen einige Kinder zum Tanzen herein. Tsarong stellt mir einen achtjährigen Jungen und ein etwa gleichaltriges Mädchen vor: sein jüngster Sohn und eine seiner Enkelinnen. Seine älteren Töchter gehören zu den schönsten der vielen schönen Frauen, für die Lhasa bekannt ist. Sie wurden in Darjeeling erzogen und sprechen daher fließend Englisch.[3]

1 Tibeter wurden zu den Beratungen nicht hinzugezogen. Edmund Candler, Korrespondent der »Daily Mail«, weist in seinem Buch »Entschleiertes Lhasa« darauf hin, daß die Engländer dem wichtigsten Schape (Kalon), der in Darjeeling weilte, mit Verachtung begegneten und ihn nicht zur Teilnahme aufforderten. Er schrieb wörtlich: »Leider wurde der Schape während seines Aufenthaltes in Darjeeling durch unhöfliche und geringschätzige Behandlung brüskiert. Bei einem bedauernswerten Streit mit jungen Engländern wurde er am Kragen gepackt und in ein Wasserbassin getaucht, weil er angeblich eine Engländerin vom Wege gestoßen hatte. Als er nach Tibet zurückkehrte, hegte er keine Liebe für die Engländer ...«

2 In Artikel IX des Abkommens wurde folgendes vereinbart: »Ohne Zustimmung Großbritanniens darf an keine fremde Macht tibetisches Gebiet verkauft, verpachtet oder verpfändet werden ... keiner fremden Macht darf gestattet werden, offizielle oder nichtoffizielle Personen, gleichgültig in welcher Eigenschaft, nach Tibet zu schicken ... irgendwo in Tibet Straßen, Eisenbahnlinien oder Telegrafenanlagen zu bauen oder Bodenschätze zu erschließen ...« In dem Vertrag wurde Tibet weiterhin als Teil Chinas bezeichnet, und die Chinesen galten nicht als Ausländer.

3 Tsarong blieb bis zuletzt imperialistenfreundlich. Im Putsch von 1959 war er der Anführer der Rebellen, die den Potala zu halten suchten. Sie wurden durch geschickte Strategie gezwungen, sich fast kampflos zu ergeben. Tsarong wurde gefangengenommen.

Tibet, Indien und China

Seine Durchlaucht lehnt ab – Amerika rührt sich – Halbautomatische Waffen und radioaktives Erz für Atombomben – Keine Visa für Hongkong – Zeitweiliger Vormarsch der chinesischen Armee – Schwieriger Notenwechsel zwischen China und Indien – Der Vertrag

Tibet stellte die Beziehungen zwischen dem gerade unabhängig gewordenen Indien und der jungen Volksrepublik China ernsthaft auf die Probe und war gleichzeitig ein Prüfstein für die Macht der Kolonialherren.

Die Führer des neuen Chinas wissen, warum sich die Beziehungen zwischen Tibet und den früheren chinesischen Regierungen immer mehr lockerten und schließlich so gut wie erloschen. Sie zitieren ein chinesisches Sprichwort: »Acht Unzen – ein halbes Pfund«, das unserem »Einer dreißig, der andere ein halbes Schock« entspricht, und wollen damit sagen, daß es absurd gewesen wäre anzunehmen, Imperialisten würden sich nicht imperialistisch aufführen, daß aber auch die Mandschu-, Jüan-Schi-kai- und Kuomintang-Regierungen nichts unternahmen, um gemeinsam mit den Tibetern gegen den fremden Einfluß vorzugehen. Sie zitterten vor den Imperialisten, machten sich aber Tibet gegenüber um so stärker. Das wirkte sich auf die Spaltungspolitik aus, die es England ermöglichte, entscheidenden Einfluß auf Tibet auszuüben, obwohl seine Position dort durchaus nicht fest begründet war.

Als 1933 der Dalai-Lama starb, hielt sich der Pantschen-Lama noch immer in der chinesischen Provinz Tschinghai auf, wohin er vor zehn Jahren geflohen war. Der höchste Priester der Gelben Sekte war also außerhalb englischer Reichweite, und der Gedanke, daß China möglicherweise seine Oberherrschaft über Tibet wieder geltend machen könnte, beunruhigte die britische Regierung. Sie entsandte eilig eine diplomatische Mission, aber ihrem Chef, Williamson, bekam das Höhenklima nicht; er starb, als er in Lhasa eintraf. Eine weitere Abordnung reiste 1936 unter Leitung von B.J. Gould nach Tibet. Sein Sekretär, F. Spencer Chapman, enthüllte später in seinem Buch »Lhasa, die heilige Stadt«, daß es das Hauptziel der britischen Regierung gewesen ist, den Pantschen-Lama nach Tibet zurückzuholen. Sie war sogar ermächtigt, bis fast zum Jangtsekiang nach Giergundo vorzudringen, »um mit Seiner Durchlaucht zu verhandeln und ihn zur Heiligen Stadt zurückzugeleiten«.

Seine Durchlaucht aber lehnte es rundweg ab, sich den Engländern auszuliefern, und bestand darauf, von einer chinesischen Truppe eskortiert zu werden. Nach monatelangem Drängen mußte die Gesandtschaft unverrichteter Dinge nach Indien zurückkehren. Von Chapman erfahren wir weiter: »Bells Politik sah unter anderem vor, daß England Waffen und Munition an die tibetische Regierung lieferte und eine bestimmte Anzahl von Offizieren in Indien ausbildete. Das Kabinett war darauf bedacht, daß wir diese Politik fortsetzten.« Als man sah, daß der Pantschen-Lama nicht dafür zu gewinnen war, die Rolle des verstorbenen Dalai-Lamas zu übernehmen, beschloß die britische Regierung, eine ständige Mission in Lhasa zu belassen. Chapman fuhr fort: »Und als der größte Teil der Gesandtschaft wieder nach Indien abreiste, blieb Richardson zurück, um wenigstens den Anschein einer ständigen Vertretung zu erwecken.« Er erfüllte seine Aufgabe so gut, daß er auch 1950 – also vierzehn Jahre später – noch dort war.

Als Lowell Thomas und sein Sohn 1949 nach Tibet kamen, schrieb Lowell Thomas jun. in »Fern dieser Welt« über ihn: »Seit Indien 1947 seine Unabhängigkeit errang, wurde im indischen diplomatischen Dienst ein Engländer nach dem anderen durch Inder ersetzt. Hugh Richardson, der fähige und beliebte Leiter der indischen Vertretung in Lhasa, war der letzte Engländer im indischen Auswärtigen Dienst … Hugh Richardson kommt vielleicht bald zu einer Vortragsreise nach Amerika und wird eine Professur an einer unserer führenden Universitäten annehmen.«

Es war nicht das erstemal, daß Amerika sich für Tibet interessiert hatte. William Montgomery McGovern, der verkleidet nach Lhasa gekommen war, wurde in den USA Professor an der Northwestern University. Im Zweiten Weltkrieg drangen Agenten des Office of Strategic Services in Tibet ein und erkundeten es zu Lande und aus der Luft. Als der Kaschag 1942 plötzlich ein Büro für Auswärtige Angelegenheiten einrichtete, wurde von chinesischer Seite behauptet, Amerika und England seien in Voraussicht der Nachkriegssituation die treibenden Kräfte gewesen.

»Gutinformierte Kreise« betrachteten es auch als bedeutsam, daß England nach dem Krieg die Initiative ergriff und der chinesischen Regierung brieflich versicherte, daß Tibet ein Teil Chinas sei, obwohl gerade diese Tatsache von englischer Seite zeitweilig abgestritten worden war. Die Großmächte, einschließlich Amerika, schlossen sich dieser Meinung an. Allerdings erfolge diese Zusicherung zu einer Zeit, da Indien noch direkt britischer und China durch Tschiang Kai-schek indirekt amerikanischer Kontrolle unterstanden. Die Unabhängigkeit Indiens und die großartigen Siege der chinesischen Volksbefreiungsarmee, die die Existenz der Kuomintang ernsthaft bedrohten, änderten die Situation. Es begann die Kampagne für die »Unabhängigkeit« Tibets.

Im November 1947, drei Monate nachdem Indien unabhängig geworden war, schickte Lhasa eine als Handelsdelegation bezeichnete Gruppe unter Leitung von Tsepon Schakabpa nach England und in die Vereinigten Staaten. Da das jährliche Gesamthandelsvolumen Tibets damals weniger als 500.000 Pfund Sterling betrug, wurde vielfach angenommen, daß ein anderes Motiv dem langen Aufenthalt der Delegation in Amerika zugrunde liegen müsse. In Hongkong beleidigte das amerikanische Konsulat das Tschiang-Kai-schek-Regime öffentlich, denn es trug seine Visa in Pässe ein, die vom Lhasaer Büro für Auswärtige Angelegenheiten ausgestellt worden waren, und nicht in Kuomintang-Pässe, wie es Tschiangs Anerkennung durch Amerika erfordert hätte. Dagegen protestierten selbst die Kuomintang.

Im Jahre 1949 fiel Peking, und die Volksbefreiungsarmee marschierte nach Süden. Tschiang Kai-scheks Armee und Regierung brachen zusammen, und die Volksrepublik China wurde gegründet. Bereits im Juli des Jahres, als die Niederlage Tschiang Kai-scheks offensichtlich war, sprach man davon, daß Amerika Tibet als selbständigen Staat anerkennen und einen tibetischen Antrag auf Aufnahme in die Vereinten Nationen unterstützen wollte. Am 8. Juli trieben die Lhasaer Behörden im sogenannten »Tibetischen Staatsstreich« alle Beamten Tschiang Kai-scheks aus der Hauptstadt. Einen Monat später erschienen der Kommentator der National Broadcasting Company, Lowell Thomas, und sein Sohn mit modernsten Sendegeräten in der Stadt. Sie wollten der Welt etwas über die Lostrennung Tibets vom jetzigen »Rotchina« vorgaukeln.

Auf der Reise nach Lhasa, die ihn über Indien führte, sah Lowell Thomas in Tokio General Mac Arthur. Heinrich Harrer berichtete 1952 in »Sieben Jahre in Tibet«, daß Vater und Sohn Thomas eine Woche in der tibetischen Hauptstadt verbrachten, um Material für »einen weltweiten Propagandafeldzug zugunsten der Unabhängigkeit Tibets« zu sammeln. Das englischsprachige Magazin »Volkschina« schrieb am 1. Dezember 1950, daß Thomas bei seiner Rückkehr an der indischen Grenze von einem amerikanischen Militärflugzeug erwartet wurde. Sein Sohn stritt jedoch in dem Buch »Fern dieser Welt« ab, daß Thomas sen. als »Sonderbeauftragter der Regierung« nach Lhasa gegangen sei. Thomas jun. deckte auf, daß das Interesse der Vereinigten Staaten zum Teil auf einem früheren Bericht des britischen Auswärtigen Amtes über »Erzvorkommen von unschätzbarem Wert«, die man in Tibet entdeckt habe, beruhte: »Der Londoner Depesche war zu entnehmen, daß es sich um radioaktives Erz handelte, das für Atombomben Verwendung findet.« Lowell Thomas jun. ließ auch keinen Zweifel darüber aufkommen, daß sie andere Dinge im Kopf hatten als »Propaganda«. »Am wichtigsten sind natürlich gute Partisaneneinheiten«, schrieb er. »Für ihre Aufstellung braucht Tibet Waffen und Ratschläge, hauptsächlich aus dem Ausland. Bei den Lieferungen sollten besonders für den Partisanenkampf geeignete Waffen berücksichtigt werden, wie halbautomatische Gewehre, Maschinengewehre, Mörser, Handgranaten und Minen.«

In Tibet wußte man nicht, wie man sich zur veränderten Situation in China verhalten sollte. Einige Staatsmänner waren gegen jeden Wiedervereinigungsgedanken. Nach ihrer Ansicht waren die Erfahrungen mit den letzten drei Pekinger Regimes schlecht genug gewesen. Außerdem meinten sie, die gegenwärtige kommunistische Regierung glaube nicht an den Lamaismus und würde nicht dulden, daß Tibet unter geistlicher Herrschaft verbleibe. Andere meinten, China hätte zum erstenmal eine starke und einheitliche Regierung, die den Tibetern helfen und seine Annexion durch fremde Mächte verhindern könnte. Dieser Meinung war auch Schak Dodon, der »Kriegsminister« der Fürstin von Derge. Er rief die Tibeter auf, sie sollten der Volksbefreiungsarmee helfen, »die rote Fahne Chinas mit den fünf Sternen auf dem Himalaya aufzupflanzen«.

Schließlich wurde beschlossen, mit der neuen Volksregierung Verhandlungen aufzunehmen. Im Februar 1950 verließ eine tibetische Delegation unter Führung Schakabpas, der bekanntlich auch in Amerika gewesen war, Lhasa, um über Indien nach Peking zu reisen. Damals gab es noch keine Straßen, so daß man selbst auf diesem Umweg schneller nach Peking gelangt wäre als zu Pferde im Winter über die Berge. Aber es ging viel langsamer. Kaum waren die Vertreter Tibets in Indien, da mußte die Pekinger »Volkszeitung« schon berichten: »Der britische Hochkommissar in Neu-Delhi, Sir Archibald Nye, und andere Kolonialisten wendeten all ihre Überredungskünste an, um die Delegation davon abzubringen, ein Übereinkommen mit der Zentralen Volksregierung zu erzielen.«

Die britischen Behörden verweigerten den Tibetern die Visa für die Durchreise durch Hongkong. Indessen ließen die Tibeter, einer Note der chinesischen Regierung an Indien zufolge, »starke bewaffnete Einheiten bei Tschangtu (Tschamdo) in der Provinz Sikang im Innern Chinas[1] aufmarschieren«.

Zwischen der chinesischen und indischen Regierung fand

ein Gedankenaustausch über die Tibet-Frage statt, aber die tibetische Delegation saß noch immer ohne Visa in Indien.

Es verging der Juni 1950. Die amerikanischen Truppen in Korea waren bei Intschon gelandet und befanden sich auf dem Vormarsch nach Norden. General MacArthur drohte schon, den Jalu zu überqueren und den Krieg nach China hineinzutragen. Truman hatte die VII. US-Flotte in das Gebiet um Taiwan (Formosa) beordert, um Tschiang Kai-scheks »Sprungbrett« für einen Angriff auf China zu sichern. Man sprach davon, daß auch Vietnam als Basis einer einseitigen Invasion benutzt werden könnte, um den Sieg der Volksbefreiungsarmee über die Kuomintang-Truppen rückgängig zu machen. Die Zeitung »Guangmingjibau« gab dazu folgenden Kommentar: »Amerika und England haben nichts unversucht gelassen, ihre Kontrolle über Tibet aufrechtzuerhalten, um es als Festlandbasis für die Invasion Chinas benutzen zu können.«

Später wurde bekanntgegeben, daß die chinesische Regierung Ende August Indien von bevorstehenden planmäßigen Schritten der Volksbefreiungsarmee im Raum von Tschamdo unterrichtet hatte. In seiner Note ersuchte China die indische Regierung dringend, die Abreise der tibetischen Delegation zu unterstützen, damit sie bis Mitte September Peking erreichen könnte. Wenn das bis zu diesem Zeitpunkt nicht der Fall sei, werde die indische Regierung für die Konsequenzen verantwortlich gemacht.

Da die Delegation zum angegebenen Zeitpunkt nicht in Peking war, rückte die Volksbefreiungsarmee vor. Bis zum 19. Oktober hatte sie schon über 1100 Kilometer auf dem Hochland zurückgelegt, acht hohe Bergketten, die Oberläufe des Jangtse, Mekong und Saluen überquert und Tschamdo besetzt. Dabei wurde auch Ford, der englische Funker, gefangengenommen.

Wie die »Nachrichtenagentur Neues China« meldete, wurden in der Schlacht um Tschamdo 2969 Gewehre erbeutet, davon 2578 englische Fabrikate aus Birmingham. Ein ganzes tibetisches Regiment lief zur Volksbefreiungsarmee über, und sein Kommandeur telegrafierte an Mao Tse-tung: »Wir haben die Imperialisten schon immer gehaßt, aber in der Vergangenheit hatten wir keine Möglichkeit, uns gegen sie zu wehren. Jetzt helfen uns unsere Brüder von der Volksbefreiungsarmee, so daß wir sie aus Tibet vertreiben können ... Wir haben gesehen, wie diszipliniert und korrekt sich die Soldaten der Volksbefreiungsarmee verhielten, und wir wissen, daß wir den richtigen Weg gewählt haben.«

General Liu Bo-tscheng, der Befehlshaber der Volksbefreiungsarmee in diesem Gebiet, garantierte in einer Erklärung Tibet örtliche Selbstverwaltung, Religionsfreiheit, Schutz der Klöster und die Achtung tibetischer Bräuche. Am politischen und militärischen System Tibets sollte nichts geändert werden. Wie der General bekanntgab, sollten Mönche, Beamte, Adlige und Stammesfürsten in ihren Ämtern verbleiben, und es sollte nichts gegen sie unternommen werden. In der Erklärung hieß es weiter: »Die Volksbefreiungsarmee setzt sich aus Angehörigen der verschiedensten Nationalitäten Chinas zusammen. In ihr herrscht strenge Disziplin. Sie wird die religiösen Überzeugungen, die traditionellen Gepflogenheiten und Bräuche des tibetischen Volkes achten. Die Volksbefreiungsarmee wird zuvorkommend in Worten und Taten sein und dem Volk auch nicht das Geringste nehmen. Für jeden entstandenen Schaden wird eine Entschädigung gezahlt werden, die sich nach den Marktpreisen richtet. Arbeitskräfte und Zugtiere werden angemessen vergütet. Niemand soll eingezogen und der Viehbestand soll nicht angetastet werden.«

Gleichzeitig ließ die Volksbefreiungsarmee ihre tibetischen Gefangenen frei – Tote hatte es nur in geringer Zahl gegeben –, gab ihnen ihre englischen Gewehre zurück, versah sie mit Geld und Tieren für die Rückkehr und entließ sie mit General Lius Erklärung, damit sie anderen ihre Erfahrungen mit der Volksbefreiungsarmee mitteilten.

Am 24. Oktober kündigte die Volksbefreiungsarmee an, daß sie beabsichtige, in das »eigentliche« Tibet vorzustoßen.

Vier Tage später sandte die indische Regierung eine Note nach Peking, in der sie mitteilte, daß die tibetische Delegation am 25. Oktober, einen Tag nach der Erklärung der Volksbefreiungsarmee, Delhi »endgültig verlassen« habe. »Wir wissen, daß die Reise der tibetischen Delegation nach Peking eine bedauerliche Verzögerung erlitten hat«, hieß es in der indischen Note. »Diese wurde hauptsächlich dadurch verursacht, daß es unmöglich war, Visa für Hongkong zu beschaffen.«

Bereits am 30. Oktober antwortete Peking: »Die tibetsche Delegation hat auf Betreiben Dritter absichtlich den Zeitpunkt ihrer Abreise nach Peking hinausgezögert.« Die chinesische Regierung betonte weiter, daß sie noch immer die Absicht hege, die tibetische Frage friedlich zu regeln, eine Einmischung fremder Mächte in innere Angelegenheiten Chinas aber nicht dulden könne.

Indien warf in seiner Antwortnote die Frage der von den Engländern übernommenen Rechte in Tibet auf. Nach der indischen Note gehörten dazu: die Anwesenheit eines Vertreters der indischen Regierung in Lhasa; das Bestehen von Handelskontoren in Gjantse und Jatung; die Unterhaltung von Telegrafenstationen und Posten an der Handelsroute und »eine kleine militärische Schutztruppe zur Überwachung der Handelsroute, die seit über vierzig Jahren« – genauer gesagt: seit der Invasion durch Younghusband – »in Gjangtse stationiert ist«. Und weiter hieß es: »Die indische Regierung ist bestrebt, diese Einrichtungen, die die chinesische Oberherrschaft über Tibet in keiner Weise in Frage stellen, beizubehalten.«

China begrüßte sofort die Feststellung, daß die indische Regierung »keine politischen und territorialen Ansprüche auf Tibet« erhebe. In der chinesischen Note, der letzten in diesem Wechsel, wurde erklärt: »Wir sind überzeugt, daß sich die Freundschaft zwischen China und Indien normal entwickeln wird, solange die Vertragspartner streng die Prinzipien der gegenseitigen Achtung des Territoriums, der Souveränität, der Gleichberechtigung und des gegenseitigen Vorteils wahren; wir sind ferner überzeugt, daß die Probleme der diplomatischen, kulturellen und wirtschaftlichen Beziehungen zwischen China und Indien, soweit sie Tibet betreffen, auf diplomatischem

Wege korrekt und zu gegenseitigem Vorteil gelöst werden können.« Wie die Note unterstrich, war das Vorrücken der Volksbefreiungsarmee nach Tibet »eine wichtige Maßnahme, um die chinesische Unabhängigkeit zu wahren, die imperialistischen Angreifer daran zu hindern, die Welt in einen Krieg zu verwikkeln, und den Frieden zu verteidigen.«

Das war ein Wendepunkt in der Geschichte Asiens. Indien hatte Chinas jahrhundertealte Oberhoheit über Tibet anerkannt, und China hatte sich bereit erklärt, die durch Indien angeschnittenen Probleme zum gegenseitigen Nutzen zu lösen. Die beiden jungen Republiken, in denen allein ein Drittel der Menschheit lebt, begegneten sich in einem Punkt, der zum Anlaß einer internationalen Auseinandersetzung mit ungewissem Ausgang hätte werden können. Die Engländer waren noch in vielen Position in Indien fest verwurzelt – Richardson verließ Tibet erst im September 1950 –, die Amerikaner schoben ihren Zwergsatelliten El Salvador vor, der die »Tibet-Frage« vor die Vereinten Nationen brachte, die damals offiziell, wenn auch illegal, in Korea gegen chinesische Freiwillige kämpften, und in einem nur angedeuteten Versprechen ließ man durchblikken, ein »unabhängiges« Tibet könne Einflußsphäre Indiens sein. Es ist daher nicht verwunderlich, daß der Druck, der von verschiedenen Seiten auf die tibetische Delegation und auf die junge indische Regierung ausübt wurde, ungeheuer groß war.

In der Öffentlichkeit verlautete nichts weiter, aber die chinesischen Truppen rückten nicht über Tschamdo hinaus vor, und die tibetische Delegation reiste wirklich von Indien nach Peking und verhandelte über ein Abkommen.

Aus den vier Punkten – »gegenseitige Achtung des Territoriums, Souveränität, Gleichberechtigung und gegenseitiger Vorteil« – des chinesisch-indischen Notenwechsels wurden die fünf Prinzipien der friedlichen Koexistenz, zu denen sich 1954 der chinesische und der indische Ministerpräsident und später viele andere Staatsmänner bekannten.

Als die tibetischen Delegationsmitglieder noch in Indien zurückgehalten und Noten gewechselt wurden, gründeten Stammesoberhäupter, Lebende Buddhas, Kaufleute, Monaden und andere in Tschamdo ein »Arbeitskomitee zur friedlichen Befreiung Tibets«. Es bat die Lhasaer Behörden, die Delegation nach Peking zu schicken, ganz gleich wie und auf welchem Weg. Aus dieser Körperschaft ging später das Tschamdoer Volksbefreiungskomitee hervor, das gegenwärtig die provisorische Örtliche Regierung in diesem Bezirk bildet. In Kürze wird er dem übrigen Tibet unter einer einzigen autonomen Regierung angegliedert werden.

In diesen Monaten kamen Hunderte von der Volksbefreiungsarmee freigelassene tibetische Offiziere und Soldaten nach Lhasa und berichteten von ihren Erlebnissen.

Sie berichteten, wie sehr sich diese Armee von allen früheren chinesischen Armeen unterschied, daß sie alles bezahlte und *ula* ablehnte, daß sie in allen Dingen die tibetischen Oberhäupter um Rat fragte und die religiösen und sozialen Gepflogenheiten im Lande achtete. Sie erzählten von der um fünfzig Prozent gesenkten Teesteuer und den im zweiten Halbjahr 1950 in das Tschamdoer Gebiet eingeführten 2400 Tonnen Tee. Für Moschus, Borax, Wolle und andere tibetischen Produkte würden hohe Preise gezahlt, und im allgemeinen blühe Tschamdo auf.

Die tibetische Delegation traf in der zweiten Aprilhälfte 1951 in Peking ein. Ihre Vertreter kamen teils aus Indien, teils aus Tschamdo. Der Kalon Ngabo leitete die vom Dalai-Lama entsandte Gruppe, und der Pantschen-Lama kam selbst mit einem großen Stab von Beamten und Begleitern aus Sian.

Ich erinnere mich noch deutlich an die Feier des 1. Mai 1951 auf dem Zentralen Platz in Peking: Selbst das wogende Meer der in bunte Seide gekleideten Demonstranten konnte die Pracht der leuchtenden Brokatgewänder, vergoldeten Helme, roten Schärpen, rot, weiß und blau bestickten Stiefel und goldgefaßten Türkise der tibetischen Delegation auf den Tribünen nicht übertreffen. Aber welchen Eindruck mag es auf diese gemacht haben, als in wenigen Stunden mehr als halb soviel Menschen an ihr vorbeizogen, wie Tibet Einwohner hat. Auf der höchsten Tribüne standen neben Mao Tse-tung und anderen Regierungsvertretern der Pantschen-Lama und der Kalon Ngabo. Nach fast dreißig Jahren trafen hier erstmalig wieder Anhänger des Dalai-Lamas und des Pantschen-Lamas zusammen.

Drei Wochen später wurde ein Abkommen unterzeichnet, dessen erster Paragraph lautete: »Das tibetische Volk wird sich zusammenschließen und die imperialistischen aggressiven Kräfte aus Tibet vertreiben; das tibetische Volk wird in die große Familie des Mutterlandes – der Volksrepublik China – zurückkehren.«[2]

Die übrigen sechzehn Paragraphen entsprachen im allgemeinen der Erklärung, die abgegeben wurde, als die Volksbefreiungsarmee den Befehl erhielt, in Tschamdo einzurücken. Sie legten fest, daß Tibet das Recht auf Ausübung der nationalen Autonomie innerhalb der chinesischen Republik hätte und daß die zentralen Behörden das politische System oder den Status der Großlamas nicht ändern würden. Religionsfreiheit wurde zugesichert, und niemand sollte die Einkünfte der Klöster antasten dürfen. Reformen sollten nur auf freiwilliger Grundlage durchgeführt, die Lebensbedingungen des Volkes in Übereinstimmung mit den bestehenden Verhältnissen verbessert werden. Für vom Volk geforderte Reformen waren Beratungen mit den führenden tibetischen Persönlichkeiten vorgesehen. Beamte sollten ungeachtet ihrer früheren politischen Bindungen in ihren Stellungen verbleiben, die Außenpolitik der Kontrolle der Zentralregierung unterstehen, und schließlich sollte die tibetische Armee reorganisiert und der Volksbefreiungsarmee angegliedert werden.

1 Tschangtu ist der chinesische Name für Tschamdo und gehörte damals zu Sikang. Diese Provinz ist heute auf Tibet und Setschuan aufgeteilt.

2 Das »Abkommen zwischen der Zentralen Volksregierung und der Örtlichen Regierung Tibets über Maßnahmen zur friedlichen Befreiung Tibets« vom 23. Mai 1951 (vollständiger Text siehe Anhang) wurde vom Kaschag nie verwirklicht. 1956 hatten die Zentralbehörden zugestimmt, mit den Diskussionen über die Reformen nicht vor 1962 zu beginnen. Da die Rebellen 1959 die Segel streichen mußten, konnten sie aber früher durchgeführt werden, weil die Massen es wollten.

Zum Tee beim Dalai-Lama

Die Suche nach dem Vierzehnten Wiedergeborenen – Der Juwelenpark – Ein Gott mit Hornbrille – »Berichten Sie die Wahrheit über Tibet« – Lamaismus und Krieg: eine Botschaft an alle Buddhisten – »Tibet wird ein sozialistisches Land werden«

Wer den Dalai-Lama sehen will, muß, der Etikette entsprechend, zwei Tage vorher seine Vorbereitungen treffen. Diese Zeit braucht man auf jeden Fall, um sich das genau festgelegte Zeremoniell anzueignen, das von jedem verlangt wird, der dem jungen Gottkönig seine Aufwartung machen will. Der Dalai-Lama ist die Reinkarnation Tschenresis, der Allumfassende Lama, der Hüter des Blitzes und der Edle Beschützer, der die Möglichkeit geopfert hat, ein Buddha zu werden und ins Nirwana einzugehen, und nun in verschiedenen Körpern immer wieder zur Erde zurückkehrt, um allen lebenden Geschöpfen zu einem höheren Dasein zu verhelfen.

Nur dreimal im Jahr bekommt das einfache Volk den Dalai-Lama zu sehen. Sogar bei Theateraufführungen im Potala und in seinem Sommersitz bleibt er ihnen verborgen; er sitzt in einem Raum über allen anderen Zuschauern und schaut durch einen Gazevorhang. Der Weg zu seinen Räumlichkeiten wird von vielen Soldaten bewacht, und er selbst steht unter dem Schutz riesiger Mönchspolizisten.

Der gegenwärtige Dalai-Lama, der Vierzehnte Wiedergeborene, wurde im Jahr 1935, eineinhalb Jahre nach dem Tod des Dreizehnten, in der Nähe des Kuku-nor-Sees in China geboren. Der neunte Pantschen-Lama, der damals im freiwilligen Exil in der Provinz Tschinghai lebte, hatte drei Kinder namentlich vorgeschlagen. Eines bestand erfolgreich alle Prüfungen, die angestellt wurden, um herauszufinden, ob die Seele Tschenresis in seinen Körper übergegangen sei, und wurde Dalai-Lama. Vor allem hatte er abstehende Ohren und zwei Male am Körper, die man für die Stellen hielt, wo die beiden anderen Arme des Gottes ansetzten. Einer der Mönche, die nach dem Wiederverkörperten suchten, kam, als armer Laie verkleidet, in das Bauernhaus der Eltern des Jungen; niemand sollte wissen, daß man nach dem neuen Dalai-Lama suchte. Aber der Kleine, der damals gerade zwei Jahre alt war, rannte auf ihn zu und sagte »Lama« zu ihm. Er soll ferner einen alten Rosenkranz und einen Spazierstock, die dem letzten Dalai-Lama gehört hatten, unter neuen und schöneren ausgewählt und auch im allgemeinen zur Genüge bewiesen haben, daß er der Vierzehnte Wiedergeborene sei. Alle Angehörigen seiner Familie wurden sofort in den Adelsstand erhoben und mit riesigen Ländereien aus Regierungsbesitz belehnt. Der jetzt Einundzwanzigjährige hat mit dem ein Jahr jüngeren Patschen-Lama die Aufgabe, den alten Staat Tibet durch ein Meer von Veränderungen zu steuern, die größer sind als die unter König Srongtsan-gambo.

Als Besuchsgeschenk muß der Gast dem Dalai-Lama ein *nangdzu khadag*, eine etwa sechzig Zentimeter breite und einhundertachtzig Zentimeter lange Zeremonienschärpe aus feinster Seide überreichen, die extra als Geschenk für den Dalai-Lama und den Pantschen-Lama angefertigt wird. Bis zum Augenblick der Übergabe wird sie, auf vorgeschriebener Weise eingerollt, von einem Diener gehalten. Dieser händigt sie dem Besucher aus, der sie entrolle und auf seine Handflächen legt, daß er sie, die Hände außen neben denen des Dalai-Lamas, überreichen kann, ohne Seine Heiligkeit zu berühren. Man ließ mich wissen, daß ich ihm nicht meine Hand zum Gruß entgegenstrecken sollte; seine Ratgeber sehen es nicht gern, wenn er jemandem die Hand gibt. Falls er mir nicht die Hand anböte, sollte ich nur die Schärpe überreichen. Der Dalai-Lama kann das Kompliment des *khadag*-Überreichens auf mannigfache Art erwidern. Wollte er besonders höflich sein, könnte er mir eine Schärpe um den Hals legen, wie es hochstehende Persönlichkeiten Angehörigen niederen Ranges gegenüber tun.

Da es noch September war, empfing mich der Dalai-Lama in seinem Sommerpalast, dem *Norbu-lingka* oder Juwelenpark.

Die von einer Mauer umgebenen bewaldeten Anlagen liegen anderthalb Kilometer vom Potala entfernt, in dem er nur im Winter lebt. Vor dem Hauptportal mit seinem eindrucksvollen Dach entstieg ich meinem Jeep und erwiderte den Gruß einiger hoher Offiziere der Leibwache, die eine englisch anmutende Uniform, rote Kragenspiegel und lange Türkisohrringe trugen. Eine kurze Allee führte zum Audienzsaal des Dalai-Lamas. Man meldete, daß Seine Heiligkeit warte. Auf dem Weg zu seinem privaten Empfangszimmer starrten mich die hünenhaften Mönchspolizisten mit durchdringenden Blicken an. Mit ihren wattierten Schultern wirken sie noch wuchtiger. Als wir die Stufen zum Empfangszimmer emporstiegen, wurde es plötzlich so still, daß wieder das tief mysteriöse Gefühl in mir aufstieg, das ich gehabt habe, als wir uns Lhasa näherten.

Und dann kam mir der Dalai-Lama zur Begrüßung entgegen. Er lächelte, als ich das *khadag* überreichte, schüttelte mir die Hand und führte mich zu einem weichen Sessel am Fenster. Die farbige Holztäfelung des prachtvollen Empfangszimmers war reich mit Schnitzereien versehen, und überall lagen kostbare Brokatstoffe oder feinste Teppiche.

Niedrige Tische waren über und über mit Früchten, Kuchen und Konfekt, tibetischem Brot und *tsamba*-Keksen bedeckt. Vor dem Dalai-Lama stand ein herrliches getriebenes goldenes Teeservice und vor mir das Pendant in Silber. Der Dalai-Lama lächelte sanft, fast verträumt hinter seiner Hornbrille. Unter seinen Backenknochen bemerkte ich zwei tiefe Grübchen, seine Mundwinkel waren merkwürdig hochgezogen, und seine Fingersitzen berührten sich leicht. So wartete er, bis sich die anwesenden hohen Beamten verteilt und unter dem Rascheln ihrer goldenen Seidenroben gesetzt hatten. Buttertee wurde eingeschenkt, dickflüssig und rötlich, der beste in Tibet. Sein Leibdiener goß ihm aus einer besonderen Kanne ein. Er forderte mich zum Trinken auf, und mit der gleichen Handbewegung führte er wie ein Zauberer die Tasse zum Mund, als sei sie federleicht. Seine Gesten schienen keinen Anfang und kein Ende zu haben, seine Hände nie in einer bestimmten Lage zu ruhen, und dennoch war jede seiner Bewegungen völlig ausgeglichen. Ein Teil der langwierigen Ausbildung des Dalai-Lamas wird darauf verwendet, ihn die vorgeschriebenen Bewegungen und eine bestimmte Art der Gestik zu lehren, die seine Würde erhöhen sollen.

Mit einem Schwall Fragen brach er das Eis des Schweigens und schuf eine herzliche Atmosphäre. Mit hochgezogenen Augenbrauen und seltsam zuckenden, lächelnden Mundwinkeln wollte er wissen, wie mir die Reise gefallen habe, was ich über Tibet denke, ob ich mir alles so vorgestellt habe, wie ich das Klima vertrage, ob ich gut untergebracht sei, was ich von den neuen Straßen halte. Hier saß mir im Alter von nur zwanzig Jahren – so alt war der Dalai-Lama, als ich ihn besuchte, das höchste Produkt der tibetischen Gesellschaft gegenüber.

»Eure Heiligkeit«, sagte ich, »ich habe viele Bücher über Tibet gelesen, und in ihnen steht, daß die Tibeter allen Fremden feindlich gesinnt seien. Nach ihnen zu urteilen, ist Tibet ein ödes, kaltes, armes und unwirtschaftliches Land, eine steinerne Bergwüste. Meine Erfahrungen entsprechen dem durchaus nicht. Ich habe festgestellt, daß die Tibeter sehr freundlich sind, und ich habe hier einige der reichsten und schönsten Orte der Welt gesehen.«

Mit jener schwerelosen Bewegung reichte er einen Teller mit Kuchen herum, nahm sich selbst ein Stück und schien daran zu knabbern, ohne zu essen.

»Früher haben Fremde, besonders Engländer, Bücher über Tibet geschrieben«, antwortete der Dalai-Lama. »Zum Teil ist etwas hinzugefügt, zum Teil etwas weggelassen worden, so daß ein falsches Bild entstand, das die Beziehungen Tibets zu anderen Ländern in nicht geringem Maße beeinflußt und viel Unheil angerichtet hat. Ich hoffe, Sie berichten die Wahrheit über Tibet und korrigieren einige dieser falschen Vorstellungen. Sagen Sie der Welt unverhüllt, wie Tibet wirklich ist.«

Inzwischen war das Butterteegeschirr abgeräumt worden, und in normalen Tassen wurde Tee mit Milch und Zucker nach indischer oder englischer Art gereicht.

Kein Fremder hatte den Dalai-Lama seit der Unterzeichnung des Abkommens vom 23. Mai 1951 gesehen; darum fragte ich ihn zuerst nach den Ereignissen der Zwischenzeit.

»Vor dem Abkommen«, erwiderte er, »sah Tibet keinen Weg vor sich. Aber seitdem hat es den alten Weg ins Dunkel verlassen und einen neuen beschritten, der in eine helle Zukunft mit vielen Möglichkeiten führt.« Der Kalon zu meiner Rechten schrieb jedes Wort des Gottkönigs eilig in ein großes Notizbuch. »Besonders die Beziehungen zwischen den Chinesen und Tibetern, aber auch das Verhältnis der Tibeter untereinander haben sich gebessert.«

»Chinesen und Tibeter hatten schon vor mehr als tausend Jahren Kontakt«, fuhr er, mir zugewandt, fort. »Das zuletzt so schlechte Verhältnis und die nationale Feindschaft beruhten auf den Versuchen der Mandschu-Dynastie und des Kuomintang-Regimes, unser Volk zu unterdrücken. Hinzukamen noch die von ausländischen Imperialisten gesäte Zwietracht und die Verleumdungen, die sie über das neue China verbreiteten. Deshalb war in der ersten Zeit nach der Unterzeichnung des Abkommens das Vertrauen nicht sehr groß. Erst nachdem das tibetische Volk wirkliche Beispiele von Gleichberechtigung und gegenseitiger Hilfe erfahren hatte, merkte es, daß nationale Diskriminierung und Unterdrückung ein Ende gefunden hatten. Befürchtungen und Zweifel schwanden, und an ihre Stelle trat, von Tag zu Tag mächtiger werdend, eine Solidarität.

Auch unter den Tibetern wichen alter Haß und Zwietracht gegenseitigem Vertrauen.« Zwar blieb das Wort »Pantschen-Lama« unausgesprochen, aber die Anspielung auf das Zerwürfnis zwischen den beiden Großlamas in den frühen zwanziger Jahren wegen der Beziehungen zu den Engländern war eindeutig.

Ich fragte Seine Heiligkeit nach den Eindrücken seiner Chinareise. Er lehnte sich zurück, fuhr sich mit der Hand über das Gesicht, rückte seine Brille zurecht, scheinbar ohne sie zu berühren, und antwortete nach einigem Nachdenken: »In politischer Hinsicht ist das volksdemokratische System mit der

Arbeiterklasse als führende Kraft und dem Bündnis zwischen Arbeitern und Bauern als Grundlage gut. Es sorgt vor allem für das Wohlergehen und das Glück der Volksmassen.

In unserem Land gibt es viele Religionen und Sekten, die alle den Schutz der Zentralregierung genießen, solange sie sich auf ihre eigentliche Bestimmung beschränken. Tempel und Klöster werden instand gehalten und erweitert; die Religionsfreiheit wird also geachtet und geschützt.« Als er von »unserem Land« sprach, bezog es sich genauso deutlich auf ganz China wie später, als von »unserer« Industrie die Rede war und davon, was »wir« taten. Der junge Großlama nickte mit dem Kopf und fuhr ein wenig schneller fort: »Unsere ökonomische Position festigt sich. Wir produzieren bereits vieles, was wir früher nicht selbst herstellen konnten. Im Nordosten des Landes beispielsweise haben wir in der Entwicklung der volkseigenen Wirtschaft und beim Aufbau der Schwerindustrie, die die Produktionsmittel herstellt, beträchtliche Erfolge zu verzeichnen. Der Lebensstandard unseres Volkes ist beträchtlich gestiegen.«

Ich bat Seine Heiligkeit, mir die Einstellung des Lamaismus zu Krieg und Frieden zu erklären, damit ich versuchen könnte, sie anderen gläubigen Menschen weiterzuvermitteln. Der Dalai-Lama lächelte und nickte.

»Unsere Religion unterscheidet zwischen den Annehmlichkeiten in diesem Leben und denen im Leben nach dem Tode. Gläubige mit hohen Idealen sollten, um Ruhe im Leben nach dem Tode zu finden, sich selbstlos für das Wohlergehen anderer einsetzen. Selbst jene, die ihr Ziel nicht so hoch gesteckt haben, dürfen in ihrem Erdenleben anderen selbst dann keinen Schaden zufügen, wenn sie nicht von der Idee der Selbstaufopferung erfüllt sind.

Um der Ruhe im Jenseits willen müssen alle Gläubigen – gleichgültig wie groß ihre Ideale sein mögen – gegen den Krieg sein«, betonte der Dalai-Lama nachdrücklich. Er sagte, daß im Falle eines Krieges einige sterben, andere schmerzliche Verluste erleiden würden, daß Hungersnöte und anderes Unglück der Zerstörung der Versorgungsquellen folge. All das zöge nicht nur die Menschheit in Mitleidenschaft, sondern »sogar kleine Lebewesen wie Insekten werden dann ins Unglück gestürzt. Krieg«, so formulierte er es sehr merkwürdig, »schadet stets allem Belebten und Unbelebten.«

Mit folgenden Worten wandte sich der Dalai-Lama direkt an alle buddhistischen Gläubigen: »Ich würde es begrüßen, wenn Sie den Buddhisten in anderen Ländern sagten: Wir lieben den Frieden, weil nach unseren buddhistischen Lehren das Töten eines Lebewesens die Ursache schrecklichen Leidens ist, denn wir nehmen damit das endlose Elend der Seelenwanderung im Jenseits auf uns; auf der anderen Seite ist die wichtigste Tat, durch die man ewige Ruhe erlangt, sich uneigennützig für andere Lebewesen einzusetzen. Daher stimmt die Idee des Weltfriedens mit unseren religiösen Grundsätzen überein.

Wir Tibeter glauben fest an den Buddhismus und wünschen ihm ewiges Gedeihen; wir lieben unser Mutterland, das die Religionsfreiheit fördert, wir lieben den Frieden und arbeiten für ihn gegen den Krieg und wollen die Weltfriedensbewegung unterstützen.«

Der Dalai-Lama beantwortete noch eine Frage über seine Beziehungen zum Pantschen-Lama. Er sagte, die Wiederherstellung des guten Verhältnisses zwischen ihnen sei »ein Grund zur Freude für die Buddhisten aller Länder«.

Dann kamen wir auf internationale Fragen zu sprechen. Ich hatte geäußert, daß ich gern die Meinung Seiner Heiligkeit zum Verhältnis zwischen China und Indien erfahren hätte. Zuvor wurden aber frischer Tee und gute, mit viel Butter gebackene, tibetische Kekse gereicht, die ich auf Drängen des Dalai-Lamas unbedingt kosten mußte. »Das chinesische und das indische Volk leben schon jahrhundertelang ohne Krieg als Freunde nebeneinander. Sie sind Nachbarn und haben Verständnis füreinander. Unsere beiden Völker haben lange unter imperialistischer Gewalt und Ausbeutung zu leiden gehabt, und natürlich verbindet uns eine herzliche Freundschaft. Die chinesisch-indischen Beziehungen werden mit jedem Tag fester. Die Solidarität der Völker Indiens und Chinas stellt die vereinigte Kraft von neunhundert Millionen Menschen dar, die ein Drittel Asiens bewohnen. Diese wird mehr erreichen, als nur den Frieden in Asien zu sichern: Sie wird entscheidend sein für die Erhaltung des Weltfriedens.«

Meine Audienz bei der Lebenden Gottheit dauerte nun schon mehr als zwei Stunden und war hinsichtlich ihrer Länge und Ungezwungenheit beispiellos. Von Zeit zu Zeit betrat ein mittelalterlich gekleideter Adliger den Raum und schoß ein paar Blitzlichtaufnahmen oder drehte ein paar Meter Film ab. Der Dalai-Lama trug über kostbarer, mit Goldfäden bestickter Seide eine weinrote Kaschmirtoga bester Qualität, die, den Vorschriften entsprechend, einen Arm nicht bedeckte. Seine bunt verzierten Stiefel mit ihren wohl fünf Zentimeter dicken Sohlen schienen noch nie den Fußboden berührt zu haben.

Bei unserer letzten Tasse Tee erzählte er mir von seinen Gesprächen mit Mao Tse-tung, den er den »Führer aller unserer Völker« nannte. Er hielt inne und sprach sehr langsam weiter, um mir und dem Kalon an meiner Seite Zeit zu lassen, seine Worte zu notieren.

»Ich habe den Vorsitzenden Mao über verschiedene Angelegenheiten sprechen hören und Ratschläge von ihm bekommen. Ich bin zu der festen Überzeugung gelangt, daß die große Zukunft für das ganze chinesische Volk auch eine große Zukunft für uns Tibeter ist. Unser Weg ist der Weg des ganzen Landes, und kein anderer. Der ökonomische Aufschwung des neuen China macht rapide Fortschritte. Tibet ist zwar in der Wirtschaft und der Erziehung noch zurück, aber wir wissen, daß die Zentralregierung sowie die fortgeschrittene Han-Nationalität und ihre Vertreter rückständigen Nationalitäten wie uns jede mögliche Hilfe gewähren werden.

Und noch mehr als das: Der Vorsitzende Mao versicherte mir, daß das jetzt noch rückständige Tibet in fünfzehn oder zwanzig Jahren auch zum Aufbau unseres Landes beitragen wird. Davon sind wir fest überzeugt.«

Und noch langsamer und deutlicher schloß er: »Wir vertrauen darauf, daß wir durch unsere eigenen Anstrengungen und mit Unterstützung der Zentralregierung und der weiter fortschrittlichen Han gemeinsam mit dem ganzen Land ein glückliches Leben im Sozialismus führen werden.«

Er erhob sich – genauer gesagt: Er saß nicht mehr –, und die zweieinviertelstündige Unterredung war beendet. Ein Beamter reichte ihm ein *khadag*, das er mir lächelnd um den Hals legte. Dann drückte er mir die Hand so kräftig, wie man es, seinen sonstigen graziösen Bewegungen nach zu urteilen, nicht vermutet hätte. Er ging zu einigen Aufnahmen inmitten der Bäume und Blumen voraus in die Sonne. Noch einmal schüttelten wir uns die Hände, und dann war er mit den Beamten, Leibwachen und Dienern seines nur aus Männern bestehenden Haushaltes verschwunden. Selbst seine Mutter, die einzige Frau, die er überhaupt empfangen darf, hat nur zur förmlichen Audienz bei ihm Zutritt. Nach dem heiteren Ausdruck seines klugen, aufgeschlossenen Gesichts zu urteilen, schien ihm unser Gespräch Vergnügen bereitet zu haben, und ich vermutete, daß nur selten etwas Abwechslung in die Eintönigkeit der Studien und Gebete kommt.

Zum Abschied zeigte mir der Bruder des Dalai-Lamas, Lobsam Samten, noch den Juwelenpark, in dem Seine Heiligkeit die meiste Zeit seines Lebens verbringt. Ich fotografierte Lobsam inmitten eines fast schulterhohen Blumenmeers. Es war Mitte September, und rings um uns blühten all die vertrauten Stock- und Teerosen, großen Chrysanthemen, Astern, Phloxe und Ringelblumen schöner als in der Heimat.

Ein Teil des Juwelenparks ist von einer etwa dreieinhalb Meter hohen Mauer umgeben und dem Dalai-Lama vorbehalten. Nur er und einige seiner Vertrauten haben dort Zutritt.

Der erste Jeep in Schigatse

Das Reishaufen-Kloster – Nomaden – Der höchste Punkt der höchsten Straße der Welt – Die ersten Räder im Tal des Brahmaputra – Städtische Siedlungen in Tibet – Lange Arme und kurze Ärmel

Lhasa war nur ein Zwischenziel der neuen Straße; für ihre Erbauer gab es hier keinen Aufenthalt, sie arbeiteten sich weiter vor bis zum Himalaya. Am Fuße des Potala entlang, durch das Westtor, vorbei am Juwelenpark und am Drepung-Kloster führte die weiße, sandige Spur hinaus auf die Hochebene. Zwischen Lhasa und Schigatse, dem Sitz des Pantschen-Lamas, liegt der höchste Abschnitt der höchsten Straße der Welt. Er sollte am 20. Oktober für den Verkehr freigegeben werden, aber nach Berichten der Straßenbauverwaltung sollten Jeeps ihn eventuell schon vorher passieren können. In der Hoffnung, vielleicht sogar bis Gjangtse zu kommen, fuhr ich am 4. Oktober los. Ich war sehr neugierig auf die Stadt, vor der 1904 Engländer und Tibeter monatelang gekämpft hatten, doch allein die Vorstellung, der erste Reisende auf der halbfertigen Straße zu sein, war erregend.

Etwa acht Kilometer vor Lhasa liegt das Kloster Drepung, »der Reishaufen«. In diesem größten Kloster der Welt leben zeitweilig bis zu zehntausend Mönche. Sein Name scheint nur aus der Ferne einige Berechtigung zu haben, denn von hier sieht es wirklich wie ein flacher Reishaufen aus, der in das dreieckige Tal zwischen den Ausläufern der Berge geschüttet wurde. Drepung ist wohl der größte der drei »Stützen des Staats«, aber vielleicht doch nicht so ganz einflußreich wie das kleinere Sera-Kloster, wo der Dalai-Lama erzogen wurde.

Mein Besuch in Drepung war bereits angemeldet. Als die schweren Türen sich knarrend öffneten und eine von einer Mauer umgebene, ausschließlich von Männern bewohnte Stadt freigaben, empfingen mich zwei Mönchspolizisten. Mit ihren eckig ausgepolsterten Schultern und schweren, an den Spitzen mit Metall beschlagenen Stäben, boten sie ein Bild furchterregender Stärke. Diese beiden Proktoren waren von zwei ebenfalls lange Stöcke tragenden Liktoren in zerrissenen Mönchskutten begleitet. Diese eilten lärmend vor den Proktoren durch die holprigen gewundenen Gassen, sprangen die Stufen hinauf und riefen ununterbrochen: »*Pha gyuk*« – »Gebt den Weg frei«. Mönche, die eben noch vor Eingängen gestanden oder aus Fenstern und Seitenstraßen hervorgelugt hatten, verschwanden urplötzlich, tauchten aber wie Geister immer wieder vor uns auf.

Die Zeit steht in den Klöstern Tibets schon mehr als tausend Jahre still. In Drepung gibt es nichts, was es in seiner heutigen Form nicht schon vor zehn oder mehr Jahrhunderten gegeben hätte, ausgenommen die Armbanduhren, die den hohen Mönchen ebenso unentbehrlich zu sein scheinen wie die Rosenkränze. In jahrhundertelange vom Qualm der Jakmistfeuer geschwärzten Küchen sah ich fast zwei Meter große Kupferkessel, in denen der Buttertee für das Kloster gekocht wird, der zusammen mit *tsamba* die Hauptnahrung der Mönche darstellt. Alle Gebäude und ihre unzähligen heiligen Reliquien tragen das Siegel des Alters; sie sind prächtig, aber muffig, schön, aber schmutzig. Unter vergoldeten Dächern stehen Hunderte verstaubter Statuen, von denen jede ihre eigene Geschichte hat. Viele sollen von selbst entstanden sein und wunderbarerweise gesprochen haben. Kein Vermögen würde ausreichen, die Schätze auch nur einer Kapelle kaufen zu können.

Drepungs Mönche sind in Kollegien aufgeteilt, von denen jedes seinen eigenen Abt, seinen Tempel und seinen Garten hat. Jedes Kollegium besitzt mehrere Häuser, wo die reichen Mönche in eigenen Zimmern wohnen, die ererbter Familienbesitz sind; die armen Mönche leben in großen, kahlen Schlafsälen. Im Empfangszimmer eines Abts hing eine schwere Peitsche aus ungegerbten Lederriemen, die offenbar oft benutzt worden war. Von den Novizen und den Mönchen niederen Ranges wird unbedingter Gehorsam verlangt. Die meisten Mönche treten vor Vollendung ihres zehnten Lebensjahres ins Kloster ein, bleiben ihr ganzes Leben im untersten Rang und verrichten niedere Arbeiten. Einigen gelingt es, lesen und schreiben zu lernen. Sie legen dann eine Prüfung ab und rücken vielleicht eine Stufe auf. Ein höherer Titel setzt das Auswendiglernen der Schriften voraus, wozu man dreißig bis vierzig Jahre braucht. Allerdings beschleunigen Geld und Beziehungen den Aufstieg. Am Ende meines Rundganges durch rauchgeschwärzte Kapellen und Wohnungen, währenddessen ich eine Schale Buttertee nach der anderen getrunken und große Mengen Kekse und getrocknete Aprikosen gegessen hatte, versammelten sich die Äbte und beantworteten meine Fragen über den Lamaismus und das Klosterleben. Mein Blick schweifte über die abgelagerte Sandebene; so muß sie sich vor fünfzig Jahren auch den Mönchen von Drepung dargeboten haben, als Younghusbands Truppen mit der Beschießung des Klosters drohten, falls es sich weigere, ihnen Proviant zu überlassen.

Edmund Candler, der für die »Daily Mail« an der Younghusband-Expedition teilnahm, schrieb in seinem Buch »Entschleiertes Lhasa« (1905) hierüber:

»General Macdonald ließ eine starke Einheit englischer und eingeborener Soldaten etwa 1200 Meter vor dem Kloster Stellung beziehen und die Geschütze auf Drepung richten; Infanterie marschierte auf, und nun warteten wir, bis die Gnadenfrist, die im Brief gewährt war, abgelaufen war … Es schien die schwierigste Sache der Welt zu sein, die armen Narren vor den Folgen ihrer störrischen Torheit zu bewahren. Die Zeit war beinahe abgelaufen, die beiden Batterien noch 250 Meter vorgerückt, die Kanoniere richteten ihre Neunpfünder direkt auf das Klosterzentrum …

Endlich kam eine lange Reihe von Mönchen in roten Kutten aus dem Tor und stieg den Berg hinab. Jeder trug einen Sack mit Lebensmitteln. Die Krise war vorüber, und uns blieb es erspart, eine grausame Strafe zu verhängen …

Der Zwischenfall in Drepung beweist, wie schwierig es ist,

mit den Tibetern ohne Waffengewalt fertig zu werden. Wir waren in der Stadt, um die Einhaltung unserer Forderungen durchzusetzen. Eine friedliche Einigung aber schien hoffnungslos, und wir konnten nicht auf unbegrenzte Zeit in Lhasa bleiben. Was sollte werden, wenn die Mönche sagten: ›Wenn ihr wollt, könnt ihr hierbleiben. Wir werden euch keine Schwierigkeiten machen, aber wir weigern uns, eure Bedingungen anzunehmen‹? Entweder mußten wir uns zurückziehen oder unsere Geschütze auf den Potala richten. Aber ein Rückzug kam natürlich nicht in Frage.«

Wir verließen das Kloster auf jenem Weg, den die »lange Reihe von Mönchen in roten Kutten« ein halbes Jahrhundert vor uns gegangen war. Die Liktoren hüpften wieder schreiend vor uns her, und Tausende Mönche starrten uns aus ihrer Halbverborgenheit nach. Draußen vor den Klostertoren warteten hinter dem Tempel des Staatsorakels die Jeeps auf uns.

Nach zweieinhalb Stunden hatte ich achtzig Kilometer zurückgelegt und befand mich auf den 4500 Meter hohen Weidegebieten, wo die Luft so dünn ist, daß sich die hier lebenden Nomaden nur im Winter nach Lhasa trauen, weil sie das »Tiefland«-Klima der Hauptstadt (3900 Meter) im Sommer zu drückend finden.

Hinter Lhasa säumten fast fünfzig Kilometer runde Kieselsteine zu beiden Seiten die Straße, und alle paar Meter waren Stein-»Pagoden« errichtet worden. Ihre übereinandergetürmten großen, runden Felsbrocken waren mit kleinen Steinen wie ein Kartenhaus sorgsam ausbalanciert. All diese Mühe hatte dem Dalai-Lama gegolten, der am Vortag zu einer Staatsvisite ins Reting-Kloster gefahren war. Auf das Aufschichten und Ausbalancieren von Steinen wird viel Wert gelegt. Häufig sieht man große Stapel von Granitsteinen, die alle die sauber eingeritzte Formel *»Om mani padme hum«* tragen, Tausende Mal auf einem Stapel. In dieser ständigen Verwendung von Steinen spiegelt sich wohl am ehesten und deutlichsten der Einfluß der älteren Naturverehrung der Bon-Religion auf den Lamaismus wider.

Etwa achtzig Kilometer vor Lhasa verzweigt sich die Straße: in westlicher Richtung geht es nach Schigatse weiter, die andere Route führt nach Norden. Dies ist die zweite Straße nach China; Hunderte von Kilometern verläuft sie durch Sumpf und Wüste, und über Tschinghai erreicht sie Lantschou. An dieser Kreuzung hatten Hirten ihr kleines, halbfestes Zeltlager errichtet: zwei Zelte aus schwarzer Jakwolle, jedes umgeben von einer 1,20 Meter hohen Mauer aus Luftziegeln und getrocknetem Jakmist, die als Windschutz diente. Auf dem Boden war Jakmist zum Trocknen ausgebreitet, und zwischen den Zelten standen mehrere Stapel. Das Sammeln dieses Brennstoffs gehört zum *ula* der Hirten. Mit der stets gleichbleibenden Höflichkeit aller Tibeter luden sie mich in ihre Zelte ein.

Die Seitenwände waren etwa 1,20 Meter hoch und innen mit einer zweiten Lehmmauer, die an einer Seite eine Öffnung freiließ, verkleidet. Rings im Zeltoval waren im Lehm Nischen ausgespart. Die eine barg den unvermeidlichen Schrein mit einem Bildnis und ein paar billige Opferschalen; in den anderen hatten die wenigen Habseligkeiten der Nomadenfamilie ihren Platz gefunden. In der Mitte des Zeltes brannte in einem Lehmofen ein Jakmistfeuer und verbreitete etwas Wärme. In einem Topf kochte Tee, in einem anderen wurde der Sand zum Rösten der Gerste heiß gemacht. Zwei äußerst wichtige tibetische Haushaltsgegenstände standen in einer Ecke: das Butterfaß und der Teemixer. Beide sind nach dem gleichen Prinzip gebaut: In einer oben offenen hohen Holzröhre wird ein wie ein Kartoffelstampfer durchlöcherter Rundkolben auf und nieder bewegt. In jedem Hirtenzelt findet sich solch ein großes Gerät zum Buttern und ein kleineres zur Teebereitung. Der Teemixer wird auf dem Rücken sogar oft mit auf Reisen genommen.

Die Hausfrau, die mit drei Brüdern verheiratet war, goß bald den heißen Tee in den Mixer, gab etwas Salz, eine Prise Natron und ein Stück ranziger Butter zu und stampfte das Ganze, bis es zu jener köstlichen, sahnigen Suppe geworden war, ohne die kein Tibeter auskommt. Jeder holte seinen eigenen Eßnapf hervor, den alle Tibeter niederer Schichten in der Gewandfalte über dem Gürtel neben einer Schnupftabaksdose, Schreinen in Taschenformat und anderem am Körper tragen. Wir tranken Tee, aßen *tsamba* und rauchten hinterher Zigaretten, die mir noch kein tibetischer Laie abgeschlagen hat. Im Gegensatz zum gebutterten Tee konnte ich mich nie an *tsamba* mit seinem Geschmack nach rohem Teig, der an Stelle von Wasser mit verdünntem schalem Bier angerührt wurde, gewöhnen.

Wie armselig der Besitz dieser einsamen Hirten auch war, er hat bestimmt beträchtliche Summen gekostet. Die Verkehrsverhältnisse waren immer so schlecht, daß in der Stadt hergestellte Waren preislich in keinem Verhältnis zu ihrem Wert stehen. Auf den Weiden kann man nur bei reisenden Händlern, von denen jeder ein Monopol in seinem Bezirk hat, etwas kaufen. In vielen Teilen Tibets sind die Bergstraßen so steil und schmal, daß zwei Pferde nicht aneinander vorbeikommen. Begegnen sich hier zwei Händler, besteht die einzige Möglichkeit weiterzukommen darin, die Lasten zu tauschen. Dann einigt man sich über den Wert der Tiere und gleicht die Differenz mit Geld aus. In diesem baumlosen Gebiet stellen drei rohe Holznäpfe den Gegenwart für ein ausgewachsenes Schaf dar. Seit die Straße bis Lhasa gebaut wurde, war aber lediglich der Teepreis um etwa ein Drittel gesunken.

Durch einen großen Schlitz im Dach zog der Rauch aus dem Zelt ab. Eine solche Behausung herzustellen dauert fünf Jahre. Wenn sie nicht gerade ihre Gebetsmühlen kreisen lassen, spinnen alle Männer, Frauen und Kinder auf den Weiden Garn aus dem Bauchhaar der Jaks. Im stillen stellte ich mir immer wieder die Frage, warum sie nicht die Gebetsmühle als Spinnrocken benutzen und so die Anzahl von Gebeten und die Garnmenge verdoppelten, aber ich habe sie niemals ausgesprochen, denn das wäre diesen äußerst höflichen und freundlichen Menschen sicher doch unhöflich vorgekommen.

Nicht weit von der Straßenkreuzung beginnt die Region der schneebedeckten Berge, aber die Nachmittagssonne hatte nichts von ihrer sengenden Kraft verloren. Ich badete in einem klargrünen Gletscherbach, und sofort drang die Kälte wie ein elektrischer Schock durch Mark und Bein. Man kann höchstens einmal kurz untertauchen, dann muß man wieder heraus und zittert. Ein kleines Hirtenmädchen lief nackt umher und war fast schwarz gebrannt. Kaum war jedoch die Sonne hinter dem weißen Gipfel des Dschomo Gankhar verschwunden, wehte es eisig von den Bergen herab, und ich verkroch mich in meinen warmen Schlafsack; denn Rasthäuser gab es auf diesem Straßenabschnitt noch nicht.

Die geplante Eisenbahnlinie nach Lhasa wird in einigen Jahren über dieses Weideland führen, und an der Kreuzung, wo jetzt noch die beiden Nomadenfamilien wohnen, wird sich vielleicht eine geschäftige Stadt erheben.

Zwar waren hier dann und wann schon Lastwagen vorbeigekommen, aber sie hatten die Neugier der verstreut lebenden Hirten und Mönche nicht befriedigt, denn diese kamen von weither gerannt, um das neue Wunder zu bestaunen. Vereinzelte Hirsche, Wölfe und Füchse waren beinahe genauso neugierig. Aus sicherer Entfernung, ein Bein angewinkelt, beobachteten sie unseren vorbeifahrenden Jeep. Streckenweise war es auf den Hochebenen gar nicht nötig gewesen, eine Straße zu bauen; wir fuhren zwischen Vermessungszeichen oder zwei Reihen von Felsbrocken, die den Weg markierten. Maschinen würden ihn später einmal planieren und beschottern, aber das hatte noch Zeit. Ist ein Pfad ausgefahren, wird einfach ein neuer gesucht, denn erst werden die schwierigeren Straßenabschnitte fertiggestellt.

Der Schuge-la ist mit 5279 Metern der höchste Paß, den die Straße überquert. Aber die Anfahrt ist einfach, denn es geht nur ganz allmählich aufwärts und nicht in solch schrecklichen Haarnadelkurven wie am Tschu-la. Niemand benutzte die mitgeführten Sauerstoffflaschen. Ich selbst hatte mich inzwischen so an diese Höhen gewöhnt, daß ich keine Beschwerden mehr verspürte.

Hoch über uns erglänzte im ewigen Schneekleid die Pyramide des Dschomo Gangkar, mit 78.085 Meter einer der höchsten Gipfel der Welt. Nur der von der höchsten Spitze herabwirbelnde Schnee zeugte von dem Orkan, der dort oben bei strahlendem Sonnenschein getobt haben mußte.

Außerhalb Lhasas, diesem Sammelbecken der Aristokratie und Beamtenschaft, weichen die prächtigen Seidengewänder praktischen Kleidungsstücken. Aber in dem Maß, wie die Kleider einfacher werden, wird der Kopfputz der Frauen komplizierter. Ein rundes Flechtwerk aus Türkisen und Korallen sitzt vorn keck auf dem Kopf, und dazu passend hängen zu beiden Seiten Schnüre mit größeren Perlen herab. Das Haar wird wie eine Peitschenschnur in Dutzende Zöpfe geflochten und hält einen dreißig Zentimeter breiten, handgewebten Tuchstreifen, der über die Schultern bis zu den Füßen herabhängt. Auf diesem werden Silberdollars und Kupfermünzen, Kaurimuscheln und allerlei andere Wertgegensätze angeheftet. Der ganze Familienschmuck wird auf diese Weise zur Schau getragen. Schöne junge Frauen hatten ihren Kopfputz mit vielen kleinen Schätzen besetzt, während sich die Alten, die nur noch solch niedere Arbeiten verrichteten, wie *tsamba*-Schleim aus ihren zahnlosen Mündern in die Mäuler der Jakkälber zu spucken, bloß noch mit ein paar Kaurimuscheln schmücken.

Diese Gegend Tibets wurde am häufigsten beschrieben, und ihr »verdankt« auch das ganze Land den Ruf, öde und arm zu sein. Nur wenige Ausländer reisten über Lhasa hinaus weiter nach Osten, die meisten sahen nur die hochgelegenen Weidegebiete mit kahlen, baumlosen Bergen, die sich aus den endlosen Ebenen erheben. Aber die verkümmerten Jaks und Kräuter passen gar nicht zu den großen, freundlichen Menschen, die die Sonne braunviolett gebrannt hat. Eine neue Fähre stellt etwa achtzig Kilometer östlich von Schigatse die Verbindung mit dem anderen Ufer des Jalutsangpos, des Oberlaufs des Brahmaputras, her. Aber als ich am 6. Oktober dort ankam, legte man gerade letzte Hand an die Seilfähre, und es war noch ungewiß, ob sie an diesem Tag dem Verkehr übergeben werden konnte. Am Ufer herrschte geschäftige Unruhe. Eine lange Reihe von Lastwagen wartete darauf, übergesetzt zu werden. Die Autos hatten Teile für eine Behelfsbrücke geladen, die über den Nyang endgültig die Verbindung mit Schigatse herstellen sollte. Neugierige Mönche aus dem nahen Kloster saßen in Reihen und schwatzten, für die jüngsten Klosterbewohner war es ein beliebtes Spiel, auf die Hupen zu drücken. Nach wenigen Stunden wurde von den triumphierenden Arbeitern aus Setschuan bekanntgegeben, daß die neue Fähre in Betrieb genommen werden könne. Sie hatten sie um mehr als eine Woche vorfristig fertiggestellt. Mein Jeep rollte als erstes Auto, das je den Jalutsangpo überquerte, von der Rampe auf das südliche Ufer, wo noch niemand ein Fahrzeug auf Rädern gesehen hatte. Hunderte von Menschen warteten hier, um den historischen Augenblick zu feiern. Wir fuhren durch ein doppeltes Spalier von Männern und Frauen, die ihre besten Kleider angezogen hatten. In Dartuga, einem Dorf mittlerer Größe, in dessen Zentrum Tische aufgestellt waren, wurde haltgemacht. Wir hatten den Bezirk Tsang erreicht, der dem Pantschen-Lama untersteht. Der Kopfputz der Frauen war wieder ein völlig anderer. Seine Krönung ist ein bogenähnlicher, mit türkisen besetzter Rahmen, der von dünnen Zöpfchen in der richtigen Lage gehalten wird. Ihn im Gleichgewicht zu tragen, bedarf sicher großer Sorgfalt. Alles drängte sich um unseren Jeep und behängte ihn mit *khadags.*

Bald war eine fröhliche Gesellschaft versammelt, große Krüge mit funkelndem *tschang* kreisten, und Kekse und Süßigkeiten wurden herumgereicht. Die Dorfmädchen mit ihrem einem Heiligenschein ähnelnden Kopfputz und Männer jeden Alters führten einen Tanz vor, der zum letzten Mal gezeigt worden war, als der Pantschen-Lama in seiner Sänfte den Ort passiert hatte.

Die Lastwagen blieben auf der noch nicht fertiggestellten Straße weit hinter uns zurück. Oft wichen wir in die Wüste aus, um die Arbeiter nicht zu stören, die sich beeilten, in den nächsten zwei Wochen ihren Termin zu erfüllen. Dieser sah zwar nur den Abschluß der Rohbauarbeiten vor, aber immerhin konnten dann schon Maschinen und Brücken zum weiteren Ausbau herangeschafft werden.

Die ersten vierzig Kilometer von der Fähre den Jalutsangpo aufwärts führen durch unbewohnte Halbwüste. Von der Talsohle bis fast hinauf zu den Gipfeln ist alles, außer steilen Felsen und Klippen, an denen nichts haftet, mit Flugsand bedeckt. Nur heftigste Stürme können ihn in diese Bergtäler getragen und sie fast eingeebnet haben. Hinter einem bis zum Fluß vorspringenden Gesteinsklotz, um den die Straße auf einem herausgesprengten Sims herumführt, ist der Sand fruchtbarem Ackerland und Dörfern gewichen.

In jeder Ortschaft schienen die Beamten eine wunderbare Vorahnung zu haben, daß wir gerade an diesem Tag ankämen. Einige begnadete Mönche sollen ja die Gabe besitzen, eine sichtbare Person in Sekundenschnelle an einen entfernteren Ort zu melden. Da es hier weder Telefon noch Telegraf gab, konnte man fast meinen, es hätten einige ihre Künste angewandt. Aber wie immer sie auch von unserem Kommen Kenntnis erhalten haben mochten, sie standen mit großen *tschang*-Krügen von mehreren Litern Fassungsvermögen und Schüsseln voll in Butter gebackener Gerstenkuchen treu und brav mitten auf der Straße. Wir tauschten *khadags* aus – immer die im letzten Dorf erhaltenen gegen neue. *Khadags* zirkulieren, sie sind keine Geschenke. Die Zahl der jährlich in ganz Tibet durch Verschleiß notwendigen Neuanschaffungen könnte wahrscheinlich von einem Schreiber errechnet werden. Die Dorfbewohner standen immer weit hinter den Beamten und Mönchen. Die Hände vor dem Mund, staunten sie uns an, und die meisten jüngeren Frauen schienen jeden Augenblick zur Flucht bereit. Die Jungen drängten sich jedoch nach vorn, drehten am Lenkrad, traten gegen die Reifen, drücken auf die Hupe und riefen damit allgemeine Heiterkeit und Aufregung hervor. Zum ersten Mal sahen sie so ein Ding auf Rädern, aber ein Junge stachelte die anderen an, einmal anzufassen, und als wir abfuhren, versuchten sie, sich an die Jeeps zu hängen.

Die Fahrt nach Schigatse ist auf ihre Art genauso erregend wie die nach Lhasa. Wir fuhren westwärts, und die Sonne, die durch den abendlichen Sandsturm näher schien, stand wie ein riesiger Ball am Horizont. Ihre rote Glut und der blindmachende Staub zwangen mich, die Augen zusammenzukneifen; ich konnte kaum einen Meter weit blicken. Zu beiden Seiten schimmerten die Berge pastellfarben in Purpur, Grau, Rot und Blau; hinter uns aber hüllte eine Staubwolke das Tal in nächtliches Dunkel. Bei diesen eigenartigen Lichtverhältnissen kamen wir in ein großes Dorf, und plötzlich stoppte der Nyang unsere Fahrt. Fährleute brachten uns mit ihren Jakhautbooten hinüber. Es war ihre letzte Fuhre, denn am folgenden Tag schon sollten die Soldaten der Volksbefreiungsarmee eine Brücke schlagen, die auch Autos die Überfahrt ermöglichte. Wir legten den letzten Kilometer nach Schigatse, dem Sitz des zweiten Großlamas, zu Fuß zurück.

Auf der fertigen Straße dauerte die Fahrt von Lhasa nach Schigatse nur noch einen Tag, früher war man zu Pferd eine Woche unterwegs. Schigatse, einst drei Tagesreisen von der alten Karawanenstraße entfernt, ist in die Hauptroute Indien – Lhasa – Peking miteinbezogen worden.

In Tsang überschneiden sich die Einflüsse der Gruppen um den Pantschen-Lama und den Dalai-Lama, die beide zur Gelben Sekte gehören, und der Saskyaba-Sekte, wobei die der Pantschen-Lama-Gruppe überwiegen. Von den ungefähr zweihunderttausend Einwohnern untersteht ihr die Hälfte.

Was der Kaschag als Staatsorgan im Bereich des Dalai-Lamas ist, ist in dem des Pantschen-Lamas der Pantschen-Khampo-Ministerrat. Die Interessen des Dalai-Lamas im Bezirk Tsang werden von seinen *dzongpons* gewahrt. Der *dzongpon* des Dalai-Lamas in Schigatse wohnt in der alten Festung, die angeblich das architektonische Vorbild des Potala ist. Als wir am Fuße dieses Festungskolosses ankamen, war die Nacht schon hereingebrochen; es blieb uns gerade noch Zeit, dem *dzongpon* und dem Vorsitzenden des Khampo-Rates unsere *khadags* zu überreichen. Anschließend wurde uns im neuen Restaurant ein vorzügliches und höchst willkommenes Mahl, Hammelfleisch und Gerstenbier, serviert.

Schon in den frühen Morgenstunden des nächsten Tages sprachen die Führer des Frauen- und Jugendverbandes von Schigatse bei uns vor und boten uns ihre Unterstützung an. Die drei schönen jungen Frauen und die vier großen, gutaussehenden jungen Männer, die offenbar alle zum Adel gehörten, berichteten mit großem Enthusiasmus von ihrer Arbeit. Der Jugendverband hat seit seiner Gründung im Jahre 1953 das erste moderne Drama auf die Bühne gebracht, das von Tibetern geschrieben und aufgeführt wurde. Ihm liegen Augenzeugenberichte der Younghusband-Expedition zugrunde, die von Mitgliedern des Verbandes gesammelt und von einem jungen Mann namens Tschapei gestaltet wurden.

Der Frauenbund hat Lehrer in verschiedene Teile Tsangs geschickt. Fast alle Mitglieder dieser Vereinigungen sind, wie die ähnlicher Organisationen in Lhasa, Adlige, Mönche, Kaufleute oder deren Frauen. Sie sind die einzigen, die lesen und schreiben können. Der Entwicklung von Organisationen auf breiterer Basis steht das Gesellschaftssystem entgegen, das nur ein Verhältnis Lehnsherr-Leibeigener kennt.

Für den Lamaismus und das Gesellschaftssystem in Tibet gilt der feste Glaubenssatz: »Der Reiche in der Burg, der Arme vor dem Tor sich fand – so hat sie Gott erschaffen, hoch und niedrig in ihrem Stand.« Auf diese, von einem Leben in das andere übernommene Idee stützt sich der Lamaismus. Wie in England vor tausend Jahren, ist es heute noch für einen Leibeigenen in Tibet unvorstellbar, mit seinem Lehnsherrn oder einem Mönch am gleichen Tisch Platz zu nehmen. Ein Leibeigener kann es sich gar nicht vorstellen, daß man ohne Wissen und Zustimmung seines Herrn etwas unternehmen kann. Allein die Tatsache, daß in diesen Verbänden einige Nichtadlige mit Adligen diskutieren, ist also bemerkenswert. Dzeyang unterrichtete mich über das Wirken des Frauenbundes, dessen stellvertretende Vorsitzende sie war. Sie hatte ihr gewelltes Haar zu einem losen Kauz im Nacken aufgesteckt und in der Stirn zu einem Pony gekämmt. Ihr Make-up ließ sie in ihren tibetischen Kleidern modern und gepflegt wirken.

Der Frauenbund und der Jugendverband halfen bei der Verteilung der zinsfreien Darlehen in Höhe von 200.000 Pfund Sterling, die in den letzten vier Jahren von der Volksbank im Bezirk Tsang zur Verfügung gestellt wurden. In dieser Summe sind nicht die 115.000 Pfund enthalten, die bei einer Überschwemmung bereitgestellt wurden.

Ein Bummel durch die bis auf den rot-weißen Steinklotz des Taschilhunpo-Klosters wie der Erdboden sandfarbene Stadt Schigatse führte mich zum Khampo-Ministerium. Der Ministerrat wurde auf einer Zusammenkunft aller geistlichen und weltlichen Beamten Tsangs gebildet. Er wird nicht vom Pantschen-Lama eingesetzt, aber bevor Beschlüsse an den Staatsrat in Peking weitergeleitet werden, muß dessen Zustimmung eingeholt werden. Der Hof stand voller prächtig herausgeputzter Pferde, die von rotbemützten Knechten gehalten wurden. Im Kreis der in knisternde Goldseide gekleideten Ratgeber des Pantschen-Lamas vernahm ich oben in den Kabinettsräumen den Bericht des Ratsvorsitzenden Dsche Dschigme Dzasa über die Entwicklung seit der Rückkehr des Pantschen-Lamas nach Schigatse. Dreißig Jahre lang war sein Sitz hier verwaist gewesen, denn der Neunte Pantschen-Lama war nach Tschinghai geflohen und dort gestorben, der neue kam aber erst nach dem Abkommen von 1951 nach Taschilhunpo.

Ich erfuhr, daß es in Schigatse ein neues Krankenhaus, eine tierärztliche Station, ein landwirtschaftliches Versuchsgut, eine dreimal wöchentlich in tibetischer Sprache erscheinende Zeitung und einige der fünfzehn in Tsang eröffneten Grundschulen gibt. Man sagte mir, ich könne besichtigen, was ich wolle. Aus den Zahlen und Angaben Tsche Dschigmes ging unter anderem hervor, daß sich die Zahl der Hausierer in vier Jahren verdoppelt hätte, weil durch Staatskredite die handwerkliche Produktion gestiegen sei. Eines der Schaustücke in Schigatse ist die erste städtische Siedlung Tibets. Sie wurde 1954 mit chinesischer Unterstützung gebaut und bietet fünfzig ehemals obdachlosen Familien mietfreie Wohnung. Dabei ist in Tibet obdachlos wörtlich zu verstehen. All diese Mieter waren entweder Lohnarbeiter oder – dank der ihnen gewährten staatlichen Kredite – Handwerker geworden.

Bangsan Tseren zum Beispiel war ein Teppichweber, und seine drei Töchter arbeiteten im gleichen Beruf. Mittellos und verschuldet, war er früher in einer hoffnungslosen Lage gewesen. »Wir hatten lange Arme, aber kurze Ärmel«, sagte er. Dieses gebräuchliche tibetische Sprichwort bedeutet soviel wie »Talent, aber kein Geld«. Wo er etwas ergattern konnte, hatte er zugegriffen, und keine Arbeit war ihm zu gering gewesen. Er hatte in einer Hütte gehaust, die nur von Fetzen bedeckt war. Als er von den neuen Staatskrediten hörte, die Bauern zinsfrei und Handwerkern einprozentig ohne Sicherheit gewährt wurden, beantragte er einen zum Ankauf von Wolle.

»Vorher konnte ich mir monatlich nur wenig Geld zu fünf Prozent leihen, und jedesmal verschuldete ich mehr«, erklärt er. »Jetzt bekam ich zweihundert Silberdollar vom neuen Kredit und kaufte Wolle. Wir setzten uns alle an die Arbeit, verkauften die Teppiche und zahlten die Anleihe zurück, dann nahmen wir wieder einen Kredit auf, und seit dieser Zeit arbeite ich regelmäßig und bin fast schuldenfrei. Dann bewarb ich mich um eines der neuen Häuser und zog ein. So etwas hatte ich nie erwartet.« Er hielt seinen neuen Filzhut beim Sprechen rechts vor die Brust, verbeugte sich immer wieder, streckte die Zunge heraus und unterstrich mit einem saugenden Geräusch seine große Hochachtung. In seinem Zimmer standen zwei oder drei weiche Ottomanen, an der Wand hingen farbenfrohe Plakate und zwischen ihnen Bilder von Mao Tse-tung und Tschu Teh.

Maschinengewehre gegen Musketen

Der »Gutartige Blitz« – Katastrophe im Freundlichen Tal – Eine Überschwemmung baut eine Straße – Festung Gjangtse – Der Tod an den Heißen Quellen – Steine gegen Sprengstoff – Ein englischer Friedhof in den Wolken – Schigatse wartet auf unsere Rückkehr

Lobsang Dordsche – sein Name bedeutet »Gutartiger Blitz« – war frei von der Unterwürfigkeit anderer Nichtadliger; er machte keine Knickse und Verbeugungen, zeigte nicht seine Handflächen und gab nicht jenes saugende Geräusch von sich, mit dem ein Untergebener zu verhindern sucht, die Luft, die ein Höhergestellter mit ihm teilen muß, zu vergiften. Er war höflich, ruhig und selbstbewußt. Über seinen Lederschnürschuhen, die es wie andere neue und getragene Kleidungsstücke aus indischen Armeebeständen auf den tibetischen Märkten zu kaufen gibt, trug er Wickelgamaschen. Dordsche, der Blitz, war Arbeiter auf dem neuen Straßenabschnitt zwischen Schigatse und Gjangtse. Er hatte mehr durchgemacht als die meisten Tibeter – er war eines der Opfer der Überschwemmungskatastrophe, die das zwischen diesen beiden Städten liegende Freundliche Tal am 17. Juli 1954 heimgesucht hatte. Als eine Lawine plötzlich in einen See oberhalb des Nyang stürzte, brach ein natürlicher Damm in den Bergen, und eine über sieben Meter hohe Flutwelle stürzte ins Tal. Sie tötete 700 Mensche, vernichtete die Ernte auf über 4000 Hektar Land und zog weitere 15.000 Menschen und ihre Häuser schwer in Mitleidenschaft. Fast jeder im Tal wurde von ihr betroffen. In Gjangtse und Schigatse dachte man, das Ende der Welt sei gekommen. Für eine neue Aussaat wäre es zu spät gewesen, auch wenn die Bewohner Saatgut gehabt hätten; aber Tibet mit seiner unentwickelten Produktion und seinen engen Existenzgrenzen war einer derartigen Katastrophe genausowenig gewachsen wie die

Völker des Altertums, deren vernichtete Städte überall auf der Welt von ähnlichen Unglücken zeugen.

Dordsche war früher Soldat der tibetischen Armee gewesen und erzählte, daß er sich nach seiner Dienstzeit auf dem Lande niedergelassen habe, vermutlich als *duitschun,* als herrenloser Bauer. Ich habe nicht erfahren, ob er desertiert war oder wie er sonst *duitschun* geworden war, denn in Tibet fragt man einfach nicht nach so etwas. Man weiß, daß alle *duitschuns* die Beziehungen zu ihrem alten Feudalherrn abgebrochen haben – gewöhnlich wegen hoher Schulen –, und schweigt, denn der Herr hat das Recht, entweder ihre Auslieferung oder eine Kopfsteuer zu verlangen, wenn sie entdeckt werden. Aber die tibetische Gesellschaft würde zugrunde gehen, wenn jeder zu seinem ursprünglichen Herrn zurückkehren müßte. Was auf der einen Seite verlorengeht, wird auf der anderen jedoch wieder gewonnen. Faktisch gehört jedes Stück Land und jedes Stück Vieh den Klöstern, dem Adel und den Gemeindeverwaltungen. Läuft ein Leibeigener fort, braucht er zwar seine Schulden nicht bezahlen, muß dann aber im allgemeinen für einen anderen arbeiten. Die Beziehungen zwischen dem *duitschun* und seinem neuen Herrn bleiben nicht immer die gleichen. Zuerst sind sie locker, aber im Laufe der Zeit gleicht sich das Verhältnis immer mehr dem eines gewöhnlichen Leibeigenen zum Boden an.

Doch lassen wir das Verhältnis Lobsang Dordsches zu seinem Herrn – er arbeitete in der Landwirtschaft, als 1954 die Flutwelle hereinbrach, seine Ernte und sein Heim vernichtete und beinahe Frau und Kind tötete. Zurück blieb eine Familie, wie viele andere hungernd, obdachlos und ohne einen Pfennig. In Tibet kennt man es nicht, anderen aus sozialen Gründen zu helfen. Einem Bettler etwas zu geben und einen Jak vor dem Tode zu bewahren, ist verdienstvoll – für den, der es tut. Ein Elend wie das der Opfer dieser Katastrophe gilt in Tibet als Folge mangelnder Gottergebenheit und großer Sünden im früheren Leben. Aber bei der Überschwemmung – Dordsches Augen wurden immer größer, als er davon berichtete – leiteten der Kaschag, der Khampo-Rat und die Kommunistische Partei Chinas sofort Hilfsmaßnahmen ein.

»Sie schenkten mir siebenundzwanzig Pfund Gerste, dreieinhalb Meter Stoff, ein Paar Stiefel, Gummischuhe, eine Bettdekke und ein Hemd. Ich stamme aus Schigatse. Man fragte mich, ob ich nicht beim Bau der neuen Siedlung helfen wollte, ich könnte dann eins der neuen Häuser haben. Sie zahlten neunzig Cents am Tag.« Der Lohn eines Bauarbeiters liegt durchschnittlich bei fünfzig Cents, aber oft wird gar nichts gezahlt, weil die Bauern von ihren Herren zur Arbeit beordert werden.

Als die dringendsten Notstandsarbeiten beendet waren, gewährte der Staatsrat in Peking einen langfristigen Kredit von 115.000 Pfund Sterling – das entspricht 800.000 chinesischen Jüan – für ein Bauprogramm, mit dem im nächsten Jahr jeder Quadratmeter überschwemmten Bodens wieder nutzbar gemacht werden sollte.

Der Khampo-Rat, der Kaschag und das Tibetische Arbeitskomitee der Kommunistischen Partei Chinas beschlossen, den größten Teil für Löhne beim Bau einer neuen Landstraße zwischen Gjangtse und Schigatse zu verwenden. Damit wurde den Opfern der Überschwemmung über den Winter geholfen, und von einem Teil ihres Lohnes konnten sie Saatgut für das kommende Jahr kaufen.

Lobsang Dordsche arbeitete nach Fertigstellung der städtischen Siedlung am neuen Volkskrankenhaus, als er hörte, daß die Opfer der Katastrophe zum Straßenbau aufgerufen wurden. Ihm kam das Gerücht zu Ohren, daß sie bevorzugt beschäftigt und hohe Akkordlöhne gezahlt würden.

»Manche meinten, die Bezahlung sei schlecht und die Arbeit schwer. Aber ich war nach der Überschwemmung besser als ein Verwandter behandelt worden und meldete mich daher. Später wollten noch viele dort anfangen, aber es wurden nur Überschwemmungsgeschädigte genommen. Ein guter Arbeiter kam auf sechseinhalb Silberdollar am Tag, und da ich mich sehr anstrengte, verdiente ich siebeneinhalb Dollar, meine Frau fünf bis fünfeinhalb«, sagte Dordsche.

Sechseinhalb Dollar entsprechen etwa einem Pfund Sterling und zehn Schilling, sonst in Tibet schon ein guter Lohn für zwei Wochen.

Um die Getreidepreise nicht in die Höhe zu treiben, wurden achtzig Prozent des Lohns in Getreide und zwanzig Prozent in bar ausgezahlt. Die Entschädigung mit Reis und Gerste erfolgte sogar unter dem Marktpreis, so daß ein Straßenarbeiter noch einen Gewinn zu seinem Lohn hatte, wenn er wieder verkaufte. An der Straße wurde nur in der landwirtschaftlich nicht nutzbaren Zeit gearbeitet, und wenn die Regenperioden eine Unterbrechung erzwangen, erhielten die Arbeiter den Grundlohn. Die ärztliche Betreuung durch die Volksbefreiungsarmee war kostenlos. Die Norm für fünfzig Straßenarbeiter betrug in zehn Tagen etwa vierzig Meter, und jede Gruppe, die früher fertig war und anderen half, erhielt eine Zulage. Jede Gruppe wählte drei Bestarbeiter, und unter ihnen war auch »Blitz«, der später noch den Titel »Bester Brückenbauer« erhielt.

Bescheiden sagte er: »Ich habe sehr schwer gearbeitet. Unser Tagewerk begann bei Aufgang der Sonne und endete vor ihrem Untergang; dazwischen konnten wir drei Pausen machen. Ich aber fing noch früher an, machte nur zwei Pausen und hörte erst auf, wenn es dunkel war. Ich versuchte auch, bessere Arbeitsmethoden zu entwickeln.«

»Warum haben Sie das getan?« fragte ich.

Lobsang dachte lange nach, und seine Antwort war dann sehr präzise.

»Erstens«, zählte er an den Fingern auf, »schaffe ich für meinen Lebensunterhalt und bin an schwere Arbeit gewöhnt. Zweitens bekomme ich mehr, wenn ich mehr arbeite, und brauche mir wegen des nächsten Winters keine Sorgen zu machen. Drittens werden die Preise um so eher sinken, je früher die Straße fertig ist und Lastwagen mit Waren hierherkommen.«

»Jetzt sind die Arbeiten bald beendet. Was werden Sie dann tun? Wollen Sie zurück in die Landwirtschaft?«

Er nahm die angebotene Zigarette und berührte dabei den Ellenbogen seines rechten Armes mit den Fingern der linken

Hand. Mit dieser im Osten verbreiteten Höflichkeitsgeste will der Beschenkte andeuten, daß er nicht mit der linken Hand zum Schlag ausholt.

»Ich werde nicht zurück aufs Land gehen«, entgegnete er und klopfte mit der Zigarette auf seinen zerfurchten Daumennagel. »Bei der Volksbefreiungsarmee habe ich das Steinmetzhandwerk erlernt, und ich hoffe eine entsprechende Arbeit zu finden. Nur ist das nicht so einfach. Die älteren Steinmetze haben eine Gilde, der ich nicht beitreten kann. Aber vielleicht gibt es jetzt für jeden genug Arbeit. Wegen des kommenden Winters brauche ich mir auf keinen Fall Gedanken zu machen, und noch bin ich für zehn Wochen beim Straßenbau beschäftigt.«

Dann fragte ich ihn, wie er mit den Chinesen auskäme.

Meist seien die Soldaten der Volksbefreiungsarmee sehr nett, sagte er. Sie verlangten von anderen niemals etwas, was sie nicht auch selbst tun würden. »Natürlich trifft man manchmal auf einen, der sich sehr wichtig nimmt. Aber das kommt selten vor. Wenn man einen schweren Stein hat, packen sie mit an, und wenn man krank aussieht, schicken sie einen gleich zum Arzt. Als ich einmal eine Woche krank war, bekam ich eineinhalb Dollar pro Tag. Sie versuchen, Tibetisch zu lernen, und wenn sie sich mit uns unterhalten, ermahnen sie alle Tibeter, einig zu sein und zum Wohle Tibets zu arbeiten.«

Während unserer Unterhaltung hatte er seinen Gurkhahut mit breiter Krempe nicht von seinem langsträhnigen, ungekämmten Haar genommen. Im linken Ohr trug er einen fünf Zentimeter großen »goldenen« Ring mit einem falschen Türkis. Sein Gesicht war klug und aufmerksam.

Die Verwaltung war der Ansicht, daß man mit einem Jeep bei dem niedrigen Wasserstand schon bis Gjangtse komme, obwohl noch einige Brücken fehlten. Am 10. Oktober hinterließ mein Wagen die ersten Reifenspuren auf der unberührten, von Lobsang Dordsche mit hergerichteten Straßendecke. Dieser Streckenabschnitt war der einzige, der ausschließlich von Tibetern fertiggestellt worden war.

Da meine Durchfahrt zudem nicht angekündigt worden

war, kamen die Bauern in ihren ungefärbten selbstgewebten Kleidern über die Felder gelaufen, um zu sehen, was da wohl komme. Aufgeschreckte Jaks stürmten in entgegengesetzter Richtung davon, bevor sie sich einmal umschauten, haltmachten und uns mit ihren dummen, weißen Gesichtern anstarrten. Männer, Frauen und Kinder stürzten in den verschiedenen Aufzügen aus ihren Hütten und rannten schreiend wieder zurück. Esel und andere Tiere jagten vor dem Jeep die Straße entlang, ohne darauf zu kommen, daß es am besten sei, sie ihm zu überlassen. Sie flohen bis zur völligen Erschöpfung und blieben dann, zitternd und auf ihr Ende wartend, stehen.

Die ganzen neunzig Kilometer von Schigatse nach Gjangtse fährt man in 4000 Meter Höhe auf einer ebenen Talsohle. Obwohl der Jeep zwanzig Minuten in einer unerwartet tiefen Furt steckengeblieben war, brauchten wir nur zweieinhalb Stunden für diese Strecke.

Gjangtse liegt an einer der älteren Handelsstraßen der Welt in einer fruchtbaren Ebene, auf der sich die aus Indien, Ladakh, Bhutan, Nepal, Schigatse, Lhasa, der Mongolei, Sibirien und dem östlichen China kommenden Wege kreuzen. Im weiten, von Bergen gesäumten Umkreis der Stadt verbergen sich zahlreiche Dörfer hinter Weiden- und Pappelgruppen.

Die Festung beherrscht von einem fast kahlen 150 bis 180 Meter aus der Ebene aufragenden Felsen aus das ganze Tal sowie das Kloster und den Marktflecken zu ihren Füßen. Sie soll schon vor mindestens tausend Jahren, als Gjangtse Hauptstadt eines kleinen Königreiches war, erbaut worden sein. Hier wurden 1904 die englischen Truppen zum Stehen gebracht und drei Monate lang aufgehalten, obwohl sie vorher die Elite der tibetischen Armee bei Guru vernichtet hatten.

Der »merkwürdige Zwischenfall« von Guru rief damals in England heftigste Diskussionen hervor. Perceval Landon, der Korrespondent der »Times«, schrieb in seinem Buch »Lhasa«: »In Lhasa sprach man davon und glaubte auch dran, daß die Engländer die tibetischen Soldaten aus ihren Stellungen gelockt und dann aus Übermut zusammengeschossen hätten.«

Und Lowell Thomas jun. sagte: »Younghusband empfing die Glückwünsche des Vizekönigs, wurde vom König und Kaiser zum Ritter geschlagen und im Unterhaus als ›Schlächter‹ bezeichnet.«

In Gjangtse spricht man den Namen Younghusband nur haßerfüllt aus, und jährlich findet eine Erinnerungsfeier für die von seinen Leuten mit Bajonetten zerstörten Tempelstatuen statt.

Alle Berichte über die Ereignisse von 1904 stammten entweder aus der Feder von Kriegsberichterstattern, die Younghusbands Truppen begleiteten, oder von Angehörigen seiner Armee. Trotz ihrer unverhüllten Voreingenommenheit stimmten sie in manchen Dingen doch nicht überein. Seitdem hatte kein britischer Journalist Tibet besucht. Um mir ein eigenes Urteil bilden zu können, wollte ich unbedingt nach Gjangtse. In Lhasa hatte ich bereits den Enkel des Generals getroffen, der damals die tibetischen Truppen befehligt hatte, an Ort und Stelle hoffte ich, mich noch genauer informieren zu können.

Die ersten drei Monate des Jahres 1904 hatte Younghusband nur dazu benutzt, seine Truppen an das Himalayaklima zu gewöhnen; erst Ende März gab er den Befehl zum Vormarsch. Bei Guru stießen sie auf die Hauptstreitkräfte der Tibeter, die hinter einer Schanze den Weiterweg versperrten. Macdonald und Younghusband trafen sich mit den Befehlshabern der tibetischen Truppen, einem General aus Lhasa und einem aus Schigatse, zu denen sich noch ein General aus Jatung gesellte. Diese ersuchten die Engländer, sich nach Jatung zurückzuziehen und dort mit ihnen zu verhandeln.

Soweit stimmten alle Berichte überein. Laut Mitteilung der britischen Korrespondenten weigerte sich Younghusband, den Rückzug anzutreten, und drohte mit einem Befehl an General Macdonald, die tibetischen Truppen aus dem Weg räumen zu lassen, falls sie weiter Widerstand leisteten. Daraufhin zogen sich die tibetischen Kommandeure zu Beratungen hinter die Chance zurück. Inzwischen ließ aber Macdonald den Gegner umgehen und einschließen. Als sich die Engländer dem Wall näherten, ritten die tibetischen Offiziere gerade zu neuen Verhandlungen und sagten, ihre Soldaten hätten den Befehl, nicht zu schießen.

Oberstleutnant Waddell von der Sanitätseinheit beschrieb in seinem Buch »Lhasa und seine Geheimnisse« die Ereignisse der nächsten Minuten folgendermaßen: »Als mehrere Tibeter ihre geladenen Musketen drohend zur Hand nahmen, erachtete es General Macdonald im Interesse der Sicherheit der Mission für notwendig, sie zu entwaffnen, und er gab den Verstärkungstruppen der Sepoys entsprechende Befehle. Diese gingen mit aufgepflanzten Seitengewehren gegen die Schanze vor und begannen, die hinter ihr liegenden Tibeter zu entwaffnen ... Gerade als ich hinkam, fiel ein Schuß, und als ich aufschaute, sah ich in ungefähr 14 Meter Entfernung den wütenden Lhasaer *depon*« (General – A.W.) »und einige seiner Soldaten auf unserer Seite des Walls im Handgemenge mit ein paar Sikh-Sepoys.«

Waddell berichtete, daß der Lhasaer General auf einen Sikh, der einem Tibeter die Flinte abgenommen hatte, zuging, ihm diese aus der Hand riß und mit der Pistole das Kinn wegschoß. Er behauptete weiter, daß die Tibeter, als sie das sahen, ihre Musketen abfeuerten und mit gezogenen Schwertern zum Angriff übergingen.

»Dieser Nahkampf kam so unerwartet, daß er große Bestürzung auslöste. Aber schon nach wenigen Sekunden rächten sich unsere Sepoys an den Angreifern. Im Schutz des Walls feuerten sie mit ihren Maschinengewehren auf den Feind. Der vernichtende Kugelregen richtete unter den Tibetern innerhalb weniger Minuten ein schreckliches Blutbad an. Alle Angreifer waren bald niedergemäht. Die übrigen Gegner waren so in die Enge getrieben, daß sie sich weder mit Schwertern noch mit Gewehren verteidigen konnten ... Nach zehn Minuten war alles vorbei, aber in dieser kurzen Zeit war die Elite der Lhasaer Armee vernichtet worden.« Nach Waddell fielen sowohl der General aus Lhasa als auch der aus Schigatse, der Jatunger wurde verwundet. »Die Tibeter verloren insgesamt etwa 300 Tote, 200 Verwundete und 200 Gefangene. Unsere Soldaten, durch den Wall geschützt, hatten nur 13 Verwundete zu beklagen.«

»Es war, als hätte ein Mann gegen ein Kind gekämpft«, beschrieb Perceval Landon die gleiche Szene. »Der Anblick war furchtbar. Wie stets bei solch einem Schauspiel fühlte man sich von der hier offenbarten rücksichtslosen Gewalt über Leben und Tod seltsam angezogen. Wo man nur hinsah, fielen Männer. Wenigstens alle 20 Meter sah man einen Schwerverletzten oder Toten, aber hier und da waren sie sogar zu Bergen gehäuft. Schließlich erreichten die sich nur mühsam fortschleppenden Unglücklichen – die Langsamkeit ihrer Flucht war für uns schrecklich und ekelerregend – die Ecke, hinter der sie vor dem selbstverschuldeten fürchterlichen Kugelregen sicher waren.«

In diesem Punkt widersprach Waddell seinem nicht der Armee angehörenden Kollegen. Er bekannte offen, daß die fliegenden Tibeter »erbarmungslos von unserer berittenen Infanterie verfolgt wurden; kilometerweit war die Straße mit ihren Toten besät«.

Die Vernichtung der schlecht ausgerüsteten Tibeter wurde in London längst nicht so aufgenommen, wie es sich die Verantwortlichen erhofft hatten. »Kein englischer Sieg ist wohl weniger enthusiastisch begrüßt worden als das Gefecht an den Heißen Quellen« (Guru – A.W.), schrieb der »Daily-Mail«-Korrespondent Edmund Candler. Er glaubte, in seinem Buch die Armee in Schutz nehmen zu müssen. »Rückblickend läßt sich feststellen, daß wir ohne diese abschreckende Strafe nicht weitergekommen wären. Das Gemetzel von Guru nahm das Unvermeidliche vorweg. Die Torheit der Tibeter riß uns in den Strudel des Krieges. Hätten wir nicht Tausende von ihnen getötet, wären die Briten wohl kaum jemals von ihnen als furchtbare Macht, als ein Faktor, mit dem zu rechnen sei, angesehen worden.« Candler äußerte seine Ansichten mit einer Offenheit, von der die britische Öffentlichkeit allerdings wenig eingenommen war: »Die meisten glaubten, daß unser Weg in die Hauptstadt nur durch ein großes Blutbad führen könnte. Wir malten uns aus, wie sich die 40.000 Lhasaer Mönche mutig auf unser Lager stürzen würden und sahen schon ihre von unseren Maschinengewehren niedergemähten Reihen. Ihrem hoffnungslosen Aufbäumen hätte eine unrühmliche Seite in der Kriegsgeschichte gegenüber gestanden. Aber wir mußten weiter; wir hatten ja keine andere Wahl.«

Die Engländer drangen nun bis Gjangtse vor. Doch drei Monate leisteten ihnen hier die Tibeter mit alten Kanonen und Flinten sowie selbstgemachtem Schwarzpulver Widerstand.

Ich stieg mit Sonam Bandzu zur Festung hinauf, deren Mauern noch das gleiche Bild wie damals bieten: von englischen Neunpfündern zertrümmert und gespalten. Mein vierundsechzigjähriger Begleiter hatte als dreizehnjähriger Bursche im Dienst Dschibus, des verwundeten Generals aus Jatung, gestanden, der, laut Waddell, in Guru mit dem Leben davongekommen war. Hoch oben von der Festung schauten wir hinunter zu einem kleinen Park, in dem die Engländer ihr Hauptquartier gehabt hatten. Von hier aus hatten die Tibeter mit Steinkugeln den Kampf gegen moderne Explosivgeschosse aufgenommen.

»Mein Vater war Bursche bei Dschibu und hat alles miterlebt, was im Holz-Drachen-Jahr (1904) bei Guru geschah. Die Engländer konnten unsere Stellung nicht durchbrechen und kommandierten daher eine Einheit ab, die uns umgehen sollte. Wir stellten tausend Mann ab, die unseren Rückzug decken sollten, so daß noch 1500 Mann den Engländern hinter dem Wall gegenüberstanden. Younghusband und einer seiner Offiziere ersuchten uns um Verhandlungen. Sie waren aber sehr hinterlistig und schlugen vor, wir sollten die Lunten auf unseren Gewehren ausmachen. Sie sagten: ›Wir wollen verhandeln, ohne daß einer Furcht vor dem anderen hat. Wie ihr seht, brennen bei uns keine Lunten, aber bei euch. Während der Besprechungen sollte keiner dem anderen überlegen sein.‹ Daraufhin erhielten unsere Leute den Befehl, ihre Lunten zu löschen. Als die englischen Offiziere dann mit der weißen Fahne zu den Verhandlungen kamen, zogen sie ihre Pistolen und erschossen unsere

Generale. Unsere Soldaten wurden mit Waffen getötet, die wir noch nie gesehen hatten. Mein Herr wurde verwundet, kam aber als einziger hoher Offizier mit dem Leben davon.«

Genauso hatte mir in Lhasa der Enkel des Lhasaer Generals Namseling den Vorgang der Ereignisse berichtet. Sein Großvater hatte auf Befehl des Dreizehnten Dalai-Lamas in aller Eile die tibetische Armee organisiert. Sie setzte sich aus unausgebildeten Mönchen und Laien zusammen, die mit Schleudern, Hirschfängern, Speeren und Vorderladern ausgerüstet waren. Aber selbst von diesen uralten Feuerwaffen waren nur wenige vorhanden. 17 Angehörige der Familie Namseling kamen bei diesem Überfall ums Leben. Das sind die englische und die tibetische Version der Vorgänge bei Guru.

Niemand scheint die Tapferkeit der Tibeter in Frage zu stellen. Nach den Ereignissen bei Guru schlossen sich die Reste der tibetischen Streitkräfte zusammen und verteidigten Kangma, einen Ort auf dem Weg nach Gjangtse, ohne von Generalen befehligt zu sein. Candler schrieb über dieses Gefecht:

»Sie kamen die Schanze heruntergestürzt, rissen Steine heraus und warfen mit ihnen nach unseren Sepoys; springend versuchten sie unsere Gewehrläufe zu ergreifen, sie mühten sich, irgendwo Fuß zu fassen und sich auf die Brüstung zu ziehen. Von Kugeln durchbohrt, brachen sie zusammen, und ein paar rannten verzweifelt wieder zur Schanze zurück. Es wäre nur eine Frage der Zeit, von Minuten, gewesen, bis im wohlberechneten Schnellfeuer des 23. Pionierregiments auch der letzte gefallen wäre. 106 Tote blieben auf dem Wall, und 60 weitere Soldaten wurden auf der Flucht erschossen. Noch nie gab es einen derart hoffnungslosen, hilflosen Kampf, solche verzweifelte und nutzlose Tapferkeit.« Aber Candler berief sich auf das damals moderne »darwinistische« Argument für die Eroberung industriell weniger entwickelter Länder: »Sie müssen sich fügen; es ist der Wille des höchstentwickelten Landes« – Großbritanniens –, »das dank seiner am höchsten entwickelten Rasse Gebieter aller anderen ist …«

Vom Dach der Festung aus sah ich auch den kleinen Friedhof, auf dem, Tausende Kilometer von ihrer Heimat entfernt, seit fünfzig Jahren ein paar englische Offiziere lagen, die hier für den »freien Handel« mit Tibet gefallen waren. Younghusbands Truppen erzwangen die Unterzeichnung eines Handelsabkommens, das den Engländern Vorrechte in Tibet einräumte. Heute aber ist das einzige, was in Gjangtse an England erinnert, jener kleine Friedhof.

Von der Festung zurückgekehrt, blieben mir nach dem Essen noch ein paar Stunden Zeit, den Palkhor, einen der berühmtesten Tempel in Tibet, zu besichtigen. Hier zeigten mir die Mönche in der Kapelle des Dscho Rimpotsche Spuren von Säbelhieben an der Buddhastatue. Sie sagten, sie stammten von britischen Truppen, die den Tempel geplündert hätten. Einen Hinweis fand ich in Candlers Buch »Entschleiertes Lhasa«. Als Teppiche und Statuen, so schrieb der Autor, »die Salons in Simla und Darjeeling zierten, behaupteten böse Zungen, die britischen Offiziere hätten mutwillig Palkhor Tschöde, eines der berühmtesten Klöster in Tibet, geplündert«.

Ich kehrte noch am gleichen Abend nach Schigatse zurück. Mit acht Stunden Aufenthalt in Gjangtse hatte ich also die Tour an einem Tag geschafft. Mit dem Pferd hätte man eine Woche gebraucht. Die Nachricht, daß Jeeps vorbeigefahren seien, hatte sich rasch verbreitet. Überall an der Straße bestaunten uns Menschen, die den ganzen Tag dort in der Hoffnung gelagert hatten, uns zurückkommen zu sehen. Kleine Jungen wagten es schon, vor den Jeeps über die Straße zu laufen, aber die Erwachsenen staunten nur. Manchmal erwiderten sie skeptisch unser Winken, als seien sie darüber verwundert, daß in den Autos gewöhnliche Sterbliche säßen.

Es war schon dunkel, als wir wieder in Schigatse eintrafen, aber im Scheinwerferlicht sah ich, daß die Straßen zur Stadt von Menschen gesäumt waren. Sie hatten gehört, daß wir an einem Tag nach Gjangtse und zurück fahren wollten. Sie warteten im Dunkeln, drehten ihre Gebetsmühlen und bestaunten das Wunder.

Das Unerschöpfliche Licht

Ein siebenstöckiger Buddha – Das Schlafzimmer des Großlamas – Die Ursache des Zwistes – China hält sich an den Vertrag – Mao Tse-tungs Anleitung – Der Pantschen-Lama und die Eßstäbchen – Ein Wunder

Das Taschilhunpo-Kloster, der Wintersitz des Pantschen-Lamas, übertrifft an Reichtum und Pracht jedes Kloster in Lhasa. Die größten Türkise, die ich jemals sah, waren hier vor einigen Altären als Fliesen in den Fußboden eingeladen. Es wird behauptet, das Grab des Achten Pantschen-Lamas sei das am schönsten verzierte der Welt. Doch schön oder nicht, es ist ein mehr als neun Meter hoher Turmbau aus Gold, Silber, Edelsteinen und seltenen Kleinodien von unschätzbarem Wert. In dieser Kapelle wird auch ein Stück Granit aufbewahrt, dessen kleine Vertiefung angeblich ein auf wunderbare Weise hineingekommener Fußabdruck des jungen Neunten Pantschen-Lamas sein soll.

In einer nahen Kapelle – in Wirklichkeit sind es sieben übereinandergestockte Kapellen – steht eine 40 Meter hohe vergoldete Bronzestatue Buddhas, die größte in Tibet, ein Weltwunder der Bildhauerkunst. Ich mußte von ganz unten schon weit hinaufschauen, um die friedliche linke Hand im Schoß ruhen zu sehen. Mein Blick glitt weiter nach oben zur strahlenden Rechten mit ihren segnend erhobenen Fingern, und ganz oben, sieben Stockwerke höher, schaute im Schein des durch die Fenster einfallenden Lichts das erhabene, unwirkliche Gesicht gütig lächelnd in die Ferne. Dieser Anblick entlockte mir einen Ausruf des Staunens und Entzückens. Sieben Galerien umrunden den Buddha in verschiedenen Höhen, untereinander durch nahezu senkrechte Leitern mit wackeligen Geländern und butterverschmierten, schiefgetretenen Sprossen verbunden. In jeder Etage brennen Butterlämpchen, und einige der goldenen Dächer über der letzten, in die der obere Teil des Buddhakopfes ragt, halten einen Vergleich mit denen des Potala aus. Die Buddhastatue wurde auf Befehl des Neunten Pantschen-Lamas geschaffen, bevor dieser aus Tibet floh.

Vielleicht hat nie ein Fremder vor mir die Privatgemächer des Pantschen-Lamas in diesem großen, weitläufigen Kloster gesehen. Jedes seiner Zimmer gleicht mit seinen Statuen in Glasschreinen, seinen Darstellungen aus der Glaubenswelt, seinen Malereien und Büchern einer Kapelle. Im Wohnzimmer enthielt eine Vitrine Tausende winziger Bronzestatuen, daneben stand eine englische Uhr, und unter der Glasglocke einer französischen zwitscherten bei jedem Stundenschlag Vögelchen auf den Zweigen von Miniaturbäumen.

Ein reisemüder Pilger wanderte durch die Räume und drückte seine Stirn auf jede Stelle, die der Pantschen-Lama berührt haben könnte.

Selbst in seinem einfachen Schlafzimmer findet der einsame junge Gottkönig zwischen der gläsernen und der mit Bildnissen geschmückten Wand keine Abgeschiedenheit; er ist tatsächlich niemals allein. Über seinem schmalen, harten Bett aus poliertem Holz sah ich neben anderen religiösen Darstellungen die Buddhas der Leidenschaft in Liebesumarmung. Lebende Buddhas sind über derartige irdische Versuchungen erhaben. Das Telefon auf einem Tisch neben dem Bett war der einzige Gegenstand, der in dieser mit Teppichen ausgelegten Zelle an das zwanzigste Jahrhundert erinnerte.

Soviel ich weiß, war ich der erste Ausländer, der von beiden Lebenden Göttern in Tibet offiziell empfangen wurde. Nach der britischen Invasion trat eine Entfremdung zwischen den beiden Gruppen ein, weil die um den Pantschen-Lama immer gegen die Politik des Dreizehnten Wiedergeborenen, mit den Engländern zu paktieren, opponierte.

Der eigentliche Sommerpalast des Pantschen-Lamas stand 1955 leer; auch er war im Vorjahr von der Überschwemmung beschädigt, aber noch nicht wiederaufgebaut worden, weil der Wohnungs- und Straßenbau im Vordergrund standen. Ich wurde daher in Detschen Pobrang, einem alten Gebäude aus der Zeit des Zweiten Dalai-Lamas, einen knappen Kilometer vor den Toren Schigatses, empfangen. Als ich aus dem Jeep stieg, trat der Hoffotograf auf mich zu. Er trug ein Jackett von mongolischem Schnitt, eine Kappe aus Goldstoff und hatte ein ganzes Sortiment modernster Fotoapparate um den Hals hängen. Sein Bruder ist der Hoffotograf des Dalai-Lamas. Ich erkannte in ihm kaum den jungen, einfach gekleideten Mann wieder, mit dem ich am Abend zuvor bei einem Tanzvergnügen auf englisch und chinesisch geplaudert und dabei ein Glas nach dem anderen von dem zu Recht berühmten Schigatser Gerstenbier getrunken hatte.

Beim gleichen Vergnügen war auch Dsche Dschigme Dzasa, der Vorsitzende des Regierungskomitees des Pantschen-Lamas, zugegen gewesen. Was ich bei noch keinem anderen Tibeter gesehen hatte – er trug einen Straßenanzug, und auch mit seinem kurzgeschnittenen Haar unterscheidet er sich von den meisten anderen Laien. Jetzt aber empfing er mich im vollen Glanz seiner goldenen Gewänder und führte mich zum Pantschen-Lama, für den er ins Chinesische dolmetschen mußte. Der Pantschen-Lama wurde zwar in Tschinghai erzogen und spricht auch fließend chinesisch, aber es wäre ungebührlich, von ihm zu verlangen, sich in einem offiziellen Interview dieser Sprache zu bedienen.

Dsche Dschigme Dzasa geleitete mich, an betenden Mönchen vorbei, zwei dunkle Stiegen hinauf, auf denen man sich den Kopf einrennen konnte, durch einige Vorräume zum Pantschen-Lama, der nun auf seinen Handgelenken die 1,80 Meter lange Schärpe aus weißer Seide entgegennehmen sollte.

Der Edle Große Weise *(Pantschen Rimpotsche),* das Unerschöpfliche Licht, die Reinkarnation Opames, ist eine große, ruhige Erscheinung mit einem langen, intelligenten Gesicht. Er darf sein Haar etwa 2,5 Zentimeter lang tragen. Eine Toga war auf der linken Schulter über das allgemein übliche granatfarbene Wollgewand geworfen.

Zufällig sind die beiden Großlamas etwa im gleichen Alter; als ich von ihnen empfangen wurde, war der Dalai-Lama zwanzig Jahre alt, der Pantschen-Lama neunzehn. Der Pantschen-Lama ist vielleicht der etwas größere der beiden großen, gutaussehenden Jünglinge. Er ist für geistliche Angelegenheiten zuständig und wirkt auch vergeistigter und verinnerlichter als der Dalai-Lama, der als weltlicher Herrscher auch wie ein Mann von Welt aussieht.

Der Pantschen-Lama bat uns in sein privates Wohnzimmer und nahm an der Stirnseite eines kleinen Tisches Platz, auf dem Süßigkeiten, Früchte und Teegläser standen. Dsche Dschigme stand zu seiner Linken, der Hoffotograf hockte sich im Schneidersitz auf den Fußboden. Seinen steifen goldenen Hut neben sich, betätigte er sich jetzt als Stenograf und schrieb – anscheinend in einer Art tibetischer Kurzschrift – alles auf, was der Pantschen-Lama zu mir sagte.

Überall war zu spüren, daß dieser Raum älter als das Empfangszimmer des Dalai-Lamas war: Die Zeit hatte die einst leuchtenden roten, goldenen, grünen und blauen Farben verblassen lassen, der Brokat war verblichen, und auch den Schnitzereien sah man ihr Alter an. In einer Ecke stand ein schmales Bett, ähnlich dem im Kloster; auch hier stand ein Telefon daneben.

Seine Durchlaucht, der Pantschen-Lama, trug am rechten Arm eine goldene Schweizer Armbanduhr, um die ein Rosenkranz gewunden war.

Bei Buttertee plauderten wir über die Reise, die Straßen, über Schigatse und das Wetter. Dsche Dschigme übersetzte die Worte des Pantschen-Lamas in tadelloses Chinesisch. Anfangs klang aus dessen tiefer Stimme ein nervöses Zögern, das sich aber im Laufe des Gesprächs verlor. Wir unterhielten uns über alle nur auftauchenden Fragen, wobei er übrigens keine Notizen zu Hilfe nahm. Auf seinen Zügen liegt stets ein flüchtiges Lächeln, als amüsiere er sich tief im Innern über etwas, woran andere nicht teilhaben dürfen.

Meine Fragen sollten das Gespräch in dieselben Bahnen lenken wie bei der Unterredung mit dem Dalai-Lama. Ich wollte ihre Ansichten vergleichen. Der Pantschen-Lama meinte, Imperialisten hätten im letzten Jahrhundert China durchsetzt, seien in Tibet eingedrungen und hätten eine Politik des »Teile und herrsche!« betrieben. Die Kuomintang und andere frühere chinesische Regierungen hätten die Einigkeit zwischen den Völkern des Landes hintertrieben.

»Das Ergebnis war Zwietracht«, stellte der Pantschen-Lama fest. »Die Tibeter waren weder mit ihren Brudervölkern in China vereint noch unter sich einig. In den letzten Jahrzehnten hatte der Zwist unter ihnen immer ernsthaftere Formen angenommen.«

Die chinesische Volksregierung habe der chinesischen Armee befohlen, in Tibet einzumarschieren, »um die politische Unabhängigkeit Chinas zu wahren und das tibetische Volk zu befreien. Zur gleichen Zeit forderte sie die örtliche Regierung Tibets auf, Vertreter zu Verhandlungen zu entsenden. Ich kehrte mit meinen Anhängern nach dem Pekinger Abkommen von 1951 zurück«, sagte der Pantschen-Lama.

»Und was hat sich seit der Rückkehr Eurer Durchlaucht in Tsang ereignet? Wie ist das Abkommen verwirklicht worden?«

»Es läßt sich mit Bestimmtheit sagen, daß sich alle Offiziere und Soldaten der Volksbefreiungsarmee und des Verwaltungspersonals in Tibet streng an das Abkommen halten und dadurch große Erfolge erzielt worden sind.« Er schüttelte die Toga vom Arm und begann an seinen langgliedrigen Fingern aufzuzählen: »Sie haben die Religionsfreiheit und die tibetischen Bräuche geachtet und die Tempel geschützt; Schulen wurden gebaut; jetzt gibt es Zeitungen, Post- und Telegrafenämter, staatliche Handelsgesellschaften, Krankenhäuser, Banken und Filmveranstaltungen; Handwerker, Kaufleute, Bauern und Hirten wurden mit Krediten unterstützt, und den Bauern, die im letzten Jahr durch Frost und die Überschwemmung im Gebiet des Nyang geschädigt worden waren, wurde unbeschränkte Hilfe gewährt.«

Jegliches Zögern war auf der Stimme des Pantschen-Lama gewichen. Ich verdreifachte meine Anstrengungen, alles, was er äußerte, zu notieren, achtete vor allem darauf, wie er es sagte, und überhörte die Bitten der Beamten, doch noch mehr Buttertee zu trinken. Links von mir bemühte sich am Fußboden der Hoffotograf und -stenograf, mit den Worten des Pantschen-Lamas Schritt zu halten.

»Als ich im letzten Jahr in Peking war«, fuhr dieser fort, »wurden unter persönlicher Anleitung des Vorsitzenden Mao Tse-tung endgültige Beschlüsse über die Beziehungen zwischen Ui und Tsang gefaßt. Diese Fragen waren zuvor noch nie geregelt worden. Ebenfalls wurde beschlossen, sofort ein Komitee zu gründen, das die Bildung des Autonomen Gebiets Tibets vorbereiten soll.

Daraus ist ersichtlich«, sagte er, »daß Tibet durch die planmäßige Verwirklichung des Abkommens auf politischem, kulturellem und ökonomischem Gebiet große Fortschritte gemacht hat. Der Lebensstandard der Menschen ist gestiegen, und für ihr zukünftiges Glück wurde eine solide Grundlage geschaffen.«

Der Dalai-Lama wie auch der Pantschen-Lama wurden in der Provinz Tschinghai wiedergeboren. Allerdings war der Dalai-Lama schon im Kindesalter nach Lhasa gekommen, während der Pantschen-Lama bis 1951 im Exil gelebt hatte. Er hatte zweimal China bereist, einmal allein und einmal zusammen mit dem Dalai-Lama. Wir sprachen auch über diese Reisen.

»Der Dalai-Lama und ich besuchten verschiedene Städte und sahen einige der sich vollziehenden großen Veränderungen. Es war wirklich kaum zu glauben, daß solch gewaltige Veränderungen in so kurzer Zeit vor sich gehen konnten. Wir sahen neue Fabriken, wo vorher nichts gewesen war; alte waren erweitert und zerstörte wieder aufgebaut worden. In der Industrie, ganz besonders in der Schwerindustrie, wurden in unserem Land große Fortschritte erzielt. Kein Ort war mehr der alte. Es war, als sei eine neue Welt entstanden. Das verstärkte unser Vertrauen, daß wir ein neues Tibet bauen können.«

Als nächstes fragte ich Seine Durchlaucht, ob er überzeugt sei, daß die Religionsfreiheit in ganz China gewahrt sei.

»Dieser uns unmittelbar obliegenden Aufgabe widmen wir große Aufmerksamkeit«, entgegnete er. »Man kann sich keinen größeren Kontrast vorstellen als die gegenwärtige Religionsfreiheit und die wilde religiöse Verfolgung unter dem Kuomintang-Regime. Ich habe sie selbst erlebt. Jetzt kümmert man sich sehr um die Tempel. Um nur ein Beispiel zu nennen, werden gerade am Lingying-Tempel in Hangtschou Reparaturen größeren Ausmaßes durchgeführt. Die Religionsfreiheit wir durchaus gewahrt, und auch in der Ausübung des Glaubens herrscht völlige Freiheit. Im letzten Jahr sprachen wir vor Buddhisten beiderlei Geschlechts über die buddhistischen Gesetze und gaben vielen Mönchen und gläubigen Laien unseren Segen. Wir und das gesamte tibetische Volk stehen einmütig hinter der Religionspolitik des neuen Chinas.«

Wie den Dalai-Lama, so fragte ich auch den Pantschen-Lama nach seiner Ansicht über die Beziehungen zwischen Indien und China.

Er antwortete, daß die fünf Prinzipien der friedlichen Koexistenz, die von Tschou En-lai und Nehru aufgestellt wurden, zwei große Länder in ihrem Streben nach Frieden verbunden und den Frieden in Asien mehr als je zuvor gefestigt hätten.

»China und Indien haben ein gutes Beispiel dafür gegeben, wie alle großen internationalen Probleme durch Verhandlungen gelöst werden können.«

Dann wurde mir die erstaunliche und unerwartete Ehre zuteil, beim Pantschen-Lama zu Mittag zu essen. Wir gingen langsam in eins der prunkvollen Vorzimmer hinüber. Hier war ein Tisch halb in chinesischem, halb in europäischem Stil gedeckt. Schwere Messer aus massivem Silber, Gabel und Löffel mit vergoldeter Reliefarbeit lagen neben langen Eßstäbchen aus Elfenbein. In der Mitte des Tisches stand zwischen Saucen, Früchten und Kuchen eine Büchse »State-Express-555«-Zigaretten, obwohl das Gelübde dem Pantschen-Lama Rauchen und Trinken verbietet. Die Toaste wurden mit indischem Orangensaft ausgebracht.

Nachdem wir auch auf die Freundschaft zwischen dem tibetischen und dem englischen Volk angestoßen hatten, wandte sich der Pantschen-Lama auf chinesisch an mich: »In der Vergangenheit wurde tatsächlich manche Ungenauigkeit über Tibet und das tibetische Volk berichtet. Es ist für uns sehr wichtig, daß diese Entstellungen anhand von Tatsachen korrigiert werden. Ich würde mich sehr freuen, wenn Sie helfen könnten, einige zu berichtigen; denn ich bin sicher, daß das dazu beitragen wird, das Verhältnis zwischen dem tibetischen und dem englischen Volk zu bessern.«

Zum Zeichen, daß wir mit dem ersten warmen Gang, der gerade serviert wurde, beginnen sollten, nahm er eine Gabel zur Hand. Es wurde eine ausgedehnte Mahlzeit, bei der es die teuersten und erlesensten Gerichte gab. Wie bei den meisten tibetischen Gesellschaften von Bedeutung seit der Zeit, da Prinzessin Wen Tscheng in dem Kochtopf rührte, der immer noch neben ihrer Statue im Potala steht, waren sie auf chinesische Art zubereitet. Es gab Haifischflossen, Suppen aus Seeschwalbennestern, Seegurken *(bêche-de-mer)*, saftige Bambusschößlinge, »faule« Eier, süßen und sauren Fisch, Haimagen und viele Sorten Fleisch und Brot.

Als ich nach den Eßstäbchen griff, hatte der Pantschen-Lama schon zur Gabel gegriffen und sagte lächelnd, er sei es gewohnt, mit Messer und Gabel zu essen, und im Umgang mit Eßstäbchen sehr ungeschickt. Dann nahm er diese und legte mir mit ihnen geschickt einen Kuchen vor – eine Geste des Gastgebers, die im Osten als Zeichen großer Höflichkeit gewertet wird. Er erzählte, aß aber fast nichts und nur, wenn er ausdrücklich aufgefordert wurde, einen neuen Leckerbissen zu versuchen, der aufgetragen wurde. Dann nahm er ein Häppchen, aber ich kann mich nicht erinnern, ob er wirklich aß, denn die Teller wurden so oft gewechselt, daß dem schwer nachzukommen war. Es schien, als gehöre es zur Erhabenheit Lebender Götter, sich nicht an gewöhnlichen Dingen, wie zum Beispiel am Essen, interessiert zu zeigen. Die meisten jungen Männer seines Alters hätten diesen erlesenen Speisen nach einem so langen Gespräch nicht widerstehen können.

Bei Tisch plauderten wir über vieles: über die Landwirtschaft und ihre Aussichten in Tibet, über Bodenschätze, fremde Bräuche und, natürlich, über das Essen.

»Ich hoffe, Sie betonen in allem, was Sie über Tibet schreiben, daß dieses Land, seine Berge und Flüsse ein Teil der Volksrepublik China sind«, sagte er. Als ein Beispiel des erzielten Fortschritts nannte er die beiden neuen Straßen. »Die Straßen Sikang – Tibet und Tschinghai – Tibet wurden im vergangenen Jahr gebaut. Sie führen Tausende von Kilometern über das Hochland, das als ›Dach der Welt‹ bekannt ist. Das ist ein Ereignis von solcher Tragweite, daß man es nur als ein Wunder betrachten kann.«

Die letzten Gerichte wurden aufgetragen, und wie bei jeder chinesischen Mahlzeit bildete die Suppe mit Reis den Abschluß.

Es war an der Zeit, von diesem reizenden, gebildeten jungen Mann Abschied zu nehmen und ihn seinem Leben voll Abstinenz und seinem einsamen Götterdasein zu überlassen. Draußen in der Sonne legte er mir ein *khadag* um, wir wurden fotografiert, schüttelten uns die Hände und trennten uns.

Am nächsten Tag traf ich Dsche Dschigme und einige Mönche, die meiner Unterhaltung mit dem Pantschen-Lama beigewohnt hatten, auf einem Fest in einem netten kleinen Park am Fuß des Taschilhunpo-Klosters. Essen, Trinken und Fröhlichkeit nahmen hier wahrhaft mittelalterliche Ausmaße an. Doch wie sehr alle anderen in Tibet auch das Leben genießen mögen, der Pantschen-Lama und der Dalai-Lama müssen stets den Abstand wahren und enthaltsam leben. Sie müssen das Verhältnis von Göttern zu Menschen aufrechterhalten. Als die Adligen und hohen Mönche aus Schigatse feierten, verweilte der Pantschen-Lama in den nahen halbdunklen Kapellen, die sein einziges wahres Zuhause sind. Nur die luchsäugigen Mönche waren um ihn; er kam den komplizierten Zeremonien nach, die von einem ewig wiedergeborenen Buddha, einem Gottkönig, verlangt werden.

Der Arme vor dem Tor

Wer sind die Tibeter? Die gesellschaftliche Stellung der Leibeigenen – Unbezahlte Arbeit – »Schwarze Menschen« – Die Bilanz des alten Sonam – Die Struktur des Dorfes – Zinsfreier Kredit – Neue Anbaumethoden in 4000 Metern Höhe – Religion und Insektenpulver – Tibet kann reich werden – Geistige Umwälzung

Die Einwohnerzahl Tibets wird bei den verschiedensten Autoren mal mit nur 800.000, dann wieder mit 5.000.000 angegeben. Ein Jonglieren mit den Bevölkerungszahlen dieses Landes kann zu den überraschendsten Ergebnissen führen. So schrieb zum Beispiel Lowell Thomas jun. in ein und demselben Absatz seines Buches »Fern dieser Welt«: »Fast ein Viertel aller Männer werden Mönche«; und wenige Sätze weiter: »Die 200.000 oder mehr Mönche in ihren hoch aufragenden, massiven Klöstern werden von den restlichen 4.000.000 der Bevölkerung ernährt.« Wenn ein Viertel der Männer Mönche sind und es 200.000 Klosterinsassen gibt, müssen in Tibet 800.000 Männer leben. Um auf die Gesamtzahl 4.000.000 zu kommen, müßte also die Differenz aus 3.200.000 Frauen bestehen.

Nach dieser Rechnung kämen in Tibet vier Frauen auf einen Mann, und das ist nicht nur falsch, sondern auffallend falsch.

Fehler entstehen meist dadurch, daß der Autor zwar von 4.500.000 gehört hat, aber nicht weiß, daß nur etwa 1.200.000 von ihnen in Tibet beheimatet sind. Die anderen leben in Setschuan, Jünnan, Tschinghai und anderen Grenzgebieten und haben nicht dieselben Bräuche wie ihre Brüder in Tibet, obwohl die meisten von ihnen auch Lamaisten sind. Sie fühlen sich in politischer Hinsicht nicht zu Lhasa gehörig, und ihre Gesellschaftssysteme sind nicht die gleichen wie auf dem Plateau.

Die annähernd 1.200.000 Tibeter in Tibet gliedern sich soziologisch in folgende Gruppen:

Leibeigene Bauern	750.000
Leibeigene Hirten	250.000
Mönche und Nonnen	150.000
Adlige, Kaufleute, Handwerker, Bettler	50.000

Es gibt in Tibet 642 Familien reicher Adliger. Jeder vierte männliche Bewohner ist Mönch; die Anzahl der Nonnen ist relativ klein.

Unter die 50.000 der vierten Position fallen auch die schätzungsweise 10.000 nichtadligen wohlhabenden Kaufleute oder entfernteren Verwandten Adliger.

Die meisten Menschen denken, Tibet sei ein Land der Hirten, aber die stärkste Gesellschaftsschicht ist die Bauernschaft. Zusammen mit den Hirten, der zahlenmäßig zweitstärksten Gruppe, bilden sie die Basis der tibetischen Gesellschaft. Alle sind an Land oder Herden gebundene Leibeigene.

Ein hoher Mönch sagte zu mir: »Wie könnte das Leben weitergehen, wenn es keine Leibeigenen gäbe? Ohne Leibeigene können wir nicht existieren.«

Es ist nicht leicht, sich in Tibet über die Besitzverhältnisse an Grund und Boden klarzuwerden. Es gibt wohl ein gewisses Schema, aber allgemeingültig ist es nicht. Jedes Kloster stellt im Rahmen der Gesamtheit ein Gesetz für sich dar. Es ist ein Staat im Staate, mit eigener Polizei, eigenem Recht und eigenen Strafen. Das gilt in gleichem Maße für die Güter der großen Adligen. Den Klöstern, dem Adel und den örtlichen Regierungen des Dalai-Lama und des Pantschen-Lama gehört praktisch der gesamte Grund und Boden.

Die Bauern arbeiten nicht für Geld. Um das Land ihrer Herren bestellen zu dürfen, müssen sie eine festgelegte Menge der Ernte abliefern: Korn, Futter oder was der Boden sonst trägt. Sie müssen auch bestimmte andere Arbeiten ohne Bezahlung verrichten, zum Beispiel Brennstoff sammeln und Wasser holen, Häuser bauen oder instand setzen. Alle diese Arbeiten fallen unter den Komplex *ula* und unterscheiden sich von Fall zu Fall. Selbst wenn er gerade auf den Feldern zu tun hat, muß der Bauer *ula*-Dienste verrichten, wann immer sie von ihm verlangt werden. Manche sind gewohnheitsmäßig festgelegt, anderen kommt der Bauer nur nach, wenn er dazu aufgefordert wird. Jedem, der eine entsprechende amtliche Bescheinigung vorweisen kann, Transporttiere oder einen Begleiter zur Verfügung stellen zu müssen, ist die allerunbeliebteste Form des *ula.* Ohne jede Entschädigung muß der Bauer dann selbst für sein Essen und das Futter seiner Tiere aufkommen und auch Verluste – sogar an Vieh – in Kauf nehmen.

Die *ula*-Forderungen gehen sogar so weit, daß Träger verlangt werden, wenn eine Straße für Tragtiere nicht mehr gangbar ist.

Die tibetische Wirtschaft basiert hauptsächlich auf Land- und Weidewirtschaft; die Besitzverhältnisse an Grund und Boden sind feudalistisch; Bauern, die sich auf eine Wanderung begeben, heiraten oder in irgendeiner Weise die Beziehungen zu ihrem Herrn verändern wollen, benötigen dazu seine Einwilligung.

Diese Bedingungen gelten für alle Bauern; die reale Lage des einzelnen ist aber unter den verschiedenen Herren sehr unterschiedlich.

Nur ein verhältnismäßig kleiner Teil des Bodens in Tibet wird bebaut, und es wäre jedem ein leichtes, Neuland zu erschließen – wenn es nicht an Arbeitskräften mangelte. Aus diesem Grunde wurden auch entflohene und wieder eingefangene Bauern stets streng bestraft. Trotzdem laufen viele weg; in einigen Gegenden um Gjangtse besteht die Hälfte der Familien aus »schwarzen Menschen« – herrenlosen *duitschuns,* die meistens irgendwo ihren Schulden entflohen sind. Ein Bauer muß auch dann seinen festgesetzten Anteil abliefern und seinen anderen Dienstleistungen nachkommen, wenn die Ernte schlecht war. Ihm bleibt nichts anderes übrig, als sich Korn für den eigenen Bedarf oder Saatgetreide zu borgen. Damit hat die Verschuldung begonnen. Oft müssen fünfzig Prozent Zinsen für eine Anbauzeit gezahlt werden. Manche Familien sind mit 250 Tonnen Getreide verschuldet, eine Menge, die Generationen nicht zurückzahlen könnten. Der einzige Ausweg ist oftmals Flucht und ein Neubeginn irgendwo anders. Nur auf Brachland darf sich der Entflohene nicht niederlassen, das würden die drei großen Gruppen der Grundherren – die Klöster, der Adel und die Regierung – nicht erlauben.

Den alten Sonam kann man als typischen Leibeigenen bezeichnen. Er ist keiner der ärmsten, und in den meisten Jahren kommt er gerade so zurecht. Er wohnt mit seiner Frau und den Kindern in einer winzigen Lehmziegelhütte hoch oben im Tal des Jalutsangpo. Die Bezeichnung »alt« muß relativ aufgefaßt werden. Sonam war schätzungsweise fünfundvierzig, aber in sein vom Wind dunkel gegerbtes Gesicht waren schon tiefe Runzeln eingegraben, und auch die unteren Augenlider hingen bereits etwas schlaff herunter.

Sonam bearbeitet fünfzig *khal* Land eines Adligen aus Schigatse. Schon seit Generationen, wahrscheinlich schon seit Jahrhunderten, hat es seine Familie bebaut. Maß des Landes ist in Tibet die Menge Saatgetreide, die zu seiner Bestellung nötig ist. Ein *khal* entspricht etwa dreizehn Kilogramm Getreide. Sonam benötigt für die noch übliche Handaussaat etwa dreizehn Zentner Saatgerste. Da man auf einem Hektar etwa 188 Kilogramm rechnet, mußte Sonams Land etwas über 3,25 Hektar groß sein.

Ich verbrachte einen ganzen Nachmittag bei ihm, ermittelte seine Ernteerträge, Miete und *ula,* rechnete alles um und gewann so eine ungefähre Vorstellung von seinem Lebensstandard.

Die folgenden Zahlen setzen einen fünffachen Ertrag voraus, also einen etwas über dem tibetischen Durchschnitt liegenden, sie gelten für zwei Perioden: für die Zeit vor der Rückkehr des Pantschen-Lama im Jahre 1951 und für 1955.

Vor der Rückkehr des Panschen-Lamas

Einnahmen		*Ausgaben*	
Ernte	63,5 Zentner	Tribut	16,8 Zentner
		Pacht	8,6 Zentner
		ula	5,3 Zentner
		Zinsen für Schulden	2,5 Zentner
		Verschiedene Steuern	1,0 Zentner
		Saatgut	12,7 Zentner
			46,9 Zentner
		Rest für Sonam	16,6 Zentner
	63,5 Zentner		63,5 Zentner

Die persönlichen Einnahmen des alten Sonam betrugen 16,6 Zentner Gerste, das heißt 26 Prozent seiner Ernte. Anders ausgedrückt: 74 Prozent der Arbeit einer Familie wurden für Tribut, Pacht, *ula* und Zinsen verbraucht, beziehungsweise um Getreide für die nächste Aussaat bereitzustellen.

1953 stellten der Pantschen-Lama und seine Beamten fest, daß die alten Schulden ein ernstes Problem für die Bauern waren und die Weiterentwicklung der Landwirtschaft hinderten. Alle Fälle wurden überprüft, in einigen wurden die Zinsen erlassen, in anderen herabgesetzt. Gleichzeitig wurden ein paar kleinere traditionelle Steuern abgeschafft. Mit »alten Schulden« aus der Zeit vor 1951 sollte anders verfahren werden als mit »neuen«, erst vor kurzem entstandenen. Aber alles hing letzten Endes von dem jeweiligen Kloster oder sonstigem Geldverleiher ab. Die Herabsetzung der Zinsen ist eine amtliche Maßnahme, die zwar einen moralischen Druck ausübt, aber in den abgelegenen Tälern und auf den großen Gütern von keiner der drei örtlichen Regierungen mit ganzer Kraft durchgesetzt werden kann. Da Sonams Schulden schon lange anstanden, waren sie ihm erlassen worden. Der Fortfall der Zinsen bedeutete für ihn eine Einnahmesteigerung um etwa 25 Prozent.

Nach der Rückkehr des Pantschen-Lama

Einnahmen		*Ausgaben*	
Ernte	63,5 Zentner	Tribut	16,8 Zentner
		Pacht	8,6 Zentner
		ula	4,1 Zentner
		Zinsen (erlassen)	
		Verschiedene Steuern	0,5 Zentner
		Saatgut	12,7 Zentner
			42,7 Zentner
		Rest für Sonam	20,8 Zentner
	63,5 Zentner		63,5 Zentner

Für seinen persönlichen Bedarf stehen Sonam jetzt 20,8 Zentner – 4,2 Zentner mehr als vorher – zur Verfügung; ihm verbleibt also ein Drittel der Gesamternte. Warum er neuerdings weniger für *ula* aufbringen mußte, wußte er selbst nicht. Wir schätzen die Differenz auf etwa 1,2 Zentner Getreide. Den Steuernachlaß von einem halben Zentner gewährte ihm der Khampo-Rat bei der Pachtsenkung. Seine Mehreinnahmen hatten es ihm ermöglicht, ein Kalb zu kaufen, und wenn weiter alles gut ginge, wollte er sich eine Milchkuh anschaffen. Das nicht benötigte Getreide kann er verkaufen und sich dafür gelegentlich ein Stück Fleisch und mehr Tee und Butter leisten. Sonams Familie lebte hauptsächlich von Gemüsesuppe mit *tsamba* und Rüben, Buchweizenbrot und manchmal etwas Quark *(tschura).* Buttertee ist durchaus kein alltägliches Getränk für sie, vielleicht später einmal, wenn sei eine Milchkuh haben.

Sonam kann nicht lesen und wäscht sich nicht oft; denn in diesem Lande der Gegensätze, in dem es entweder bitter kalt ist oder die Sonne, deren Kraft die Lufthülle kaum bricht, unbarmherzig brennt, in dem die Sandstürme toben, ist eine dikke Schmutzschicht stets wirksamer Schutz.

Sonams Fall war ein Durchschnittsfall. Andere waren bemerkenswerter, ergaben aber kein genaues Bild der allgemeinen Situation. Ein Bauer namens Thuden Tsam war mit etwa 250 Zentnern Getreide verschuldet gewesen und entlaufen, weil er die Zinsen nicht mehr zahlen konnte. Als er aber hörte, daß er Geld zinsfrei borgen könne, kehrte er nach Pandscholin zurück und nahm in seiner alten Heimat einen Kredit auf. Als sich gar herausstellte, daß der Khampo-Rat ihm einen Teil seiner Schulden erlassen und die Zinsen gestrichen hatte, war er mit einem Schlag »reich« geworden. Bereits nach zwei Ernten hatte er sich vier Maultiere und zwei Kühe kaufen können. Dieser Fall ist aber ebensowenig typisch wie das andere Extrem, das ich bei Lhasa kennenlernte. Hier beliefen sich die Schulden eines »Ober«-Leibeigenen oder Gutsverwalters auf rund 200 Zentner, und der Schuldner meinte, es bestehe für ihn keine Hoffnung, die ererbte Last jemals abtragen zu können. Der Frage, warum er keinen zinsfreien staatlichen Kredit aufnehme, die Hauptschulden begleiche und dann allmählich den Kredit zurückzahle, ging er aus dem Weg.[1] Eine Untersuchung der beiden bäuerlichen Bezirke Saima und Dschunda ergab, daß dort 62 Familien gewöhnlicher Leibeigener und 63 Familien »schwarzer Menschen« – herrenloser *duitschuns* – lebten. Die genaue Bevölkerungszahl dieser beiden Bezirke konnte niemand angeben, aber 125 Familien gab es gewiß. Den Klöstern gehörte in beiden Bezirken kein Land, dem Khampo-Rat 65 Prozent, der Rest dem Adel. Die örtliche Verwaltung obliegt einem *tsipon,* einem vom Khampo-Rat eingesetzten Dorfbeamten, der die herrenlosen Familien registriert. Die anderen Leibeigenen pachten Land für die *duitschuns* und beaufsichtigen es. Um die *duitschuns* zu halten, wurde verfügt, daß jede »schwarze« Familie, die den Bezirk verläßt, noch regelmäßig eine Steuer an diesen zahlen muß. Auch sie müssen einen Teil unbezahlter Arbeit leisten. Ein Leibeigener, der krankheitshalber nicht mehr arbeiten oder *ula* verrichten kann, verliert sofort sein Land, das dann auf andere Leibeigene verteilt wird. Seine Familie wird dann »schwarz«, das heißt herrenlos.

Im Durchschnitt bewirtschaftet eine Familie ein *kang* Land. Die Größenangaben eines *kangs* schwanken zwischen 3,25 und 4,85 Hektar. Der Nettoernteertrag beträgt etwa fünfzig Zentner. Pro *kang* sind jährlich an den Feudalherren abzuführen:

15,0 Zentner Getreide

7,25 Zentner Gras

8,1 Zentner Holz.

Ferner muß diesem eine Arbeitskraft, das heißt ein Erwachsener, der die volle Arbeitszeit für ihn tätig ist, oder vollwertiger Ersatz zur Verfügung gestellt werden.

Die Schuldenerlasse und der Fortfall anderer Abgaben haben hier ähnlich wie bei Sonam die Lage geändert. Die meisten Familien haben einige Zentner Getreide mehr für sich als vorher.

Gedscha, ein Dorf in Ui, dem Herrschaftsbereich des Dalai-Lamas, hat zehn Haushaltungen mit insgesamt 99 Personen. Ich entschloß mich, es etwas näher zu betrachten, weil es so alltäglich aussah: eine Gruppe sandfarbener Häuser, eine kleine Gebetsmauer und auf den Dächern flatternde Gebetsfahnen.

Gedscha ist ökonomisch nahezu selbständig, obwohl Gerste gegen Butter, Salz und Tee eingetauscht wird. Die bessergestellten Einwohner haben eine kleine Nebeneinnahme durch den Verkauf von getrocknetem Dung im 37 Kilometer entfernten Lhasa. Alle Stoffe werden zu Hause gewebt, und auch Schuhe werden selbst angefertigt. Das einzige Mobiliar der bessergestellten Bauern sind ein paar strohgefüllte Polsterbänke, über die billige Decken gebreitet sind. Sehr arme Bauern weben nicht selbst, sondern hüllen sich in weggeworfene Stoffetzen und Fellstücke. Die Häuser werden von den Leibeigenen gebaut, gehören aber zum Land und sind somit Eigentum des Gutsherrn. Die Männer pflügen, bringen die Erzeugnisse auf den Markt und verkaufen sie dort; Melken, Säen und Unkrautjäten obliegt den Frauen.

Haupt der wohlhabendsten Familie, die fünfzehn Angehörige und neun ihr nicht verwandte Arbeiter zählte, war ein

»Ober«-Leibeigener. Nach allen Abgaben, *ula* eingerechnet, blieb ihm in guten Jahren ein kleiner Überschuß. Der »Ober«-Leibeigene verrichtete selbst wenig anstrengende Arbeit, trug einen großen Ohrring und war in gutes Wolltuch gekleidet.

Ebenfalls gut ging es zwei weiteren Familien: Eine hatte zwölf Angehörige und acht Arbeiter, die andere zehn Angehörige und fünf Arbeiter. Auch sei gingen Nebenbeschäftigungen nach, zum Beispiel Transportarbeiten und Handel mit Jakmist. In einem guten Jahr haben sie mitunter einen kleinen Überschuß.

In jeder dieser drei Familien gab es Knechte; sie waren meist herrenlos und wurden als »Waisen« oder »Heimatlose« bezeichnet. Sie stehen nicht für eine begrenzte Zeit im Dienst, sondern für immer; wenn sie Kinder haben, bleiben auch diese in der Familie. In einigen Fällen bestand die Verbindung zu einem Haushalt schon seit mehreren Generationen, in anderen waren die Knechte entfernt mit ihren Herren verwandt. Sie werden für ihre Arbeit auf den Feldern mit Essen und Kleidung versorgt, im allgemeinen auch, wenn sie zum Arbeiten zu alt geworden sind, erhalten aber kein Geld. Sie stehen gesellschaftlich tiefer als die Leibeigenen, die sie beschäftigen, und gehören nicht unmittelbar dem Lehnsherrn. Bei bessergestellten Leibeigenen müssen sie häufig für die Familienangehörigen die *ula*-Arbeiten verrichten.

Drei andere Familien in Gedscha bewirtschaften je etwa 1,2 Hektar Land. Von den Ernteerträgen allein können sie nicht leben, sie haben keine Knechte und müssen sich sogar selbst verdingen, um etwas dazuzuverdienen.

Die übrigen vier Haushaltungen haben weniger als 80 Ar Land, für das selbstverständlich auch Pacht zu zahlen und *ula* zu leisten ist. Ihre Mitglieder sind darauf angewiesen, sich zu verdingen.

Jeder Haushalt im Dorf muß wenigstens eine volle Arbeitskraft dem Drepung-Kloster für *ula*-Dienste zur Verfügung stellen. Die Pacht beträgt hier 15,9 Kilogramm Getreide je Ar Land, dazu kommt noch *ula*.

Die Nahrung der wohlhabendsten Familie bestand aus Gersten-*tsamba,* Kartoffeln, Kohl, Rüben und manchmal Fleisch; Buttertee gab es bei ihnen in großen Mengen. Die ärmsten Familien leben von Bohnen-*tsamba* und Suppe, die meist aus Gemüse bereitet wird.

Seit 1951 sind die wichtigsten Veränderungen im Dorfleben auf die zinsfreien Kredite für die Landwirtschaft zurückzuführen. Jeder Haushalt in Gedscha hatte einen solchen aufgenommen, die meisten der von der Volksbank zur Verfügung gestellten Mittel wurden jedoch vom Bezirkskreditkomitee an die ärmsten Familien vergeben.

In Gedscha setzte sich das Komitee aus dem *dzongpon* (Kreisvorsitzenden), einigen *tsipons* (Gemeindevorstehern) und mehreren höheren Mönchen zusammen. Auf ihren Sitzungen erörtern sie, welche Familien – unabhängig von ihren sonstigen Mitteln – kein oder zu wenig Saatgut haben. Dann werden für drei bis vier Dörfer zugleich Massenversammlungen einberufen, bei denen fast jeder einen mehr oder weniger hohen Kredit erhält. Öffentliche Versammlungen sind für Tibet etwas völlig Neues; sie werden von Beamten und Mönchen geleitet. Anwesende Vertreter der Volksbank und der Kommunistischen Partei mischen sich nicht ein. Sie stellen die Kredite zur Verfügung, und die Tibeter verteilen sie. Ein Leibeigener würde diese Kredite in keinem Fall ohne Wissen und Zustimmung seines Herrn annehmen.

Die großen Zusammenkünfte zur Verteilung der Kredite sind für die meisten einfachen Tibeter die einzige Gelegenheit, einen Film zu sehen oder ein fahrbares Ambulatorium aufzusuchen. An diesen Versammlungen nehmen auch Frauen teil; sie haben keine Scheu, ihre Meinung zu sagen, denn sie sind es, die säen und ernten. Die Verhältnisse in Tibet verleihen der Frau in vieler Hinsicht ein höheres gesellschaftliches Ansehen als in anderen Teilen Asiens, wo ihnen beispielsweise der Buddhismus überhaupt keine Rechte einräumt.

In den meisten Gegenden des Bezirks Ui sind schon Kredite gewährt worden, und eine gewisse Steigerung der Ernteerträge ist bereits spürbar, weil man darauf Wert gelegt hat, nur gutes, sauberes Saatgut auszugeben. Früher haben die Bauern einen Teil ihrer Ernte wieder gesät oder, wenn es sich um eine private Anleihe handelte, nehmen müssen, was man ihnen gab. Im verhältnismäßig kleinen Gebiet Tsang haben in den vergangenen vier Jahren zinsfreie Kredite in Höhe von etwa 60.000 Pfund Sterling ebenfalls zu einer siebenprozentigen Ertragssteigerung auf den bebauten Flächen geführt. Bei diesen Krediten weiß jeder Bauer, daß er sein Land bestellen kann, ohne weiter in Schulden zu geraten, auch wenn er arm ist.

Nach all dem Gesagten kann sich jeder vorstellen, daß die tibetische Landwirtschaft nicht rentabel ist und daß das Feudalsystem wenig Anreiz bietet, die Anbaumethoden zu verbessern. Gebildete Menschen gibt es nur in den Klöstern und unter den Adligen, aber diese kümmern sich nicht um ihre Güter. Solange ihnen ihre Gutsverwalter die gewohnte Menge an Produkten abliefern, sind sie zufrieden und fragen nicht, woher sie kommen.

Die Leibeigenen kratzen die Scholle mit leichten Holzpflügen auf, die zum Teil noch nicht einmal die gewöhnliche einpfündige eiserne Schar haben. Der Pflugbaum ist eine gerade Stange und wird mit einem Kreuzstück an den Hörnern zweier Jaks befestigt, die den Pflug mit ihren Köpfen schieben müssen, statt ihn wie gewöhnlich zu ziehen. Die Furche ist etwa 10 Zentimeter tief.

Die Landwirtschaft in Tibet hat sich zurückentwickelt, aber die neuen Versuchsstationen in Schigatse und Lhasa zeugen von den Bemühungen, sie wieder anzukurbeln.

Wenn man vom Kloster Drepung aus über den Kyi nach Süden schaut, fallen einem zwei Bauwerke in der Ebene auf: die Ruinen einer alten Festung, die der Mandschu-General Dschau Ör-feng zur Kontrolle des westlichen Zugangs nach Lhasa erbauen ließ, und davor die neuen weißen Gebäude der Landwirtschaftlichen Versuchsstation, die nach 1953 errichtet wurde.

Will man über den Kyi, ist man noch immer auf ein Jakhautboot angewiesen. Diesem plump wirkenden Fahrzeug, dessen rohe Jakhaut über einen Weidenrahmen gespannt wird, begegnet man überall in Tibet. Die Boote müssen leicht sein, denn stromauf müssen sie getragen werden, weil niemand gegen die Strömung der Gebirgsflüsse an kann. Zahme Schafe schleppen auf kleinen Packsätteln das Gepäck der Bootsleute, folgen gehorsam ihrem Herrn und springen von allein in die Boote, sobald diese zu Wasser gelassen werden. Jakhautboote zerreißen leicht und schwanken beträchtlich. Wenn man nicht auf den weit auseinanderliegenden Spanten steht, kann man mit eisenbeschlagenen Schuhen schnell die Haut durchtreten und das Boot zum Sinken bringen.

Einen knappen Kilometer jenseits des Flusses liegt die Landwirtschaftliche Versuchsstation inmitten einer weiten Fläche ehemaligen Brachlandes, das mit Erlaubnis des Kaschag urbar gemacht wurde. Das Stationspersonal traf 1953, also noch bevor die Straßen gebaut wurden, zu Pferde ein, hatte die Mikroskope und die anderen Instrumente in die Bettdecken gerollt und begann seine Arbeit in Zelten. Heute umfaßt der Gebäudekomplex sechzig Räume, Hallen, Laboratorien und Speicher.

Einer der zwölf Agronomen ist Absolvent der Universität Nanking. Meine erste Frage bei der Besichtigung an ihn als Stellvertretenden Direktor lautete: »Wie können bei solch schlechtem Boden und Wetter die Lebensbedingungen des tibetischen Volkes verbessert werden? Man muß doch bestimmt fast alle Lebensmittel außer Fleisch importieren.«

»Wie fast alle glaubten auch wir es, als wir hier ankamen«, entgegnete Hu Go-dschun. »In Wirklichkeit erzielen wir hier aber genauso gute Ernten wie in China und manchmal sogar bessere. Trotz der Höhenlage sind die Bedingungen hier in gewisser Hinsicht besser als in tiefer gelegenen Gebieten. Sehen Sie sich nur den Sonnenschein an.« Wie gewöhnlich strahlte die Sonne vom tiefblauen, von verschneiten Bergen gerahmten Firmament. »Wir liegen sehr hoch, aber bedenken Sie unsere südliche Lage.«

Er erzählte mir weiter, daß die Station seit ihrem Bestehen mit 84 verschiedenen Getreidearten und etwa 400 Sorten Sämereien Versuche unternommen hat. »Wir haben genug gesehen, um zu wissen, daß die Nachteile des Hochlandes ganz überwunden werden können, ja daß dieses sogar einige Vorteile hat.« Hu Go-dschun zeigte mir ein Feld mit Schansi-Sommerweizen, der gerade geschnitten wurde. Die Halme reichten mir bis zu den Schultern. Sie waren dick und die Ähren sehr schwer. Auch bei verschiedenen Gerstensorten beobachtete ich schwere Ähren, lange Granen und, in Tibet wegen des häufigen Hagels wichtig, kräftige Halme. Kohlköpfe und Rüben erreichten die Größe von Haubitzenkugeln. Eine Rübe, die ich fotografieren wollte, mußte sogar von zwei Assistentinnen gehalten werden. Auf weiten Flächen wurden Weidenschößlinge gezogen, die als Windschutz gegen die Schneestürme auf dem Hochland angepflanzt werden sollen. »Bäume sind die Hauptsache«, sagte Hu Go-dschun. »Mit Waldgürteln und mit Aufforstung können wir Wunder vollbringen. Hier ist es wirklich wie im Treibhaus. Gemüse verliert trotz seiner Größe nicht den Geschmack. Nur der Hagel ist für uns ein Problem, das wir noch nicht lösen können. Aber das kommt noch.«

Es war kaum zu glauben, daß in über 3900 Metern Höhe über dem Meeresspiegel Tomaten im Freien wuchsen. Aber Lhasa liegt nicht viel nördlicher als Kalkutta, und die Schneegrenze ist sehr hoch. Einige Getreidearten können hier sogar in 4300 Metern Höhe gedeihen, und der fehlende Regen kann durch Berieselung ersetzt werden, denn Wasser gibt es in den Bergen genug.

Hu Go-dschun zeigte mir eine Melone von dreißig Zentimetern Durchmesser; hier war eine sowjetische Sorte auf eine einheimische Frucht gepfropft worden. Die gleiche Melone ohne Aufpfropfung aus dem einheimischen Samen gezogen, erreichte daneben kaum die Größe eines Tennisballs. »Sehen Sie, die gepfropften Melonen wachsen schneller und haben größere Blätter. Die Tibeter nennen das ›Hochzeit‹. Wir haben bereits einige Unterschiede zwischen den gepfropften Melonen und den aus Samen gezogenen herausgefunden. Bei Weizen wenden wir die Jarowisation an.« Er nannte mir die Temperaturen und die Lagerzeiten des Saatweizens vor der Aussaat.

»Es geht alles«, fuhr er fort, »aber wir haben noch einen langen Weg vor uns, bevor alle Ernten hier oben so sind wie diese. Aber mit modernen, tiefgreifenden Geräten, ausgesuchtem Saatgut, Pflanzenschutzmitteln, viel Dünger und einer richtigen Insektenbekämpfung wäre es ein leichtes, in ganz Tibet die Durchschnittserträge zu verdoppeln, ja zu verdreifachen und auch viele neue Arten anzubauen.« Nach einer Weile fügte er hinzu: »Natürlich gibt es noch Probleme, vor allem die Abneigung gegen alles Neue.«

Er schien fest davon überzeugt zu sein, daß sein und seiner 59 Stationskollegen Traum von der vollständigen Umgestaltung der tibetischen Agrarmethoden Wirklichkeit würde. Aber er gab offen zu, daß sie erst am Anfang einer langen Entwicklung stünden. Tibet ist seit 1300 Jahren in alten Gleisen ziemlich festgefahren. Religiöse Bedenken werden gegen die Anwendung von Schädlingsbekämpfungsmitteln erhoben, und sogar tiefes Pflügen ruft Gegner auf den Plan, weil es die Ruhe der Erdgötter störe. Schließlich ist einem Leibeigenen sogar wenig mit einer Ertragssteigerung gedient, wenn sie mehr Arbeit für ihn bedeutet, ohne daß er etwas davon hat.

»Wir sehen uns Problemen gegenüber, die nicht unlösbar sind, die aber Zeit brauchen.« Hu Go-dschun war optimistisch. »Am wichtigsten ist nach unserer Meinung, dem Boden gute Saat anzuvertrauen und alles in unseren Kräften Stehende zu tun, damit sie gedeihen kann. Wir werden unsere Station mechanisieren und vergrößern, weitere errichten und dafür sorgen, daß möglichst viel gutes Saatgut in die Hände der Bauern gelangt.« Hu bemerkte, am günstigsten sei es, das neue Saatgut in Form von landwirtschaftlichen Krediten auszugeben. Sobald neue, ertragreiche Arten ausreichend vorhanden sind, können sie an die Bauern weitergeleitet werden.

»Zur Zeit geben wir Saatgut kostenlos an alle Bauern ab, die es mit unserer Hilfe ausprobieren wollen. Anfang des Jahres erklärte sich der hiesige *dzongpon* auf unsere Bitte hin bereit, die Bauern zu einer Aussprache zusammenzurufen. Wir berichteten ihnen von den neuen Sorten und boten sie ihnen unentgeltlich an. Zwei Bauern, die es mit ihnen versuchen wollten, erhielten Weizen, Kartoffeln, Kürbiskerne und Tomatenpflanzen. Etwa einmal wöchentlich sucht sie einer von uns auf, schaut nach, wie sie vorankommen, und gibt ihnen Ratschläge für die Bewässerung und Unkrautbekämpfung, über die man sich in Tibet nicht viel Gedanken macht. Ihre Erträge sind jetzt gut. Die Tomaten sind schon abgeerntet, und die Leute kommen von ziemlich weit her, um ihre Felder zu besichtigen. Inzwischen haben uns ungefähr zwanzig weitere Familien um Saatgut gebeten. Ein Anfang, wenn auch ein kleiner, ist also gemacht.«

Die Leibeigenen sind hauptsächlich an neuem Gemüsesamen interessiert. Ihre Pacht bezahlen sie nämlich mit Getreide, und das Gemüse können sie auf dem Lhasaer Markt verkaufen. Seit die Bauern von der Volksbefreiungsarmee und der Versuchsstation Samen erhalten haben, gibt es in Lhasa eine ganze Straße mit Gemüseständen.

Zum Mittag setzte man mir auf der Station versuchsweise angebautes Gemüse und Salate vor. Sie schmeckten genauso gut wie anderswo. Ihre erstaunliche Größe hatte den Geschmack in keiner Weise beeinträchtigt. Beim Essen erzählte mir Hu Go-dschun, daß im wärmeren Bomi, im Südosten, noch bessere Ernten erzielt werden könnten, weil dieses Gebiet tiefer liege, besseren Boden habe und durch Wälder geschützt sei. Jedoch leben in dieser potentiell so ungeheuer reichen Gegend gegenwärtig nur 10.000 Menschen. »Der Mangel an Arbeitskräften ist in Tibet wirklich ein ernstes Problem«, betonte er. Und die Situation wird immer schlechter, weil ein Viertel aller Männer in Klöstern lebt und vom Produktions- und Reproduktionsprozeß ausgeschlossen ist.

»Mit genügend Arbeitskräften könnte in fast unbegrenztem Ausmaß ausgezeichneter frischer Boden urbar gemacht werden. Schätzungsweise werden zur Zeit in Tibet nur fünf Prozent nutzbares Land bebaut.« Da aber die meisten Arbeitskräfte schon gebunden sind und Mönche nicht pflügen dürfen, wird es nicht leicht sein, die restlichen 95 Prozent zu erschließen.

Auf der Station sind 25 Tibeter und 35 größtenteils aus Setschuan stammende Chinesen beschäftigt. Die meisten dieser Tibeter sind ehemalige *duitschuns,* einige, denen die Bezahlung zusagte, kamen aus der Stadt, und ein paar sind Leibeigene, die mit Genehmigung ihres Herrn hier arbeiten. Alle Chinesen auf der Station lernen Tibetisch, und die Tibeter Chinesisch. Vier Einheimische weilen zu einem längeren Studium in Peking.

»Wir werden nur mit Erfolgen überzeugen«, sagte Hu Godschun, als ich in das Jakhautboot stieg, um mich wieder über den Fluß setzen zu lassen. »Wenn unsere Produkte gedeihen, während andere verkümmern, wenn sie nicht nur auf unseren Versuchsfeldern, sondern auch auf den Äckern der einfachen Bauern viel größer sind, dann werden mehr Bauern sie haben wollen. Sie werden es weitererzählen, und dann wird es uns schwerfallen, mit der Nachfrage Schritt zu halten. Wir können die Entwicklung nicht schneller vorantreiben, als das tibetische Volk es will. Wir können es nur unterstützen, ihm helfen und neue Methoden zeigen.«

In Lhasa fragte ich einen führenden tibetischen Beamten, den Sachverständigen für Wirtschaftsfragen im Kaschag, nach seiner Meinung über die Versuchsstation. Sampo Dzasas Antwort und seine Bemerkungen über andere Dinge lassen etwas von den geistigen Umwälzungen erkennen, die beim Zusammenprall des modernen Lebens mit der alten tibetischen Gesellschaftsordnung ausgelöst wurden.

»Die Versuchsstation ist beispielgebend für die Entwicklung der Landwirtschaft«, sagte Sampo Dzasa. »Auch die Experimente in den Weidegebieten sind zu begrüßen. Wenn das Vieh gesund erhalten werden kann, wird es bessere Milch und Butter geben. Das alles ist gut und in der tibetischen Geschichte noch nie dagewesen.«

Er überlegte lange, bevor er weitersprach: »Tibet ist ein heiliges Land, wo die Arbeit und das Leben der Bewohner von der

Religion bestimmt werden. Uns ist die Religion wichtiger als die Wirtschaft; daher sehen wir keinen Grund für Reformen. Wer von der Regierung Land erhalten hat« (die Adligen – A. W.), »ist der Ansicht, daß man sonst nichts braucht; einige haben nichts von der Regierung bekommen, beziehen aber als Beamte ihre Gehälter und leben gut; andere schließlich haben an dem von der Regierung vergebenen Boden teil« (die Leibeigenen – A.W.) »und auch den Weg zu einem anständigen Auskommen gefunden.«

Wieder machte er eine Pause. »Und wenn die Regierung den Leuten nicht hilft, so helfen sie sich selbst. Denken wir nur an die Bettler. Wenn man nämlich an die Religion glaubt, kann man sich sein Leben immer zufriedenstellend einrichten.«

Sampo Dzasa unterstrich die Notwendigkeit, schrittweise vorzugehen. Nach seiner Ansicht ist die Industrie die Grundlage des Fortschritts, obwohl er, wie er zugab, keine Ahnung hatte, wie sie zu entwickeln sei. »Tibet braucht Technik«, sagte er. »Jedes Jahr schicken wir viele junge Menschen zum Studium nach Tschöngtu und Peking. Wenn sie zurückkommen, möchten sie, daß es in Tibet genauso vorangeht wie im übrigen China.«

1 Eine genaue Analyse der Klassenverhältnisse in Tibet wurde erst nach dem Aufstand möglich. Es ergab sich, daß es in Tibet drei Hauptgruppen arbeitender Armer gibt: thralbas oder »Leibeigene ersten Grades«, die noch einige traditionelle Rechte besitzen, aber in der Regel tief verschuldet sind; duitschuns, deren Lage etwa der oben geschilderten entspricht; und langtsans, echte Sklaven der Adligen, die überhaupt kein Eigentum oder irgendwelche Rechte haben. Jetzt stellte sich heraus, daß diejenigen, die ich 1955 bei meinem ersten Besuch für »Knechte« der Leibeigenen gehalten hatte, in Wirklichkeit Sklaven waren. Damals war eine solch gründliche Untersuchung einfach unmöglich, weil der Adel ihr schweigend, aber wirksam Widerstand entgegensetzte.

Draußen bei den Jaks

Das unentbehrliche Tier – Reste primitiver Demokratie – Die Herden werden langsam kleiner – Barfuß im Schnee – Peking rettet den Wollmarkt – Lhasa kämpft gegen Viehseuchen – Kleine Erfolge – »Ich töte, um zu retten!«

Bevor der erste rötliche Schein der Morgensonne über dem höchsten schneebedeckten Gipfel liegt, beginnt bereits die Arbeit auf den Weiden. Eine alte Frau kriecht aus einem schwarzen Jakhaarzelt und humpelt zu den Jaks hinüber. Reihenweise mit Haarstricken angepflockt, haben sie die Nacht verbracht. Etwas abseits warten reifbedeckte Kälbchen zitternd auf die erste Mahlzeit. Die Milch der Muttertiere ist für sie zu kostbar. Die alte Frau setzt einen Holzeimer voll wäßrigen Schleims aus Buttermilch und Gerstenmehl ab. Sie greift sich das erste Kalb und drückt seinen Kopf so weit zurück, bis es sie ansieht. Mit der anderen Hand langt sie nach einem großen Holzlöffel und nimmt den Mund voll Schleim. Dann preßt sie mit ihren Lippen das Maul des Kälbchens auf, trichtert ihm die Suppe ein und wiederholt den Vorgang, bis sie denkt, daß das Kalb genug hat.

Wenn sie etwa dreißig Jakbabys gefüttert hat, ist die Sonne aufgegangen, und das geschäftige Treiben des Tages hat begonnen. Die Hirten müssen täglich zweimal melken, Butter und Käse bereiten, Jakmist sammeln und trocknen, sie müssen das Vieh auf die Weide treiben, es heimholen und untersuchen, zur rechten Zeit die Wolle scheren, die sie dann das ganze Jahr über spinnen. Neben anderen wichtigen Arbeiten muß auch gekocht, gejagt und geflickt werden; für seine Lieblingsbeschäftigung, Tanzen und Singen, bleibt dem Hirtenvolk jedenfalls wenig Zeit. Kommt gar irgendein in Seide gekleideter Beamter durch ihren Bezirk, müssen sie alles stehen- und liegenlassen und sofort der Aufforderung, ihn weiterzubefördern, Folge leisten. Mitunter werden sie dadurch mehrere Tage lang von ihren häuslichen Pflichten abberufen.

Ein Fünftel der Einwohner Tibets hütet hoch über den Köpfen der meisten Menschen auf den einsamen Weiden Jakherden. Hier oben in 4300 Metern Höhe wachsen für den geduldigen, anspruchslosen, fügsamen Jak – das Bindeglied zwischen Mensch und Natur in Tibet – nur dürres Gras und verkümmerte Kräuter. Ohne Jakmilch, -butter, -käse, -fleisch und -wolle hätte sich der Mensch in Tibet vielleicht niemals über die Stufe der Jäger hinaus entwickeln können. Neben dem entfernten Verwandten des nordamerikanischen Büffels haben für die tibetischen Hirten noch Schafe, Ziegen, ein paar andere Tierarten und die Kreuzung zwischen Rind und Jak, das sogenannte *dzo,* Bedeutung, unentbehrlich aber ist der Jak.

Vieh und Gras – beides ist auf den Weiden lebensnotwendig. Beides war Gegenstand erbitterter, blutiger Fehden; jahrhundertelang wurden ihretwegen Vergeltung und Rache geübt. Einzelne Clans führten untereinander regelrechte Kriege mit Raubzügen und Belagerungen. Die tibetischen Hirten sind stolz, jähzornig und leicht zu beleidigen; nur Beamten und besonders Mönchen gegenüber verhalten sich diese abergläubischsten Menschen des sehr religiösen Volkes anders. So schnell sie jedoch bei einer Beleidigung das Messer zücken, einen Gefallen, den ihnen jemand erwies, werden sie nie vergessen. Ein Hirt, der auf seiner Pilgerfahrt im Lhasaer Volkskrankenhaus gesundgepflegt worden war, kehrte lange Zeit später zurück und wollte dem Arzt, der ihn behandelt hatte, seine einzigen beiden Rinder schenken. Ein anderer weigerte sich mit folgender Begründung, das Krankenhaus zu verlassen: »Sie haben mir das Leben gerettet, und nun gehört es Ihnen. Ich will immer für Sie arbeiten.«

Das Gebiet am Schwarzen Fluß nördlich von Lhasa ist typisches Weideland. Hier leben sieben in fünfundvierzig Clans untergliederte Hirtenstämme. Nach alter Tradition sind Weiderechte und Herden Stammes- beziehungsweise Clan-Eigentum. Aber das entspricht längst nicht mehr den Tatsachen; denn den Hirten gehören nur noch wenige Tiere.

Genau wie der Boden ist das Vieh Besitz des Clan- und Stammesadels, der Klöster und der örtlichen Regierungen. Nur in der Wahl der Stammes- und Clan-Führer finden sich noch Spuren des alten Sippencharakters. Jedem Clan steht ein *dschepon* vor, der alle drei Jahre gewählt werden soll. Wo man sich noch daran hält, kommt der Führer meistens aus ein und derselben reichen Familie. Ein Teil der Stammesführer oder *dschidschaps* wird von den *dschepons* gewählt, das Amt der anderen, zum Beispiel der Fürstin von Derge, ist erblich.

Es gibt in Tibet etwa 2.000.000 Stück Großvieh und 5.000.000 Schafe; die Gesamtzahl der Hirten wird auf 250.000 geschätzt. Das Vieh und die Weiderechte werden an die Hirten verpachtet, die dafür eine bestimmte Menge Butter, Käse, Wolle und getrockneten Jakmist abliefern. Was sie darüber hinaus produzieren, gehört ihnen. Verluste hat der Hirt zu tragen; auch wenn ein Tier stirbt, muß er weiterhin dieselben Abgaben leisten und kann jederzeit aufgefordert werden, die ursprüngliche Anzahl Tiere oder den entsprechenden Geldwert abzuliefern. Die Abgaben der Hirten belaufen sich wie die der Bauern auf etwa siebzig Prozent ihrer Produkte.[1]

Eine Rücksicht auf irgendwelche Umstände gibt es dabei nicht. Steht das Gras gut und brechen keine Seuchen aus, können die Hirten zurechtkommen. In schlechten Jahren, besonders aber, wenn Seuchen viele Tiere der Herde dahinraffen, müssen sie borgen, um das Notwendigste zum Leben zu haben. Und wenn eine Herde ganz ausstirbt, was auch vorkommt, muß der Hirte unter Umständen für andere arbeiten und seine von Jahr zu Jahr anwachsenden Schulden mit sich herumtragen. Ein Hirte bekommt manchmal als Knecht einen derartigen Hungerlohn, daß er sich nur im äußersten Notfall verdingt.

Es kann auch vorkommen, daß sich eine Herde vergrößert; dem sind jedoch enge Grenzen gesetzt, weil die Hirten den Überschuß für sich verbrauchen, um kein Fleisch kaufen zu müssen. Außerdem werden Vieh und Fleisch für andere Artikel, wie Tee, Gerste und Gebrauchsgegenstände aus Holz, das es auf den hoch gelegenen Weiden nicht gibt, eingetauscht. Im allgemeinen essen die Hirten wenig Gerste und verbrauchen den Zuwachs ihrer Herden selbst. Fleisch und Fett sind nämlich in der dünnen Luft und der Kälte des Plateaus unentbehrlich. In einem guten Jahr verzehren die Hirten den Überschuß, kommt ein schlechtes, haben sie nichts zum Zusetzen und geraten in Schulden. So nehmen die Herden allmählich immer mehr ab, von Generation zu Generation, von Jahrhundert zu Jahrhundert.

Ob ein Hirte Vieh vom Clan, von einem Adligen aus Lhasa, von einem Kloster oder von der Regierung pachtet – die Abgaben sind mit sechzig bis siebzig Prozent des Herdenertrages immer die gleichen. Dazu kommt, daß die Klöster von allen Hirten neben den üblichen Gaben für Krankheitsgebete, Weissagungen oder für Bitten um ein reibungsloses Eingehen der Seele eines Verstorbenen in ein höheres Dasein den Zehnten erwarten. Die Hirten scheinen frommer zu sein als andere Tibeter. Selbst bei einer Unterhaltung im Freien oder beim Würfelspiel im Zelt geht stets eine Gebetsmühle von Hand zu Hand, damit jeder etwas für sein Seelenheil tut. Andere lassen beim Erzählen unablässig ihren Rosenkranz durch die Finger gleiten.

Tiere, die persönliches Eigentum der Hirten sind, werden von der Regierung in Lhasa besteuert. Diese Abgabe läßt sich jedoch schwer eintreiben, weil gewöhnlich zwischen dem Hirten und den Herdeneigentümern ein stillschweigendes Übereinkommen besteht, die Behörden des Dalai- oder des Pantschen-Lamas zu betrügen.

Für Kleidung wird kein Geld ausgegeben. Entweder tragen die Hirten gröbste selbstgewebte Kleider aus etwa dreißig Zentimeter breiten Streifen naturfarbener Schafwolle, die sehr steif und nahezu unzerreißbar sind, oder Schaffelle mit der Pelzseite nach innen. Stets ist das Gewand lang und weit und wird mit Haarstricken zusammengehalten. Vielfach schaut ein Arm oder sogar die ganze Schulter nackt heraus, denn darüber wird nichts getragen. Bei Hitze sind Frauen mit nacktem Oberkörper ein durchaus alltäglicher Anblick. Das Gewand dient gleichzeitig als Schlafdecke. Stiefel sind für den täglichen Gebrauch zu kostspielig; ich habe tibetische Nomaden, ja selbst kleine Kinder gesehen, die barfuß im Schnee liefen. Tibeter sind zäh; Schwache sind den schweren Lebensbedingungen nicht gewachsen.

Der größte Teil der Arbeit – Melken, Eintreiben des Viehs, Rösten und Mahlen von Gerste, Buttern, Sammeln und Trocknen von Jakmist – wird von Frauen besorgt. Die Männer gehen auf die Jagd, verkaufen und kaufen ein, arbeiten als Viehtreiber und ziehen bei Clan-Streitigkeiten, die allerdings seit 1951 sehr zurückgegangen sind, in den Kampf. Zum Ergänzen der Vorräte ist Jagen unumgänglich. Manche Hirten essen überhaupt kein Fleisch von Haustieren, um ihre eiserne Reserve nicht anzutasten. Die meisten besitzen ein Gewehr älterer Bauart, aber in einigen Gegenden wird noch mit Pfeil und Bogen gejagt.

Ihre Vergnügungen spiegeln ihr Leben wider. Überall, wo sich Hirten in größerer Zahl zusammenfinden, besonders auf Jahrmärkten, sind Pferderennen und Scheibenschießen die großen Attraktionen. Da braucht vorher nichts groß organisiert zu werden, und auch eine besondere Rennstrecke ist nicht notwendig. Eine Herausforderung oder eine Wette genügt, um ein Rennen zu veranlassen. Dann messen sie sich im Kunstreiten: Aus dem Sattel werden Gegenstände vom Boden aufgelesen, sie tauchen unter dem Bauch der dahinjagenden Pferde hindurch. Im anschließenden Wettschießen sind sie nicht zu übertreffen. Von einem galoppierenden Pony treffen sie mit dem Pfeil ins Schwarze einer Scheibe, greifen dann zum Gewehr und schießen auch ins Zentrum der nächsten, kaum dreißig Meter weiter aufgestellten. Die Wettkämpfe der Bogenschützen werden mit breitköpfigen Pfeilen ausgetragen. Gewertet werden Genauigkeit und Weite. Mit Singen und Tanzen klingt solch ein Tag aus.

Auch in den Weidegebieten setzen sich die zinsfreien Kredite immer mehr durch, allerdings viel langsamer als in den Ackerbaubezirken. Zwar ist über ihre Verteilung ein allgemeines Abkommen mit den Stammes- und Clan-Führern getroffen worden, aber die großen Entfernungen und das Wanderleben der Nomaden erschweren die Einführung.

Früher ging ein Hirt, der einen Kredit aufnehmen wollte, zum Kloster, mußte fünfzig Prozent Zinsen zahlen und lud damit eine Schuld auf sich, an der mehrere Generationen abzuzahlen hatten. Mitunter war ein Kredit dringend nötig, denn wie mir Dschume Badschang in Derge sagte, drohten bei jeder Unregelmäßigkeit in der Tributzahlung oft mehrere Hundert Peitschenhiebe und Gefängnis, was gleichbedeutend mit dem Verlust der Herde gewesen wäre.

Großes Ansehen erwarb sich die Zentralregierung in Peking durch den Aufkauf der tibetischen Wollvorräte. Bereits Tschamba, der bedeutendste Kaufmann des Kandse-Klosters, hatte mir in Lhasa davon erzählt; und was ich in seinem Zimmer zwischen Statuen, Butterlampen und Geldkisten vernommen hatte, wurde mir später von den Leuten auf den Weiden bestätigt. Tschamba war wie jeder andere Kaufmann gekleidet; nur an seinem kurzgeschorenen Haar erkannte man den Mönch. Er hockte im Schneidersitz auf einer Ruhebank und hatte die Zeichen seines Standes um sich gebreitet: die lederne Geldtasche, das Rechenbrett und den Rosenkranz. Er handelte hauptsächlich mit Wolle, aber auch mit Moschus, Safran und dieser seltsamen tibetischen Wundermedizin Wurmgras.

Von ihm und anderen hörte ich, daß im Frühjahr 1951 den tibetischen Wollhändlern recht beachtliche Preise für den kommenden Ertrag versprochen worden waren. Damals hatte sich die tibetische Delegation noch nicht entschlossen, nach Peking zu gehen, und verschiedene interessierte Kreise versuchten, Tibet von China fortzulocken. Als dann aber die tibetischen Kaufleute überall im Lande auf den Weiden die Wolle aufkauften, wurde gerade das Abkommen zwischen Lhasa und Peking unterzeichnet. Schlagartig sank der Wollpreis. Der gesamte Wollmarkt Tibets stand vor einer ernsthaften Krise; denn die gebotenen 60 bis 70 Rupien pro *maund*[2] entsprachen nur noch einem Drittel des wahren Preises.

Da griff die Pekinger Regierung ein und kaufte die gesamten Vorräte zu 180 Rupien das *maund* auf. Diese Maßnahme überzeugte die Tibeter mehr als lange Reden von den guten Absichten und der Aufrichtigkeit der neuen chinesischen Regierung.

Ein Hirt, der seine Wolle nicht verkauft, kann trotzdem noch zurechtkommen; fast die Hälfte der in Tibet erzeugten Wolle kommt nie auf den Markt. Wenn aber seine Tiere sterben, sind die Folgen katastrophal. Viehseuchen suchen ganze Landstriche heim, die dann mit Kadavern besät zu sein scheinen. In Tibet sieht man in ihnen eine Strafe der Götter für alte Sünden.

Im neuen Lhasaer Serumwerk, etwa fünf Kilometer vom Potala entfernt, traf ich Arkha, ein einfaches, stämmiges, tibetisches Hirtenkind; sie half gerade bei der Sektion einer Ratte. Ich war überrascht, eine Tibeterin, deren Glauben das Töten verbietet, bei dieser der Erforschung der tibetischen Brustseuche dienenden Arbeit zusehen. Da sie mir als eine der besten Arbeiterinnen des Werkes genannt wurde, wartete ich, bis sie aus dem sterilen Raum kam. Sie erzählte mir ihre Geschichte und äußerte auch ihre Ansichten über die Seuchen und den veterinärmedizinischen Dienst.

Vor 1950 war es ihrer Familie gut gegangen. Sie hatten etwa dreißig eigene Tiere, bezahlten Pacht für die Weiden und führten eigentlich ein recht unabhängiges Leben. Da brach die Rinderpest aus.

»Wir mußten zusehen, wie ein Stück Vieh nach dem anderen verendete. Alles, was in unserer Macht stand, taten wir: Wir gaben ihnen Kräuter, trockneten die Nieren und Herzen der toten Tiere, zermahlten sie und rieben das Pulver den kranken Tieren in die Nasen. Wir verkauften, soviel wir konnten, und gaben das Geld den Mönchen für Gebete und verloren doch alles, auch unsere Selbständigkeit. Zu dieser Zeit kam die chinesische Volksarmee. Da ich erst sechzehn war, brauchte ich noch keine Dienstleistungen zu verrichten und half daher der Volksbefreiungsarmee bei der Brennstoffbeschaffung, beim Transport und arbeitete später beim Straßenbau.«

Sie berichtete mir von ihrem guten Verdient, von dem, was

sie über Bildungsmöglichkeiten gehört hatte und wie es im neuen Tibet sein könnte. »Je näher mein achtzehnter Geburtstag rückte, nach dem ich *ula* hätte leisten müssen, desto mehr dachte ich daran zu studieren. Ich sprach mit den Soldaten der Volksbefreiungsarmee darüber, und sie redeten mir zu. So bat ich schließlich um Aufnahme in eine Schule. Um Erlaubnis habe ich niemanden gefragt, ich bin einfach in das Institut der Nationalen Minderheiten in Kangting eingetreten. Dort lernte ich die tibetische Schrift, Chinesisch und wie wir Tibet auf vielerlei Weise voranhelfen könnten. Als ich gefragt wurde, was ich machen wollte, hatte ich mich schon längst entschieden. Ich hatte von der tierärztlichen Arbeit gehört, von vorbeugenden und heilenden Maßnahmen gegen Viehkrankheiten. Wenn ich verhüten könnte, daß anderen dasselbe wie meiner Familie passiert, dann wäre das wunderbar für Tibet. Ich bewarb mich also, und man war sehr froh darüber.«

Arkha besuchte noch eine tierärztliche Fachschule in Tschöngtu und kam 1954 in das Lhasaer Serumwerk, um ihr theoretisches Wissen anzuwenden.

Das Werk, ein weißgetünchter Block von Luftziegelhäusern auf dem Weg zum Sera-Kloster, wollte im Herbst 1955 gerade die Produktion aufnehmen. Das erste Ziel hieß: Bekämpfung der Rinderpest. Das Serum wurde nach einer 1951 in China entwickelten Methode aus Schaflymphe hergestellt.

Seit das Werk 1952 gegründet wurde, beschäftigte man sich dort mit der Erforschung der beim tibetischen Volk auftretenden Bakterien und der Entwicklung von Seren zu ihrer Bekämpfung.

In einem Raum sah ich tibetische Assistenten in weißen Kitteln, einen Atemschutz vor dem Gesicht, den Jaks die dicken Kanülen riesiger Injektionsspritzen in das Fleisch stechen. Die Tiere wehrten sich nicht, sie brüllten nicht einmal, als durch die starken Hohlnadeln literweise Schafserum gepreßt wurde. Sie bewahrten ihren gewohnten Gleichmut, krümmten sich höchstens einmal und ließen etwas Furcht in ihren dummen Augen erkennen. Das Serum macht die Tiere immun. Eine noch größere Immunität wird erreicht, wenn infiziertes Blut gespritzt wird, das zur Bildung von Antikörpern anregt. Das Blut stark immuner Tiere wird als Serum für Vieh verwandt, das von der Krankheit befallen ist, für vorbeugende Massenimpfungen wird Schaflymphe benutzt.

Trotz des sündhaften Charakters der tierärztlichen Arbeit haben sich ihr bereits sechsundachtzig Tibeter verschrieben. Acht arbeiten im Lhasaer Werk, dreizehn bilden sich in Pekinger Serumbetrieben fort, und achtzehn studieren dort Veterinärmedizin. Die übrigen weilen mit tierärztlichen Betreuergruppen oben auf den Weiden und versuchen, die Hirten mit Beispielen davon zu überzeugen, daß moderne Methoden ihr Vieh retten können. Wie konservativ aber die Hirten noch sind, beweist folgender Vergleich: Seit 1952 suchten in Tibet fast 700.000 Menschen die Volkskrankenhäuser auf, in der gleichen Zeit wurden von den tierärztlichen Stationen, Kliniken und Gruppen aber nur 200.000 Stück Vieh behandelt.

Direktor Tu Hsin-ming erklärte mir, daß Arkhas Arbeit der Herstellung eines Serums gegen die Brustseuche diene, und verkündete, daß dieses 1956 zusammen mit Seren gegen Blutvergiftung und tödlichen Milzbrand in Produktion gehen solle. Rinderpestserum wurde bereits hergestellt. Für die Hirten sind es zwei grundverschiedene Dinge, ein krankes Tier mit sündhaften Methoden behandeln zu lassen oder zu gestatten, eine ganze Herde merkwürdige Flüssigkeiten einzuspritzen. Letzteres ist für sie purer Wahnsinn, abgesehen von dem Preis, den sie vielleicht bei künftigen Seelenwanderungen für eine solche Ruchlosigkeit zahlen müssen.

In der Kantine tranken wir grünen chinesischen Tee und knabberten die unvermeidlichen »Mortons köstliche Bonbons«, die schon eine beschwerliche Reise von Indien über die Gebirgspässe auf dem Rücken eines Jaks hinter sich hatten.

Hier stellte ich Arkha mit manchen Bedenken eine etwas plumpe Frage: »Wie stehen Sie zum Töten, das doch hier eine Ihrer Aufgaben ist? Ich denke zum Beispiel an die Ratte, die ich Sie heute morgen sezieren sah. Sie sind doch sicher genauso für ihren Tod verantwortlich wie Ihre Arbeitsstelle. Wie betrachten Sie das vom religiösen Standpunkt aus?«

Für Arkha schien dieses Problem allerdings nicht neu zu sein. Ihre Antwort kam sofort: »Natürlich ist es eine Sünde. Das ist mir klar. Aber was ich tue, hilft andere Leben retten, und das ist auch ein Verdienst. So sehe ich es. Es hilft den Menschen und rettet Tieren das Leben.«

Ich fragte sie, wie sie zum Töten der Bakterien stände, die das Vieh krank werden ließen. Ob das nicht auch eine Sünde sei? Ihrer Antwort konnte ich nur mit Mühe folgen. Anscheinend betrachtete sie die Bakterien als böse Geister, wußte jedoch keine religiöse Rechtfertigung. Sie war fest davon überzeugt, daß die Wissenschaft den Menschen helfen kann und soll, hatte aber diese Ansicht noch nicht mit ihrem Glauben in Einklang bringen können. Es bereitete ihr Sorgen, daß ihr neben Arbeit und Studium zu wenig Zeit für religiöse Andacht blieb. Sie müsse mehr beten, sagte sie, aber da ja die Wissenschaft den Menschen helfe, werde ihr vielleicht etwas zugute gehalten. Ihr Beruf bedeute ihr mehr als alles andere und sie hoffe, bald selbständig Sektionen durchführen zu können.

Zum Abschied richtete ich noch eine höfliche Frage an sie: »Was machen Sie an Ihrem freien Tag?«

Sie antwortete: »Ich treffe mich in Lhasa mit einer Freundin aus Kandse, die im Volkskrankenhaus arbeitet. Wir gehen in die Tempel und bitten um Vergebung unserer Sünden, die wir im Beruf begehen müssen.«

1 Die erst jetzt möglichen gründlicheren Untersuchungen zeigten, wie die Hirten am häufigsten ausgebeutet wurden: Man »überließ« ihnen Vieh, das gar nicht vorhanden war, für das ihre Vorfahren und sie aber Abgaben aus den Erträgen des tatsächlichen Viehbestandes entrichten mußten. Außerdem wurden sie gezwungen, zu ähnlichen Bedingungen Tiere zu mieten und mit der Kopfsteuer für den Unterhalt der Beamten zu sorgen. Weiterhin nahmen sich noch die Klöster ihren Teil von den Produkten; sie schwächten aber auch die Familien um die Kinder, die Mönche werden mußten.

2 37,325 kg.

Der allgegenwärtige Kaufmann

Handeltreibende Mönche – Eine Stadt nach Indien – Handel ist das beste Mittel zur Steigerung der Kaufkraft – Dreißig Jahre altes Getreide – Fünf Lastwagen oder zweitausend Jaks – Der Staat und der Einzelhandel – 13,3 Prozent Preissenkung in einem Jahr

Die tibetischen Feudalherren blicken im Gegensatz zu den europäischen nicht von oben auf den Handel herab; zusammen mit den hohen Mönchen sind sie die mächtigsten Kaufleute. Die tibetische Gesellschaft ließ keinen »dritten Stand« hochkommen, der der Herrschaft von Kirche und Adel hätte gefährlich werden können, sondern nahm die Kaufleute in ihre einzigartige Schöpfung auf: In einer Person vereinigten sich jetzt Mönchtum, Adel, Beamtentum und Kaufmannschaft. Ein Laie, der es mit Geschick versteht, ein aufstrebender Kaufmann zu werden, wird nicht etwa verachtet oder als Klassengegner betrachtet, sondern als zukünftiger Beamter, Adliger und manchmal auch Angehöriger der herrschenden Geistlichkeit.

Wenn man bedenkt, wie klein das Gesamtvolumen des tibetischen Handels ist, muß man immer wieder staunen, wie viele Menschen sich mit ihm beschäftigen, darunter die meisten hohen Mönche, geistliche und weltliche Beamte und Bürger, die nicht an Grundbesitz gebunden sind.

Jeder Kloster-»Staat« hat seine eigene Handelsorganisation mit reisenden Kaufleuten – Tschamba war solch einer –, die in Indien und Nepal, in Tschöngtu und Schanghai für das Kloster einkaufen und verkaufen. Enge Handelsbeziehungen bestehen selbst zu den entlegensten Gebieten des Hochlandes, wo schon Ziegen als Lasttiere an die Stelle der Jaks treten müssen. Aber trotz dieses feinmaschigen Handelsnetzes kommt dem tibetischen Handel nur geringe Bedeutung zu. Er kann sich ja hauptsächlich nur auf das stützen, was nach Abzug des Existenzminimums für 1.200.000 Bewohner von der gleichbleibend kargen Getreideernte, von den Produkten der 2.000.000 Stück Großvieh und der 5.000.000 Schafe übrigbleibt. Und sogar von dieser minimalen Warenproduktion opfert man noch einen großen Teil den Göttern oder läßt ihn umkommen.

Wie dürftig der Handel ist, geht aus dem Bericht Tschambas hervor, des – ich möchte es noch einmal erwähnen – bedeutendsten Kaufmanns des riesigen Kandse-Klosters. Eine Reise im Jahre 1954, auf der er in viereinhalb Monaten sechsundsiebzig Tonnen Wolle aufkaufte und auf 1500 Jaks nach Kalimpong brachte, dort etwa siebzehn Tonnen ausländische Waren einkaufte und mit nur 340 beladenen Jaks zurückkehrte, bezeichnete er als einträglich. »An der Wolle verdiente ich überhaupt nichts, sondern deckte mit ihr nur meine Unkosten. Die Waren, die ich aus Indien holte, brachten allerdings zwischen fünfzehn und zwanzig Prozent Gewinn«, sagte er mit offensichtlicher Genugtuung. »Ich gehe nach Indien, wann es mir paßt, und von der Volksbank kann ich auf Wunsch ohne weiteres Devisen bekommen. Waren, die nach Indien ausgeführt werden, muß ich versteuern, aber alles, was nach Tibet hineinkommt, ist zollfrei.[2] Andererseits ist der indische Markt nicht so rege. Es ist einfacher, in Schanghai und anderen Teilen Chinas hergestellte Waren zu kaufen.«

Die Marktwirtschaft Lhasas war kompliziert. Unter den aus Indien kommenden Waren befanden sich viele leichte Luxusartikel, die auf Jaks herangeschafft wurden und für die von reichen Tibetern und in Tibet beschäftigten Chinesen relativ hohe Preise gefordert werden konnten. In Lhasa bekam man ohne weiteres erstklassige englische Stoffe, Hautcreme, Aluminiumwaren, Raleigh-Fahrräder, BSA-Motorräder und Schweizer Uhren. Umgerechnet in englische Währung, kaufte ich mir für 72 Pfund Sterling das neueste Modell der Rolleiflex mit Blende 2,8. Die kleineren Geschäfte um den Barkhor waren mit Luxusartikeln förmlich vollgestopft. In einer Stadt, in der täglich Butter tonnenweise als Opfer für die Götter verbrannt wird, war sogar importiertes Speiseöl ausgestellt. Für solche Importe aus Indien gibt Tibet Wolle, Moschus, Jakschwänze, Borsten, Kräuter und Salz. Im Jahre 1954 waren es im Monat durchschnittlich 2500 Jakladungen, im ersten Halbjahr 1955 bereits 3300. Dabei muß immer berücksichtigt werden, daß dem Transport mit Jaks gewisse Grenzen gesetzt waren. Die neue, ausgezeichnete Straße zwischen Lhasa und der indischen Grenze wird sicher eine Wandlung des gesamten Handels bewirken. Auf ihr – ich befuhr sie ja bereits bis Gjangtse, unweit der indischen Grenze – braucht ein Lastwagen nur zwei Tage von Indien nach Lhasa. Zudem kann man in Zukunft von Peking aus jeden beliebigen Teil Indiens auf dem Landweg erreichen.

Als diese tibetischen Hauptverkehrsstraßen gebaut wurden, sprach man im Westen häufig davon, es handele sich um Militärstraßen, durch die Indien bedroht sei. Die Inder schienen diese Meinung nicht zu teilen. Im Gegenteil, wenn das Handelsabkommen zwischen Indien und Tibet überhaupt Bedeutung haben sollte, dann war eine Straße von der tibetischen Seite bis zur indischen Grenze genauso nötig wie Straßen und eine Eisenbahnlinie von der indischen Seite aus. Um eine relativ unparteiische Meinung zu hören, befragte ich einen Großhändler aus Lhasa. Er sagte: »Die Chinesen hätten ja auch in Lhasa mit dem Straßenbau Schluß machen können. Und wenn sie keine Rupien zur Verfügung gestellt hätten, hätten sie den Handel zwischen Lhasa und Indien vollständig abwürgen können. Waren, die mit Jaks geholt werden müssen, können nicht mit denen konkurrieren, die per Lastwagen herangeschafft werden, selbst wenn diese aus Tschöngtu oder sogar aus Schanghai kommen. Aber die Chinesen haben unsere Handelsbeziehungen mit Indien unterstützt.

Als die Kommunisten kamen, dachten viele Leute, es würde alles Mögliche geschehen. Es gab Mönche, die glaubten, die Religion werde nun unterdrückt, und die Reichen bangten um ihr Eigentum. Auch ich war der Meinung, daß es nun mit den tibetischen Handelsbeziehungen zu Nepal und Indien vorbei sei. Aber das war durchaus nicht der Fall, ich erhielt zur Weiterführung meines Geschäfts Geld, ja sogar so viel, daß ich es vergrößern konnte. Da nun die neue Straße fertig ist, werde ich Lastwagen mieten und die verschiedensten Waren nach Lhasa bringen können, vor allem Sperrgut, das mit Jaks nicht transportiert werden konnte. Daß die neue Straße zur indischen Grenze weitergeführt wurde, beweist doch, daß man den Handel nach dieser Richtung nicht unterbinden will.«

Die neuen Straßen belebten auch die Handelsbeziehungen mit dem Osten. Der von der Tschamdoer Handelsgesellschaft ausgewiesene Monatsumsatz stieg von 13.000 Silberdollar im Jahr 1953 auf 70.000 im Jahr 1955. Der Wert der nach Tibet eingeführten Waren wurde 1954 auf 12.000.000 Silberdollar geschätzt. Dabei handelt es sich in erster Linie um Tee, Stoffe, landwirtschaftliche Geräte, Porzellan, Zigaretten, Weine und Seidenwaren. Diese Zahlen spiegeln nicht die Handelskapazität der gegenwärtigen tibetischen Produktion wider, denn die Hälfte der Wolle erreicht niemals den Markt, sondern wird nutzlos vergeudet. Auch der potentielle Reichtum an Moschus, Pelzen, wertvollen Kräutern und Borax wird nur zu einem Bruchteil genutzt. Eine grundlegende Veränderung des Lebensstandards des tibetischen Volkes wird in Zukunft nur durch rationellere Anbaumethoden, Viehzucht und den Aufbau einer Industrie möglich sein. Eine sofortige größere Kaufkraft läßt sich schon durch erweiterten Handel und schnelleren Umschlag des Kapitals erreichen.

Hsia Dschung-jüan, zweiter Sekretär der Finanz- und Wirtschaftskommission des Arbeitskomitees der Kommunistischen Partei Chinas in Tibet, ist ein Experte für Fragen des tibetischen Handels. Seine Darstellung der chinesischen Handelspolitik in Tibet bestätigt das von tibetischen Kaufleuten Gehörte. »Nach 1951 zweifelten die tibetischen Kaufleute an der weiteren Entwicklung. Sie glaubten, sie würden wohl keine Devisen mehr bekommen und der private Handel werde vom staatlich gelenkten verdrängt. Aber der Staat beschäftigt sich nicht mit dem Einzelhandel in Tibet, und noch vor der Fertigstellung der Straßen verkaufte die Volksbank 146.000.000 Rupien und gewährte Handelskredite zu einem niedrigen Zinssatz. Außerdem schlossen wir mit den Kaufleuten Verträge über große Bestellungen ab. Diese Maßnahmen halfen dem Außen- und Innenhandel, und der Umschlag des Handels- und des Arbeitskapitals wurde beschleunigt.«

Wie Hsia weiter ausführte, überwacht die Volksbank genauestens die Bargeldauszahlungen an die chinesischen Arbeiter und Soldaten, um die Stabilität der Währung und der Preise zu garantieren. Nur zwanzig Prozent ihres Gehalts werden ihnen in Tibet in bar ausgezahlt. Für diesen Betrag ist durch eingeführte Waren reichlich Deckung vorhanden. Der Rest wird ihnen gutgeschrieben. Ferner wird ein gewisser Vorrat an Getreide gespeichert, um Spekulationen zu verhindern und die Preise niedrig zu halten. Das Horten von Getreide ist eine alte tibetische Gepflogenheit. Wie weit sie ging, merkte man bei der Überschwemmung von Gjangtse, als Korn zur Unterstützung der Notleidenden gebraucht wurde: Die unteren Vorratsschichten im Fort waren schon dreißig Jahre alt. »Wenn das Getreide in irgendeiner Stadt knapp wird und die Händler die Preise in die Höhe treiben wollen, können wir es zu Preisen auf den Markt bringen, die etwas über den in den Dörfern verlangten liegen; dadurch locken wir das Korn auf den Markt und verhindern Schiebergeschäfte.«

Vor der Fertigstellung der Straßen kamen nahezu 300.000 Jakladungen Ware im Werte von etwa 50.000 Silberdollar allein über Jatung aus Indien, und das trug zur Stabilisierung des Marktes bei. Auch die zinsfreien Kredite an Bauern und Hirten halfen die Produktion etwas steigern.

»Wir streben ferner die Selbstversorgung der Armee und des Arbeitspersonals in Tibet an«, fuhr Hsia fort. »Obwohl Geräte fehlen und die Lage hier ganz anders war, haben unsere Zivilangestellten 1620 Hektar Brachland urbar gemacht. Die Armee verrichtete ähnliche Arbeiten. Das alles hatte beträchtliche politische Auswirkungen, denn das tibetische Volk sah, daß wir nicht mit früheren chinesischen Regierungen zu vergleichen sind, deren Beamte sich auf Kosten des Volkes gemästet hatten.

Mit der Eröffnung der Straßen sanken die Frachtkosten, der Kapitalumsatz erfolgte schneller, der früher stockende Absatz tibetischer Waren fand aufnahmebereite Märkte und erbrachte höhere Gewinne. Die allgemeine Wirkung ist jedenfalls gut.«

Der Kaufmann Tschamba versicherte uns frohen Mutes, daß der Handel nie zuvor so geblüht habe. Bei Tee und süßem Käse erzählte er uns, daß er mit Tieren nur leichte Waren heranschaffen könne: Luxusartikel und den in Tibet unentbehrlichen Tee. »Ich wollte – wie jeder andere – möglichst viel verdienen und erwartete nicht, daß ich aus tibetischen Waren Profite schlagen würde. Jetzt bringen achtundzwanzig Gramm Moschus dreißig Silberdollar; früher waren es nur zehn. Ich handle hauptsächlich mit Wolle, Moschus, Safran und Wurmgras. Die Staatliche Handelsgesellschaft zahlt mir für alles, was ich verkaufe, gute Preise. In zwei Wochen schaffe ich heute mit fünf Lastautos soviel wie früher in zwei Monaten mit fünfhundert Jaks. Mein Kapital schlägt sich jetzt jährlich dreimal statt einmal um. Dadurch sind meine Gewinne stetiger, denn die Preise sind niedriger, und der Umsatz ist größer.«

In Tschamdo, wo 1952 die Straße für den Verkehr freigegeben wurde, fielen zwischen 1954 und 1955 die Preise für Industriewaren um durchschnittlich 13,3 Prozent. Andererseits stieg tibetische Wolle um mehr als 50 Prozent. In Lhasa ist seit dem Straßenbau in weniger als einem Jahr die Anzahl der Geschäfte und Verkaufsstände von 1917 auf 2245 angewachsen.

Die wichtigste Funktion der tibetischen Kaufleute ist, die Waren in die entlegenen Täler zu schaffen und sie dort gegen alles einzutauschen, was ihnen die Hirten und Bauern dafür bieten können. Die Staatlichen Handelsgesellschaften betreiben nur Großhandel, um dem Geschäft der Privatleute keinen Abbruch zu tun. Verschiedene Maßnahmen können allerdings gewährleisten, daß die Kaufleute den Verbraucher am Nutzen teilhaben lassen, der aus den verringerten Kosten erwächst. Im Gebiet des Schwarzen Flusses sagten mir Angehörige des Dschanpor-Clans, daß Tee um fast 30 Prozent billiger geworden sei, seit die Straße bis Lhasa führe, obwohl sie selbst sehr weit davon ab wohnten. Einige Kaufleute sind jetzt staatliche Handelsvertreter; sie übernehmen Tee zu festgelegten Preisen und verkaufen ihn wieder mit einer festen Gewinnspanne.

»Ziel unserer Handelspolitik ist eine maximale Erweiterung des tibetischen Innenhandels«, sagte Hsia Dschung-jüan. »Damit soll gewährleistet werden, daß das Arbeitskapital im Lande genutzt wird. Gleichzeitig werden wir alles tun, was in unserer Macht steht, um den tibetischen Handel mit anderen Ländern aufrechtzuerhalten und zu entwickeln und damit die wachsenden Bedürfnisse zu befriedigen.«

1 Die einseitige Besteuerung an der indischen Grenze gehört zu den letzten Resten der alten ungleichen Handelsabkommen, die vor fünfzig Jahren von den Engländern erzwungen wurden.

Die erste Zeitung in Tibet

Wie in Caxtons Zeiten – Kein Wort für »H-Bombe« – Eine Sprache des zwanzigsten Jahrhunderts wird geschaffen – »Dbus« wird »Ui« gesprochen – Die ersten Industriearbeiter Tibets – Rundfunk und Drahtfunk – Die Erde bleibt eine Scheibe

In der seit einundfünfzig Generationen der Familie des Fürsten von Derge gehörenden Druckerei hatte ich ein paar hölzerne Druckstöcke in der Hand, die schon benutzt wurden, als Caxton[1] sein erstes Buch druckte. Sie werden aber noch heute verwendet. In jede der 20 mal 61 Zentimeter großen Platten sind auf der Vorder- und Rückseite Schriftzeichen geschnitzt, so daß beide Seiten eines Blattes der Schriften gedruckt werden können. Ist ein Druckstock abgenutzt oder wird er ernsthaft beschädigt, muß die ganze Seite neu geschnitzt werden. Die Handwerker müssen diese Arbeit nur für Essen und Wohnung leisten, Geld erhalten sie nicht. Pressen sind unbekannt, ebenso ein Zurichten oder Schließen der Druckform, und das Papier ist so rauh, daß ein sauberer Druck fast unmöglich ist.

Ein Mönch mischt die Druckfarbe, deren Grundsubstanz Wasser ist; durch Zugabe von Ruß oder Ocker erhält er Schwarz beziehungsweise Rot. Die Drucker – ebenfalls Mönche – sitzen sich paarweise gegenüber, den langen geschnitzten Druckstock zwischen die vier Knie geklemmt. Ihre nackten Arme sind bis zum Ellenbogen schwarz oder rot beschmiert. Einer trägt mit einer harten Bürste die Druckfarbe auf, der andere legt einen feuchten Bogen Papier darauf und rollt mit einer stoffüberzogenen Walze darüber. Kleine Mönche, die Setzerlehrlinge, rennen mit Messingschalen voll Druckschwärze und Stößen unbeschnittenen Papiers umher und werden in echter Druckermanier angeschimpft. Der Druck einer Seite eines Blattes dauert sieben, beider vierzehn Sekunden.

Man könnte nun meinen, daß es in einem Land, in dem die

Druckerkunst schon so lange gepflegt wird, verhältnismäßig einfach sein müsse, eine Zeitung herauszugeben. Aber das war durchaus nicht der Fall. Drucken bedeutet in Tibet seit jeher: Drucken religiöser Texte, die seit Jahrhunderten in Sprache und Stil unverändert sind. Es gab keine beweglichen Lettern, keine Maschinen, keine Journalisten, keine Setzer. Gedruckte Nachrichten waren unbekannt, wenn man von den wenigen Menschen absieht, die alte, mit den Jaks über die Pässe gekommene indische oder englische Zeitungen lasen. Bald nach seiner Gründung im Jahre 1951 gab das Arbeitskomitee der Kommunistischen Partei eine kleine Zeitung unter dem Titel »Kurznachrichten« im Durchschriftverfahren heraus. Schriftkünstler in Peking wurden beauftragt, tibetische Lettern zu entwerfen und Matrizen herzustellen. Setz- und Druckmaschinen wurden bestellt und sollten gleich nach Fertigstellung der neuen Straße nach Lhasa geschickt werden. Als das ursprünglich angewandte Vervielfältigungsverfahren des kleinen Blattes der steigenden Nachfrage nicht mehr gerecht wurde, griff man zum Steindruck.

Unter den ersten Lasten, die auf der neuen Straße herangeschafft wurden, befanden sich Matrizen und Druckmaschinen. Noch während der Montage wurden ein paar Tibeter als Schriftsetzer ausgebildet. Am 4. Mai 1955, vier Monate nach Fertigstellung der Straße, kam die erste in Tibet gedruckte Zeitung aus der Presse. Jetzt hört man hinter dem neuen Postamt das bekannte Geräusch der Setzmaschinen und das Gepolter der Schnellpressen, die dreimal wöchentlich eine Auflage von 3000 Exemplaren der »Kurznachrichten«, modern aufgemacht, ausstoßen. Es ist sogar geplant, die Zeitung täglich erscheinen zu lassen, aber erst müssen noch einige technische Schwierigkeiten beseitigt werden. Hindernd wirkt sich zum Beispiel der archaische Charakter der tibetischen Sprache aus.

Abgesehen von den Dialekten, gibt es neben drei gesprochenen Sprachen eine Schriftsprache, die mit keiner von ihnen etwas gemein hat. In jeder der gesprochenen Sprachen kommt die unterschiedliche gesellschaftliche Stellung von Herren und Untergebenen zum Ausdruck, die Schriftsprache hingegen ist in ihrer Form klassisch und wird von vielen nicht verstanden. Geschrieben erscheint die Umgangssprache einem Gebildeten fehlerhaft. Keine dieser Sprachformen besitzt eine wissenschaftliche Terminologie, einen politischen Wortschatz, keine vermag ganz alltägliche moderne Dinge auszudrücken. Das Tibetische kannte im zwanzigsten Jahrhundert noch keine Vokabeln für »Lastwagen«, »Traktor«, »Lokomotive«, »Flugzeug«, »Kommunismus«, »Sozialismus«, »Wasserstoff«, »Atom« und so weiter.

Um diese Probleme zu lösen, wurde ein aus zwölf Mitgliedern bestehendes Komitee unter Vorsitz von Dzazu Ngawang Lobsang gebildet, der als ehemaliger Lebender Buddha nun wenig zu tun, aber viel Erfahrung hatte. Dem Komitee gehörte auch der umfassend gebildete »Moderne« Dschen Lodschen an. Diese kleine Gruppe von Enthusiasten übersetzt alles einheitlich für die Zeitung, überträgt Bücher und hat auch schon begonnen, der tibetischen Sprache modernere Formen zu geben. Es gibt bereits ein »Wörterbuch neuer Ausdrücke«, und ein vollständiges chinesisch-tibetisches Wörterbuch wird gerade zusammengestellt.

Der ehemalige Lebende Buddha erklärte mir die Grundsätze, nach denen neue Wörter gebildet werden. Wenn es schon tibetische Wörter gibt, die zur Erklärung des neuen Begriffs oder Gegenstandes zusammengesetzt werden können, bedient man sich ihrer. Wo das nicht möglich ist, wird der chinesische Laut ins Tibetische übernommen. Ich fragte nach der Übersetzung des Begriffs »Kommunismus« der in diese Kategorie fällt, denn es gibt kein tibetisches Wort, das einen entsprechenden Sinn hat. Das chinesische *»gungtschan-dschui«*, wörtlich etwa »Lehre von den gesellschaftlichen Produktionsmitteln«, wird im Tibetischen zu *»gungtschan-ringlu«*. Dieses neue Wort, das »Gungtschanismus« bedeutet, entspricht dem deutschen »Kommunismus«. Taucht in der Zeitung ein neues Wort auf, wird seine Bedeutung die ersten paar Male in Klammern erklärt und dann ständig angewandt.

»Es ist unbedingt erforderlich, die tibetische Sprache zu reformieren«, betonte der Ehemalige Lebende Buddha. »Wofür man im Chinesischen zwei oder drei Wörter braucht, sind im Tibetischen sieben oder acht erforderlich; und selbst dann können einfache Menschen das Geschriebene nicht verstehen. Ich bin jetzt frohen Mutes«, fuhr der alte Mann lebhaft fort, »daß ich alle die Jahre des Literaturstudiums zum Wohle eines neuen Tibet praktisch nutzen kann, denn ich helfe unsere Sprache verbessern und allen zugänglich machen.« Diese Reform wird sich später auch auf die tibetische Rechtschreibung erstrecken, die zu den veraltetsten auf der Welt gehört. Der Name des dem Dalai-Lama unterstehenden Gebiets wird »Ui« ausgesprochen, aber »dbus« geschrieben. Ähnlich ist es mit dem Wort für Reis; es wird »de« gesprochen und »hbras« geschrieben.

Die Redaktion der »Kurznachrichten« stützt sich vorwiegend auf übersetzte Berichte der »Nachrichtenagentur Neues China«, *Hsinhua,* sowie auf erfahrene chinesische Reporter, die für eine chinesische Zeitung gleichen Namens schreiben. Für eine spätere selbständige Arbeit wird aber bereits eigenes Personal herangebildet. Die »Kurznachrichten« werden meist von hohen und mittleren Adligen und Mönchen in Lhasa und den Provinzen gelesen; das Blatt geht an etwa vierhundert Klöster, ja es gelangt sogar in die Tausende Kilometer entfernten Lamaklöster in Harbin. Es ist die erste weltliche Lektüre, die von lamaistischen Mönchen, die vordem nur die Lehrtexte studierten, gelesen wird. Die in Schigatse und Tschamdo im Vervielfältigungsverfahren hergestellten örtlichen Zeitungen werden auf alle Fälle so lange weiter erscheinen, bis das Autonome Gebiet Tibet gegründet ist, wahrscheinlich aber auch später noch, denn die Entfernungen in diesem Land sind zu groß.

Als ich die Druckerei besichtigte, sah ich bereits die ersten tibetischen Schriftsetzer und Metteure unter der Aufsicht eines chinesischen Facharbeiters an der Platte stehen. Die Maschinen bedienen vorläufig noch Chinesen, aber auch hier werden Tibeter ausgebildet, um einmal ihren Platz einzunehmen. Der Schriftguß wird bereits von Tibetern übernommen. Diese paar neuausgebildeten Angehörigen der schwarzen Zunft waren die ersten und während meines Aufenthalts auch die einzigen Industriearbeiter Tibets. Unter ihnen war auch eine Setzerin – damals die erste und einzige in der Industrie beschäftigte Frau Tibets. So klein die Gruppe auch war, das knappe Dutzend repräsentierte das neue Tibet; hier wurde nicht mehr nach dem alten Verfahren mit geschnitzten hölzernen Druckstöcken und stoffbezogenen Rollen gedruckt, sondern hier gab es schon Schnellpressen und Setzmaschinen. Zwar trugen diese Druckereiarbeiter ihr Haar noch in Flechten, und an ihren Ohren baumelten noch große Ringe, aber sie waren die Vorläufer tibetischer Traktoristen, Elektriker, ja einer ganzen Klasse von Industriearbeitern. Eins allerdings ist auffallend: Die Produkte ihrer Arbeiter können nur von der gebildeten herrschenden Klasse innerhalb und außerhalb der Klöster gelesen werden.

Das einfache Volk, genauer gesagt sogar nur die Stadtbewohner, erfahren die neuesten Nachrichten nur durch die in den Straßen aufgestellten Lautsprecher, die an ein Drahtfunknetz angeschlossen sind.

Einen zentralen Rundfunksender gab und gibt es noch nicht in Tibet. Er würde zur Zeit seinen Zweck sowieso noch nicht erfüllen, denn die wenigen, die Empfänger besitzen, sind auf jeden Fall dieselben, die die Zeitung lesen können. Bevor sich die Masse der leseunkundigen Bauern und Hirten in ihren abgelegenen Tälern Rundfunkgeräte leisten kann, muß, unter anderem, das Problem der elektrischen Energie gelöst werden. Gegenwärtig bemüht man sich deshalb, ein weltweites Netz miteinander verbundener Drahtfunk- oder Relaisstationen einzurichten, um in allen größeren Städten Nachrichten über Lautsprecher verbreiten zu können. Gleichzeitig soll für später zu errichtende Rundfunkstationen Personal herangebildet und alles vorbereitet werden.

An drei Tagen in der Woche hört man um elf Uhr vormittags ein Knackgeräusch in den Lautsprechern, und die Stimme eines tibetischen Mädchens verkündet: *»Lhasa guyo dschansan lodscho«* – »Hier ist die Drahtfunkstation Lhasa«. Über elf Lautsprecher wird nun ein einstündiges Nachrichtenprogramm übertragen – wenn es keine Überschneidungen mit Andachtübungen gibt. An Feiertagen werden die Sendezeiten verlegt, damit sie nicht mit religiösen Veranstaltungen zusammenfallen. Bitten der Bevölkerung, auch in anderen Stadtteilen Lautsprecher aufzustellen, werden stets an die Klöster weitergeleitet. Als die Einwohner Schos, einer kleinen Gemeinde am Fuße des Potala, einen Antrag stellten, wurde dieser jedoch nicht genehmigt. Die beiden Ansagerinnen sind Jeschi Wandui, die sechsundzwanzigjährige Tochter eines Adligen aus Tsang, und die zehn Jahre jüngere Sonam Namu, deren Vater in Lhasa Kaufmann ist. Für tibetische Begriffe ist ihr Monatsgehalt von neunzig Silberdollar sehr hoch. Die Meldungen stehen später meist auch in der Zeitung, aber sie ertönen aus dem Lautsprecher in der einfacheren Umgangssprache. Außerdem stehen Vorträge über Hygiene, Hörfolgen, Buchlesungen, Lieder und Musik auf dem Programm; zuweilen werden auch Geschichten in volkstümlicher Sprache erzählt.

Es ist schon nichts Außergewöhnliches mehr, die Lhasaer scharenweise beisammenstehen zu sehen, wenn sie einem Vortrag über Schwangerschaftsfürsorge, Seuchenbekämpfung oder die Bewegung zur Ächtung der Kernwaffen lauschen. Es ist kein leichtes Unterfangen, Menschen eine Vorstellung von Kernwaffen zu vermitteln, die vor kurzem noch kein Wort für »Wasserstoff« kannten und nie Bomben sahen, geschweige denn einen Bombenangriff erlebten.

In diesen Vorträgen das Thema Hygiene zu berühren, ist sehr heikel, denn es ist nicht möglich, über irgendeinen Zweig der Wissenschaft zu sprechen, der den Lehren des Lamaismus zu kraß widerspricht. Man kann also weder zu Massenaktionen gegen Läuse und Fliegen aufrufen noch den Kampf um die Gesundheit aufnehmen, weil man ja zugleich die Vernichtung der Bakterien propagieren müßte. Selbst die Frage, ob die Erde eine Scheibe ist oder sich um die Sonne dreht, hat im heutigen Tibet noch dieselbe politische Bedeutung wie in Europa zur Zeit Galileis.

1 William Caxton (1422 – 1491) führte den Buchdruck in England ein.

Die industrielle Revolution beginnt

Warum es in Tibet keine Räder gab – Die Reichen sind gar nicht reich – Gold in Hülle und Fülle – Bergbau erzürnt die Götter – Wissenschaftler gehen nach Lhasa – Felle und Wolle auf dem Abfallhaufen – Auch die Handwerker sind nicht frei – Tibets zukünftige Fabrikarbeiter – Dschasi Tseren und die angehende Nonne

In Lhasa begegnete ich nur einem tibetischen Laien, der sein Haar nach westlicher Art kurz und gescheitelt trug. Alle anderen Adligen haben langes Haar, zu den komplizierten Doppelknoten aufgesteckt und mit einem goldenen *gau* geschmückt. An Dschen Lodschens Ohr hing auch nicht der fünfzehn Zentimeter lange Ohrring. »Das alles fällt mir auf die Nerven«, sagte er mir einmal. Er ist ein modern denkender Mensch und – in Tibet selten – ein weltlicher Intellektueller. An ihn richtete ich eine Frage, die mich schon lange quälte: Warum verwandte man in Tibet kein Rad? War es wirklich, wie einige Autoren schrieben, verboten?

»Solche Behauptungen sind unzutreffend«, antwortete er. »Es hat nie einen Erlaß gegeben, der den Gebrauch von Rädern verbot. Tibet ist rückständig, und niemand denkt daran, etwas zu ändern. Kämen erst einmal Räder auf, wäre das eine entscheidende Neuerung, der weitere unvermeidlich folgen würden. Da man das wußte, geschah nichts.«

Das Rad wurde also nicht benutzt, man baute keine Straßen, und folglich hat Tibet überhaupt keine Industrie. Die Wirtschaft ist sehr primitiv, hat ein niedriges Produktionsniveau, und was nicht unmittelbar verbraucht wird, findet meistens den Weg in die Klöster. Diese Mittel erlauben es ihnen, die Bildnisse und *tschorten* zu vergolden, mit Juwelen zu schmükken oder mit Butterlämpchen zu verrußen. Reiche Tibeter kleiden sich in teure importierte Seide, tragen Armbanduhren, die Kinder adliger Familien fahren heute auf Motorrädern, dem Verkehrsmittel der europäischen Arbeiter – und dennoch sind sie, gemessen an den industrialisierten Ländern, nicht reich. Tsarong, der reichste Mann in Tibet, besaß das schönste Privathaus im ganzen Land, aber dieses würde den Ansprüchen eines erfolgreichen Londoner Anwalts nicht genügen. Ein Neffe des Dreizehnten Dalai-Lamas erzählte mir, daß sich die jährlichen Einnahmen von seinen Besitzungen auf etwa 12 Tonnen Butter und Käse beliefen, die er in Lhasa lagerte und verkaufte. Außerdem hatte er natürlich Nebeneinkünfte als Beamter.

Da ich einmal sehen wollte, wie die berühmten Lhasaer Teppiche hergestellt werden, besuchte ich eine neue Teppichweberei in einem ehemaligen Privathaus am Rande der Stadt. Unter einem Dach im ersten Hof, dort, wo früher die Pferde der Gäste angebunden wurden, saßen fünf freundliche Frauen mit gestreiften Schürzen und spannen Teppichgarn – mit Spinnrädern. Ich sah mir diese revolutionäre Neuerung genau an und stellte fest, daß die metallenen, fußgetriebenen Räder aus chinesischen Telefonkabeltrommeln hergestellt waren. Sie waren so zusammengenietet, daß eine Auskerbung für den Treibriemen entstanden war. Zum ersten Mal in Tibet wurde hier nicht mit einer einfachen Handspindel gesponnen, hier wurde erstmalig das Rad als Produktionsinstrument benutzt.

Gunga Namdal, der Direktor der Weberei, führte mich durch den Betrieb. Ich sah eine leistungsfähige Manufaktur mit Krempel-, Spinn- und Färberäumen. Das Endprodukt wurde auf Handwebstühlen in der oberen Etage hergestellt. »Früher wurden die Teppiche in den Wohnungen der Weber angefertigt, gefärbt und gesponnen wurde jedoch anderswo«, erläuterte Gunga. »Auf Beschluß des Kaschag wurde diese Manufaktur gegründet; die Teppichproduktion sollte gesteigert und die Qualität verbessert werden.«

Soviel ich feststellen konnte, war dies seit Jahrhunderten die einzige Veränderung in den tibetischen Produktionsmethoden. Aber noch fertigen die Handwerker alles nach unveränderten Mustern mit der Hand an.

Wie es um die Zukunft der tibetischen Industrie bestellt ist, läßt sich sehr schwer sagen. Das Land hat beispielsweise reiche Erzvorkommen. Eine geologische Expedition aus Peking hat 1953 wenigstens vierzig wertvolle Mineralien festgestellt, darunter Eisen, Blei, Kupfer, Zink, Schwefel und Borax. Alles Gold, das die Tibeter brauchen, können sie allein aus den Flüssen waschen. Eine andere Methode hat man dort übrigens niemals gekannt, denn nach den Lehren des Lamaismus erzürnt der Bergbau die Erdgötter. Fachleute sind der Ansicht, es lohne sich sogar, bereits ausgewaschenen goldhaltigen Sand mit wissenschaftlichen Methoden noch einmal zu untersuchen.

Aber nicht nur der Bergbau ist problematisch, in jedem Industriezweig muß man damit rechnen, daß plötzlich ein Tabu im Weg steht. Sobald man mit Tibetern spricht und wirkliche Probleme berührt, stößt man auf ungeheure innere Konflikte. Ich denke unter anderem an den Direktor der Lhasaer Münze. Dieser im Rang gleich nach einem Kabinettsminister kommende Mönch war ein weitgereister Mann; er war sogar nach Peking und Korea gefahren, um sich über die Kriegssituation zu informieren. Dieser Beamte, der jedes Wort sorgfältig abwog, erzählte von seinen Reisen durch China. »Es war eine Freude zu sehen, welche Fortschritte der Aufbau in China macht. Tibet kann sich nur in den gleichen Bahnen entwickeln. In der Inneren Mongolei überzeugte ich mich davon, daß sich der Viehbestand verbessert hat, seit die neuen Impfstoffe angewendet und die Seuchen bekämpft werden. Mit unseren hiesigen Serumfabriken schlagen wir den gleichen Weg ein. Ich sah, daß in der Inneren Mongolei die Wolle besser war und die Preise für Erzeuger und Verbraucher günstiger lagen, weil die Verdienstspanne der Zwischenhändler niedriger war. Können wir in Tibet zum Beispiel nicht auch Milch kondensieren und Häute gerben, anstatt sie umkommen zu lassen. Wir stellen noch immer nur grobe handgesponnene Wolle her; wenn wir Textilfabriken hätten, wäre sie besser. Jetzt, da wir die Straßen haben, können wir doch alles heranschaffen.

Die Herstellung von Fleischkonserven wird allerdings wegen religiöser Bedenken auf Widerstand stoßen«, fügte er hinzu. Er nahm einen kleinen Schluck Tee, dachte lange nach und fuhr dann noch langsamer fort: »Wir leben in einer Welt, die sich dauernd verändert und Fortschritte macht. Wir können es nicht ändern, daß sich Kleinigkeiten nicht mit der Religion vereinbaren lassen. Die Hauptsache ist, daß wir unsere grundlegenden Gebote nicht verletzen.«

Er suchte nach einem Beispiel. »Denken Sie an die Nomaden. Sie müssen einfach Fleisch essen, obwohl sie damit gegen unsere religiösen Anschauungen verstoßen. So etwas muß jeder mit sich selbst ausmachen. Dessenungeachtet widerspricht der Genuß von Fleisch unserem Glauben. Aber es gibt auch Fälle, wo das Tier schon tot ist. Selbst wenn ich es esse, so habe ich es doch nicht getötet.«

Seine abschließenden Worte waren doppelsinnig: »Um unseres künftigen Lebens willen müssen wir viele Schwierigkeiten überwinden. Wenn man daran denkt, ist die Industrialisierung Tibets gut.«

Zieht man diese seelischen Spannungen und Schwankungen in Betracht, dann war das Treffen vom 9. März 1955 in Peking eine Wende in der tibetischen Geschichte. Allerdings erkannte ich seine Bedeutung erst bei meinem Tibetbesuch. Ich meine eine Sitzung des Chinesischen Staatsrats, auf der der Dalai-Lama und der Pantschen-Lama sprachen, ferner der Kalon Ngabo als Mitglied des Kaschag, Dsche Dschigme als Abgeordneter des Pantschen-Khampo-Komitees und Dschang Djing-wu, der Vertreter der Volksregierung in Lhasa. Alle stimmten dafür, ein vorbereitendes Komitee zur Schaffung des Autonomen Gebiets Tibet zu bilden und verschiedene Maßnahmen zur Entwicklung der Industrie in Tibet zu treffen.

Unter anderem wurden der Bau eines Wasserkraftwerkes in Lhasa sowie eines Wärmekraftwerkes in Schigatse geplant, weiterhin Deiche, Wehre und Dämme, um beide Städte vor den häufigen Überschwemmungen zu schützen und gleichzeitig die Felder bewässern zu können. Versuchsfarmen, Schulen und Gebäude sollten erweitert und die Straßen in beiden Städten beschottert werden. Für Lhasa waren die ersten modernen Fabriken Tibets – eine Gerberei, eine Lederwarenfabrik und eine Eisenhütte – vorgesehen.

Die Mittel und Fachkräfte für alle Projekte sollten vom Staatsrat zur Verfügung gestellt werden.[1]

Auf dieser Sitzung versicherten der Dalai-Lama und der Pantschen-Lama, daß sie die alten Fragen, die zum Streit zwischen den sie umgebenden Gruppen geführt hatten, geregelt und außerdem – wie sich der Dalai-Lama ausdrückte – »das unselige Erbe der Zwietracht zwischen dem chinesischen und tibetischen Volk beseitigt hätten«. Ich sah die beiden jungen göttlichen Herrscher während ihres langen Aufenthaltes in China sehr oft; sie waren stets zusammen und plauderten genauso vergnügt miteinander wie andere Jünglinge. Nur zusammen, als zwei geistesverwandte und ranggleiche Gottheiten, konnten sie sich wirklich wie junge Menschen benehmen. Bei allen anderen Gelegenheiten müssen sie Abstand von den übrigen Menschen wahren, besonders aber von Frauen.

Am 12. März, drei Tage nach der Sitzung des Staatsrats, verließen 79 Mann, darunter 30 Techniker, Peking in Richtung Lhasa und Schigatse, um mit den Arbeiten zu beginnen. Leiter dieser Gruppe war Wang Dsö-dschang; fünf Monate später erzählte er mir einen ganzen Abend lang von den Arbeiten an den neuen Unternehmen.

Die Arbeiten an den beiden Flüssen waren schon so weit fortgeschritten, daß sowohl in Schigatse als auch in Lhasa keine Überschwemmungen mehr zu befürchten waren. Mehrere kleinere Flüsse in den Vororten Lhasas waren begradigt worden. Dadurch konnte der Dalai-Lama bequemer vom Potala zum Juwelenpark gelangen, und die Bevölkerung war über den Respekt, den man ihrem Oberhaupt damit zollte, sehr erfreut.

»Für Lhasa können durchaus neunzigtausend Kilowatt Strom aus dem Yangba gewonnen werden, aber der Fluß ist über siebzig Kilometer entfernt. Daher können wir das Projekt erst etwas später in Angriff nehmen«, sagte Wang. »Inzwischen haben wir in Lhasa nach Wasser gesucht, das zur Stromerzeugung dienen kann. Als Übergangslösung schlagen wir vor, den in Betrieb befindlichen alten Generator zusammen mit drei neuen woanders aufzustellen und damit die Gesamtleistung auf 660 Kilowatt zu bringen. Wir sind dabei, noch einen Platz ausfindig zu machen, an dem wir weitere tausend Kilowatt erzeugen können. Später folgt dann das große Projekt. Die Vermessungen für das Dieselkraftwerk in Schigatse und für das Wasserwerk am Nyang sind schon abgeschlossen.«

Wie Wang berichtete, sollen schon jetzt ein paar tibetische Arbeiter für die Fabriken und die Kraftwerke ausgebildet werden, die Mehrzahl soll aber erst am Arbeitsplatz in die Arbeit eingewiesen werden. Anfangs sollen einige chinesische Techniker die Arbeiter ausbilden, die dann möglichst bald das ganze Werk übernehmen sollen.

»Eine tibetische Arbeiterklasse gibt es nicht«, stellte Wang fest. »Man kennt es hier gar nicht, für festen Lohn oder auch nur für ein Entgelt zu arbeiten. Es gibt keine tibetischen Techniker, Wissenschaftler, Mathematiker, keine Spezialisten für irgendeinen Zweig der modernen Industrie. Selbst die tibetischen Adligen, die zum Studium nach Tschöngtu oder Peking gehen, können meist nur wenige Wörter schreiben.«

Nach Wangs Darstellung waren die Vorbereitungen für die Errichtung der Fabriken in vollem Gange. »In unmittelbarer Nähe von Lhasa ist gerade ein Vorkommen von über zwei Millionen Tonnen hochwertigen Eisenerzes entdeckt worden. Hier ist die Grundlage für eine Eisenhütte gegeben, und Tibet kann mit der Herstellung eigener landwirtschaftlicher Geräte und Ersatzteile beginnen. Dadurch wird das Transportwesen entlastet werden und Platz für andere Güter geschaffen. Noch rechnet Eisen in Tibet beinahe zu den Edelmetallen. Bis vor kurzem war ein Pfund Eisen soviel wert wie drei Pfund Käse.«

Wang hatte den Viehbestand überprüfen lassen und schätzte ihn auf ungefähr 1.500.000 Jaks, 500.000 Stück anderes Großvieh und 5.000.000 bis 6.000.000 Schafe. »Gegenwärtig wird etwa jedes fünfte Fell verwertet, die anderen vier werden entweder weggeworfen oder als Verpackungsmaterial benutzt. Gerbereien werden die Kaufkraft in Tibet wesentlich steigern. Wenn nur ein Bruchteil der nicht verwerteten Felle zu Leder verarbeitet und exportiert wird, kann Tibet viel mehr Konsumgüter kaufen. Die neue Gerberei wird wie die Eisenhütte 1956 die Produktion aufnehmen. Sie kann natürlich nur einen sehr geringen Teil der vorhandenen Felle verarbeiten, aber trotzdem wird das Ergebnis spürbar sein.«

Ich wollte noch wissen, wie die Tibeter zu diesen neuen Industrieprojekten stehen. »Glauben sie nicht, daß ihre religiösen Überzeugungen verletzt werden?«

Wang lächelte: »Sie sind ungeduldig und brennen darauf, die Projekte verwirklicht zu sehen. Noch 1956 soll möglichst das Kraftwerk fertiggestellt sein, und elektrisches Licht soll lieber heute als morgen überall leuchten. Da sie nie etwas von technischen Dingen gehört haben, können sie sich überhaupt nicht vorstellen, welche Schwierigkeiten es bei der Elektrifizierung gibt. Sie bezeichnen uns in ihrer Sprache als ›fähige Wissenschaftler‹ und erwarten Wunder von uns.«

An den Dämmen arbeiten ausschließlich Tibeter, und der Staatsrat stellte die Mittel dafür zur Verfügung. Die Techniker fertigten nur die Pläne an und berieten die Tibeter in technischen Fragen. Doch selbst hier wurde nur in kleinen Gruppen gearbeitet, die jeweils einem geistlichen und einem weltlichen Beamten unterstanden. Diese waren für die Arbeitsorganisation und Materialbeschaffung verantwortlich. »Wir zahlen den Arbeitern die Löhne«, sagte Wang, »und greifen sonst in keiner Weise ein. Die meisten Arbeitskräfte sind Frauen. Sie sind sehr auf Draht. Sie bringen Musikinstrumente und große Planken mit und unterhalten uns mit Spiel und Tanz.

Wir achten sehr darauf, keine religiösen Gefühle zu verletzen. Selbst wenn wir dort, wo ein Haufen Gebetssteine oder eine Gebetsmauer errichtet ist, ein Vermessungsinstrument aufstellen müßten, umgehen wir den Punkt eben.«

»Und wie steht es mit dem Bergbau?« fragte ich. »Kommt man da nicht auch sehr stark mit der Religion in Konflikt?«

»Dieses Problem ist noch nicht aufgetaucht«, entgegnete er. »Wenn es soweit ist, müssen wir sehen, wie die Tibeter darüber denken. Ich glaube, es wird keine Schwierigkeiten geben. Wir haben immer festgestellt, daß die Tibeter uns gern helfen, wenn sie wissen, daß wir nach Bodenschätzen suchen. Die meisten bisherigen Funde haben wir Ortsansässigen zu verdanken, die uns den Weg wiesen.«

Als ich Wangs Büro verließ, fragte ich mich, wie wohl die Tibeter zu den Gerbereiarbeiten ständen. Schlächter und die Besitzer von Jakhautbooten gelten auch in der tibetischen Gesellschaft als Parias, weil ihr Beruf das Töten von Tieren voraussetzt. Das trifft selbst auf Schuhmacher zu. Ich konnte mir nicht vorstellen, woher Tibet seine Arbeiter nehmen will; denn die Bewohner sind an das Land oder an die Herden gebunden, jeder vierte Mann ist Mönch, und die Tradition hat Gesetzeskraft.

Auch Handwerker würden nicht für die Arbeit in Fabriken zur Verfügung stehen, da sie unentgeltlich oder nur für ihren Unterhalt für die größeren Klöster und die Adligen arbeiten. Und wenn sie nichts für ihre Herren zu tun haben, verarbeiten sie Material privater Kunden oder stellen, falls sie etwas Kapital besitzen, Waren her. Normalerweise gibt jemand, der ein silbernes Teeservice haben will, dem Silberschmied das dazu notwendige Silber und überläßt ihm einen Teil davon als Arbeitslohn. Die Aufträge des Herrn müssen aber stets vorrangig erledigt werden.

In Schigatse mußten die Schumacher jedes Jahr Stiefel für ein ganzes Regiment Soldaten anfertigen. Das dauerte zwei Monate. Während dieser Zeit bekamen sie täglich einen halben Tageslohn und eine Handvoll Gerstenmehl. Wenn die Kreisverwaltung Stiefel brauchte, zahlte sie nur ein Drittel des Marktpreises. Drechsler mußten für die *dzongpons,* deren Wirtschaftspersonal und Ordonnanzen Schüssel herstellen und mit dem vorliebnehmen, was ihnen aus »Nächstenliebe« gegeben wurde. Außerdem mußten sie ohne jedes Entgelt alle Aufträge der Tempel ausführen.

In den vergangenen vier Jahren traten gewisse Veränderungen ein. In Schigatse brauchen keine Stiefel mehr für die Armee angefertigt zu werden, denn die Truppen des Pantschen-Lama sind zum Wachregiment erklärt worden, das der Volksbefreiungsarmee untersteht und von deren Hauptquartier versorgt wird.

Als 1955 die Drechsler zwanzig Tage lang an Zeltpfählen für die Tempel arbeiten mußten, erhielten sie täglich ungefähr einen Drittel Silberdollar sowie ein wenig Butter und Tee. So etwas hatte man vorher noch nicht erlebt. Dieser Wandel beruhte nicht etwa auf veränderten Gesetzen, sondern nur auf der veränderten sozialen Einstellung, die unter anderem auch zur Senkung der Zinsen führte.

Handwerker müssen drei Jahre lernen. Die Lehrlinge sind entweder mit den Lehrherren verwandt oder befreundet. Beim Antritt der Lehre überreicht der Lehrling seinem Meister als Zeichen der Höflichkeit eine Schärpe, ein Schaf und ein *tael* Silber. Danach begibt er sich mit entsprechenden Geschenken zum Tempel und handelt Gebete ein. Im ersten Jahr arbeitet er als Diener, verrichtet die niedrigsten Arbeiten, und seine Familie hat für Kost und Unterkunft zu sorgen. Im zweiten Jahr kommt der Meister für seinen Unterhalt auf, und der Lehrling übernimmt die schwersten Arbeiten seines Handwerks. Im dritten und letzten Jahr erlernt er das Handwerk und bekommt auch einen geringen Lohn. Zum Schluß überreicht er seinem Meister weitere Geschenke und lädt ihn zu einer zweitägigen Feier zu sich nach Hause ein. Jetzt kann er innerhalb der von der Feudal- und Gildenordnung festgelegten Grenzen für sich arbeiten. Zeigt er überdurchschnittliches Talent, wird er meistens in den Haushalt seines Lehnsherrn oder ins Kloster verpflichtet. Dort erhält er nur Kost und Unterkunft, keinen Lohn und darf nicht draußen arbeiten.

Monatelang haben die Handwerker nichts für ihre Herren zu tun; da sie dann für sich arbeiten dürfen, warten sie darauf, daß jemand vorbeikommt und etwas anfertigen lassen will. Um ihnen Beschäftigung zu verschaffen, vergab die Volksbank

Kredite in Höhe von 175.000 Silberdollar. Diese Handwerker würden wahrscheinlich lieber für festen Lohn arbeiten, als das Risiko auf sich zu nehmen, mit geliehenem Kapital die Produktion zu beginnen. Vorübergehend kann die Arbeitskräftefrage für die in Tibet entstehenden Industriezweige vielleicht dadurch gelöst werden, daß man auf »schwarze Menschen« zurückgreift und auf Städter, die am Rande der Gesellschaft von der Hand in den Mund leben und ihre Existenz sicher gegen eine Arbeit mit festem Lohn tauschen würden.

Einer von ihnen ist Dschasi Tseren, der sich seinen kümmerlichen Lebensunterhalt mit der Anfertigung von Quasten verdient, ein Beruf, dem sich in Lhasa vor allem jene widmen, die sich nicht anders über Wasser halten können. Diese Quasten, zu dreien gebündelt, flechten sich Hirten und Maultiertreiber gern in ihr langes Haar. Wenn es sehr windig ist, können sie Zopf und Quasten über die Krempe ihres weichen Filzhutes legen damit dieser nicht fortfliegt.

Dschasi Tseren bewohnt mit seiner Frau, seiner Schwägerin, seiner Schwiegermutter und seinen drei Kindern einen Raum und ein Nebengelaß im Erdgeschoß eines der ärmlichsten Häuser in Lhasa. Durch die Fensteröffnung in der dicken Mauer kommt so wenig Licht herein, daß das Zimmer selbst mittags fast völlig dunkel ist. Es ist nur etwa neun Quadratmeter groß, aber ich konnte nicht erkennen, was sich in der finstersten Ecke befand. Mir zu Ehren wurde auf einem tönernen Kohlebecken über einem Jakmistfeuer Buttertee gekocht, für den man sich ein paar Porzellantassen geliehen hatte.

Dschasi, der entfernte Beziehungen zum Adel hat, kann lesen und schreiben und war eine Zeitlang Buchhalter bei einem Kaufmann. »Ich war nicht gerissen, und vom Lohn konnte ich kaum leben; ich verdiente dort weniger als hier mit der Herstellung von Quasten«, sagte er. »Ich hatte zwar Kenntnisse, aber kein Geld. Und zu einem Posten konnte ich auch nicht kommen, weder durch Kauf noch« – er gebrauchte das bildhafte tibetische Wort für »Bestechung« – »durch heimlichen Stoß.«

Seine kräftige, schlichte Frau saß mit untergeschlagenen

Beinen lächelnd auf einem Gestell, das auch als Bett diente. Ihre hübsche jüngere Schwester hatte sich mit dem Rücken an eine andere Wand gelehnt. Beide fertigten mit flinken Fingern Quasten. Der Mann fütterte den Kleinsten, etwa Einjährigen. Dschasi war ein gutaussehender, hagerer, ehrlich wirkender Dreißiger; sein Haar lag in Flechten um den Kopf, und der übliche große Ohrring baumelte an einem roten Faden, um das durchstochene Ohrläppchen nicht allein zu belasten.

Er erzählte, daß die ganze Familie täglich fünf oder sechs Sätze Quasten herstellen kann. Dann muß jemand mit ihnen von Haus zu Haus gehen oder sich auf den Marktplatz setzen und sie dort anbieten. Das Material für einen Satz Quasten kostet einen halben Silberdollar, und bei günstigem Verkauf bringen sechs Sätze einen Silberdollar Gewinn.

»Damit können wir gerade auskommen. Manchmal muß ich aber zum Selbstkostenpreis oder nur wenig darüber verkaufen, besonders abends. Ich bin kein sehr guter Geschäftsmann«, fuhr Dschasi fort. Seine Frau nickte zustimmend. »Oft haben wir kein Geld, so daß ich das Material auf Kredit kaufen muß. Dann heißt es schnell verarbeiten und verkaufen, bevor die Zinsen den Verdienst verschlingen. Manchmal nehme ich die Einnahmen der auf Kredit hergestellten Quasten zum Kauf neuen Materials. Aber das ist sehr schwierig, und mitunter muß ich billig verkaufen, damit ich meine Schulden zurückzahlen kann.«

»Mein Mann hat ein Magenleiden«, sagte die Frau, als ich sie bat, mir zu erzählen, was sie gewöhnlich essen. »Wir versuchen immer, ihm gutes Gersten-*tsamba* zu geben. Wir andern essen in der Regel Bohnengrütze; manchmal, wenn wir etwas mehr Geld haben, können wir uns einige Unzen Butter leisten. Aber meistens gibt es Suppe mit etwas *tsamba* und Tee. Seit einem Jahr geht mein Mann zur Behandlung ins Volkskrankenhaus, und es scheint ihm schon besser zu gehen.«

Dschasi gehört zum Sera-Kloster, seine Frau und seine Schwiegermutter aber zum Potala. Er hatte in die Familie seiner Frau hineingeheiratet, das heißt, er wohnt im Zimmer seiner

Schwiegermutter, das jährlich einen Silberdollar Miete kostet. Nach einer alten Vereinbarung zahlt Dschasi für die Dienstleistungen, die er zu verrichten hätte, anderthalb Kupfermünzen pro Jahr und seine Frau fünf. Die Schwester braucht nichts zu entrichten, weil sie noch nicht achtzehn ist, ebenso die blinde Mutter.

»Meinen Eltern ging es gut«, sagte Dschasi, »und mein Bruder kannte ein paar Adlige, so daß ich etwas lernen konnte. Aber es ist schwer, eine Stelle zu finden, wenn man nichts dafür geben kann. Ich habe einen reichen Verwandten, der mir vor langer Zeit zu helfen versprach. Er sagte, er könne mir einen Beamtenposten in einem Vorstadtbezirk verschaffen. Als ich ihn vor einem Jahr besuchte, meinte er: ›Ja, ich kann dir helfen, aber du mußt ein zweitägiges Fest geben und dir bessere Kleider kaufen.‹ Das Fest hätte wenigstens sechshundert Dollar gekostet. Der Posten hätte gut zwanzig Scheffel Reis eingebracht, nicht gerechnet das, was ich mir noch dazuverdient hätte. Es war *die* Gelegenheit. Aber ich konnte mir nicht das Geld für das Fest leihen, und so mußte ich sie ungenützt vorübergehen lassen.«

Ich erkundigte mich, was das Mädchen tun wollte, wenn sie achtzehn würde, denn dann müsse sie doch Fronarbeit verrichten. Sie meinte, das sei nicht so wichtig, weil sie in Lhasa für wenig Geld davon loskommen könne. »Wir wollen sie aber in einem Kloster unterbringen«, sagte die Frau.

Dort saß das junge, frische Mädchen mit ihren langen, schwarzen Zöpfen, die dann fallen müßten. Ich fragte sie, ob sie ins Kloster gehen wolle, und sie nickte wortlos. Ihre Schwester antwortete für sie: »Sie hat erlebt, wie es mir ging. Wenn sie einen armen Mann heiratet und es kommen Kinder, so ist das zuviel. In Tibet enden Ehen oft recht häßlich. Nehmen wir einmal an, sie heiratet, bekommt ein Kind, und ihr Mann verläßt sie. Das kommt häufig vor. Wenn man in einem solchen Fall weder Geld noch Beziehungen hat, kann man nichts unternehmen; dann sitzt die Frau da, muß für das Kind sorgen, weiß aber nicht, wie. Eine Nonne hat es da besser; sie braucht so etwas nicht durchzumachen.«

Dabei drängte sich einem förmlich eine Frage auf, und ich stellte sie: »Warum haben Sie dann geheiratet?«

Sie schaute ihren Mann an und lächelte. »Ich dachte, er kann lesen und schreiben, er hat etwas gelernt und müßte eigentlich ganz gut vorankommen. Er ist ein ehrlicher Mann. Ich glaube, darum habe ich ihn geheiratet. Aber Sie sehen ja die Sorgen, die ich habe. Drei Kinder und eine alte Mutter. Ich hätte lieber Nonne werden sollen.«

Der Mann erhob keine Einwände. Er saß mit gütigem Gesicht dabei – ein ehrlicher Mann. In dem Zimmer befanden sich die widersprüchlichsten Dinge: ein Familienschrein mit billigen Bildnissen, ein paar kleine Messingschalen voll Wasser, ein großer Farbdruck, der Mao Tse-tung beim Spiel mit Kindern zeigte, die Wände waren mit ausländischen Illustrierten tapeziert, von denen einige verkehrt aufgeklebt waren, und auf der Truhe der künftigen Nonne lag eine Plakette mit den Porträts von Mao Tse-tung und Tschu Teh.

Ich überreichte ihnen ein paar Geschenke und wollte gehen. Dschasi sagte zum Abschied: »Vielen Dank für Ihren Besuch – ein so hoher Beamter hier in unserer ärmlichen Wohnung.« Ich versuchte zu erklären, daß ich kein Beamter sei, aber seine Schwiegermutter, die die ganze Zeit stumm in der dunklen Ecke gesessen, das Jakmistfeuer gehütet und den Tee warm gehalten hatte, unterbrach mich: »Es ist früher nicht vorgekommen, daß Ausländer arme Leute besuchen. Denken Sie nur! Die Zeiten ändern sich. Wer hat einem früher geholfen, wenn man krank war? Jetzt wird mein Sohn ein ganzes Jahr lang kostenlos im Krankenhaus behandelt. So etwas hat es noch nie gegeben.«

1 In Wirklichkeit sabotierte der Kaschag jeden Versuch, das Vorbereitende Komitee für das Autonome Gebiet Tibet zu einem wirksamen Instrument zu machen. Er strebte die »Unabhängigkeit« Tibets an, das heißt seine Lostrennung von China, denn er wollte die Feudalordnung aufrechterhalten. Zu diesem Zweck unterdrücken seine Mitglieder alle auf Autonomie und Reformen gerichteten Bemühungen und paktierten mit ausländischen Imperialisten und indischen Expansionspolitikern, um den Putsch vorzubereiten.

Dr. Tschinrob und das Volkskrankenhaus

Heilkräuter und Schwarze Kunst – Chirurgie ist Sünde – »Der Patient kann nicht sterben« – Anästhesie – Das neue Krankenhaus – Auch Wahrsager schicken Patienten – Mönche studieren moderne Medizin – Jeder Tag bringt neue Wunder

Dschasis Behandlung im Krankenhaus, über die sich seine Schwiegermutter nicht genug wundern konnte, war kein Einzelfall. Von all den Veränderungen, die in den letzten fünf Jahren in Tibet eingezogen waren, hat bisher nur die moderne Medizin Anklang in weitesten Kreisen gefunden. In den Volkskrankenhäusern ist die gesamte Betreuung kostenlos. Jeden Morgen warten Mönche, Adlige beiderlei Geschlechts und ihre Diener, Bauern, Hirten und Kinder in einer langen Schlange vor der Poliklinik des Lhasaer Krankenhauses, das auf dem Gelände der alten Mandschu-Garnison errichtet wurde.

Strenggenommen, dürfte sich kein Lamaist der modernen Medizin anvertrauen. Der Lamaismus hat eine eigene Heilkunde, in der die alte chinesische medizinische Wissenschaft mit Heilkräuterkunde, Religion und Astrologie eine Verbindung eingegangen ist. Es kann also vorkommen, daß ein tibetischer Arzt – übrigens sind alle Mönche – einem reichen Patienten eine sehr gute, erprobte Kräuterdroge für den Magen verordnet und gleichzeitig eine aus den Exkrementen eines Großlamas gedrehte Pille. Beide Medikamente müssen an einem Tag geschluckt werden, der unter einem günstigen Stern steht. Für die Armen gab es früher keine ärztliche Behandlung. Wer es sich leisten konnte, ließ einen Mönch gegen Bezahlung für sich beten.

Fast alle nichtmystischen Elemente der tibetischen Heilkunde stammen aus der Zeit des Königs Srongtsan-gambo und seiner chinesischen Gemahlin, der Prinzessin Wen Tscheng. *Gydman*, das tibetische Wort für Medizin, bedeutet »chinesische Heilkunst«; denn die Tibeter verdanken den Chinesen die Kenntnis der Akupunktur, Moxibustion[1] und vieler Heilkräuter.

Diese Methoden verschmolzen mit der lamaistischen Philosophie und der Schwarzen Kunst der Bon-Religion zur tibetischen Medizin, die diese Form schon seit Jahrhunderten bewahrt.

Tschinrob Nobo, ein dicker, jovialer alter Mönch, war der maßgebende Arzt in Tibet. Zwar zeichneten ihn schon Runzeln des Alters, und Rheumatismus plagte ihn, aber er hatte noch kräftige Hände und muskulöse Arme. Er war in der Medizinschule auf dem Felsen gegenüber dem Potala ausgebildet worden und war Chefarzt des tibetischen Krankenhauses in Lhasa, dem sogenannten Mantsikhang, sowie Leibarzt des Dalai-Lamas. Niemand fand etwas dabei, daß ein sterblicher Arzt einen Lebenden Gott behandelte. Die Medizinschule besteht seit etwa dreihundert Jahren, das Mantsikhang wurde vom Dreizehnten Dalai-Lama 1915, im Feuer-Drachen-Jahr, gegründet. Nur an diesen beiden Institutionen erhalten in Tibet Mönche eine medizinische Ausbildung.

Dr. Tschinrob opferte mir fast einen ganzen Tag und erläuterte mir klar und umfassend Theorie und Praxis der tibetischen Heilkunde. Die Wände des Zimmers, in dem wir saßen, hingen voller farbiger Tafeln und Diagramme, auf denen menschliche Körper mit großen starren Augen und inneren Organen an ungewöhnlichen Stellen abgebildet waren. Anatomie wird nicht durch Sektion gelehrt, sondern mit Hilfe dieses Anschauungsmaterials, nach dem der Blutkreislauf nur auf der rechten Körperseite und die Galle links liegt. Bei der Frau ist das Herz an einer anderen Stelle eingezeichnet als beim Mann. Eine Tafel zeigte, angefangen beim Jungen, der ein Mädchen trifft, den Entwicklungsprozeß von der ersten Begegnung über die Empfängnis bis zur Geburt. Auf einer anderen konnte man viele chirurgische Instrumente, darunter Skalpelle und Mastdarmspiegel, durchaus erkennen. Die chirurgischen Messer können aber nie angewandt werden, weil der Lamaismus keine Operationen gestattet. Eine neue Öffnung in den menschlichen Körper zu schneiden, gilt als Sünde.

Während wir uns unterhielten, reichten geschäftige Diener mit schmutzigen Händen gesüßten Tee, Kekse und süßen Käse. Die tibetische Oberschicht scheint sich nicht daran zu stoßen, daß ihr Personal die Gäste mit schwarzen Fingern und nach verbrannter Butter stinkenden Kleidern bedient. Tschinrob Nobo rief dann einen jungen Mönch, der die ganze Zeit in der Nähe war, und erhob sich mit seiner und seines kräftigen Stockes Hilfe mühsam vom Sofa. Gestützt auf den Jungen, der unter dem Gewicht schwankte, führte er mich von Tafel zu Tafel und erklärte sie mir. Er zeigte mir die drei Pulse an jedem Handgelenk, die angeblich von verschiedenen Organen hervorgerufen werden. Er sprach über das chemische Gleichgewicht im menschlichen Körper und andere durch Bildmaterial veranschaulichte Lehrsätze der tibetischen Medizin.

In Tibet sind ungefähr 500 Arztmönche ausschließlich für die höhere Geistlichkeit, den Adel und die Armee tätig. Sonst gibt es im Lande keine ärztliche Betreuung. Um Mediziner zu werden, muß man bis zu fünfzehn Jahre studieren. Vor allem braucht man dazu ein sehr gutes Gedächtnis, denn wenigstens neun Jahre dauert es, bis die vier Bücher mit den Regeln der tibetischen Medizin auswendig gelernt sind. Der Student muß sie so gründlich beherrschen, daß er sie an einem Tag fehlerfrei auswendig hersagen kann, ja selbst eine beliebige Stelle, die der Examinator blindlings aussucht, weiterzitieren kann. Die Ausbildung umfaßt ferner das Studium der Pulse, Urinuntersuchungen nach äußeren Anzeichen und die Augendiagnose unter Aufsicht eines Lehrers. Weiterhin werden die Studenten in Astrologie unterrichtet, weil man nur zu einer günstigen Zeit untersuchen, verordnen, eine Medizin herstellen oder einnehmen soll.

Zu Beginn jeder Diagnose stellt man fest, wie sich der Patient in den achtunddreißig Wochen, die man für die Schwangerschaft annimmt, im Mutterleib verhalten hat. Auch das Horoskop spielt eine Rolle. Dann schließt sich eine sechsteilige

Diagnose an: Man untersucht den Puls, die Augen, die Ohren, die Zunge, die Gesichtsfarbe und die Ausscheidungen. Da der Arzt nun feststellen muß, welche Gebete gesprochen und welche Behandlungsmethoden angewandt werden sollen, hängt alles davon ab, wie er die Bücher beherrscht. Hierin ist die tibetische Heilkunde der frühen griechischen und der mittelalterlichen Medizin verwandt.

»Stirbt ein Patient, so ist der Arzt schuld«, erklärte Tschinrob Nobo. »Buddha ist allwissend; wenn ein Arzt also die Schriften richtig beherrscht und sich genau nach den Büchern richtet, kann ein Patient nicht sterben. Das gesamte medizinische Wissen ist in den Büchern aufgeschrieben, so daß der Arzt beim Tod eines Patienten seine Arbeit überprüfen und feststellen kann, was er falsch gemacht hat.«

Nach Dr. Tschinrob wurde das erste medizinische Lehrbuch vor annähernd 2000 Jahren von einer Wiedergeburt Schakya Thubpas geschrieben und zur Zeit des Großen Fünften Dalai-Lamas vom Arzt Yuthog Yontan-gambo, der einhundertfünfundzwanzig Jahre alt und zum Lebenden Buddha erklärt wurde, vervollständigt.

Dann zögerte er, mir die tibetische Pulsdiagnose zu erklären. »Jetzt ist wirklich nicht die geeignete Tageszeit dafür«, wandte er ein. »Den Puls fühlt man am besten morgens, besonders bei Sonnenaufgang, und der günstigste Tag dafür ist der Montag.« Aber er ließ sich doch überreden, mir die Diagnose vorzuführen, meinte aber, sich nicht für ihre Genauigkeit verbürgen zu können. Ich rollte meinen Ärmel hoch und setzte mich vor ihn hin, den linken Ellenbogen auf das Knie gestützt, den Handrücken ihm zugewandt. Vorsichtig umspannte er mit den drei ersten Fingern der rechten Hand mein Handgelenk. Er maß meinen Puls an seinen Atemzügen, zählte lautlos und blickte mir mit stillem Vergnügen in die Augen. Nach einer Weile sagte er, ich hätte zu viel Feuer und zu wenig Wasser. Das war nach dem großen Empfang am Abend zuvor mehr als wahrscheinlich, denn wir hatten auf zu viele Dinge angestoßen.

Er erläuterte, alles Lebende, sowohl im Tier als auch im

Pflanzenreich, bestünde aus fünf Elementen: Metall, Holz, Wasser, Feuer und Erde. In dieser Reihenfolge sei das folgende immer stärker als das vorangehende. Das Hauptprinzip bestünde darin, die Elemente im Gleichgewicht zu halten; denn wenn jemandem das Feuer fehle, dann könne dieses nicht das Wasser zwingen, sein Gebot zu erfüllen, und so fort. Im Alter fehle einem meist das Feuer. Habe jemand zu wenig Metall, so sei er im allgemeinen klein, schwächlich, krummbeinig und habe einen großen Kopf oder einen Kropf. Das Feuer könne jedoch durch Einnehmen von Kräutern, die auf der Sonnenseite der Berge wachsen, oder durch Wärmflaschen und Ähnliches gebildet werden.

Ich wollte wissen, ob er eine Blinddarmentzündung feststellen könne. Er bejahte die Frage und sagte, in den meisten Fällen könnten sie eine chronische Blinddarmentzündung auch heilen. Für akute Fälle, etwa zehn Prozent, gibt es keine Hilfe. Das ist bei diesem Leiden nach Ansicht der tibetischen Ärzte eine vertretbare Sterblichkeit.

Dr. Tschinrob rief wieder den jungen Mönch, stützte sich schwer auf ihn und führte mich durch die Krankenhausapotheke. Hier lagern ungefähr 6000 verschiedene Kräuter aus allen Teilen Asiens. Auf dem Weg dorthin erfuhr ich, daß Empfängnisverhütung in Tibet verboten ist und das Horn der Nashörner als Mittel gegen Tuberkulose gilt. Gegen Syphilis verabreicht man schon seit Jahren Quecksilber, und die Anästhesie ist, wie Dr. Tschinrob sagte, schon seit 2000 Jahren bekannt.

Das tibetische Anästhetikum wird aus den Wurzeln des in den Urwäldern Bomis wachsenden *tatura*-Baums gewonnen. Vielleicht hat auch Shakespeares Julia zu diesem Mittel gegriffen. Es muß von einem erfahrenen Arzt mit äußerster Vorsicht angewandt werden und kann eine Vollnarkose bis zu zwölf Stunden bewirken. Die Dosierung richtet sich nach dem Gewicht, dem Alter und dem allgemeinen Gesundheitszustand des Patienten. *Tatura* wird bei Amputationen benutzt, der einzigen Operation, die der Lamaismus zuläßt. Aber auch sie werden selten durchgeführt, weil es an geeigneten Instrumenten fehlt.

Alle Medikamente müssen bei zunehmendem Mond zubereitet werden, weil sich dann auch der Gesundheitszustand des Patienten bessert. Ist es jedoch geboten, sie zu anderer Zeit herzustellen, dann muß es an einem Tag geschehen, der nach dem tibetischen Kalender günstig erscheint. Die Tibeter nehmen übrigens an, die Erde sei eine Scheibe, und teilten ihren Kalender nach den Umlaufzeiten des Mondes ein.

Während unseres Gesprächs ging mir ein Gedanken nicht aus dem Sinn, und schließlich äußerte ich ihn: »Wenn also der Arzt am Tod eines Patienten schuld ist, gleichgültig, ob es an seiner Unkenntnis der Schriften liegt oder an ihrer falschen Auslegung, wird er dann dafür bestraft?«

Dr. Tschinrob sah mich verschmitzt an und erwiderte: »Hat der Arzt nach bestem Wissen und Gewissen gehandelt, wird er nicht für schuldig befunden. Irren ist menschlich. Lagen hingegen verbrecherische Absichten vor, wird er nach dem Gesetz bestraft. Alles, was dem Patienten schadet, wird von den Schriften verboten. Das ist das Gebot Srongtsan-gambos.«

Wie auf jedem anderen Gebiet, so findet auch in der Medizin ein gewaltiger geistiger Umbruch statt, sobald die alten Ideen auf die neuen stoßen, und nur die Zeit kann erweisen, wie die Dinge sich entwickeln. Ich wollte von Dr. Tschinrob wissen, wie man in Tibet Lungenentzündung behandelt, weil gerade diese Krankheit wegen des geringen Sauerstoffgehalts der Luft mit die meisten Todesopfer fordert. Wie er sagte, wird jetzt mitunter Aureomycin verordnet. Zur Zeit wurden drei Arztmönche in einem dreijährigen Lehrgang im Volkskrankenhaus hauptsächlich auf dem Gebiet der Chirurgie und der Geschlechtskrankheiten ausgebildet. Die tibetischen Ärzte glauben zwar, sie wüßten in der Inneren Medizin völlig Bescheid, geben aber zu, daß sie in der Chirurgie noch einiges lernen können.

Das Volkskrankenhaus, in dem sie sich weiterbilden, ist ein großer Komplex neuer Luftziegelbauten. Außen sind sie weiß verputzt, innen mit weißem Stoff ausgeschlagen. Auch ein altes zweistöckiges tibetisches Haus, um dessen Innenhof eine offene Galerie läuft, ist miteinbezogen. Hier warten struppige Nomaden neben prächtig gekleideten Adligen, bis sie an der Reihe sind; verdreckte, barfüßige Dienermönche stehen in der Schlange oft vor Mönchsbeamten in feinem rotem Kaschmir. Hübsche, sicher auftretende Krankenschwestern eilen in ihren raschelnden gestärkten weißen Kitteln mit freundlicher Miene durch die Korridore und wechseln dann und wann mit wartenden Patienten ein paar Worte auf tibetisch.[2]

Normalerweise besuchen täglich etwa 500 Patienten die Poliklinik; wenn die Stadt aber anläßlich irgendeines religiösen Feiertages mit Pilgern übervölkert ist, steigt die Anzahl auf bis 1000. Die Pilger haben es sehr bequem, denn das Krankenhaus ist nur ein paar Schritte vom Lingkhor, dem acht Kilometer langen heiligen Kreis, entfernt.

»Sogar die Wahrsager auf dem Lingkhor raten ihren Kunden jetzt, das Krankenhaus aufzusuchen«, sagte Chefarzt Jen Hua-li, als ich von ihm die Höhenreaktion meines Blutes überprüfen ließ. »Sie fordern die üblichen Preise und ziehen wie sonst das Los, aber sie sagen: ›Heute ist ein günstiger Tag, ins Volkskrankenhaus zu gehen.‹«

Dr. Jen leitet bereits einen Stab von 150 Angestellten, darunter 22 Ärzten, 17 Assistenten, 20 Schwestern, 7 Hebammen, 7 Apotheker, 4 Laboranten, 3 Röntgenassistenten und mehrere Zahnärzte. Genau wie die anderen chinesischen Institutionen begannen auch sie ihre Arbeit in Zelten, und Kisten dienten ihnen als Mobiliar. Inzwischen ist daraus ein richtiges Krankenhaus mit modernen Operationssälen, Röntgenzimmern und den neuesten deutschen und sowjetischen Instrumenten geworden. Es besitzt eine eigene Kraftanlage und ist nicht mehr von dem alten, quietschenden, wassergetriebenen Generator abhängig.

Einer von Dr. Tschinrobs Mönchen arbeitet auf der Station für Haut- und Geschlechtskrankheiten. Die Geschlechtskrankheiten sind eine Geißel Tibets; nach verschiedenen Schätzungen leiden 80 Prozent der Bevölkerung an ihnen. Sonam Dingdsche blickte von einem Mikroskop auf, als mich Dr. Jen ins Zimmer führte; er trug einen weißen Kittel über seiner Mönchskutte. Wie er mir sagte, wandte die tibetische Medizin gegen Syphilis schon lange Quecksilber an. Es wurde als weißes Pulver geschluckt, und dann mußte der Patient den Mund eine Stunde lang offen halten, weil sonst alle Zähne ausfielen. Im allgemeinen trocknete das venerische Geschwür nach einer gewissen Zeit ein, fiel ab, und der Patient galt als geheilt. Vom zweiten und dritten Stadium der Krankheit war nichts bekannt.

»Mir macht das Studium in diesen großen, gut ausgestatteten Räumen Freude. Ich werde hier theoretisch und praktisch ausgebildet und kann bereits Blut entnehmen, Spritzen geben, Geschwüre heilen, die verschiedenen Stadien der Syphilis erkennen und sie entsprechend behandeln. Nun beschäftige ich mich noch mit Bakteriologie. Das ist sehr interessant.«

Ein anderer Mönch, Rintschen Puntso, studierte Chirurgie. Er erzählte, daß er mit eigenen Augen gesehen hatte, wie Kranke, die ein inneres Leiden hatten, im tibetischen Krankenhaus nur Ruhe verordnet bekamen und dann gestorben sind, weil es eben als Sünde gilt, eine neue Öffnung in den Körper zu schneiden.

»In den drei Jahren meiner praktischen Tätigkeit habe ich nie etwas geschnitten, nicht einmal einen Furunkel«, sagte er. »Das Innere eines menschlichen Körpers sah ich zum ersten Mal, als ich hier bei einer Blinddarmoperation assistierte. Eine Leiche haben wir früher nie seziert.«

Um das Bild abzurunden, besichtigte ich die Medizinschule, Lhasas zweites berühmtes Wahrzeichen. Sie steht auf einem steilen Felsen, dem sogenannten Eisenberg, der sich noch über die goldenen Dächer des Potala erhebt. Glücklicherweise ist dort oben nur eine Schule und kein Krankenhaus, denn die steilen Pfade hinaufzusteigen, strengt selbst einen gesunden Menschen an.

Das Zentrum der tibetischen Medizin war ursprünglich ein Tempel, dessen Name »Rettung des Volkes« bedeutet; aber in

Wirklichkeit werden hier nur Ärzte für hohe Mönche und die in Lhasa lebenden Beamten ausgebildet. Die Ärzte, die in die Provinz gehen, erhalten ihre Ausbildung in Tschinrob Nobos Krankenhaus.

In dem Aufenthaltsraum, wo 64 Studenten die Schriften durcharbeiteten, hingen die gleichen medizinischen Tafeln wie vor tausend und mehr Jahren. In der Kapelle erblickte ich eine sitzende, blaugesichtige Statue Thangdon-gyalbos. Ihm wird die Einführung der Hängebrücken und Jakhautboote in Tibet zugeschrieben; er soll auch die Form der tibetischen Oper entwickelt haben.

Vom Dach dieser Kapelle, dem höchsten Punkt Lhasas, läßt man zu Ehren des Siegesgottes dreimal im Monat große, etwa 3,60 Meter lange Hörner ertönen. Der Lärm dieser Instrumente ist fürchterlich; anfangs klingt er wie das Knattern einer Maschinenpistole, dann schwillt er zu einem tiefen, brausenden Dröhnen an, das von den Bergen rundum widerhallt.

Blickt man von dieser medizinischen Lehrstätte, die nie ein Patient besucht, ins Tal, sieht man weit unten, hinter den ärmlichen Hütten eines kleinen Bettlerviertels, die weißen Gebäude des Volkskrankenhauses und die nie abreißende Schlange seiner Patienten. Man gewahrt auch die rotbemützten Diener, die die Pferde ihrer adligen Herren oder Herrinnen halten, während sich diese der für jeden kostenlosen Behandlung unterziehen.

Mag der Lamaismus den Krankheiten, die über Leben und Tod entscheiden, vom philosophischen Standpunkt eine nur unbedeutende Rolle zugestehen, sie sind für die Kranken eine wichtige persönliche Angelegenheit. Mönche, die man eigentlich zuletzt im Krankenhaus vermutete, gehen in Wirklichkeit als erste dorthin, und wenn das nicht so wäre, ginge auch das Volk nicht. Da aber die Leute ihre Lehrer in den roten Gewändern ins Volkskrankenhaus eilen sehen, ist das für sie eine Bestätigung der Redensart »Arzt, heil dich selbst zuerst!«.

Die Wirksamkeit von Penicillin und den anderen Antibiotika, von Impfungen, Tollwutseren, Röntgenstrahlen, Augenoperationen, Zahnbehandlungen und der Chirurgie kann nicht bezweifelt werden. Und niemand scheint diese Frage erörtern zu wollen. Tibeter, die jahrelang an grauem Star litten und durch Gebete nicht gesund wurden, gehen jetzt nach Haus und können wieder sehen, Lahme laufen, und Unfruchtbare werden fruchtbar. Diese Wunder widerfahren nicht legendären Helden, sondern Menschen von Fleisch und Blut.

1 Unter Akupunktur versteht man das Einstechen sehr feiner Nadeln in verschiedene Körperteile, um den Körper zu bestimmten Reaktionen anzuregen. Als Moxibustion bezeichnet man die Reizung von Haut und Geweben durch Erhitzung mit dem brennenden Ende einer Kräuter-»Zigarre«. Sowohl Akupunktur als auch Moxibustion, in China auf empirischer Grundlage schon lange mit Erfolg angewandt, werden jetzt wissenschaftlich untersucht, um ihre Wirkung zu ergründen.

2 1956 wurde in der Lhasaer Vorstadt ein neues modernes Krankenhaus errichtet.

Die ersten Schulen

Tadellose Manieren und Kenntnisse im Fußballspiel – Schulgeldfreiheit für Adlige und Leibeigene – Zu viele Bewerber – Der Mann mit der Warze – Anschauung überzeugt – Keine Disziplinarstrafen – Die Intoleranz der Jugend

Täglich von elf bis zwölf Uhr vormittags steht in Lhasas kleinem neuem Postamt die drahtlose Telefonverbindung für Gespräche zu allen Teilen Chinas zur Verfügung. Und täglich warten um diese Zeit eine Anzahl mit bestem englischem Wollstoff, farbenprächtigen Schürzen, seidenen Blusen und – als Krönung des Ganzen – einem großen grauen Filzhut aufgeputzte Frauen auf eine Verbindung mit ihren in Kangting, Tschöngtu oder Peking studierenden Kindern, Brüdern oder Schwestern.

Diese Studenten sind ein wesentlicher Faktor für die Entwicklung Tibets. Jeder Schritt zur Überwindung der gegenwärtig noch unentwickelten Produktionsmethoden führt geradewegs zum Problem der Erziehung, die man in Tibet bisher nur in rein religiöser Form kennt. Es gibt zwar gebildete Mönche, die durchaus für lamaistische Glaubensfragen und die tibetische Politik kompetent sind; es gibt auch Adlige und Kaufleute, die von Mönchen und in englisch orientierten Schulen in Kalimpong und Darjeeling erzogen wurden. Sie sprechen ausgezeichnet Englisch, legten ihr Examen in Cambridge ab und kehrten dann in den Kaufmannsberuf oder auf ihre einträglichen Beamtenposten zurück. Um die Grundlagen der tibetischen Wirtschaft auf dem Land und auf den Weiden kümmerten sie sich aber nicht im geringsten. Für die Leibeigenen und die Handwerker hat es noch nie irgendwelche Bildungsmöglichkeiten gegeben.

Nach einer Vereinbarung zwischen Sir Charles Bell und dem Dreizehnten Dalai-Lama aus dem Jahre 1921 bestand für einige Jahre in Gjangtse eine Schule unter der Leitung eines englischen Direktors namens Ludlow. Wie Chapman in »Lhasa, die heilige Stadt« berichtete, »ging die Schule zum großen Bedauern Ludlows wegen mangelnder Unterstützung 1926 ein. Wir trafen verschiedene der ehemaligen Schüler und stellten fest, daß alle ausgezeichnet Englisch sprachen, tadellose Manieren hatten und sich im Fußball recht gut auskannten.«

Eine von der Kuomintang in Lhasa eröffnete Schule konnte sich ebenfalls wegen zu geringen Interesses nicht halten. Darüber brauchte sich die neue Lhasaer Grundschule allerdings nicht zu beklagen. Zweifellos war das zum Teil mit darauf zurückzuführen, daß die drei Direktoren Tibeter waren: der Lehrer des Dalai-Lamas, der Lebende Buddha Tritschang; Kalon Doka, gleichzeitig Stellvertretender Kommandeur des Hauptquartiers der Volksbefreiungsarmee in Tibet, und Thubden Khendrung, ein Mitglied der Kanzlei des Dalai-Lamas.

In den Pausen wimmelte der Schulhof von über siebenhundert kreischenden, ungestümen jungen Tibetern zwischen sechs und Anfang zwanzig. Ihr ohrenbetäubender, gellender Lärm unterschied sich in nichts von dem der Unterrichtspausen in allen Schulen der Welt. Wenn sie dann in ordentlichen Reihen in die Klassen gingen, war es bis auf das schlurfende Geräusch der Füße wieder still. Und dann hörte man nur noch ein Murmeln hinter den Türen der Klassenzimmer: Die Schüler beteten zu Dschamyang, dem Gott der Weisheit, ihren Geist dem Lernen zu öffnen.

Die Jungen und Mädchen in den gemischten Klassen saßen auf dicken Polstern. Tische gab es nicht, weil tibetische Worte nur auf den Knien geschrieben werden dürfen, ein Zeichen der Verehrung für die Sprache, in der die Schriften abgefaßt sind. Aber die Kinder wurden im Rechnen, Geographie, Allgemeinwissen, Musik und Zeichnen unterrichtet, in Fächern, die nie zuvor in Tibet gelehrt wurden; und im Gegensatz zu den früheren Schulen, die so sehr über mangelndes Interesse zu klagen hatten, war die Unterrichtssprache Tibetisch. Die Lehrer gingen in der Klasse umher und schauten den Schülern über die Schulter. Nebenbei fiel ihnen noch die nie enden wollende Aufgabe zu, mit ihren Dolchen die Bambusfedern zu spitzen, genauso wie es Nicholas Nickleby[1] für Miss Squeers tat. Geschrieben wurde auf glatte Holzbretter, die Tinte war aus Wasser und der Asche des unvermeidlichen Jakmists hergestellt. Das Geschriebene konnte immer wieder abgewischt werden, und das war auch notwendig, denn Tibet kennt keine Papierindustrie, und das handgeschöpfte tibetische Papier ist so rauh, daß die Feder beim Schreiben kleckst und die Schrift wie auf Segeltuch ausläuft.

In den unteren Klassen saßen Kinder mit bald Zwanzigjährigen zusammen. Etwa zwei Drittel der Schüler stammten aus einfachen Familien und mußten, unabhängig, wie alt sie auch schon sein mochten, ganz unten anfangen. Die Lehrer jedoch kamen, wie man es zur Zeit noch gar nicht anders erwarten konnte, aus den Reihen des Adels und aus den Klöstern.

Vor den Schulzimmern warteten Dienerinnen auf ihre reichen Schutzbefohlenen, die sie zur Schule gebracht hatten und auch heimgeleiten sollten.

Die Schulgeldfreiheit hatte bewirkt, daß von frühester Jugend an die Kinder der Adligen neben denen ihrer Leibeigenen saßen, daß kostbare Seide neben grobem Wollstoff knisterte. War das Kind eines Armen für die Familie eine unentbehrliche Arbeitskraft, wurde als Ausgleich eine Unterhaltsbeihilfe gezahlt. Im letzten Jahr kamen diese Zuschüsse 124 von insgesamt 732 Schülern zugute, 9 weitere wohnten in der Schule und wurden auch dort versorgt. Ich mußte wieder an das traurige Los der ersten weltlichen Schulen im Lande denken und fragte Thubden Khendrung, ob wohl auch diese wegen zu geringen Zuspruchs aufgelöst werden müssen.

»Wir hätten weniger Sorgen, wenn die Nachfrage geringer wäre oder wenn wir unsere Kapazitäten verdoppeln könnten«, antwortete er. »Leider können wir nur die Hälfte der Aufnahmeanträge berücksichtigen. Augenblicklich haben wir dreihundertachtzig Jungen und dreihundertzweiundfünfzig Mädchen, eine Zahl, die wir morgen verdoppeln können, wenn wir nur mehr Personal hätten. In diesem Jahr meldeten sich siebenhundert Schüler zur Aufnahmeprüfung für den Sechsjahrkurs. In erster Linie überprüfen wir ja nur den Gesundheitszustand, aber wenn Kinder schon eine Erziehung genossen haben, testen wir sie auch etwas, um zu sehen, ob sie sich ernsthaft bemühen werden. Wir hatten nur Platz für dreihundertsechzig Schüler, die anderen mußten wir ablehnen. Es ist sehr schade, daß wir lernbegierige junge Menschen zurückweisen müssen, doch bevor wir uns nicht vergrößern können, bleibt uns keine andere Wahl. In der Regel geben wir den älteren Bewerbern den Vorzug und lassen die jungen warten, bis sie an der Reihe sind.«

Die Unterhaltskosten dieser Schule trägt die Regierung in Peking. Sie ist die größte von 27 neuen Schulen in Tibet, die alle auf die gleiche Weise organisiert sind. Außer den drei tibetischen Direktoren und zwei tibetischen stellvertretenden Schulleitern – zu denen auch Dschen Lodschen gehörte, der in allen kulturellen Fragen ein Wort mitzureden schien – halfen führende Mönche der drei großen Lhasaer Klöster bei der Ausarbeitung des Lehrplans. Religion war kein Unterrichtsfach, aber die gesamte tibetische Literatur ist ja religiös, und das Studium der tibetischen Sprache, Geschichte und der Biographie der Dalai-Lamas erfolgt ebenfalls unter religiösen Aspekten. Die von der Zentralregierung gezahlten Gehälter der 19 Lehrer liegen zwischen 100 und 200 Silberdollar im Monat.

Bisher fanden noch keine Abschlußprüfungen statt. »Nach dem Examen können die Schüler über ihre weitere Zukunft selbst entscheiden«, berichtete Thubden Khendrung. »Wir knüpfen keine Bedingungen an die Aufnahme, und Pflichtfächer gibt es nicht. Diese Schulen dienen nur dem Zweck, das allgemeine Bildungsniveau in Tibet zu erhöhen.«

Etwa einen Kilometer von der Grundschule entfernt, steht hinter einem klaren Fluß und einem sonnendurchfluteten Wäldchen eine Schule ganz anderer Art: die Lhasaer Fachschule für Sozialbildung. Auch in Schigatse gibt es ein solches Institut. An allen Wochentagen treffen sich in diesem großen Gebäude im Waldgebiet östlich der Stadt junge Leute über vierzehn. Unter ihnen sind viele große, stattliche Mädchen von siebzehn, achtzehn, neunzehn Jahren und kräftige junge Burtschen, die teilweise sogar auf Motorrädern kommen. Die Eltern der meisten sind Adlige und Kaufleute.

Sonam Bamba, der tibetische Direktor, sagte mir, daß der Unterricht sehr frei und zwanglos sei. Es läge bei den Studenten selbst, wie viele Vorlesungen sie besuchen wollen und wie oft sie es tun. Als das Institut 1952 gegründet wurde, wollte man damit hauptsächlich den einheimischen Lehrern helfen, ihre tibetischen Sprachkenntnisse zu erweitern, eventuell Chinesisch zu lernen, wenn sie es wünschten, und sich mit der Geschichte Tibets vertraut zu machen. Junge Städter, die den ganzen Tag Zeit hatten, hörten von dem zwanglosen Unterricht unter den Bäumen – es gab damals weder Klassenzimmer noch Lehrbücher – und wollten mitmachen. »So mußten wir in das Gebäude ziehen und unsere Schule zu einer festen Einrichtung machen«, fuhr Sonam fort. »Wir stufen die Schüler nicht nach ihrem Alter, sondern nach ihrem Bildungsgrad ein. Als Lehrer wirken hier Tibeter und auch Chinesen. Übrigens sollte ich nicht Lehrer sagen, sondern besser Studienberater. Unter unseren Studenten sind zwei Hirten, ein paar Bauern, einige Kinder von Handwerkern; die übrigen kommen zu etwa gleichen Teilen aus Adels- oder Kaufmannsfamilien. In den Jahren 1954 und 1955 schickten wir insgesamt achtzig Studenten nach Peking und Tschöngtu. Außer im Chinesisch-Kurs wird nur Tibetisch gesprochen, auch wenn die Lehrer Chinesen sind.

Der Direktor führte mich von Klasse zu Klasse. Er machte mich auf einen jungen Soldaten der Volksbefreiungsarmee aufmerksam, der an einem Grundlehrgang im Rechnen teilnahm. Andere Fächer sind »Allgemeinwissen«, dem man in Tibet große Bedeutung beimißt, Musik, Sport, Hygiene und Politik.

Als ich von Sonam wissen wollte, was in Politik gelehrt werde, betonte er noch einmal, daß die Teilnahme an diesem Kurs wie an allen anderen freiwillig sei. »Meistens nehmen wir den Text der verschiedenen von Tibet unterzeichneten

Abkommen als Grundlage und interpretieren sie, besonders den Vertrag von 1951 zwischen unserer Örtlichen Regierung und der Zentralen Volksregierung. Dann wird die Haltung der Kommunistischen Partei Chinas zur Religion und zu den Nationalen Minderheiten besprochen, ferner der Text der chinesischen Verfassung und ähnliche Dinge.«

Auf dem Rückweg sah ich eine Gruppe von vielleicht vierzig Männern und Mädchen der chinesischen Armee unter den Bäumen sitzen. Vor ihnen stand ein großer Tibeter mit einem weichen Filzhut und hielt eine tibetische Lektion. Die Fachschule für Sozialerziehung stellt nämlich im Austausch auch Lehrkräfte für die Volksbefreiungsarmee zur Verfügung. Alle in Tibet arbeitenden Chinesen müssen die tibetische Sprache erlernen und im Umgang mit der Bevölkerung auch sprechen. Damit will man jedem chinesischen Nationalismus entgegenwirken und zugleich dem tibetischen Volk zeigen, daß seine Sprache respektiert wird. Ein Grund für die Beliebtheit der neuen Erziehungseinrichtungen ist ihr rein tibetischer Charakter.

Während die Grundschulen und höheren Fachschulen jedem, der lernen möchte und lernen kann, ein Allgemeinwissen vermitteln, bereiten die Institute der Nationalen Minderheiten in Kangting, Tschöngtu und Peking junge Tibeter darauf vor, beim Aufbau eines modernen Tibet mitzuwirken, in dem es eine verbesserte Land- und Viehwirtschaft sowie eine Industrie geben wird. Bis Ende 1955 studierten etwa 1000 Tibeter an diesen Instituten. Die meisten waren Kinder von Clan-Führern und anderen Adligen, aber es gab unter ihnen auch eine ganze Anzahl Nichtadliger, Leibeigener, Hirten, »schwarzer Menschen« und anderer, die mit der Volksbefreiungsarmee zusammengekommen sind und für sie gearbeitet haben. Wie bei den anderen Schulen ist es nur den Adligen möglich, ihre Kinder direkt zum Studium zu schicken; der Eintritt aller anderen hängt noch mehr oder minder vom Zufall ab. Ein typisches Beispiel war Dschume Badschang, über die ich ja schon geschrieben habe: Sie war jung, noch frei von familiären und feudalen Bindungen, nicht in konservativen Ansichten befangen und bereit, neue Wege zu gehen. Bei den Lohnarbeitern an der neuen Straße und beim Transport hatte sie genug gesehen, so daß sie nicht mehr in ihr Heimattal zurückkehren und sich dort mit den Produkten einer kleinen Herde kümmerlich durchschlagen wollte. Sie zog es vor, freiwillig für den Frauenbund in ihrem Bezirk zu arbeiten und die Einwohner über die neuen Krankenhäuser und den veterinärmedizinischen Dienst aufzuklären.

»Doch bald wuchs mir die Arbeit über den Kopf«, sagte sie. »Ich beteiligte mich bei Viehseuchen an Hilfsaktionen, war beim Verteilen der staatlichen Kredite und der kostenlosen eisernen Geräte dabei, ich überzeugte die Menschen, daß sie die Produktion steigern müßten und half mit, Handelsgenossenschaften zu gründen. Die Nomaden vertaten nämlich viel zuviel Zeit, die Erzeugnisse, die sie gewebt hatten, zu verkaufen. Es war also eine meiner Aufgaben, sie für eine Zusammenarbeit bei der Herstellung von Teppichen und Stoffen zu gewinnen und eine Verkaufzentrale zu gründen. Ferner faßten wir die Bauern beim Bau von Bewässerungsanlagen zusammen, die sie allein nicht in Angriff nehmen konnten, und beugten so dem Ernteausfall in Trockenzeiten vor.

Das alles wurde einfach zuviel für mich, ich konnte gar nicht mehr alles im Kopf behalten, und an Arbeit war nicht mehr zu denken. Ich zeichnete Personen und Dinge als Gedächtnisstütze in mein Notizbuch – zum Beispiel einen Mann mit einer Warze auf der Nase und neben ihn einen Getreidesack. Aber ich brachte weiterhin vieles durcheinander, so daß die Arbeit darunter litt. Deshalb bat ich, erst einmal studieren zu dürfen.«

Zu einer ganz anderen Kategorie gehörte Ladscho Teren, ein Angehöriger des niederen Adels, der mit fünfzehn Jahren schon einen Clan geführt hatte, nachdem sein Vater in einer Stammesfehde an seiner Seite gefallen und sein älterer Bruder in derselben Nacht in seinen Armen gestorben war. Als ich ihn in Tschöngtu traf, war er einundzwanzig Jahre alt. Groß, dunkelhaarig, mit langer gebogener Nase und einem harten Zug um den Mund, war er bereits ein Mann, der etwas galt und Macht besaß. Er erzählte mir von den abgelegenen Weidegründen seines Stammes in Dindschin, rund 1600 Kilometer von Lhasa entfernt, wo seit Jahrhunderten Schwert und Gewehr einziges Gesetz waren.

»Lange Zeit wurde unser Gebiet von Dschendu, dem Führer des Dschendu-Clans, terrorisiert. Seine Leute töteten in jener Nacht meinen Vater, meinen Bruder und drei andere Verwandte. Etwa zwanzig gutbewaffnete Gefolgsleute überfielen uns ganz plötzlich auf schnellen Pferden, raubten das Vieh und trieben es weg.

Als die Volksbefreiungsarmee kam, rief sie die Clan-Führer zusammen. Man sagte uns, es sei an der Zeit, Abkommen über die Weiderechte zu treffen und die Fehden einzustellen. Auch Dschendu war zugegen, unterzeichnete das Abkommen, dachte aber nicht daran, es einzuhalten. Er wartete nur, bis die Volksbefreiungsarmee weitermarschiert war, und griff uns dann wieder an. Es war dasselbe wie vorher: Wir fanden keine Ruhe. Schließlich berieten sich mehrere Clans und ersuchten die Volksbefreiungsarmee, uns bei der Vernichtung seiner Bande zu unterstützen.

Wir waren froh, als wir siebzig gutbewaffnete Reiter der Armee zurückkommen sahen. Es zeigte sich, daß nicht einmal sein Clan geschlossen hinter Dschendu stand, denn die Angehörigen der von ihm Ausgeraubten und Getöteten hatten sich immer an anderen Mitgliedern seines Clans gerächt. Einer seiner Gefolgsleute zeigte den Chinesen sogar den Weg zu seinem Versteck, so daß wir es in der Nacht umzingeln konnten. Sie kämpften bis zum letzten Mann. Wir brachten ihre Leichen in ihre Häuser zurück, damit alle sie sehen konnten. Dschendus Clan hat jetzt einen anderen Führer, und wir haben Ruhe.«

Ladscho, ein furchtloser und keineswegs blindgläubiger junger Mann, hatte trotz seines jungendlichen Alters bei den Verhandlungen über die Weiderechte eine führende Rolle gespielt. Einerseits war er zu Kompromissen bereit gewesen, hatte aber andererseits auch beharrlich die Rechte seines Clans vertreten.

Und dieser war einverstanden, als die Soldaten dem Jungen rieten, in Tschöngtu zu studieren. »Damals hatten wir schon gemerkt, daß diese Chinesen mit der alten Bande nichts gemein hatten. Sie kamen für ihren gesamten Transport selbst auf und gewährten uns kostenlose ärztliche Betreuung«, berichtete Ladscho. »Jetzt lerne ich, wie ich unseren Viehbestand verbessern und dem ganzen Clan helfen kann.«

Alle Tibeter, die am Institut der Nationalen Minderheiten studieren, beschäftigen sich mit wissenschaftlichen Methoden der Land- und Viehwirtschaft, den beiden Hauptzweigen der tibetischen Wirtschaft. Der theoretische Unterricht wird mit Besichtigungen von Staatsgütern, veterinärmedizinischen Stationen, mit Filmen und Lichtbildern ergänzt.

»Aber die Hauptsache ist, sie selbständig arbeiten zu lassen«, sagte Liu Dschung-liang, der Stellvertretende Direktor des Tschöngtuer Instituts, in einer Lehrkörperbesprechung, an der ich teilnahm. »Wenn sie hier mit wissenschaftlichen Methoden selbst doppelt so große Ernten erzielen als mit ihren alten, dann sind sie überzeugt. Zum Beispiel düngen die Tibeter nicht sehr gründlich, und anstatt in Reihen zu säen, verstreuen sie das Saatgut. Wegen des Unkrauts machen sie sich gar keine Gedanken. Sagten wir ihnen nur, daß ihre jahrhundertelang angewandten Methoden falsch sind, so nützte das gar nichts. Wir nehmen also zwei Felder von der gleichen Beschaffenheit und lassen sie beide Methoden ausprobieren, damit sie den Unterschied in den Erträgen genau erkennen. Danach glauben sie unseren Worten natürlich eher. Da sie außerdem kaum an abstraktes wissenschaftliches Denken gewöhnt sind, greifen wir, sooft wir können, auf praktischen Anschauungsunterricht zurück. Wir bestehen den Studenten gegenüber auch nicht auf Schädlingsbekämpfung, um ihre religiösen Gefühle nicht zu verletzten. Wir überlassen es ihnen, ob sie davon Gebrauch machen wollen oder nicht. Überhaupt zwingen wir ihnen nicht unsere Ideen auf und respektieren die tibetischen Bräuche. Das geht sogar so weit, daß wir Jakbutter aus Tibet einführen.«

Die Fürsorge war aber offensichtlich nicht bei der Jakbutter stehengeblieben. Ich sah in Tschöngtu auch *tschura,* den steinharten tibetischen Quark, der in Würfeln wie Perlen an einem Faden aufgereiht wird. Auch echte *tsamba* aus der hartkörnigen tibetischen Berggerste, die alle Tibeter jedem anderen Getreide vorziehen, war herangeschafft worden. Abgesehen vom feuchten Flachlandklima, leben die Studenten also unter den gleichen Bedingungen wie zu Hause auf dem Hochland. Der Respekt gegenüber den nationalen Minderheiten in diesen Instituten geht so weit, daß seitens der Institutsleitung gegen keinen Studenten etwas unternommen wird. Disziplinarfragen werden ausschließlich von einer aus den Kreisen der Studenten gewählten Vertretung behandelt. Dabei haben sie wahrscheinlich zum ersten Mal von ihrem Stimmrecht Gebrauch gemacht.

Für die Studenten ist allein die Reise nach China ein Bildungserlebnis. Als ich wieder in Peking war, traf ich dort in einem Restaurant einen jungen Adligen aus Schigatse. Mit ihm unterhielt ich mich über Tibet und die Zukunft des Landes. Er sagte: »Als ich von Schigatse nach Lhasa kam und den Potala sah, dachte ich, keine andere Stadt könne schöner sein. In Tschöngtu glaubte ich, keine Stadt der Welt könne größer sein. Danach setzte ich mich in den Zug, fuhr nach Tschungking und sah Seilbahnen, die einen geradewegs in die Berge bringen. Das fand ich äußerst interessant. Sehen Sie, wir in Tibet betrachten die Gebirge und die Schneeriesen als unsere Feinde. Mir erschienen sie stets als großes Hemmnis für die Entwicklung des Landes. Und nun sah ich Tschungking, eine Stadt, die nur in den Bergen erbaut wurde, obwohl China genug Flachland hat. Für mich war das sehr ermutigend. Später kam ich nach Peking und fuhr durch ganz China. Da war ich überzeugt, daß wir ein Teil eines großen Ganzen sind.«

In Lhasa ist Bai Jung-lung für die Heranbildung von Tibetern für alle möglichen Aufgaben in der Verwaltung und der Landwirtschaft, im Gesundheits- und Finanzwesen und in der Industrie verantwortlich. »Die Volksregierung möchte, daß so viele Tibeter wie möglich ausgebildet und ohne Vorbehalt gefördert werden. Ich betone ausdrücklich: ohne Vorbehalt. Wir hoffen, daß 1957 mindestens dreitausend Tibeter auf einigen neuen Gebieten tätig sein werden. Gegenwärtig sind es erst vierhundertsechsundzwanzig. Wir wollen nicht, daß zu viele Chinesen hierherkommen, weil das die größtmögliche Förderung von Tibetern auf allen Gebieten behindern würde.

Wir wissen, daß das, was wir bisher getan haben, völlig unzureichend ist, aber der Anfang ist gemacht. Je mehr Menschen ausgebildet werden und je mehr merken, daß wir zu unserem Wort stehen – das heißt, daß wir die Tibeter als gleichberechtigt betrachten und uns nicht in ihre Bräuche und Traditionen einzumischen gedenken –, desto größer wird die Anzahl der Aufnahmeanträge für Fortbildungskurse und Institute sein. Tibet hat eine alte Kultur. Darauf können wir aufbauen, um bald zu Erfolgen zu gelangen.«

Für junge Menschen, die früher nie ein Rad gesehen haben, jetzt aber Modellflugzeuge bauen, geht die Entwicklung wirklich rasch voran. Die tibetische Jugend ist nicht weniger wagemutig und nicht weniger unduldsam gegenüber überholten Anschauungen der älteren Generation als ihre Altersgenossen in aller Welt. Doch wie rasch wird die Entwicklung der gesamten tibetischen Gesellschaft vor sich gehen, die vorläufig noch in klösterliche und feudale Bande verstrickt ist?

1 Held des gleichnamigen Romans von Charles Dickens.

Die nächsten Schritte

Nicht länger Geheimnis – Selbstverwaltung und Reformen – Adel und Lebensstandard – Der Weg in die Zukunft

Der Abschied von Lhasa fällt schwer. Als wir in den letzten Oktobertagen die vielen liebenswürdigen, ruhigen Menschen, die uns gute Freunde geworden waren, wieder verlassen mußten, war es uns, als schiene die Sonne nicht mehr so heiß und sengend. Aber Blumen über Blumen erweckten den Anschein, es sei Frühling, und straften das Gold der abgeernteten Gerstenfelder in diesem bezaubernden Tal Lügen. Die weiße Straße wand sich kurvenreich an den Bergketten entlang, und als wir zurückschauten, sahen wir ein letztes Mal die rote Fassade und die goldenen Dächer des Potala. Dann blieb uns nur noch die Erinnerung.

Noch zirpten die Zikaden in den Wäldern von Bomi, und die Mauersegler hatten noch nicht ihre Winterreise angetreten. Zwar hatte selbst auf den kleineren Bergen der Spätherbst schon Einzug gehalten, aber in den Tälern war noch Sommer. Die Schneegrenze reichte weiter herab, und die auf der Hinfahrt kahlen oder grasbewachsenen Pässe waren jetzt tief verschneit. So wechselten für uns oft mehrmals am Tage Sommer und Winter. Seit August war die Straße verbreitert und planiert, waren die Kurven ausgebaut und die Brücken verbessert worden. Endlos lange Lastwagenkolonnen begegneten uns, und die Fahrer begrüßten sich fröhlich.

Unsere Rückfahrt war weder ein Bummeln noch eine Raserei. Von Lhasa nach Tschöngtu brauchten wir genau zehn Tage, das heißt, wir waren auf einen Tagesdurchschnitt von 240 Kilometern gekommen. Auf der Anfahrt zum Tschu-la strahlte noch die Sonne, aber als wir über die Baumgrenze hinaus waren, fegte ein Schneesturm über den Paß, so daß wir nur im Schrittempo vorankamen. Wie eine Schnecke mußten wir durch Schluchten schleichen, dicht am Rande tiefer Abgründe vorbei, durch ein Schneegestöber, in dem die Scheibenwischer die feuchten Massen nicht mehr zur Seite schafften. Alles war in Weiß gehüllt. Die Lastwagenkolonnen tasteten sich im Schritt aneinander vorbei, und die Fahrer konnten den Straßenrand nicht mehr sehen. Als wir den Ör-lang hinter uns hatten und wieder in normalen Höhenbereichen waren, breiteten sich vor uns das immergrüne, üppige Ackerland und die Bambushaine Setschuans aus. Zwölf Tage nach der Abfahrt aus Lhasa war ich, von Sonne und Wind gebräunt, in Peking.

In den vorangegangenen Kapiteln habe ich versucht, all das niederzuschreiben, was ich in Tibet gesehen und gehört habe – Gutes und Schlechtes, Altes und Neues, Probleme, Fehlschläge und Erfolge –, so daß der Leser selbst Schlüsse ziehen kann. Ich wollte die Tatsachen für sich sprechen lassen; wo ich es jedoch zum Verständnis der Probleme für notwendig hielt, habe ich zitiert, was andere darüber geschrieben haben. Es dürfte bereits klar sein, daß Tibet kein »Land der Geheimnisse« mehr ist, wenn es überhaupt je eins war. Die Abgeschiedenheit, die den Europäern Tibet so geheimnisvoll erscheinen ließ, besteht nicht mehr. Man kann heute in Lhasa in einen Bus steigen und mehr als 2400 Kilometer über die Berge nach Tschöngtu fahren. Bald wird eine Eisenbahnlinie Lhasa mit Warschau, Prag, Paris und London verbinden. Aber noch vorher wird man das sagenhafte Land in den Wolken mit dem Flugzeug aus allen Teilen Chinas und der übrigen Welt erreichen. Tibet ist nicht »fern dieser Welt«, um Lowell Thomas zu zitieren, sondern durchaus in ihr, wenn auch vielleicht nicht in der eines Lowell Thomas.

Frühere Berichte über Tibet wurden zu einer Zeit geschrieben, da der größte Teil Asiens noch Kolonialgebiet war, und die Autoren unterstützten vielfach Englands Bestrebungen, Tibet von China zu trennen. Deshalb baten mich sowohl der Dalai-Lama als auch der Pantschen-Lama ausdrücklich, wahrheitsgetreu zu berichten und einige absichtlich geschaffene falsche Auffassungen zu berichtigen. Die beiden Großlamas betonten, daß Tibet schon immer zu China gehört habe und auch heute noch gehöre. Tatsächlich ist dies ja nie bestritten worden, nicht einmal als die britischen Truppen in Lhasa einmarschierten oder als 1913 in Simla das fruchtlose Abkommen zwischen England, China und Tibet geschlossen wurde. Als Younghusband 1904 in Tibet einfiel, rief der Dreizehnte Dalai-Lama zuerst Peking um Hilfe an. Doch das korrupte Mandschu-Regime half ebensowenig wie später die noch korruptere Kuomintang. So geriet Tibet immer mehr unter britischen Einfluß. Aber obwohl England das kleine tibetische Heer mit Waffen versorgte und ausbildete, die Handelsstraßen von Truppen bewachen ließ und eine Handvoll junge Tibeter zu echten Zöglingen englischen Schulwesens machen wollte, verblieb ein Vertreter der chinesischen Regierung in Lhasa. Noch nach dem Zweiten Weltkrieg wiederholten die Alliierten ihre Auffassung, daß Tibet zu China gehöre.

Als Tibet sich endgültig entscheiden mußte, lehnte seine Regierung es ab, in die traurige Gemeinschaft der »freien und unabhängigen« Marionetten Amerikas in Asien aufgenommen zu werden, deren Zusammenschluß damals dem Versuch galt, die alte Ordnung in China wieder aufzurichten. Sie stellte sogar durch das Abkommen von 1951 die jahrhundertealten Beziehungen zu China wieder her.

Das Abkommen führte unter anderem dazu, daß viele hundert tibetische Persönlichkeiten – darunter auch die beiden Großlamas – China besuchten, die neuen Großbaustellen und Tempel besichtigten und mit geistlichen Würdeträgern sprachen. Lamaistische Tempel in vielen Teilen Chinas zeigen heute stolz so kostbaren Besitz wie die *khadags*, die ihren Buddhafiguren vom Dalai-Lama und Pantschen-Lama umgehängt wurden. Ein paar Tibeter gingen sogar nach Korea und sahen dort mit eigenen Augen, was der »Schutz« Amerikas bedeutete. Einer von ihnen, der geistliche Direktor der Lhasaer Münze, erzählte mir, wie stark er in Korea von den Folgen des Bombenkrieges und von der Stärke, die China bewiesen habe, beeindruckt gewesen sei. Bei ihrer Rückkehr nach Tibet waren die beiden Großlamas und ihre Begleiter von zwei wichtigen Tatsachen überzeugt: von der wirklich vorhandenen Religionsfreiheit in China und von der Fähigkeit dieses Landes, sich in kürzester Zeit zu einer unabhängigen Industriemacht zu entwickeln.

Inzwischen haben beide Großlamas oft versichert, daß Tibet zusammen mit dem übrigen China den Weg zum Sozialismus beschreiten wird. Die Frage ist nur: Wie? Wie können in einer Gesellschaftsordnung, die seit tausend Jahren nahezu stillgestanden hat, solch enorme Veränderungen vor sich gehen?

Der Dalai-Lama nahm am 24. April 1956 in Lhasa auf einer Konferenz über die Autonomie Tibets auch zu diesen Fragen Stellung: »Der Sozialismus ist eine wahrhaft glückliche Gesellschaftsordnung, und Tibet wird keinen anderen Weg gehen, auch wenn es vorläufig noch weit vom Sozialismus entfernt ist. Die Reformen müssen in unserem Land allmählich durchgeführt werden. Wann wir sie durchführen und wie sie aussehen werden, das hängt davon ab, wie wir vorankommen, und von verschiedenen Umständen. Die tibetischen Führer und das Volk werden es nach gemeinsamen Beratungen schaffen.«

Zufällig war ich in Lhasa, als die Gründungsversammlung eines Komitees durchgeführt wurde, das den Weg für die tibetische Selbstverwaltung bereiten sollte. Sie war überwältigend. Weltliche Abgeordnete der drei Gebiete Tibets erschienen in kostbaren Gewändern, das goldene *gau* hoher Beamter im Haarknoten und am Ohr fünfzehn Zentimeter lange goldene Türkisohrringe. Verglichen mit ihnen, wirkten die vielen weiblichen adligen Abgeordneten trotz ihrer bunten Schürzen und seidenen Blusen fast farblos. Auch Äbte der drei großen Klöster Lhasas waren anwesend und stimmten mit den übrigen Delegierten dafür, Tibet als autonomes Gebiet der Volksrepublik China anzugliedern.

Diese Zusammenkunft bereitete den Weg zur Schaffung des Vorbereitenden Komitees für das Autonome Gebiet Tibet, das auf der Konferenz vom 22. April 1956 gegründet wurde. Dort sprach der Dalai-Lama die oben zitierten Worte und wurde zum Vorsitzenden des Komitees gewählt; der Pantschen-Lama wurde Erster, der Chinese Dschang Guo-huo Zweiter Stellvertreter. Dschang Guo-huo verkündete der Konferenz die Prinzipien der »festbegründeten Politik der Zentralen Volksregierung in der Frage der Reformen in Tibet«. Dazu führte er folgendes aus: »Das Gebiet Tibet unterscheidet sich in sozialer und ökonomischer Hinsicht grundlegend von den Gebieten der Han und auch von denen der anderen nationalen Minderheiten. Folglich müssen sich die künftigen Maßnahmen zur Durchführung der Reformen im Gebiet Tibet von den in anderen Teilen des Landes angewandten unterscheiden.

Entsprechend den Empfehlungen der Zentralen Volksregierung müssen künftige Reformen im Gebiet Tibet von oben nach unten durchgeführt werden, und zwar nach friedlichen Beratungen und in Übereinstimmung mit den Wünschen und dem Verlangen der Mehrheit des tibetischen Volkes.

Während der Reformen und nachher muß die Regierung alle notwendigen Schritte unternehmen, um die politische Stellung und den Lebensstandard der herrschenden Klasse Tibets – einschließlich der höheren Geistlichkeit – zu wahren, nach Möglichkeit noch zu verbessern.

Das heißt: Veränderungen können nur Verbesserungen, nicht aber Verschlechterungen sein.

Dieser Weg bringt Vorteile für den Adel, für die Klöster und auch für das Volk.

Nach künftigen Reformen in Tibet können die religiösen Anschauungen der Menschen völlig unverändert bleiben.«

Der stellvertretende chinesische Ministerpräsident Tschen I, der ebenfalls sprach, sagte: »Die Kommunistische Partei Chinas und die Zentrale Volksregierung sind der Ansicht, daß Reformen in Tibet nur durchgeführt werden können, wenn die tibetischen Führer und das tibetische Volk sie einstimmig fordern und durchführen wollen. Sie können auf keinen Fall von einem anderen Volk verwirklicht werden.«

Diese Konferenz tat den ersten Schritt auf dem Wege zur tibetischen Selbstverwaltung. Die oben zitierten Äußerungen legten bestimmte Prinzipien dafür fest, wie Reformen durchgeführt werden sollten. Doch eine Frage blieb offen: Wie kann sich Tibet zusammen mit dem übrigen China innerhalb von zwölf Jahren zu einem sozialistischen Land entwickeln? Niemand versuchte diese Frage zu beantworten. Mein Buch hätte jedoch seinen Zweck verfehlt, wenn ich nicht versuchte, auf Grund meiner Beobachtungen eine annähernde Antwort zu geben.

Das Ziel, Reformen von oben nach unten durchzuführen, der jetzigen Oberschicht den Lebensstandard zu sichern oder sogar zu erhöhen, die Religionsfreiheit zu gewährleisten, die Adligen und hohen Mönche, die Tibet gegenwärtig regieren, weiter in ihren Positionen zu belassen, schiene ein Widerspruch in sich zu sein – wenn nicht die Produktionsmethoden verändert würden.

Wenn das Wort Sozialismus in Tibet einen Sinn haben soll, dann müssen die grundlegenden Produktionsmittel in Gemeineigentum überführt werden: Das Land und die Herden, die jetzt den Klöstern, dem Adel und den von diesen gebildeten örtlichen Regierungen gehören. Eine nennenswerte Produktionssteigerung ist nur möglich, wenn Land und Landarbeiter, Herden und Hirten aus ihren gegenwärtigen primitiven Produktionsverhältnissen befreit und Entwicklungsmöglichkeiten für Demokratie und Technik geschaffen werden, damit aus der Masse der jetzt noch feudal gebundenen Leibeigenen eine Klasse von Industriearbeitern hervorgehen kann.

Ohne Steigerung der landwirtschaftlichen Produktion und ohne industriellen Aufschwung kann es keinen Weg geben, den Lebensstandard des einfachen Volkes zu erhöhen, es sei denn auf Kosten des Adels und der Klöster. Es gibt nur einen Weg: mehr Korn und Fleisch erzeugen, die Industrie entwikkeln und den Lebensstandard des ganzen Volkes erhöhen.

Darum muß die Reform der feudalen Eigentumsverhältnisse an Herden und Land von den geistlichen und weltlichen Herren und mit ihrer Zustimmung durchgeführt werden, ohne dabei ihre Lebensbedingungen zu verschlechtern. Eine Boden-

und Herdenreform ist die Voraussetzung für jeden wirklichen Fortschritt in Tibet.

Den Lebensstandard des tibetischen Volkes zu erhöhen und gleichzeitig den der Adligen und Mönche aufrechtzuerhalten, ja ebenfalls zu erhöhen, ist kein so ernstes Problem, wie man meinen könnte, denn die herrschende Klasse hat in Tibet nicht denselben Lebensstandard wie in westlichen Ländern. Reiche Tibeter könnten nach modernen Begriffen woanders nicht als reich gelten. So niedrig die tatsächliche Produktivität in Tibet ist, die potentielle ist so groß, daß jede generelle Verbesserung der Produktionsmethoden in der Land- und Viehwirtschaft große Möglichkeiten böte, den Lebensstandard jedes einzelnen zu erhöhen.

Aber dieser wird durchaus nicht nur vom Einkommen bestimmt; alle Tibeter leiden unter dem Fehlen sozialer Einrichtungen. Bevor es im Lande ein Krankenhaus gab, war jeder, der an ernsten, aber immerhin leicht heilbaren Krankheiten, wie Lungenentzündung oder akuter Blinddarmentzündung, litt, nicht mit noch soviel Geld zu retten. Und selbst aus den Kreisen der reichsten Tibeter konnten nur wenige ihren Kindern eine über die Lehrtexte hinausgehende Bildung ermöglichen.

Der aufgeschlossene Adlige sieht die Dinge jetzt in neuem Licht. Das dürfte ihm nicht schwerfallen, denn das von der Zentralregierung an einen Lehrer, Verwaltungsangestellten oder im öffentlichen Dienst Beschäftigten gezahlte Gehalt ist in vielen Fällen höher als die Einnahmen aus einem großen Grundbesitz. Wer monatlich zweihundert Silberdollar verdient, gilt in Tibet als reicher Mann – und ein Lehrer an der Lhasaer Grundschule erhält sie von der Pekinger Regierung. Die Entwicklung in Tibet wird Tausende von Ärzten, Agronomen, Veterinären und Techniker aller Art erfordern. Ein junger Adliger kann schon heute mit Gewißheit annehmen, daß er in einem Wasserkraftwerk einmal mehr verdienen wird, als sein Vater je aus seinen großen Besitzungen herausholte, die auf primitive, alttibetische Weise verwaltet wurden. Es ist zum Beispiel bezeichnend, daß der Kalon Ngabo, der in den Verhandlungen von 1951 und in den jüngsten Bemühungen um die Autonomie Tibets eine führende Rolle spielte, fünf seiner Kinder zum Studium an das Pekinger Institut der Nationalen Minderheiten schickte. Es liegt ohne Zweifel im Rahmen der Möglichkeiten, mit der Umwandlung der überholten ökonomischen Struktur Tibets zugleich den Lebensstandard aller – sowohl der Reichen als auch der Armen – zu heben.

Wenn das jedoch innerhalb von zwölf Jahren geschehen soll und nicht im Laufe mehrerer Jahrhunderte, so ist eine beträchtliche finanzielle, technische und anderweitige Unterstützung seitens der chinesischen Regierung unbedingt erforderlich. Die bisherigen Veränderungen im kleinen Maßstab sind lediglich als Experimente zu betrachten. Solange die Straße nicht gebaut war und die Tibeter noch keine ihrer Situation und ihren Beziehungen zur Zentralregierung entsprechende Form der Selbstverwaltung gefunden hatten, war keine größere Reform möglich. Die Krankenhäuser, Schulen, Versuchsstationen, das Lhasaer Serumwerk, die tierärztliche Arbeit, die landwirtschaftlichen Kredite, die kostenlose Ausgabe eiserner landwirtschaftlicher Geräte und die kluge Handelspolitik weisen den richtigen Weg, aber sie bleiben noch immer an der Oberfläche der Probleme, außer vielleicht auf dem Gebiet der Medizin. Zur Zeit der Dreiteilung Tibets war nur in beschränktem Umfang Hilfe möglich, und so ist es auch jetzt noch wegen der bestehenden Transportschwierigkeiten. Da es nämlich in Tibet kein Benzin gibt, müssen die Lastwagen auf die Fernfahrt über das Plateau einen Teil ihres Laderaumes für Treibstoffe verwenden. Erst der Bau einer Eisenbahnlinie nach Tibet wird auch dieses Problem lösen.

Hat Tibet in naher Zukunft erst einmal eine autonome Regierung, die die verschiedenen politischen Richtungen in Tibet vertritt, dann kann die Entwicklung des Landes in Anlehnung an den Volkswirtschaftsplan Chinas mit dem Ziel geplant werden, den Sozialismus bis 1967 zu verwirklichen. Ein solcher Plan muß die Bodenreform vorsehen, die Förderung der Land- und Viehwirtschaft, den Aufbau einer Industrie, eine umfassende Volksbildung und ein reiches kulturelles Leben für das Volk. Sobald die Boden- und Herdenreform durchgeführt ist, kann die Produktion gesteigert werden, kann sich das tibetische Volk seine eigene Arbeiterklasse und die Bedingungen zum Aufbau einer eigenen Industrie schaffen.

Die Tibeter gehören zu den fleißigsten Menschen der Welt. Eins der Wunderwerke, das Zeugnis von ihrer Tüchtigkeit ablegt, ist der Potala. Warum soll es für sie keine neue Blütezeit geben wie seinerzeit in der heroischen Ära König Srongtsangambos und in den Tagen der Tang-Dynastie. Tibets Jugend, die nicht in konservativen Anschauungen wie die ältere Generation befangen ist, freut sich, daß sie Anschluß an die Zeit der Maschinen und Flugzeuge findet. »Auf einem Jak kann Tibet nicht sehr weit kommen«, sagte mir ein junger Adliger in einem Pekinger Café. Vor allem die Kinder wohlhabender Leute, die ihre Wünsche deutlicher aussprechen, möchten unbedingt in Peking oder Tschöngtu studieren. Aber auch junge Leibeigene finden in steigendem Maße den Weg dorthin. »Wenn sie zurückkommen, werden sie mit den bestehenden Zuständen nicht mehr zufrieden sein«, sagte ein alter Mönch nachdenklich.

Stoffe, Tee und Industriewaren kosten jetzt in Tibet bereits nur noch einen Bruchteil ihres früheren Preises, und für seine von China benötigten Exportwaren erhält das Land mehr Geld. Schon sieht man neue Städte, wo früher nur schwarze Nomadenzelte standen. In alten hat eine moderne Gesundheitsfürsorge Einzug gehalten, werden Theater, Schulen und neue Häuser gebaut.

Die Zukunft wird eine moderne Landwirtschaft und ungeheure Produktionssteigerungen mit sich bringen. In elektrifizierten Schlachthäusern werden weitaus größere, nach wissenschaftlichen Methoden gezüchtete Herden verarbeitet werden, und in Europa wird man Jakfleisch in Büchsen kaufen können. Eine von Angehörigen der neuen tibetischen Arbeiterklasse betriebene Eisenbahnlinie wird den Transport und die Entwicklung von Handel und Industrie beschleunigen; sie hat bereits ihr Vorbild in der Mongolei, wo die durch Ulan Bator führende Strecke auch von einheimischem Personal unterhalten wird. Die Klassenverhältnisse werden sich ändern, aber der Weg wird anders sein als sonst in der Geschichte. Genau wie die jungen Tibeter das Pferd mit dem Flugzeug vertauscht haben, ohne je einen Wagen gesehen zu haben, so wird die tibetische Gesellschaft vom Feudalismus direkt zum Sozialismus gelangen und den Kapitalismus überspringen.

Der Phantasie sind keine Grenzen gesetzt: Wird es, das wäre eine der unzähligen Möglichkeiten der gesellschaftlichen Umschichtung, ein sozialistisches Tibet geben, das unter der Führung von Mönchen, Adligen und Vertretern der Werktätigen steht? Ich traf auf dem tibetischen Hochland niemand, der auf derartige Fragen eine Antwort zu geben wagte. Dort ist man der Ansicht, daß die vordringlichste Aufgabe nicht darin besteht, nach Patentlösungen zu suchen, sondern darin, Tibet zu helfen, die begonnene Entwicklung zu beschleunigen; denn alle halten diese für gut, weil sie die Produktion steigert und das Leben erleichtert. Sie schafft die sichere Grundlage für ein besseres und längeres Leben sowie für eine umfassende Bildung der Massen. Unter diesen Voraussetzungen wird das tibetische Volk seinen eigenen Weg zum demokratischen Fortschritt finden, der ohne eine aufstrebende Wirtschaft undenkbar ist. Tibets eigentümliche Gesellschaftsordnung mit ihrer alten Geschichte und ihren festen Traditionen wird sich noch lange in der Zukunft widerspiegeln. Auf welche Weise, das wird das Leben zeigen, das vielfältiger und realer als alle Spekulationen ist.

Anhang I

Das chinesisch-tibetische Abkommen vom 23. Mai 1951

Text des »Abkommens zwischen der Zentralen Volksregierung und der Örtlichen Regierung Tibets über Maßnahmen zur friedlichen Befreiung Tibets« im Wortlaut der »Nachrichtenagentur Neues China« vom 27. Mai 1951

Die tibetische Nationalität ist eine der Nationalitäten Chinas mit einer alten Geschichte, und sie hat wie viele andere ihre ehrenvolle Pflicht bei der Schaffung und Entwicklung des großen Mutterlandes erfüllt. Aber seit hundert oder mehr Jahren sind imperialistische Mächte in China und folglich auch in Tibet eingedrungen und haben alle möglichen Täuschungen und Provokationen begangen. Wie frühere reaktionäre Regierungen hat auch das reaktionäre Kuomintang-Regime weiterhin eine Unterdrückungspolitik verfolgt, Zwietracht zwischen den Nationalitäten gesät und das tibetische Volk gespalten und entzweit. Die Örtliche Regierung Tibets trat den imperialistischen Täuschungsmanövern und Provokationen jedoch nicht entgegen und nahm gegenüber dem großen Mutterland eine unpatriotische Haltung ein. Unter diesen Bedingungen wurden Tibet und das tibetische Volk in Sklaverei und Leiden gestürzt. Im Jahre 1949 wurde im Chinesischen Volksbefreiungskrieg der entscheidende Sieg im nationalen Maßstab errungen; der gemeinsame innere Feind aller Nationalitäten – die reaktionäre Kuomintang-Regierung – wurde gestürzt, der gemeinsame äußere Feind aller Nationalitäten – die aggressiven imperialistischen Mächte – aus dem Land gejagt. Daraufhin wurde die Gründung der Volksrepublik China und der Zentralen Volksregierung bekanntgegeben. In Übereinstimmung mit dem Gemeinsamen Programm, das von der Politischen Konsultativkonferenz des Chinesischen Volkes angenommen wurde, erklärte die Zentrale Volksregierung: Alle Nationalitäten innerhalb der Volksrepublik China sind gleichberechtigt, sie sollen sich vereinigen, gegenseitig unterstützen und gegen den Imperialismus und ihre eigenen Volksfeinde kämpfen; dann wird die Volksrepublik China eine große Familie werden, in der alle Nationalitäten brüderlich zusammen leben und zusammen arbeiten. Innerhalb der großen Völkerfamilie der Volksrepublik China soll in den Gebieten, wo nationale Minderheiten konzentriert sind, nationale regionale Autonomie bestehen; alle nationalen Minderheiten sollen ihre Sprache in Wort und Schrift frei entfalten und ihre Sitten, Gebräuche und religiösen Ansichten beibehalten oder ändern können; die Zentrale Volksregierung wird allen nationalen Minderheiten bei der politischen, ökonomischen, kulturellen und erzieherischen Aufbauarbeit helfen. Seitdem haben alle Nationalitäten innerhalb des Landes – mit Ausnahme derer in Tibet und auf Taiwan (Formosa) ihre Freiheit erlangt. Unter der einheitlichen Führung der Zentralen Volksregierung und der direkten Anleitung höherer Organe der Volksregierungen genießen alle nationalen Minderheiten volle nationale Gleichberechtigung und haben die nationale regionale Autonomie erlangt oder erlangen sie. Als die Zentrale Volksregierung der Volksbefreiungsarmee befahl, in Tibet einzumarschieren, forderte sie die Örtliche Regierung Tibets aus folgenden Gründen auf, Vertreter zu Besprechungen mit der Zentralregierung über den Abschluß eines Abkommens über Maßnahmen zur friedlichen Befreiung Tibets zu entsenden: um zu garantieren, daß der Einfluß aggressiver imperialistischer Mächte in Tibet endgültig ausgeschaltet, die Vereinigung des Territoriums der Volksrepublik China abgeschlossen und ihre Souveränität sowie die nationale Verteidigung sichergestellt wird; um Tibet und das tibetische Volk zu befreien und seine Rückkehr in die große Familie der Volksrepublik China zu ermöglichen, wo es den gleichen Anspruch auf nationale Gleichberechtigung hat wie alle anderen Nationalitäten des Landes und seine politische, ökonomische, kulturelle und erzieherische Aufgabe lösen kann. In der zweiten Aprilhälfte 1951 trafen die von der Örtlichen Regierung Tibets bevollmächtigten Vertreter in Peking ein. Die Zentrale Volksregierung benannte bevollmächtigte Vertreter, die mit den von der Örtlichen Regierung Tibets bevollmächtigten Vertretern freundschaftliche Verhandlungen führen sollten. Auf Grund dieser Verhandlungen kamen beide Parteien überein, das nachstehende Abkommen auszuarbeiten und seine Durchführung zu garantieren:

1. Das tibetische Volk wird sich zusammenschließen und die imperialistischen aggressiven Kräfte aus Tibet verjagen; das tibetische Volk wird in die große Familie des Mutterlandes – der Volksrepublik China – zurückkehren.

2. Die Örtliche Regierung Tibets wird die Volksbefreiungsarmee bei ihrem Einzug in Tibet aktiv unterstützen und die nationale Verteidigung verstärken.

3. In Übereinstimmung mit der im Gemeinsamen Programm der Politischen Konsultativkonferenz des Chinesischen Volkes festgelegten Nationalitätenpolitik hat das tibetische Volk das Recht auf nationale regionale Autonomie unter der vereinigten Führung der Zentralen Volksregierung.

4. Die Zentralregierung wird das in Tibet bestehende politische System nicht ändern. Ferner wird die Zentralregierung weder die bestehende Stellung des Dalai-Lamas noch seine Funktionen und Befugnisse antasten. Beamte der verschiedenen Ränge werden wie gewohnt amtieren.

5. Die bestehende Stellung, die Funktionen und Befugnisse des Pantschen-Ngoertinis werden aufrechterhalten.

6. Unter der bestehenden Stellung, den Funktionen und Befugnissen des Dalai-Lamas und des Pantschen-Ngoertinis sind die Stellung, die Funktionen und Befugnisse des Dreizehnten Dalai-Lamas und des Neunten Pantschen-Ngoertinis zur Zeit ihrer freundschaftlichen und friedlichen Beziehungen zueinander zu verstehen.

7. Die Politik der Glaubensfreiheit soll gemäß dem Gemeinsamen Programm der Politischen Konsultativkonferenz des Chinesischen

Volkes durchgeführt werden. Die religiösen Überzeugungen, Sitten und Gebräuche des tibetischen Volkes sollen respektiert und die Lamaklöster geschützt werden. Die Zentralregierung wird an den Einkünften der Klöster keine Änderung vornehmen.

8. Die tibetischen Truppen sollen schrittweise der Volksbefreiungsarmee angegliedert werden und einen Teil der nationalen Verteidigungskräfte der Volksrepublik China bilden.

9. Die Sprache in Wort und Schrift und das Bildungswesen der tibetischen Nationalität sollen in Übereinstimmung mit den tatsächlichen Verhältnissen in Tibet allmählich entwickelt werden.

10. In Übereinstimmung mit den in Tibet herrschenden Verhältnissen sollen die Landwirtschaft, Viehzucht, Industrie und der Handel Schritt für Schritt entwickelt und die Lebensbedingungen des Volkes allmählich verbessert werden.

11. Was die verschiedenen Reformen in Tibet betrifft, so wird von seiten der Zentralregierung kein Zwang ausgeübt werden. Die Örtliche Regierung Tibets soll Reformen von sich aus durchführen, und wenn das Volk sie fordert, sollen diese Fragen in Beratungen mit führenden Persönlichkeiten Tibets geklärt werden.

12. Sofern ehemals proimperialistische und kuomintangfreundliche Beamte ihre Beziehungen zu den Imperialisten und zur Kuomintang abbrechen, keine Sabotage verüben und keinen Widerstand leisten, dürfen sie – ungeachtet ihrer Vergangenheit – im Amt bleiben.

13. Die in Tibet einrückende Volksbefreiungsarmee wird sich an alle oben erwähnten Abmachungen halten, sich in geschäftlichen Vereinbarungen ehrlich zeigen und der Bevölkerung auch nicht einen Zwirnsfaden wegnehmen.

14. Die Zentrale Volksregierung wird alle Auswärtigen Angelegenheiten des Gebiets Tibets zentral behandeln. Das Verhältnis zu benachbarten Staaten wird durch das Prinzip der friedlichen Koexistenz bestimmt. Es sollen ehrliche Geschäfts- und Handelsbeziehungen auf der Basis der Gleichheit, des gegenseitigen Nutzens sowie der gegenseitigen Achtung des Territoriums und der Souveränität geschaffen und entwickelt werden.

15. Um die Durchführung des Abkommens zu sichern, wird die Zentrale Volksregierung ein Militär- und Verwaltungskomitee einsetzen und ein militärisches Hauptquartier für das Gebiet Tibet schaffen, in denen neben dem von der Zentralen Volksregierung eingesetzten Personal möglichst viele Tibeter mitarbeiten sollen. In das einheimische tibetische Personal des Militär- und Verwaltungskomitees sollen die patriotischen Kräfte der Örtlichen Regierung Tibets, der verschiedenen Bezirke und der führenden Klöster aufgenommen werden; die Namensliste soll nach Beratung zwischen den von der Zentralen Volksregierung ernannten Vertretern und den verschiedenen in Frage kommenden Kreisen zusammengestellt und der Zentralen Volksregierung zur Bestätigung vorgelegt werden.

16. Die Geldmittel für das Militär- und Verwaltungskomitee, das militärische Hauptquartier und die in Tibet einrückende Volksbefreiungsarmee werden von der Zentralen Volksregierung zur Verfügung gestellt. Die Örtliche Regierung Tibets soll der Volksbefreiungsarmee beim Ankauf und Transport von Lebensmitteln, Futtermitteln und anderen Dingen des täglichen Bedarfs behilflich sein.

17. Das Abkommen tritt unmittelbar nach Unterzeichnung und Sieglung in Kraft.

Unterzeichnet und gesiegelt

Bevollmächtigte Vertreter der Zentralen Volksregierung:

Leiter der Delegation:	Li We-han
Delegierte:	Dschang Djing-wu
	Dschang Guo-huo
	Sun Dji-jüan

Bevollmächtigte Vertreter der Örtlichen Regierung Tibets:

Leiter der Delegation:	Kalon Ngabo Ngawang Dschigme
Delegierte:	Dzasa Khemey Sonam Wangdui
	Khendrun Thubden Legmon
	Rimschi Samposey Tandzin Dondup

Peking, den 23. Mai 1951

Anhang II

Der britisch-tibetische Vertrag vom 1. September 1904

Wortlaut des Younghusband-Vertrages nach Waddell, »Lhasa und seine Geheimnisse«

Präambel

Da die Tibeter die Ratschläge Chinas nicht befolgt und die Bedingungen des im sechzehnten Jahr des Guang-hsü (1890) zwischen China und Großbritannien in Kalkutta unterzeichneten Vertrages sowie den Vertrag des neunzehnten Jahres (1893) wegen darin enthaltener unklarer und anfechtbarer Bedingungen nicht eingehalten haben, erachtete es Großbritannien für notwendig, von sich aus etwas zu unternehmen, und ernannte Oberst Younghusband, einen hohen Grenzbeamten, zum Bevollmächtigten, der gemeinsam mit dem Kaiserlichen Residenten Ju eine zufriedenstellende Grundlage für die Regelung aller strittigen Probleme schaffen soll. Inzwischen haben Großbritannien und die Tibeter sich über zehn mit den unklaren und anfechtbaren Punkten des Vertrages aus dem sechzehnten Jahr im Zusammenhang stehende Artikel verständigt; nachdem der Vertrag vom Kaiserlich-Chinesischen Residenten Ju genau überprüft wurde, kann er nun unterzeichnet und gesiegelt werden. Nach Abschluß des Vertrages zwischen China und Großbritannien sollen die Einwohner Tibets die Abmachungen nicht verletzen. Die Bedingungen der zwischen China und Großbritannien im sechzehnten und im neunzehnten Jahr geschlossenen Verträge wurden nämlich von den Tibetern wegen der zahlreichen ungenauen und anfechtbaren Formulierungen in keiner Weise eingehalten. Eigens aus diesem Grund ernannte Großbritannien Oberst Younghusband zum Bevollmächtigten für Grenzfragen und schickte ihn zu Verhandlungen in das Grenzgebiet. Da unerwartet neue Feindseligkeiten ausbrachen, kam es zum Abbruch der friedlichen Beziehungen. Nachdem inzwischen in Verhandlungen jedoch vollständige Einstimmigkeit über zehn Artikel erzielt wurde, kann nach Abschluß des Vertrages und seiner Bestätigung durch den Dalai-Lama als Oberhaupt der Gelben Sekte und durch Oberst Younghusband, den Kommissar für Grenzfragen, der Frieden künftig gesichert werden.

Artikel I

Die Tibeter erklären sich in Übereinstimmung mit Artikel I des Abkommens aus dem sechszehnten Jahr einverstanden, an der Grenze nach Sikkim wieder Grenzsteine aufzsutellen.

Artikel II

Die Tibeter erklären sich hiermit einverstanden, für gegenseitigen Handelsaustausch zwischen den britischen und tibetischen Kaufleuten zu deren freier Benutzung zusätzlich zu dem Markt in Jatung weitere Märkte in Gjangtse und Kotoko (Gartok) zu eröffnen. Großbritannien wird gemeinsam mit Tibet alle strittigen Punkte des Vertrages aus dem neunzehnten Jahr des Guang-hsü klären und, sobald dieses Abkommen geschlossen sein wird, in Jatung, Gjangtse und Gartok entsprechende Vorkehrungen treffen. Nachdem die Tibeter der Eröffnung von Märkten in Jatung, Gjangtse und Gartok zugestimmt haben, dürfen von Tibetern in Indien gekaufte Waren auf den vorhandenen Handelswegen transportiert werden; ferner dürfen Übereinkommen zur künftigen Eröffnung von Märkten in anderen aufstrebenden Handelsplätzen abgeschlossen werden.

Artikel III

Strittige Punkte aus dem Vertrag des neunzehnten Jahres, die einer Abänderung bedürfen, können gesondert geklärt werden. Tibet wird einen tibetischen Beamten bestimmen, der mit allen Vollmachten ausgestattet ist, um mit den britischen Behörden diesbezüglich zu verhandeln.

Artikel IV

Nach Festlegung des Zolltarifs durch Großbritannien und Tibet dürfen keine weiteren Warenzölle erhoben werden.

Artikel V

Auf der Straße zwischen der indischen Grenze und Jatung, Gjangtse und Gartok dürfen keine Zollhäuser errichtet werden. Tibet wird, um die reisenden Kaufleute zu unterstützen und um Schwierigkeiten vorzubeugen, gefährliche Pässe auf der Straße instand setzen lassen. Tibet wird an den genannten drei Orten einheimische Beamte einsetzen, und die für diese Orte eingesetzten Beamten werden ihre Korrespondenz mit dem Kaiserlichen Residenten und anderen chinesischen Beamten über die oben erwähnten einheimischen Beamten führen. In anderen aufstrebenden Orten, die dem Handel erschlossen werden können, sollen ähnliche Beamte eingesetzt und soll derselbe Weg beschritten werden.

Artikel VI

Da Tibet durch ungerechtfertigte Feindseligkeiten die Verträge verletzt hat und den Kommissar beleidigt hat, wird es an Großbritannien eine 7.500.00 Rupien entsprechende Entschädigung von 5.000.000 Dollar (£ 500.000)[1] in drei Jahresraten zahlen; die erste Rate ist am 1. Januar 1906 fällig. Zur gegebenen Zeit wird Großbritannien den Tibetern den Ort bekanntgeben, an dem die Zahlung zu leisten ist, oder mitteilen, ob sie im tibetischen Tempel in Darjeeling entgegengenommen werden kann.

Artikel VII

Zur Durchführung der in Artikel II, III und IV enthaltenen Bestimmungen über die Eröffnung von Handelsniederlassungen sowie von Artikel VI, der auf die Entschädigung als Sicherheit für die pünktliche Erfüllung der tibetischen Verpflichtungen Bezug nimmt, werden britische Truppen für weitere drei Jahre das Tschumbi-Tal besetzt halten, bis die Handelsniederlassungen fest errichtet sind und die Entschädigung restlos bezahlt ist. Solange diese nicht beglichen ist, wird England seine Truppen nicht aus Tschumbi abziehen.

Artikel VIII

An den Handelsstraßen zwischen der indischen Grenze und Gjangtse, die von Kaufleuten aus dem Inneren Tibets benutzt werden, sollen alle Festungen geschleift werden.

Artikel IX

Ohne Zustimmung Großbritanniens darf an keine fremde Macht tibetisches Gebiet verkauft, verpachtet oder verpfändet werden; keiner fremden Macht darf gestattet werden, sich in tibetische Regierungsgeschäfte einzumischen oder in Angelegenheiten, die damit verbunden sind; keiner fremden Macht darf gestattet werden, offizielle oder nicht offizielle Personen, gleichgültig in welcher Eigenschaft, nach Tibet zu schicken, um in tibetische Regierungsangelegenheiten einzugreifen; keiner fremden Macht darf gestattet werden, irgendwo in Tibet Straßen, Eisenbahnlinien oder Telegrafenanlagen zu bauen oder Bodenschätze zu erschließen. Sollte Großbritannien einer andern Macht erlauben, Straßen oder Eisenbahnlinien zu bauen, Bodenschätze zu erschließen oder Telegrafenanlagen einzurichten, so wird Großbritannien von sich aus die vorgeschlagenen Maßnahmen gründlich prüfen. Erze oder Edelmetalle enthaltendes Grundeigentum oder Land in Tibet darf nicht verpfändet, getauscht, verpachtet oder an eine fremde Macht verkauft werden.

Artikel X

Der Grenzkommissar Jung und der Dalai-Lama werden diesen Vertrag am 22. Tag des siebenten Mondes nach dem tibetischen Kalender, dem 1. September 1904 nach dem englischen Kalender, unterzeichnen und siegeln. Von den beiden in englischer und tibetischer Sprache vorliegenden Fassungen gilt der englische Text als maßgebend.
(In einem Telegramm vom 14. April 1905 aus Peking heißt es: »Wie man erfährt, sind als Ergebnis der jüngsten Verhandlungen zwischen Großbritannien und China die Bedingungen der Tibet-Konvention etwas abgeändert worden. Die Gründung von Handelsniederlassungen in Tibet bleiben einer späteren Vereinbarung vorbehalten. Die britische Regierung erklärt sich damit einverstanden, die nach Indien exportierten tibetischen Waren solange nicht mit Zoll zu belegen, bis alles genau geregelt ist. Wo der Originalvertrag vorsah, daß tibetische Einkünfte keiner fremden Macht verpfändet oder übertragen werden dürften, werden jetzt in diesem Zusammenhang die Einkünfte im allgemeinen und die tibetischen Zolleinnahmen im besonderen genannt. Im übrigen ändern sich die Bedingungen der Konvention gegenüber den offiziell bekanntgegebenen nicht.«)

1 Dieser Betrag wurde später von der britischen Regierung auf ein Drittel reduziert.

Inhaltsverzeichnis